Dave Shea
Molly E. Holzschlag

Zen und die Kunst des
CSS-Designs

ADDISON-WESLEY

Ein Imprint von Pearson Education

München · Boston · San Francisco · Harlow, England
Don Mills, Ontario · Sydney · Mexico City
Madrid · Amsterdam

Bibliografische Information Der Deutschen Bibliothek
Die Deutsche Bibliothek verzeichnet diese Publikation in der
Deutschen Nationalbibliografie; detaillierte bibliografische Daten
sind im Internet über http://dnb.ddb.de abrufbar.

Die Informationen in diesem Produkt werden ohne Rücksicht auf einen eventuellen Patentschutz veröffentlicht. Warennamen werden ohne Gewährleistung der freien Verwendbarkeit benutzt. Bei der Zusammenstellung von Texten und Abbildungen wurde mit größter Sorgfalt vorgegangen. Trotzdem können Fehler nicht vollständig ausgeschlossen werden. Verlag, Herausgeber und Autoren können für fehlerhafte Angaben und deren Folgen weder eine juristische Verantwortung noch irgendeine Haftung übernehmen.
Für Verbesserungsvorschläge und Hinweise auf Fehler sind Verlag und Herausgeber dankbar.

Alle Rechte vorbehalten, auch die der fotomechanischen Wiedergabe und der Speicherung in elektronischen Medien.
Die gewerbliche Nutzung der in diesem Produkt gezeigten Modelle und Arbeiten ist nicht zulässig.

Fast alle Hardware- und Softwarebezeichnungen und weitere Stichworte und sonstige Angaben, die in diesem Buch verwendet werden, sind als eingetragene Marken geschützt. Da es nicht möglich ist, in allen Fällen zeitnah zu ermitteln, ob ein Markenschutz besteht, wird das ® Symbol in diesem Buch nicht verwendet.

Umwelthinweis:
Dieses Buch wurde auf chlorfrei gebleichtem Papier gedruckt.

Authorized translation from the English language edition, entitled The Zen of CSS Design, 1st Edition,
0-321-30347-4 by Dave Shea and Molly E. Holzschlag; published by Pearson Education, Inc., publishing as New Riders Publishing,
Copyright © 2005

All rights reserved. No part of this book may be reproduced or transmitted in any form or by any means, electronic or mechanical, including photocopying, recording or by any information storage retrieval system, without permission from Pearson Education, Inc.

GERMAN language edition by PEARSON EDUCATION DEUTSCHLAND GmbH, Copyright © 2008

Autorisierte Übersetzung der englischsprachigen Originalausgabe mit dem Titel »The Zen of CSS Design«
von Dave Shea und Molly E. Holzschlag, 1. Ausgabe, ISBN 0-321-30347-4, erschienen bei New Riders Publishing, ein Imprint von Pearson Education Inc.; Copyright © 2005

Alle Rechte vorbehalten. Kein Teil des Buches darf ohne Erlaubnis der Pearson Education Inc. in fotomechanischer oder elektronischer Form reproduziert oder gespeichert werden.

© der deutschen Ausgabe 2008 Addison-Wesley Verlag,
ein Imprint der PEARSON EDUCATION DEUTSCHLAND GmbH,
Martin-Kollar-Str. 10-12, 81829 München/Germany
Alle Rechte vorbehalten

10 9 8 7 6 5 4 3 2 1

10 09 08

ISBN 978-3-8273-2743-7

Übersetzung: G & U Technische Dokumentation, Flensburg
Satz: Ulrich Borstelmann, Dortmund (www.borstelmann.de)
Lektorat: Cornelia Karl, ckarl@pearson.de
Korrektorat: Petra Kienle, München
Fachliche Unterstützung: Dr. Susanne Rupp / Intermedien, Grünstadt, rupp@intermedien.net
Herstellung: Claudia Bäurle, cbaeurle@pearson.de
Einbandgestaltung: Marco Lindenbeck, webwo GmbH, mlindenbeck@webwo.de
Druck und Verarbeitung: Bosch-Druck, Ergolding
Printed in Germany

Über die Autoren

DAVE SHEA

Dave Shea ist Grafikdesigner und Schöpfer und Gärtner des CSS-Zen-Gartens, der bereits verschiedene Preise gewonnen hat, darunter „Beste Show" bei der „South by Southwest Interactive"-Konferenz in Austin (Texas). Er tritt weltweit bei Konferenzen der Branche als Redner auf und sein Werk wurde in Büchern und Magazinen rund um die Welt vorgestellt.

Überdies ist er Mitglied des Web Standards Project (WaSP), einer Gruppe von Webentwicklern und Designern, die das Webdesign mit plattformübergreifenden, nicht proprietären Technologien fördern. Dave Shea ist Eigentümer und Direktor von Bright Creative, einer Webdesign-Agentur in Vancouver, und schreibt in seiner Online-Publikation mezzoblue.com über alles, was mit dem Web zu tun hat. Wenn er nicht gerade vor dem Computer sitzt, finden Sie Dave Shea auf dem Bauernmarkt von Vancouver oder im Straßencafé.

MOLLY E. HOLZSCHLAG

Als Autorin, Dozentin und Webdesignerin hat Molly E. Holzschlag über 30 Bücher zum Thema Webdesign und -entwicklung verfasst. Sie wird als „eine der größten Digitalisten" bezeichnet und zu den 25 einflussreichsten Frauen im Web gezählt. Es besteht kein Zweifel, dass Molly E. Holzschlag eine der amüsantesten und sprühendsten Personen in der Welt des Webdesigns und der Webentwicklung ist.

Als leitendes Mitglied des Web Standards Project (WaSP) arbeitet Molly E. Holzschlag zusammen mit anderen Webdesignern und -entwicklern, um die W3C-Empfehlungen umzusetzen. An den Universitäten von Arizona und Phoenix und im Pima Community College bietet Sie darüber hinaus Kurse für Webmaster an. Während der letzten drei Jahre hat sie für das WebTechniques Magazine die beliebte Kolumne „Integrate d Design" verfasst und außerdem ein Jahr als Herausgeberin von WebReview.com gearbeitet. Mehr über sie erfahren Sie auf ihrer Website http://molly.com.

Night Drive, Seite 94

White Lily, Seite 120

Coastal Breeze, Seite 186

Inhaltsverzeichnis

Einleitung   2

Kapitel 1: **Quellansicht**   9

Kapitel 2: **Design**   55

Atlantis	56
Zunflower	64
Springtime	70
viridity	78
Ballade	86
Night Drive	94

Kapitel 3: **Layout**   103

Backyard	104
Entomology	112
White Lily	120
prêt-à-porter	128
CS(S) Monk	136
Not So Minimal	144

Kapitel 4: **Bilder**   153

Japanese Garden	154
Revolution!	162
Deco	170
No Frontiers!	178
Coastal Breeze	186
What Lies Beneath	194

Kapitel 5: **Typografie**	203

Oceans Apart	204
si6	212
Release One	220
Dead or Alive	228
Blood Lust	236
Golden Mean	244

Kapitel 6: **Spezialeffekte**	253

This is Cereal	254
Gemination	262
Bonsai Sky	270
Tulipe	276
door to my garden	284
Elastic Lawn	292

Kapitel 7: **Rekonstruktion**	301

Hedges	302
Radio Zen	310
South of the Border	318
Corporate ZenWorks	326
Open Window	334
mnemonic	342
Abschließende Gedanken	350
Index	364

Oceans Apart, Seite 204

Gemination, Seite 262

South of the Border, Seite 318

Einleitung

Hinweis

Um sich den CSS-Zen-Garten und alle in diesem Buch vorgestellten Designs anzuschauen, rufen Sie www.csszengarden.com auf. Um das Markup einzublenden, müssen Sie die Quelltext-Funktion Ihres Browsers verwenden, die Sie gewöhnlich im Menü „Ansicht" finden. Den jeweiligen CSS-Code finden Sie, indem Sie in einem Design auf den Link „View This Design's CSS" klicken. Je nach Design befindet sich dieser Link immer an einer anderen Stelle. Am Ende des Buchs finden Sie außerdem die Startseite von www.csszengarden.com in deutscher Sprache.

Willkommen in unserem Buch zum Projekt, das mithelfen soll, die Zukunft des Webs zu gestalten.

Zen und die Kunst des CSS-Designs kam aufgrund einer am 8. Mai 2003 gestarteten Website zustande. Diese Site sollte die Herangehensweise an Webdesign ändern und mauserte sich zu einem internationalen Phänomen. Sie trägt die Bezeichnung „CSS Zen Garden" und ist eine Gemeinschaftsarbeit vieler talentierter Menschen rund um die Welt.

Der Zen-Garten ist zu gleichen Teilen Manifest und Galerie und wurde angelegt, um zu veranschaulichen, was sich optisch durch CSS-Design erreichen lässt. Designer werden gebeten, ihre eigenen Visionen in Form von Stylesheets und Bildern einzureichen. Der Haken besteht darin, dass alle Designs dieselbe grundlegende HTML-Datei nutzen müssen. Es gibt keine Ausnahmen; der HTML-Code ist *für alle Designs* absolut identisch.

Unmöglich? Vielleicht sogar ein bisschen verrückt? Eindeutig klar ist auf jeden Fall, dass CSS in den richtigen Händen ein ebenso leistungsstarkes Designwerkzeug ist wie jedes andere. Dieses Buch zeigt 36 der brillantesten Beiträge zu dieser Site als Fallstudien und untersucht den Designvorgang und die verwendeten Werkzeuge und Codiertechniken.

Ein ganzes Buch über eine einzige Website? *Im Ernst*? Bei einer gewöhnlichen Website wäre Ihre Skepsis durchaus angebracht. Aber der Zen-Garten steckt so voller Vielfalt und lehrreichen Lektionen, die von so vielen Menschen mit unterschiedlichen Fähigkeiten zusammengestellt wurden, dass die wirkliche Schwierigkeit darin bestand, all dies in das Manuskript für ein einziges Buch zu packen.

Worum geht es in diesem Buch?

Ist dieses Buch eine Dokumentation und Beschreibung der Site? Teilweise ja. Ist es ein Lehrbuch für empfohlene Vorgehensweisen und Techniken des Webdesigns? Auf jeden Fall. Ist es eine Galerie schöner Entwürfe, die Sie bei der Arbeit an eigenen Projekten zur Inspiration heranziehen können? Keine Frage.

Als wir damit begannen, dieses Buch zu schreiben, war uns eines klar: Der Zen-Garten bietet so viele verschiedene Lektionen über modernes Webdesign, dass ein Buch über einen einzelnen Aspekt des Designs, z.B. das Layout, gerade mal an der Oberfläche kratzt. Um der Site gerecht zu werden, mussten wir alle Gesichtspunkte abdecken. Typografie, Farbtheorie, Layouttechniken – alles ist enthalten.

Können Sie aus diesem Buch *CSS-Design lernen*? Ja, aber nicht als Anfänger. Um uns auf die visuellen Techniken zu konzentrieren, mussten wir die Grundlektionen überspringen und direkt mit dem mittleren Schwierigkeitsgrad beginnen. Um die Grundlagen der Syntax und Grammatik von CSS zu lernen, gibt es bereits hervorragende technische Lehrbücher. Nehmen Sie sich eines davon und machen Sie sich mit der Technologie vertraut, dann lesen Sie dieses Buch parallel dazu, um zu lernen, wie Sie die Techniken in optisch reizvoller Weise anwenden.

Die in diesem Buch beschriebenen CSS-Techniken beschreiben nicht jedes einzelne Detail der CSS-Spezifikation, sondern bieten einen größeren Überblick und helfen bei der Lösung visueller Probleme. Wo es angebracht ist, wird auch die Browser-Unterstützung behandelt, um den Realitäten gerecht zu werden.

Wer dieses Buch lesen sollte

Wir haben *Zen und die Kunst des CSS-Designs* für jeden geschrieben, der sich mit dem Design und der Entwicklung von Websites beschäftigt:

Designer
Mit unserem visuellen Ansatzpunkt bei der Beschreibung von Theorie und Praxis des CSS-Designs zielen wir auf Design und Problemlösung in der Praxis mit den auf modernsten Standards beruhenden Techniken ab.

Programmierer
Das Hauptgewicht liegt auf der Optik, aber wir setzen keinen akademischen Titel in Grafikdesign voraus, sondern haben darauf geachtet, Begriffe aus dem Design so gut wie im Rahmen dieses Buches möglich zu definieren, so dass jeder ohne Vorkenntnisse auf diesem Gebiet die beschriebenen Prinzipien und Techniken anwenden kann.

CSS-Anfänger
Fachjargon und technische Begriffe setzen wir so sparsam wie möglich ein, damit auch Personen mit einem eher allgemeineren Verständnis von CSS die meisten Kapitel verstehen können. Wir empfehlen Ihnen jedoch, begleitend ein Buch aus der Literaturliste zu lesen, die Sie am Ende dieses Buches im Abschnitt *Abschließende Gedanken* finden, um zunächst die Syntax und die

Grundprinzipien zu lernen. Danach können Sie mit *Zen und die Kunst des CSS-Designs* diese Prinzipien aufnehmen und auf Ihre Arbeit übertragen.

Manche der behandelten Themen stellen grundlegende Aspekte des Webdesigns dar, die sich in vielen Situationen anwenden lassen; aber nicht alle. Es ist auch möglich, CSS-basierte Webseiten mit automatischen Layoutwerkzeugen wie Adobe Dreamweaver zu erstellen, aber die meisten der hier besprochenen CSS-Techniken sind weit nützlicher für Personen, die den Code manuell in einem HTML-Editor erstellen. Wenn Sie beim Entwerfen an Drag & Drop gewohnt sind, werden Sie manche Abschnitte in diesem Buch übermäßig technisch finden. Wir hoffen allerdings, dass Sie das nicht entmutigt und von der Erweiterung Ihrer Kenntnisse abhält.

Fortgeschrittene CSS-Anwender

Wer mit den Einzelheiten des Boxmodells, Float-Elementen und Selektoren bereits vertraut ist, findet immer noch viel Stoff zum Lernen. Die Ausrichtung auf die Optik in Kombination mit praktischen CSS-Beispielen von einigen der innovativsten und kreativsten Designer von heute gewährleistet ein breites Spektrum an Themen, die selbst den ausgefuchstesten Profis noch neue Tricks bieten können.

Konventionen in diesem Buch

CSS-Design ist eine Teilmenge der vielen Technologien des W3C (World Wide Web Consortium), die gewöhnlich als *Webstandards* angesprochen werden und unter anderem HTML, XHTML und XML umfassen. Der Begriff *standardbasiertes Design* bezieht sich auf das Ganze. Nicht jede dieser Technologien muss in einem Dokument vorhanden sein. Eine Webseite, die den wichtigen Standards genügt, wird als *standardkompatibel* bezeichnet.

Da HTML und XHTML viel gemeinsam haben und austauschbar sind, können Sie davon ausgehen, dass auch XHTML gemeint ist, wenn wir von HTML sprechen, es sei denn, wir weisen ausdrücklich auf Unterschiede hin.

Die Hinweise und Tipps am Seitenrand gehören zu den Textabschnitten, neben denen sie erscheinen. Screenshots sind in der Nähe der Textstellen platziert, in denen sie erwähnt werden.

CSS-Eigenschaften und -Werte sind in nichtproportionaler Schrift gesetzt, z.B. `12px`, `font-size` und `#summary`.

Ein Pfeil (➥) innerhalb von Listings zeigt an, dass der Code in der nächsten Zeile fortgesetzt wird und nicht umbrochen werden sollte.

Die Browser-Technologie schreitet voran und jeder Versuch, die Browser-Unterstützung in einem Buch aufzulisten, ist sehr schnell veraltet. Andererseits ist es auch immer frustrierend, in Büchern von fortschrittlichen Techniken zu lesen, dabei aber nicht zu erfahren, dass sie sich in 80% der auf dem Markt befindlichen Browser nicht einsetzen lassen. Wo es möglich war, haben wir praktische Ratschläge zur Browser-Unterstützung hinzugefügt und uns dabei auf die Browser gestützt, die bei Redaktionsschluss dieses Buches am häufigsten verwendet wurden.

Auf einzelne Browser-Versionen hinzuweisen, ist keine einfache Aufgabe. Wenn es mehrere Versionen des Microsoft Internet Explorers unter zwei Betriebssystemen gibt und einige Techniken nur bei bestimmten Kombinationen funktionieren, ist es schwer, von „Internet Explorer" zu sprechen, ohne jedes Mal klarzustellen, welche Version wir meinen. Um dieses Problem anzugehen, richten wir uns nach folgenden Konventionen:

- **Internet Explorer** – alle wichtigen Versionen, das heißt Version 5.0, 5.5, 6.0, 7.0 und 8.0 für Windows und 5.2 für Mac OS X. Versionen älter als 5.0 werden heutzutage selten verwendet und können gewöhnlich ignoriert werden.

- **Internet Explorer für Windows** – alle wichtigen Versionen für Windows. Mac-Versionen sind darin nicht eingeschlossen.

- **Internet Explorer für Mac** – Version 5.2 für Mac OS X und meistens auch 5.1 für Mac OS 9. Windows-Versionen sind nicht eingeschlossen.

- **Internet Explorer x.x** – wenn wir eine bestimmte oder mehrere Versionsnummern angeben, sind die nicht genannten Versionen ausgeschlossen.

Wie Sie dieses Buch am besten verwenden

Die übliche Website hat einen Startpunkt, die so genannte Homepage, von der aus Sie zu jeder beliebigen Stelle der Site springen können, indem Sie auf einen Hyperlink klicken und dann den Inhalt der Folgeseite durchstöbern. Sie können auch die Suchfunktion nutzen, um die Inhalte zu finden, die Sie benötigen. Es ist auch möglich, aufs Geratewohl zu klicken und zu sehen, welche Überraschungen sich Ihnen bieten.

Dasselbe Modell haben wir für dieses Buch gewählt. Es gibt keine richtige oder falsche Möglichkeit, um es zu nutzen. Sie können vorn anfangen und es von Anfang bis Ende lesen. Sie können aber auch zu einem Kapitel springen, das für Sie von besonderem Interesse ist und es als Ausgangspunkt verwenden. Sie können dieses Buch so nichtlinear lesen, wie Sie möchten, und dabei die einzelnen Designs in jeder beliebigen Reihenfolge betrachten.

Grundsätzlich gliedert sich das Buch in zwei Teile:

- Das erste Kapitel beschreibt den Aufbau des Zen-Gartens sowie grundlegende Themen wie saubere Markup-Struktur und flexible Designs.

- Der zweite Teil, der den Hauptinhalt des Buches ausmacht, besteht aus sechs Kapiteln, in denen jeweils sechs Designs besprochen und durch einen wichtigen Aspekt verknüpft werden, z.B. die Typografie. Wenn Sie die Herausforderungen und Probleme erkunden, die in diesen 36 Designs gelöst werden, lernen Sie sowohl die wichtigsten Prinzipien des Webdesigns als auch die CSS-Layouttechniken dafür.

Im Folgenden finden Sie einen kurzen Überblick über die sieben Kapitel:

Kapitel 1, Quellansicht
Ein Überblick über die Entstehung des CSS-Zen-Gartens und die Entwicklung von CSS; Erläuterung einer sauberen Markup-Struktur und der Grundlagen des Designs.

Kapitel 2, Design
Grundlegende Designelemente und ihre Umsetzung für das Web. Farbtheorie, Proportionen und Positionierung, Verhältnis zwischen Schrift und Fotografie, harmonische Verwendung von Adobe Photoshop und CSS.

Kapitel 3, Layout
Die technischen Grundlagen für den Aufbau komplexer CSS-Layouts. Spalten, Float-Elemente und Positionierungsschemata.

Kapitel 4, Bilder
Die Verwendung von Bildern zur Verbesserung des Layouts und ihre Erstellung. Bildersetzung, Format von Grafikdateien und die Suche nach geeignetem Bildmaterial.

Kapitel 5, Typografie
Alles über Schriften, Einschränkungen im Web und Notlösungen dafür. Unter anderem geht es um Schriftgrößen, Schriftarten und bildbasierte Typen.

Kapitel 6, Spezialeffekte

Neue Tricks, nachdem Sie die Grundlagen gemeistert haben. Fortgeschrittene CSS-Effekte zum Filtern von Stilen für verschiedene Browser, neue und flexible Layouttechniken, Lösungen für technische Einschränkungen mit intelligentem Code.

Kapitel 7, Rekonstruktion

Ein Blick über die Schulter von sechs Designern, um herauszufinden, wie sie es gemacht haben. Ausgewählte Designs werden in diesem Kapitel Schritt für Schritt neu erstellt. Sie erleben mit, wie die Prinzipien aus den vorhergehenden fünf Kapiteln zusammen angewendet werden, um die gewünschte Wirkung zu erzielen.

Wie Sie sehen, haben wir so viel lehrreichen Stoff zwischen die Buchdeckel gepackt wie möglich, um aus *Zen und die Kunst des CSS-Designs* das umfassendste Lehrbuch über modernes, standardbasiertes, visuelles Webdesign zu machen, das Sie heute erwerben können.

Wir hoffen, Sie haben ebenso viel Spaß beim Lesen wie wir beim Schreiben.

Dave Shea and Molly Holzschlag

Was ist neu in dieser Ausgabe

Der CSS Zen Garden ist längst ein Klassiker und hat schon zahlreiche Webdesigner inspiriert. Darum haben wir das im Jahr 2005 erschienene englische Originalbuch überarbeitet und aktualisiert. Der Zen-Garten ist größer geworden und alle im Buch präsentierten Beispiele sind weiterhin aktuell sowie online abrufbar. Dabei lernen Sie grundlegende CSS-Design-Regeln bzw. wichtige Webstandards anschaulich und praxisnah kennen. Wenn Sie bislang noch nicht und nur recht wenig mit CSS gearbeitet haben, werden Sie schnell von der Flexibilität und den zahlreichen Design-Möglichkeiten begeistert sein.

In der neuen Buchausgabe werden außerdem aktuelle Browserversionen berücksichtigt und wichtige Hacks bzw. Code-Tricks zur korrekten Darstellung vorgestellt. Hier erfahren Sie, wie Sie optimierte Seiten für Firefox, Opera und unterschiedliche Versionen des Internet Explorers entwickeln und damit ein weitgehend einheitliches Erscheinungsbild realisieren. Zudem haben wir alle Verweise auf wichtige Webseiten mit interessanten Informationen sowie die angegebene Literatur aktualisiert und erweitert.

Wir wünschen Ihnen viel Spaß, Erfolg und gute Inspiration im CSS Zen Garden.

CSS Zen Garden, Seite 10

Wind, Seite 15

Stormweather, Seite 16

arch 4, Seite 16

Kapitel

1

Quell-
ansicht

Salmon Cream Cheese, Seite 16

A scripted design, Seite 51

DAS WEBDESIGN HAT SICH sehr schnell sehr weit entwickelt. Wir Webdesigner mussten buchstäblich bei null beginnen, uns durch Versuch und Irrtum arbeiten und Grenzen nach vorn verschieben.

Im Lauf der Zeit stellte sich jedoch heraus, dass Webstandards und erprobte Verfahren wichtig sind. Das hatte direkt mit der wichtigsten Software zu tun, mit der wir arbeiten: dem Webbrowser. Hier erfahren Sie alles, was Sie wissen müssen, um die Theorie, die Verfahren und Techniken modernen Webdesigns möglichst gut zu beherrschen.

Quell-
ansicht

ENDE DER NEUNZIGER JAHRE war das Web ein wildes, gefährliches Grenzgebiet. Alles war möglich und häufig funktionierte es. Damals war niemand von uns sicher, in welche Richtung sich das Web entwickeln würde. Wie häufig bei brandneuen Spielzeugen wurde es unser Mantra, »neue Grenzen zu setzen«.

Genesis

Und wir setzten die Grenzen neu. HTML war zu Beginn seiner Existenz eine einfache Sprache zur Strukturierung von wissenschaftlichen Arbeiten. Browser-Hersteller und Grafikdesigner stellten mit einem kurzen Blick fest, dass es keine Layoutfähigkeiten besaß, und gaben ein vernichtendes Urteil ab. Um diese Einschränkungen zu überwinden, wurden Tricks und Hacks wie <FONT>-Tags und die falsche Verwendung des Tabellenelements entwickelt – Hacks, die die sehr strukturellen Zielsetzungen untergruben, für die HTML in erster Linie geschaffen worden war.

Grundelemente wurden für Layouteffekte missbraucht, die überhaupt nichts mit ihrem ursprünglichen Zweck zu tun hatten; Elemente mit spezifischen Funktionen wurden ignoriert, weil sie nicht gerade hübsch aussahen. Der korrekte Aufbau wurde zugunsten der Optik einer Site ignoriert.

Zu dieser Zeit verhielten sich die wichtigen Browser-Hersteller natürlich nicht gerade hilfreich. Bevor sich die Situation bessern konnte, schien sie schlechter werden zu müssen. Während des Browser-Kriegs brachten die beiden Hauptakteure – Microsoft und Netscape – eine proprietäre Erweiterung nach der anderen heraus, um einen Vorsprung vor dem jeweiligen Rivalen zu gewinnen. Wettbewerb hält zwar die Innovationsfreude am Leben, kann aber auch lähmen; Webautoren waren gezwungen, sich mit mehreren Versionen derselben Site zu beschäftigen, weil der für den einen Browser geschriebene HTML-Code nur selten in einem anderen wie erwartet funktionierte, wenn überhaupt.

Kurz gesagt, die Situation war miserabel. Das während des Dotcom-Booms säckeweise bedenkenlos eingesetzte Geld trug dazu bei, dass das Web trotz dieser Probleme wuchs. Ein Budget für zwei Versionen derselben Site ließ sich leicht rechtfertigen, solange das Geld floss. Um die Jahrtausendwende hatten jedoch sowohl die Autoren als auch die Investoren die Nase voll.

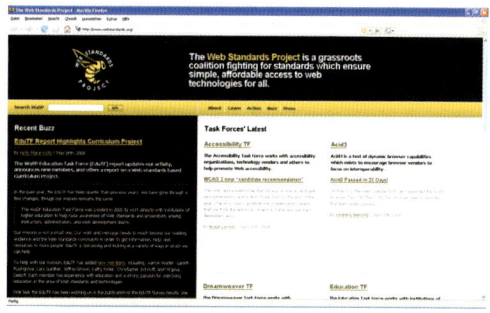

ABBILDUNG 1 Das Web Standards Project

EIN WECHSEL KÜNDIGT SICH AN

Schon sehr bald im neuen Jahrhundert schmolzen das Kapital und damit auch die Webbudgets zusammen. Als die Wirtschaft einen Sturzflug hinlegte, erkannten diejenigen, die noch Aufträge hatten, sehr schnell, dass der zusätzliche Aufwand der Umarbeitung für nicht standardgemäße Browser nicht tragbar war; es musste etwas geschehen.

Eine Organisation aus Webdesignern an der Basis, die sich Web Standards Project (WaSP, www.webstandards.org) nannte (**ABBILDUNG 1**), arbeitete zusammen mit den damals maßgeblichen Browser-Herstellern daran, ihre erheblich unterschiedlichen Programme auf die Linie der »Empfehlungen« des World Wide Web Consortium (W3C) zu bringen. Die Standardisierung anhand dieser Spezifikationen brachte einen Hauch von Konsistenz ins Webauthoring. Allmählich konnten die Webdesigner eine komplexe Seite in HTML schreiben und sicher sein, dass sie von zahlreichen Browsern und Betriebssystemen konsistent dargestellt wird.

Viele der W3C-Spezifikationen betreffen komplexere Kodierungs- und Architekturprobleme, über die sich der durchschnittliche Webdesigner nur selten Gedanken zu machen

> **Hinweis**
>
> Das **W3C** ist daran interessiert, den Zustand des Web voranzutreiben. Es gibt seit 1996 Empfehlungen heraus und strebt danach, Lösungen für die vielfältigen technischen Herausforderungen bereitzustellen, die das Web bietet.

braucht. Seit einer standardisierten HTML-Version Mitte der neunziger Jahre des vorigen Jahrhunderts stellte das W3C jedoch eine Reihe von Spezifikationen für Browsercode auf, die versuchten, das Kompatibilitätsproblem auf intelligente, anwendbare und verfügbare Weise zu lösen.

DIE STANDARDS – WOFÜR SIE GUT SIND

Zu den W3C-Arbeitsgruppen gehören Menschen mit vielfältigen Hintergründen und Spezialgebieten, die sich zusammengefunden haben, um die Probleme vorab zu beheben, mit denen sich ein durchschnittlicher Webdesigner niemals konfrontiert sehen sollte. Ihr Ziel besteht darin, Empfehlungen auszusprechen, die so gut durchdacht sind, dass die Entwickler von Authoringprogrammen und Browsern eine klare Richtlinie vorfinden, an die sie sich halten können, und dass die Autoren und Designer sicher sein können, dass ihre Sites von möglichst vielen Benutzerprogrammen dargestellt und *genutzt* werden können.

Mit »Benutzerprogrammen« meinen wir natürlich Webbrowser, wobei der übliche Webbrowser nur die Spitze des Eisbergs bildet. Da sich tragbare Geräte wie Mobiltelefone im Aufwind befinden, surfen immer mehr Benutzer ohne die Fesseln des stationären Computers im Web. Nicht alle wollen den Browser Ihrer Wahl benutzen, nicht alle können es. Behinderte müssen zum Beispiel Hilfsmittel wie *Bildschirmlesehilfen*, spezielle Braille-Bildschirme oder Vergrößerungsprogramme einsetzen.

Da das Designziel der W3C-Spezifikationen darin bestand, das inkompatible Wirrwarr des Web der neunziger Jahre zu bereinigen, wäre es kaum sinnvoll, für diese unterschiedlichen Benutzerprogramme verschiedene Versionen derselben Site bereitzustellen. Die Empfehlungen, die HTML 4.01, XHTML, Cascading Style Sheets (CSS) und DOM umfassen, wurden daher vor diesem Hintergrund aufgestellt.

Mit diesen Technologien befassten sich die Designer und Programmierer im Web Standards Project. Es war logisch, Spezifikationen zu unterstützen, die eine möglichst breite Zugänglichkeit der Inhalte garantierten und gleichzeitig eine präzise optische Steuerung möglich machten. CSS erfüllte diese Voraussetzungen, stellte aber ein vollkommen neues Verfahren zur Erstellung von Websites dar. Es erwies sich als Herausforderung, andere Designer davon zu überzeugen, dass es in ihrem Interesse liege, CSS zu lernen, und die ersten Jahre des neuen Jahrtausends vergingen damit, genau zu erkunden, wie es einzusetzen war.

Dieses Klima herrschte im Web, als die Idee des Zen-Gartens entstand. Zu diesem Zeitpunkt arbeiteten Kodierer und Programmierer mit CSS. Sie waren Meister darin, die technischen Probleme bei seiner Implementierung zu lösen, aber die von ihnen erstellten Layouts galten als minimalistisch, unterkühlt und wenig inspirierend. Die Grafikdesigner hatten CSS noch nicht aufgegriffen, weil es keine außergewöhnlichen Beispiele für CSS-*Design* gab.

DIE SAAT AUSBRINGEN

Ende 2002 begann Dave Shea, der Schöpfer des Zen-Gartens, über dieses Problem nachzudenken. Wie konnten sich diejenigen, die in der Lage waren, mit CSS wirklich Schönes zu schaffen, von Beispielen inspirieren lassen, die alles andere als schön waren? Da er Hintergrundwissen sowohl in der Kodierung als auch in den bildenden Künsten besaß, war sich Shea sowohl über das Potenzial von CSS als Designsprache im Klaren als auch über die Tatsache, dass diejenigen, die es verwenden sollten, dies nicht taten.

Eine Idee begann zu keimen: Gäbe es nur eine zentrale Sammlung großartiger CSS-Designarbeiten! Das Vorhandene lediglich zu sammeln, würde nicht funktionieren, denn es *gab* nicht viel. Der Schlüssel zur Förderung dieser Idee bestand darin, Designer zu neuen, hervorragenden CSS-Arbeiten zu ermutigen. Die Saat für ein neues Projekt wurde gesät.

Einflüsse
In einem Artikel von 2002 beschwor Jeffrey Zeldman, ein Mitbegründer des Web Standards Project, diejenigen, die die Vorzüge des Designs mit Webstandards verstanden hatten, ihre Zeit nicht mehr damit zu verbringen, andere von seinen Vorteilen zu überzeugen, sondern sie stattdessen ein-

> **Hinweis**
> Webstandards sind keine Standards oder Normen im eigentlichen Sinne. Niemand ist verpflichtet, sie umzusetzen, und selbst das W3C bezeichnet sie lediglich als „Empfehlungen" (Recommendations). Viele betrachten sie aber dennoch als Normen für die Praxis. Mehr darüber erfahren Sie im Artikel „What Is a Web Standard?" unter www.webstandards.org/2004/10/26/what-is-a-web-standard.

> **Hinweis**
> Den ursprünglichen Artikel von Zeldman finden Sie auf The Daily Report unter www.zeldman.com/daily/0802c.html#Evangeline.

> **Hinweis**
> Daily CSS Fun finden Sie unter www.placenamehere.com/neuralustmirror/200202.

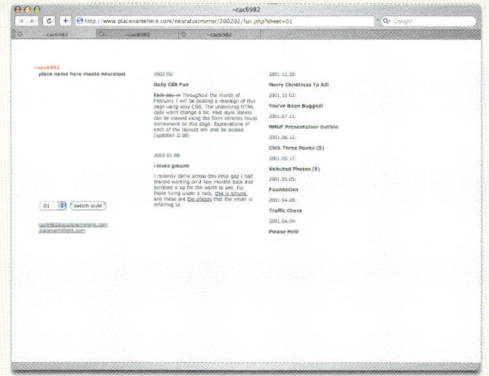
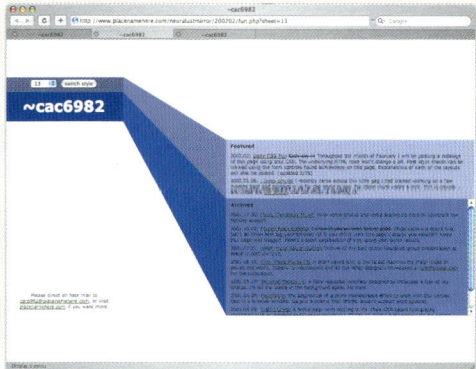

ABBILDUNG 2 Stylesheet-Beispiele aus Daily CSS Fun

fach selbst zu nutzen. So ließen sich diese Vorteile am besten demonstrieren und das Mantra des Projekts lautete jetzt: »Nicht verkaufen, sondern zeigen!« Zeldman fuhr damit fort, den definitiven Leitfaden über das Thema zu verfassen: *Designing with Web Standards* (New Riders, 2003).

Der Webentwickler Chris Casciano schuf 2002 ein Projekt mit dem Namen Daily CSS Fun (**ABBILDUNG 2**). Er stellte sich vor, einen Monat lang täglich ein neues Stylesheet herauszugeben, das den zugrunde liegenden HTML-Code auf völlig unterschiedliche Art modifizieren sollte. Er behauptete nicht, Grafikdesigner zu sein, aber die Ergebnisse waren wegen der einzigartigen Einblicke in die Möglichkeiten, die CSS für Layoutzwecke bietet, beeindruckend.

Wegen der anhaltenden Beliebtheit von Netscape Navigator 4, eines Browsers ohne ausreichende CSS-Unterstützung, waren diese Lektionen theoretisch hübsch, aber weit entfernt von der Praktikabilität für die alltägliche Nutzung im Web. All dies änderte sich, als der Marktanteil von Netscape Navigator sank und der Browser 2003 kaum noch präsent war. Es war an der Zeit, weitere Schritte zu unternehmen.

Erste Überlegungen

Die Ideen für den Zen-Garten wurden gesammelt und im Mai 2003 veröffentlichte Shea das Ergebnis auf seiner Website, www.mezzoblue.com, und verschob es anschließend sehr schnell in die Domain, in der es sich heute befindet, www.csszengarden.com.

Ende 2002 hatte Shea bereits begonnen, vorläufige Prototypen für den Zen-Garten zu erstellen. Diese verwendeten abwechselnd vier Stylesheets, die jeweils eins der vier antiken Elemente thematisierten: Erde, Wasser, Feuer und Luft. Damals war die Idee noch nicht vollständig entwickelt und Bilder machten nur einen geringen Teil der Gleichung aus. Wie in **ABBILDUNG 3** bis **6** gezeigt, waren die ersten Entwürfe des Zen-Gartens alles andere als inspirierend.

Die Designs waren langweilig, weil es ihnen einfach an Bildern fehlte. Hintergrundbilder wurden mit Hilfe der Eigenschaft `background-image` hinzugefügt, Vordergrundbilder waren gar nicht möglich: Bei Verwendung des Tags `img` ging die Flexibilität verloren; man wäre auf eine einzige Gruppe von Bildern beschränkt und müsste ständig um sie herumarbeiten. Hintergrundbilder allein reichen aber nicht aus, weil sich die Designarbeit häufig auf bildliche Darstellungen stützt, die neben dem Text wirken, nicht hinter ihm. Hintergrundbilder stellen insofern nur eine halbe Lösung dar.

Die Notlösung für das Problem fand sich, als Douglas Bowman seinen heute berüchtigten Artikel »Using Background-Image to Replace Text« veröffentlichte. Nachdem diese Methode bekannt geworden war, hatte der letzte Schlüssel seinen Platz im Schloss gefunden: Vordergrundbilder konnten problemlos platziert werden, indem sie sich in die zahlreichen Textelemente einer Seite einhakten und diese durch grafische Entsprechungen ersetzten. CSS und ein wenig zusätzliches anpassbares Markup ermöglichen es, Textelemente innerhalb einer Zeile durch Hintergrundbilder zu ersetzen – ähnlich dem Verhalten eines `img`-Tags bei korrektem `alt`-Text.

> # Hinweis
> Wenn Sie Bowmans Originalartikel auf Stopdesign (www.stopdesign.com/articles/replace_text) lesen, werden sie feststellen, dass er die Existenz einiger Zugriffsprobleme bei der von ihm vertretenen Technik erwähnt. Es handelt sich um dieselbe Technik, die für viele Zen-Garten-Designs verwendet wurde. In Kapitel 4 gehen wir näher darauf ein.

ABBILDUNG 3 Der Prototyp Erde aus der Zeit vor dem Zen-Garten

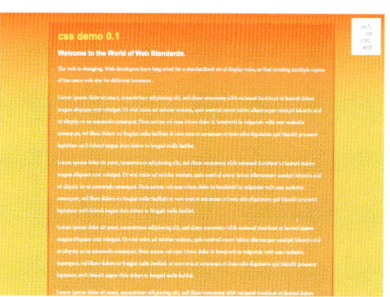

ABBILDUNG 4 Der Prototyp Feuer aus der Zeit vor dem Zen-Garten

ABBILDUNG 5 Der Prototyp Wind aus der Zeit vor dem Zen-Garten

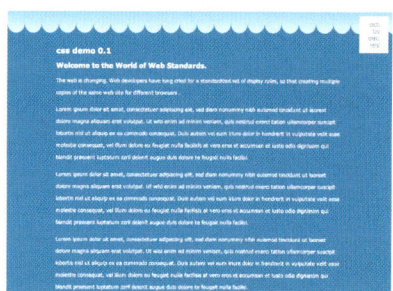

ABBILDUNG 6 Der Prototyp Wasser aus der Zeit vor dem Zen-Garten

Im April 2003 begann die ernsthafte Planung für den Zen-Garten. Eine einzige HTML-Datei wurde angelegt, die als Master dienen sollte, außerdem fünf erste Designs für den Start der Site (**ABBILDUNG 7** bis **11**).

ABBILDUNG 7 #001, Tranquille

ABBILDUNG 8 #002, Salmon Cream Cheese.

ABBILDUNG 9 #003, Stormweather.

ABBILDUNG 10 #004, arch4.20.

ABBILDUNG 11 #005, Blood Lust.

Hinweis

Da eine Änderung der HTML-Datei des Zen-Gartens nach dem Eintreffen der ersten Beiträge nicht mehr möglich war, wurde zusätzliche Zeit investiert, um sicherzustellen, dass Auszeichnung und Formulierung des geschriebenen Textes angemessen waren und dass es ausreichend class- und id-Elemente gab, um den Stil zu modifizieren. Nach dem Start kamen weitere Überlegungen zur Auszeichnung hinzu, die nicht vorhersehbar gewesen waren – darüber sprechen wir später in diesem Kapitel.

DAS VORGABEDESIGN – TRANQUILLE

Obwohl sich die ersten fünf Designs als bedeutsam für den Anfangserfolg erwiesen, sollte nur das Vorgabedesign auf Dauer in prominenter Position sichtbar bleiben. Das fein gestaltete, minimalistische Design *Tranquille* wurde von vornherein als Vorgabe entworfen, obwohl das Design Nummer 2, *Salmon Cream Cheese*, wegen seiner direkteren Wirkung eine Zeit lang in Erwägung gezogen wurde. Glücklicherweise fiel die Entscheidung zugunsten von Tranquille aus.

Sämtliche Bilder und Texte im Vorgabedesign mit Ausnahme des Body-Typs wurden in Adobe Photoshop von Hand erstellt. Der Titeltext sollte ursprünglich aus einer Serie handgemalter kalligrafischer Pinselstriche bestehen, aber nachdem sich Shea eine Stunde mit einem Pinsel und chinesischer Tusche abgemüht hatte, entschied er, dass die Bitstream-Schriftart Calligraphic 421 die günstigere Möglichkeit darstellte (**ABBILDUNG 12**).

Da chinesische Schriftzeichen kompliziert und schön aussehen, schätzen viele Designer sie als zusätzliches Detail, das sie einer Arbeit hinzufügen können. Shea versuchte, die übliche westliche Methode des Zusammenstellens einiger zufälliger chinesischer Zeichen als mystisches Detail zu vermeiden, und investierte einige Zeit in die Erforschung der Zeichen, um der Rolle, die von der linken oberen Ecke des Designs herunterhing, eine Aussage zu verleihen. Dieser Ansatz war zwar gut gemeint, führte aber dennoch zu einem weitgehend unsinnigen Ergebnis: Die gewählten Symbole stehen für *ein Anfang*, *vollständig* oder *ganz* und *Fertigkeiten*.

Erinnern Sie sich an die Grundschulstunde, in der Sie etwas Wasserfarbe auf ein weißes Blatt Papier tropften, dann mit einem Strohhalm hineinbliesen, um eine baumähnliche Form zu erzeugen, und schließlich zerknüllte Krepppapierstückchen als »Blüten« aufklebten? Der Baum in der rechten unteren Ecke des Designs entstand aus angenehmen Erinnerungen daran. Wie Sie auf dem Screenshot erkennen können, wurde es einige Male umgearbeitet (**ABBILDUNG 13**). Dabei wurde mit einfachen Farben ein grober Umriss skizziert, über den anschließend in mehreren Schichten die Details gelegt wurden.

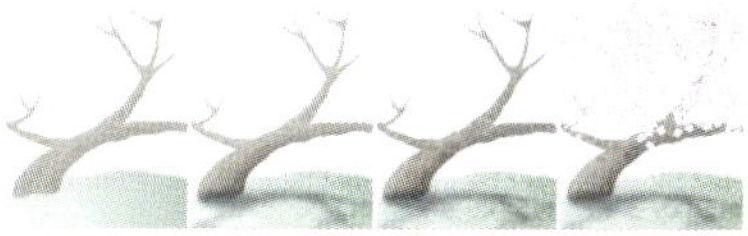

ABBILDUNG 12 Muster für Calligraphic 421

ABBILDUNG 13 Erstellen der Baumillustration

DIE FOLGEN

Innerhalb weniger Tage gingen Designs von Benutzern ein; der Datenverkehr stieg in der ersten Woche auf mehrere zehntausend Besucher pro Tag. Es meldeten sich Freiwillige, um die Site in zahlreiche andere Sprachen zu übersetzen, und sofort wurde klar, dass der Zen-Garten ein angestautes Bedürfnis befriedigte, das bisher von nichts anderem im Web abgedeckt wurde.

Seit seinem Start ist der Zen-Garten weltweit in einigen Dutzend Zeitschriften und zahlreichen Büchern aufgetaucht, was seinen kanonischen Status in der Geschichte des Webdesigns festigte. Aus der ganzen Welt gehen Dankesbriefe von Designern und Entwicklern ein, die die Site genutzt haben, um ihre Chefs, Kunden und Mitarbeiter vom Wert des CSS-Designs zu überzeugen. Die meisten, die Designs beitrugen, haben aufgrund der Präsentationsmöglichkeit, die der Zen-Garten ihnen bot, Karrieresprünge gemacht.

Obwohl der Zen-Garten von einem Einzelnen erfunden und gepflegt wurde, handelt es sich weitgehend um eine freiwillige Gemeinschaftsarbeit. Talentierte Designer tragen durch ihre Arbeit zu seinem Erfolg bei. Dabei findet jeder Einzelne im Zen-Garten etwas anderes Wertvolles, und obwohl er in erster Linie als Demonstration für den Wert von CSS-Design geschaffen wurde, ist er offensichtlich auch aus anderen Gründen von Wert, die vorher nicht erkannt wurden.

- Designer, die mit einem Layoutproblem kämpfen, finden eine Stelle, an die sie sich wenden können, wenn sie stecken bleiben; aufgrund der zahlreichen Beiträge besteht eine gute Chance, dass jemand genau ihr Problem bereits gelöst hat. Die Verwendung des CSS auf der Site als Methode zum Lösen von Layoutproblemen ist erlaubt und wird empfohlen.

- Ebenso stehen neue Layouttechniken und CSS-Effekte zur Erkundung bereit. Es gibt gute Chancen, dass Sie unter den zahlreichen Einsendungen etwas Neues finden.

- Der Zen-Garten ist ein hervorragender Ort, um die Darstellungsfähigkeiten eines Browsers zu testen. Alle Dateien sind in gültigem, auf Standards basierendem Code geschrieben, so dass sie theoretisch von allen

Browsern gleich dargestellt werden sollten. (In der Praxis gilt die zweite Aussage allerdings noch nicht. Aufgrund von Fehlern und nicht unterstützten Elementen verursachten die meisten Designer größere Darstellungsunterschiede durch unterschiedliche CSS-Filter und Hacks.)

- Der Zen-Garten ist ein allgemein zugänglicher Ort, auf den Sie Chefs und Kunden verweisen können, wenn Sie sich für standardbasiertes Design aussprechen.
- Der Zen-Garten ist ein großartiges Heilverfahren für den kreativen Blues. Sie fühlen sich festgefahren? Stöbern Sie nach Inspirationen.
- Der Zen-Garten bietet für gewiefte Experten und aufsteigende Designer gleichermaßen eine breite Präsentationsmöglichkeit. Arbeitgeber und zukünftige Kunden nehmen regelmäßig Kontakt zu den Designern der Einsendungen auf, die ihnen gefallen, um ihnen Werkverträge oder Stellen anzubieten. Häufig erscheinen die Werke in internationalen Büchern oder Zeitschriften.
- Der Zen-Garten bietet Lehrern und Dozenten ein nützliches Werkzeug, um moderne Webdesignverfahren zu vermitteln.

Hinweis

Zu wissen, welches Element in einer bestimmten Situation passt, erfordert Vertrautheit mit den grundlegenden HTML-Elementen. Wir empfehlen Stefan Münz' Werk *Professionelle Websites – Design, Programmierung und Administration von Websites* (Addison-Wesley, 2006) als praktischen Ratgeber zur Verwendung von strukturellen Markups in der Praxis. Im Anhang finden Sie weitere interessante Literaturhinweise.

Die Grundlagen schaffen

Bevor Sie sich in CSS vertiefen, benötigt Ihre Webseite eine Markup-Struktur, mit der Sie arbeiten können. Da Sie dieses Buch lesen, haben Sie wahrscheinlich von der Trennung zwischen Struktur und Präsentation gehört. Für diejenigen, die damit nicht vertraut sind, sei gesagt, dass ein wesentlicher Vorteil CSS-basierten Designs darin besteht, dass Sie die Möglichkeit haben, sich an eine gut gestaltete Dokumentstruktur anzuhängen und eine zusätzliche Gestaltungsebene hinzuzufügen, um sie attraktiv zu machen.

Eine Webseite zu formatieren, bedeutete lange Zeit, grundlegende HTML-Elemente nach ihrem *Erscheinungsbild* auszuwählen. Wenn Sie einen eingezogenen Absatz haben wollten, konnten Sie den Text zum Beispiel in das Tag `<blockquote>` einschließen, um auf beiden Seiten einen Rand einzufügen. Das Element `<blockquote>` hat jedoch

Hinweis

Worin besteht der Unterschied zwischen dem Tag `<p>` und einem p-Element? In mancher Hinsicht beziehen sich diese Begriffe auf dasselbe, aber es gibt einen feinen Unterschied. Ein Tag ist lediglich der aktuelle HTML-Begrenzer; bei `<p>`, `<div>` und `</body>` handelt es sich um Tags. Ein Element besteht aus einem öffnenden und einem schließenden Tag, die wahrscheinlich Inhalt irgendeiner Art enthalten – wobei das Tag `<br />`, das sich selbst ohne Inhalt öffnet und schließt, eine bemerkenswerte Ausnahme bildet.

Im Grunde stellt ein Element ein bestimmtes Stück Struktur dar, während ein Tag einfach die Syntax ist, mit deren Hilfe Sie die Struktur schreiben.

---

einen bestimmten Zweck: Insbesondere besagt es, dass sein Inhalt ein Textblock ist, der aus einer anderen Quelle zitiert wird – daher auch der Name. Es stattdessen nur wegen der Einzüge für allgemeinen Text zu verwenden, der eigentlich kein Zitat ist, bedeutet, das man das falsche Werkzeug einsetzt; CSS bietet die Möglichkeit, jedes beliebige Seitenelement einzuziehen.

Ein strukturiertes Dokument bedeutet im Grunde, dass Sie die richtigen Elemente für die jeweilige Aufgabe verwendet und sie nicht nach ihrem Aussehen, sondern nach ihrer Bedeutung ausgewählt haben.

Jetzt, da CSS einsatzfähig ist, besteht das Ziel darin, Formatierung und Design komplett in die CSS-Datei zu verlagern und den HTML-Code für Strukturzwecke auszuzeichnen. CSS ist die Designsprache, die auf die vorhandene Struktur aufsetzt und optische Elemente darüberlegt, während HTML die Struktur vorschreibt und nicht mehr für Designzwecke verwendet zu werden braucht.

Was haben wir also davon zu erwarten, dass wir auf eine korrekte Struktur achten? Was bedeutet »Struktur« in diesem Kontext eigentlich genau?

SEMANTISCHES MARKUP

Der Unterschied in der Philosophie zwischen Kodierung für optische und Kodierung für semantische Zwecke kann sehr fein sein. Deshalb folgt hier ein Codebeispiel als Veranschaulichung, das auf die Präsentation abzielt:

```html
<br><br>
<b><font size="2">Our Family</font></b>
<br><br>
<font size="1">Pictured are Matt and Jeremy. As usual,
Matt is making a funny face. We don't have many photos
where he isn't.</font>
```

Die folgenden Zeilen zielen dagegen auf die Semantik ab:

```html
<div id="family">
 <h3>Our Family</h3>
 <p>Pictured are Matt and Jeremy. As usual, Matt is
 making a funny face. We don't have many photos where he
 isn't.</p>
</div>
```

Im ersten Beispiel werden alle Tags streng unter Formatierungsgesichtspunkten ausgewählt. Die `<br>`-Tags dienen dazu, Zeilenumbrüche zu erzwingen, die `<b>`-Tags zeichnen den Text fett aus, und die `<font size>`-Tags legen die Textgröße fest.

Im zweiten Beispiel gilt dem Aussehen der Seite absolut kein Gedanke. Stattdessen richtet sich die Aufmerksamkeit darauf, wie gut das h3- und das p-Element die Funktion der einzelnen inhaltlichen Teile innerhalb der Seite beschreiben. Das p-Element enthält einen echten Textabsatz, das h3-Element beschreibt eine Überschrift, die innerhalb der Seite als dritte Ebene gelten kann.

Der Schlüssel liegt darin, dass es im zweiten Fall keine Rolle spielt, wie die Elemente *aussehen*, weil sie später mit CSS überschrieben werden. Sie wurden gewählt, weil sie den Inhalt am besten beschreiben. Dies entspricht der HTML-Semantik: Die jeweiligen Elemente werden nicht aufgrund ihres Erscheinungsbildes, sondern aufgrund ihres Zwecks verwendet.

Ein Dokument semantisch zu formatieren, bietet echte Vorteile, die wir später erläutern. Merken Sie sich für den Augenblick, dass ein wesentliches Designziel bei der Gestaltung mit CSS darin besteht, von einem gültigen, gut strukturierten semantischen Dokument auszugehen und die Formatierung auf diesem soliden Fundament zu errichten.

WIE SIE EIN GUTES MARKUP ERSTELLEN

Für das Erstellen eines Dokuments gibt es keine Universallösung, weil jede Seite anders ist und deshalb andere strukturelle Ansprüche stellt. Es gibt jedoch einige allgemeine Leitlinien, die Sie beim Schreiben Ihres HTML-Codes beachten sollten.

Setzen Sie DOCTYPE ein

Wenn Sie mit `DOCTYPE` (Kürzel für *Document Type*) beginnen, geben Sie damit Browsern und anderen Benutzerprogrammen an, welche Markup-Sprache Sie verwenden. Unabhängig von der gewählten Sprache ist dies der erste Schritt zu einem guten Markup.

> **Hinweis**
>
> Einen tieferen Einblick in die Trennung von Struktur und Darstellung bekommen Sie in Roger Johanssons Whitepaper »Developing with Web Standards« unter 456 Berea Street (www.456bereastreet.com/dwws).

> **Hinweis**
>
> Einen tieferen Einblick in die Probleme in Zusammenhang mit DOCTYPE bekommen Sie in Jeffrey Zeldmans Artikel »Fix Your Site with the Right DOCTYPE« unter A List Apart (www.alistapart.com/articles/doctype).

Beispiel:

```
<!DOCTYPE html PUBLIC "-//W3C//DTD XHTML 1.0 Strict//EN"
  "http://www.w3.org/TR/xhtml1/DTD/xhtml1-strict.dtd">
```

Geben Sie Sprache und Zeichensatz an

Genauso wichtig wie `DOCTYPE` ist die Angabe der natürlichen Sprache Ihres Dokuments. Wenn Sie schon einmal über eine Seite voller Kauderwelsch gestolpert sind, die eigentlich Japanisch, Griechisch, Suaheli oder sonst etwas sein sollte, haben Sie wahrscheinlich erlebt, was geschieht, wenn der Autor des Dokuments vergessen hat, die Kodierung festzulegen. Da Google und andere Suchmaschinen die Ergebnisse anhand der Sprache einer Suchanfrage unterschiedlich filtern, zahlt sich die korrekte Kodierung aus, wenn Sie Treffer bei Suchmaschinen erzielen wollen. Die Zeichenkodierung an sich untersuchen wir weiter hinten in diesem Kapitel genauer.

Beispiele:

```
<html xmlns="http://www.w3.org/1999/xhtml"
➥xml:lang="en" >
```

Diese Zeile legt die XML-Sprache des Dokuments fest, in diesem Fall den ISO-Code für Englisch, en.

```
<meta http-equiv="Content-Type" content="text/html;
➥charset=utf-8" />
```

Diese Zeile weist dem Dokument einen Zeichensatz zu, nämlich UTF-8.

Geben Sie dem Kind einen Namen

Jede Seite braucht ein aussagekräftiges `<title>`-Element. Diese werden als Linkbeschreibungen im Browser des Betrachters abgelegt, wenn er ein Lesezeichen auf die Seite setzt. Suchmaschinen betrachten Schlüsselwörter, die in einem Seitentitel stehen, als bedeutsamer und stufen sie in vielen Fällen höher ein. Jede Seite einer Site verdient nach Möglichkeit einen eigenen eindeutigen Titel – er sollte aussagekräftig und für die betreffende Seite relevant sein, anstatt sich allgemein auf die Site zu beziehen.

Beispiel:

```
<title>css Zen Garden: The Beauty in CSS Design</title>
```

Verwenden Sie passende Elemente

Darauf haben wir bereits hingewiesen, aber eine Wiederholung ist angebracht: Zeichnen Sie Ihr Dokument mit HTML-Elementen aus, die die Struktur des Inhalts beschreiben, nicht das Aussehen. Verwenden Sie ein `p` für Absätze anstatt für Zeilenumbrüche. Nehmen Sie `blockquote` für Zitatblöcke anstatt für Einzüge usw.

Natürlich hat nicht jedes HTML-Element in XHTML 1.0 Strict überlebt. Eigentlich ist die Liste der verwendbaren Elemente in XHTML 1.0 und 1.1 kürzer geworden, aber auch konzentrierter. Wenn es kein Element gibt, das für die Struktur passt, die Sie zu erstellen versuchen, ist es an der Zeit, die Allzweckelemente `div` oder `span` in Erwägung zu ziehen. Dabei gibt es jedoch eine Schwierigkeit ... lesen Sie weiter.

Beispiel:

```
<h3>The Road to Enlightenment</h3>
```

aber nicht:

```
<code style="font-size: 1.5em;">The Road to
➥Enlightenment</code>
```

Vermeiden Sie Div-itis

Die Gefahr bei der Verwendung von `div`- und `span`-Elementen besteht darin, zu viele einzusetzen. Einige wenige davon an strategisch günstigen Stellen können die innere Struktur eines Dokuments erheblich verbessern, zu viele führen dagegen zu der Frage, ob Sie besser ein anderes Element verwenden sollten. Ein `div` sollte zum Beispiel auf keinen Fall eingesetzt werden, wenn ein `h3` sinnvoller wäre, ein `span` sollte niemals ein `label` ersetzen.

Das bedeutet jedoch nicht, sie völlig zu meiden. Ein paar `div`s an logischen Stellen innerhalb Ihres Dokuments bieten zusätzliche Steuerungsmöglichkeiten für die Gestaltung und die logische Trennung von Abschnitten. Stellen Sie sich `div` als wiederverwendbaren Container vor: Sie wollen den Inhalt sicher nicht in zu vielen Containern vergraben, einige wenige gut platzierte sorgen jedoch dafür, dass er gut sortiert ist.

> ## Hinweis
> Eine vollständige Liste der Elemente von XHTML 1.0 finden Sie in der »XHTML 1.0 Reference« der W3C-Schule (http://w3schools.com/xhtml/xhtml_reference.asp).

Beispiel:

```
<div id="pageHeader">
  <h1>css Zen Garden</h1>
  <h2>The Beauty of <acronym title="Cascading Style
  Sheets">CSS</acronym> Design</h2>
</div>
```

Minimieren Sie das Markup

Die beiden vorhergehenden Tipps implizieren, dass weniger Markup besser ist – das trifft zu. Unter der Voraussetzung, dass Sie eine solide Struktur erstellt haben, sollte die Reduzierung des Markup-Umfangs ein universelles Ziel sein. Verwenden Sie nur die Elemente, die erforderlich sind, und kappen Sie die übrigen. Dadurch wird nicht nur die Datei kleiner – und die Ladezeit kürzer –, sondern der Browser braucht auch weniger Zeit, um die endgültige Datei zu interpretieren, so dass sie schneller auf dem Bildschirm erscheint.

Beispiel:

```
<p>The Zen Garden aims to excite, inspire, and
encourage participation.</p>
```

nicht:

```
<div>
  <p><span class="text">The Zen Garden aims to excite,
  inspire, and encourage participation.</span></p>
</div>
```

Setzen Sie Class und ID richtig ein

Kennzeichnende Attribute für verschiedene Elemente ermöglichen es, später mit CSS und JavaScript darauf aufzusetzen. Eine *class* ist ein wiederverwendbares Attribut, das für jedes Element einer Seite eingesetzt werden kann, *id* dagegen ist ein eindeutiges Attribut, das nur einmal pro Seite verwendet werden darf.

Auf ein Element können Sie mehrere Klassen anwenden und eine Klasse kann mehrmals pro Seite benutzt werden. Auf ein einzelnes Element können Sie sowohl `class` als auch `id` anwenden; denken Sie jedoch daran, dass die Verwendung mehrerer Instanzen derselben `id` auf einer Seite ungültig ist. Alphanumerische Zeichen (a–z, A–Z, 0–9) können in `class`- und in `id`-Namen verwendet werden, wobei die Namen jedoch nicht mit einer Ziffer beginnen dürfen. Außerdem ist es wegen der einfacheren Fehlersuche klug, auf Groß- und Kleinschreibung zu achten, obwohl manche Browser in dieser Hinsicht tolerant sind.

Drei Beispiele für gültige Bezeichner:

```
<body class="homepage">

<p id="introduction">

<div id="section5" class="top corner solid">
```

Zwei Beispiele für ungültige Bezeichner:

```
<span class="15pxhigh">

<div id="footer"><div id="footer">
```

DIE ZEIT WIRD ES ZEIGEN

Wenn Sie jemals ein Dokument verfasst haben, das für längere Zeit Bestand haben sollte, werden Sie anerkennen, dass es beträchtlicher Aufmerksamkeit bedarf, alles richtig zu machen.

Nehmen Sie zum Beispiel die Verlagsbranche. Dieses Buch ist von mehreren Personen bearbeitet und korrigiert worden, um die Sprache zu straffen und die Fakten zu überprüfen. Da Bücher tendenziell länger in den Regalen der Leser verbleiben als eine Webseite im Cache eines Browsers, muss die gesamte Arbeit im Voraus geleistet werden, um zu gewährleisten, dass ein korrektes Manuskript herauskommt. (Klopfen Sie auf Holz!)

Das Web ist gleichzeitig bequem und problematisch: Es weist solche Einschränkungen nicht auf. Eine Website wird von einem Computer einmalig bereitgestellt, sobald ein Betrachter darauf zugreift. Dies bedeutet zunächst, dass Sie nach dem Datum der Veröffentlichung noch darangehen können, Inhalt oder Gestaltung zu ändern. Jeder spätere Besucher sieht die Änderungen – anders als bei einem Buch, das sich nicht ändert, bis es aktualisiert oder in einer zweiten Auflage gedruckt wird. Natürlich ist die Versuchung, weiter zu tüfteln und nachzubearbeiten, häufig groß, sehr zum Ärger der Designer, die einen festen Vertrag unterzeichnet haben.

Obwohl sich auch der Zen-Garten im Web befand, bot er einige einmalige Herausforderungen, die das Schreiben des zugrunde liegenden HTML-Codes mehr dem Schreiben eines Buches vergleichbar machten. Eine Veränderung des Markups nach dem Eintreffen der ersten Designs hätte die älteren Beiträge zerstört und die Ziele der Seite auf unfaire Weise verändert. Die Bearbeitung des Textes hätte die Dokumentgröße verändert und möglicherweise das Layout einiger Designs unvorhersehbar modifiziert. Strukturelle oder optische Änderungen wären schädlich gewesen. Der HTML-Code musste also genau so bleiben, wie er war.

DER HTML-QUELLTEXT FÜR DEN ZEN-GARTEN

Sehen Sie die HTML-Struktur des Zen-Gartens als so dauerhaft an wie ein Buch. Sie wird sich nicht ändern, auch wenn es zahlreiche Möglichkeiten gäbe, sie zu verbessern. Der Inhalt als solcher mag optimiert werden, aber die grundlegenden HTML-Elemente sind zementiert.

Auf den nächsten Seiten finden Sie ein vollständiges Listing des HTML-Quellcodes für den Zen-Garten, um in den folgenden Kapiteln darauf zurückgreifen zu können. Eine Kopie davon erhalten Sie auch, wenn Sie die Site – www.csszengarden.com – besuchen und sich den Quelltext in Ihrem Browser ansehen. Bei den meisten Browsern gehen Sie auf dieselbe Weise vor: Sie wählen *Ansicht > Quelltext* oder die Option, die dieser Formulierung am nächsten kommt. Sie können auch den Link zur HTML-Beispieldatei auf der Zen-Garten-Site suchen und sie herunterladen.

In diesem Listing wurden Kommentare, die im Originalquelltext auf der Site stehen, zugunsten von Hinweisen am Seitenrand gelöscht, die einige Abschnitte genauer erläutern und Überlegungen zu verschiedenen Punkten enthalten. Die Kommentare können Sie nach wie vor lesen, wenn Sie die Site besuchen.

Hinweis

Der Inhalt der CSS-Garten-Seite ist im Anhang übersetzt (Kapitel *Der Zen-Garten übersetzt* ab Seite 356).

```
<!DOCTYPE html PUBLIC "-//W3C//DTD XHTML 1.0 Strict//EN"
  "http://www.w3.org/TR/xhtml1/DTD/xhtml1-strict.dtd">
<html xmlns="http://www.w3.org/1999/xhtml" xml:lang="en" >
<head>


    <meta http-equiv="content-type" content="text/html;
    charset=iso-8859-1" />
    <meta name="author" content="Dave Shea" />
    <meta name="keywords" content="design, css, cascading, style,
    sheets, xhtml, graphic design, w3c, web standards, visual,
    display" />
    <meta name="description" content="A demonstration of what can be
    accomplished visually through CSS-based design." />
    <meta name="robots" content="all" />

    <title>css Zen Garden: The Beauty in CSS Design</title>




    <script type="text/javascript"></script>






    <style type="text/css" media="all">
        @import "sample.css";
    </style>

</head>
```

DOCTYPE ist wichtig, um zu kennzeichnen, welche Art von Dokument Sie erstellt haben. Siehe »Setzen Sie DOCTYPE ein« weiter vorn in diesem Kapitel.

In einer globalen Umgebung wie dem Web ist es extrem wichtig, die Zeichenkodierung des Dokuments anzugeben. Mehr dazu finden Sie unter »Zeichenkodierung« weiter hinten in diesem Kapitel, einen breiteren Überblick über die damit verbundenen Probleme in Joel Spolskys Artikel »The Absolute Minimum Every Software Developer Absolutely, Positively Must Know About Unicode and Character Sets (No Excuses!)« auf Joel on Software (www.joelonsoftware.com/articles/Unicode.html).

Dieses leere Skriptelement dient dazu, einen Stylingfehler im Microsoft Internet Explorer für Windows zu vermeiden. Siehe »Flash of Unstyled Content« auf Blue Robot (www.bluerobot.com/web/css/fouc.asp).

Diese Methode zum Import von CSS ist zwar nicht mehr notwendig, gewährleistet jedoch, dass Netscape Navigator 4 die externe CSS-Datei anwendet, anstatt einfaches Markup ohne Styling darzustellen. Siehe »Tricking Browsers and Hiding Styles« von Eric Meyer über CSS (www.ericmeyeroncss.com/bonus/trick-hide.html).

Eine auf das body-Element angewendete id heißt CSS-Signatur. Das Stylesheet eines Benutzers kann einige oder alle Formatierungen auf einer Seite überschreiben, indem es in die CSS-Signatur eingreift. Siehe »[css-d] CSS Signatures« (http://archivist.incutio.com/viewlist/css-discuss/13291).

```
<body id="css-zen-garden">
```

Durch die Unterbringung logisch zusammengehörender Gruppen von Elementen in getrennten div-Elementen wird die Gestaltung des Layouts einfacher und flexibler.

```
<div id="container">
    <div id="intro">
        <div id="pageHeader">
            <h1><span>css Zen Garden</span></h1>
            <h2><span>The Beauty of <acronym title="Cascading Style
            Sheets">CSS</acronym> Design</span></h2>
        </div>

        <div id="quickSummary">
            <p class="p1"><span>A demonstration of what can be
            accomplished visually through <acronym title="Cascading
            Style Sheets">CSS</acronym>-based design. Select any
            style sheet from the list to load it into this page.
            </span></p>
```

Machen Sie die Sache immer einfacher, als sie sein müsste. Auch wenn diejenigen, die daran interessiert sind, Beiträge zum Zen-Garten zu liefern, wissen sollten, wie sie die Beispieldateien von den Links herunterladen (Rechtsklick auf den Link und »Speichern unter«), beherrscht es nicht jeder, der den Code studieren möchte. Es kommen immer noch E-Mails mit der Frage, wie man die Dateien speichert, was einfach zeigt, dass es immer Leser gibt, mit denen man nicht rechnet.

```
            <p class="p2"><span>Download the sample <a
            href="zengarden-sample.html" title="This page's source
            HTML code, not to be modified.">html file</a> and <a
            href="zengarden-sample.css" title="This page's sample
            CSS, the file you may modify.">css file</a></span></p>
        </div>
```

Im Nachhinein wäre es sinnvoller gewesen, das div-Element #intro hier zu beenden und #preamble in #supportingText zu platzieren. Die Länge von #preamble deutet darauf hin, dass es logisch eher zu dem längeren Textblock passt, der den wesentlichen Teil der Seite bildet, als in die Einleitung. Auch Positionierung und Stil wären auf diese Weise flexibler handzuhaben gewesen.

```
        <div id="preamble">
            <h3><span>The Road to Enlightenment</span></h3>
            <p class="p1"><span>Littering a dark and dreary road lay
            the past relics of browser-specific tags, incompatible
            <acronym title="Document Object Model">DOM</acronym>s,
            and broken <acronym title="Cascading Style Sheets">CSS
            </acronym> support.</span></p>
```

```
            <p class="p2"><span>Today, we must clear the mind of
            past practices. Web enlightenment has been achieved
            thanks to the tireless efforts of folk like the <acronym
            title="World Wide Web Consortium">W3C</acronym>, <acronym
            title="Web Standards Project">WaSP</acronym> and the
            major browser creators.
            </span></p>
            <p class="p3"><span>The css Zen Garden invites you to
            relax and meditate on the important lessons of the
            masters. Begin to see with clarity. Learn to use the (yet
            to be) time-honored techniques in new and invigorating
            fashion. Become one with the web.</span></p>
        </div>
    </div>

<div id="supportingText">
    <div id="explanation">
        <h3><span>So What is This About?</span></h3>
        <p class="p1"><span>There is clearly a need for <acronym
        title="Cascading Style Sheets">CSS</acronym> to be taken
        seriously by graphic artists. The Zen Garden aims to
        excite, inspire, and encourage participation. To begin,
        view some of the existing designs in the list. Clicking on
        any one will load the style sheet into this very page. The
        code remains the same, the only thing that has changed is
        the external .css file. Yes, really.</span></p>

        <p class="p2"><span><acronym title="Cascading Style
        Sheets">CSS</acronym> allows complete and total control
        over the style of a hypertext document. The only way this
        can be illustrated in a way that gets people excited is
        by demonstrating what it can truly be, once the reins
        are placed in the hands of those able to create beauty
        from structure. To date, most examples of neat tricks and
        hacks have been demonstrated by structurists and coders.
        Designers have yet to make their mark. This needs to
        change.</span></p>
    </div>

    <div id="participation">
        <h3><span>Participation</span></h3>
        <p class="p1"><span>Graphic artists only please. You are
        modifying this page, so strong <acronym title="Cascading
        Style Sheets">CSS</acronym> skills are necessary, but the
        example files are commented well enough that even <acronym
        title="Cascading Style Sheets">CSS</acronym> novices can
        use them as starting points. Please see the <a href="http://
        www.mezzoblue.com/zengarden/resources/" title="A listing
        of CSS-related resources"><acronym title="Cascading Style
        Sheets">CSS</acronym> Resource Guide</a> for advanced
        tutorials and tips on working with <acronym title="Cascading
        Style Sheets">CSS</acronym>.</span></p>
        <p class="p2"><span>You may modify the style sheet in any
        way you wish, but not the <acronym title="HyperText Markup
        Language">HTML</acronym>. This may seem daunting at first if
        you&#8217;ve never worked this way before, but follow the
        listed links to learn more, and use the sample files as a
        guide.
        </span></p>
```

Grammatik- und Markup-Pedanten werden Ihnen erzählen, dass es sich bei W3C technisch gesehen um eine Abkürzung handelt, nicht um ein Akronym. Das ist wahr und in HTML ist für solche Abkürzungen ein Element abbr definiert. Der Internet Explorer unterstützt es jedoch nicht, weshalb stattdessen häufig acronym verwendet wird.

Nein, wir wissen nicht, was ein »Strukturist« ist. Als der Text verfasst wurde, schien eine furchtbar dringende Notwendigkeit zu bestehen, zwischen denen zu unterscheiden, die kodieren, und denen, die sich mit der HTML-Struktur befassen. Wir können uns aber nicht mehr erinnern, wie diese Notwendigkeit aussah.

Was ist ’? Es ist der Zeichencode für ein korrektes typografisches Anführungszeichen ('), das anstelle der einfachen Hochkommas (') verwendet wird, die normalerweise als Auslassungszeichen dienen. Das Web unterstützt eine Vielzahl typografischer Zeichen und Konventionen, die eingesetzt werden sollten, wo immer es möglich ist. Siehe »The Trouble with EM 'n EN (and Other Shady Characters)« auf A List Apart (www.alistapart.com/articles/emen).

QUELLANSICHT

Die Bedingungen für die Einsendung haben sich als Reaktion auf die überwältigende Menge geändert. Lesen Sie unter »Submission Guidelines« auf mezzoblue.com (www.mezzoblue.com/zengarden/submit/guidelines) die neuesten Informationen, bevor Sie Ihre Arbeit einreichen.

Wie Sie in Kapitel 7 sehen werden, gibt es jetzt Möglichkeiten, mit erweiterten CSS-Effekten zu experimentieren und gleichzeitig für ältere Browser eine abgespeckte Version der Formatierung bereitzustellen. Einige Designs haben diese Idee verfolgt, so dass die Anforderungen an die Browser-Unterstützung besser in „Folgen Sie Ihrem eigenen Urteilsvermögen!" geändert werden sollten.

Zwar werden Einsendungen mit mehreren Browsern geprüft, bevor sie in den Zen-Garten aufgenommen werden, aber für die eigentlichen Tests bleiben die Designer zuständig. Wenn Sie gelegentliche Layoutfehler feststellen, denken Sie daran, dass die Einsendungen aus aller Welt kommen. Manchmal hat der Einsender keinen Zugriff auf die Browser und Betriebssysteme, die Ihnen zur Verfügung stehen.

```
    <p class="p3"><span>Download the sample <a href="zengarden-
    sample.html" title="This page's source HTML code, not to
    be modified.">html file</a> and <a href="zengarden-sample.
    css" title="This page's sample CSS, the file you may
    modify.">css file</a> to work on a copy locally. Once you
    have completed your masterpiece (and please, don&#8217;t
    submit half-finished work) upload your .css file to a web
    server under your control. <a href="http://www.mezzoblue.
    com/zengarden/submit/" title="Use the contact form to send
    us your CSS file">Send us a link</a> to the file and if we
    choose to use it, we will spider the associated images.
    Final submissions will be placed on our server.</span></p>
</div>

<div id="benefits">
    <h3><span>Benefits</span></h3>
    <p class="p1"><span>Why participate? For recognition,
    inspiration, and a resource we can all refer to when making
    the case for <acronym title="Cascading Style Sheets">CSS
    </acronym>-based design. This is sorely needed, even today.
    More and more major sites are taking the leap, but not
    enough have. One day this gallery will be a historical
    curiosity; that day is not today.</span></p>
</div>

<div id="requirements">
    <h3><span>Requirements</span></h3>
    <p class="p1"><span>We would like to see as much <acronym
    title="Cascading Style Sheets, version 1">CSS1</acronym> as
    possible. <acronym title="Cascading Style Sheets, version
    2">CSS2</acronym> should be limited to widely-supported
    elements only. The css Zen Garden is about functional,
    practical <acronym title="Cascading Style Sheets">CSS
    </acronym> and not the latest bleeding-edge tricks viewable
    by 2% of the browsing public. The only real requirement
    we have is that your <acronym title="Cascading Style
    Sheets">CSS</acronym> validates.</span></p>

    <p class="p2"><span>Unfortunately, designing this way
    highlights the flaws in the various implementations of
    <acronym title="Cascading Style Sheets">CSS</acronym>.
    Different browsers display differently, even completely
    valid <acronym title="Cascading Style Sheets">CSS
    </acronym> at times, and this becomes maddening when a
    fix for one leads to breakage in another. View the <a
    href="http://www.mezzoblue.com/zengarden/resources/"
    title="A listing of CSS-related resources">Resources</a>
    page for information on some of the fixes available. Full
    browser compliance is still sometimes a pipe dream, and
    we do not expect you to come up with pixel-perfect code
    across every platform. But do test in as many as you can.
    If your design doesn&#8217;t work in at least IE5+/Win
    and Mozilla (run by over 90% of the population), chances
    are we won&#8217;t accept it.</span></p>
    <p class="p3"><span>We ask that you submit original artwork.
    Please respect copyright laws. Please keep objectionable
    material to a minimum; tasteful nudity is acceptable,
    outright pornography will be rejected.</span></p>
```

```html
    <p class="p4"><span>This is a learning exercise as well
    as a demonstration. You retain full copyright on your
    graphics (with limited exceptions, see <a href="http://
    www.mezzoblue.com/zengarden/submit/guidelines/
    ">submission guidelines</a>), but we ask you release your
    <acronym title="Cascading Style Sheets">CSS</acronym>
    under a Creative Commons license identical to the <a
    href="http://creativecommons.org/licenses/sa/1.0/"
    title="View the Zen Garden's license information.">one on
    this site</a> so that others may learn from your work.
    </span></p>
    <p class="p5"><span>Bandwidth graciously donated by
    <a href="http://www.dreamfirestudios.com/">DreamFire
    Studios</a>. Get the <a href="/book/">Book
    </a>!</span></p>
</div>

<div id="footer">
    <a href="http://validator.w3.org/check/referer"
    title="Check the validity of this site&#8217;s
    XHTML">xhtml</a>  
    <a href="http://jigsaw.w3.org/css-validator/check/
    referer" title="Check the validity of this site&#8217;s
    CSS">css</a>  
    <a href="http://creativecommons.org/licenses/by-nc-
    sa/1.0/" title="View details of the license of this site,
    courtesy of Creative Commons.">cc</a>  
    <a href="http://bobby.watchfire.com/bobby/bobbyServlet?
    URL=http%3A%2F%2Fwww.mezzoblue.com%2Fzengarden%2F&amp;
    output=Submit&amp;gl=sec508&amp;test=" title="Check the
    accessibility of this site according to U.S. Section
    508">508</a>  
    <a href="http://bobby.watchfire.com/bobby/bobbyServlet?
    URL=http%3A%2F%2Fwww.mezzoblue.com%2Fzengarden%2F&amp;
    output=Submit&amp;gl=wcag1-aaa&amp;test=" title="Check
    the accessibility of this site according to WAI Content
    Accessibility Guidelines 1">aaa</a>
</div>

</div>

<div id="linkList">
    <div id="linkList2">

        <div id="lselect">
            <h3 class="select"><span>Select a Design:</span></h3>

            <ul>
                <li><a href="/" title="AccessKey: a"
                accesskey="a">Sample #1</a> by <a href="http://www.
                mezzoblue.com/" class="c">Dave Shea</a> </li>
                <li><a href="/" title="AccessKey: b"
                accesskey="b">Sample #2</a> by <a href="http://www.
                mezzoblue.com/" class="c">Dave Shea</a> </li>
                <li><a href="/" title="AccessKey: c"
                accesskey="c">Sample #3</a> by <a href="http://www.
                mezzoblue.com/" class="c">Dave Shea</a> </li>
```

> Die Liste der Links in `#footer` ist eine Liste ... warum wurde kein `ul` verwendet, um diese Gruppe von Links zu strukturieren? Das ist eine rhetorische Frage – sie sollten eigentlich in irgendeinem Listenelement enthalten sein.

> Als das Markup für Zen Garden geschrieben wurde, waren die `li`-Elemente um die einzelnen Links eigentlich `span`s, die einen Fehler auslösten, wenn automatisierte Dienste den universellen Zugriff prüften. Der Zusatz ` ` am Ende jedes Links war ein irriger Versuch, das Problem zu umgehen. Die `span`s wurden schnell durch eine Liste ersetzt, bevor es zu spät war, aber die alten ` `s verschwanden nie ganz.

Zugriffsschlüssel stellen eine Hilfstechnik für die einfachere Bewegung auf einer Website dar, haben aber durchaus ihre Tücken. Siehe »Using Accesskeys – Is it worth it?« auf WATS.ca (www.wats.ca/show.php?contentid=32).

Diese Methode zum Durchsuchen der Designs ist lächerlich ungeeignet, seit es mehr als hundert gibt. Der Link auf eine externe Liste der Designs (www.mezzoblue.com/zengarden/alldesigns) ist wesentlich sinnvoller. Trotzdem wird er oft übersehen. Viele Leser gehen davon aus, dass der Zen-Garten nur acht Designs enthält, und finden die Archive nie. Machen Sie nicht denselben Fehler!

Obwohl die Methode »Quelle ansehen« bei denen, die eine Zeit lang im Web gearbeitet haben, zum festen Verfahrensbestand gehört, schickten so viele Neulinge E-Mails mit der Frage, wie sie die CSS-Dateien der einzelnen Designs ansehen könnten, dass kurz nach dem Start ein Link gesetzt wurde.

```
        <li><a href="/" title="AccessKey: d"
        accesskey="d">Sample #4</a> by <a href="http://www.
        mezzoblue.com/" class="c">Dave Shea</a> </li>
        <li><a href="/" title="AccessKey: e"
        accesskey="e">Sample #5</a> by <a href="http://www.
        mezzoblue.com/" class="c">Dave Shea</a> </li>
        <li><a href="/" title="AccessKey: f"
        accesskey="f">Sample #6</a> by <a href="http://www.
        mezzoblue.com/" class="c">Dave Shea</a> </li>
        <li><a href="/" title="AccessKey: g"
        accesskey="g">Sample #7</a> by <a href="http://www.
        mezzoblue.com/" class="c">Dave Shea</a> </li>
        <li><a href="/" title="AccessKey: h"
        accesskey="h">Sample #8</a> by <a href="http://www.
        mezzoblue.com/" class="c">Dave Shea</a> </li>
    </ul>
</div>

<div id="larchives">
    <h3 class="archives"><span>Archives:</span></h3>
    <ul>
        <li><a href="/" title="View next set of
        designs. AccessKey: n" accesskey="n"><span
        class="accesskey">n</span>ext designs &raquo;</
        a> </li>
        <li><a href="/" title="View previous set of
        designs. AccessKey: p" accesskey="p">&laquo; <span
        class="accesskey">p</span>revious designs</a></li>
        <li><a href="http://www.mezzoblue.com/zengarden/
        alldesigns/" title="View every submission to the
        Zen Garden. AccessKey: w" accesskey="w">Vie<span
        class="accesskey">w</span> All Designs</a></li>
    </ul>
</div>

<div id="lresources">
    <h3 class="resources"><span>Resources:</span></h3>
    <ul>
        <li><a href="http://www.csszengarden.com/001/001.
        css" title="View the source CSS file for
        the currently-viewed design, AccessKey: v"
        accesskey="v"><span class="accesskey">V</span>iew
        This Design&#8217;s <acronym title="Cascading Style
        Sheets">CSS</acronym></a></li>
        <li><a href="http://www.mezzoblue.com/zengarden/
        resources/" title="Links to great sites with
        information on using CSS. AccessKey: r"
        accesskey="r"><acronym title="Cascading Style
        Sheets">CSS</acronym> <span class="accesskey">R</
        span>esources</a></li>
        <li><a href="http://www.mezzoblue.com/zengarden/
        faq/" title="A list of Frequently Asked
        Questions about the Zen Garden. AccessKey: q"
        accesskey="q"><acronym title="Frequently Asked
        Questions">FA<span class="accesskey">Q</span></
        acronym></a></li>
        <li><a href="http://www.mezzoblue.com/
```

```
                    zengarden/submit/" title="Send in your own
                    CSS file. AccessKey: s" accesskey="s"><span
                    class="accesskey">S</span>ubmit a Design</a></li>

                    <li><a href="http://www.mezzoblue.com/zengarden/
                    translations/" title="View translated versions
                    of this page. AccessKey: t" accesskey="t"><span
                    class="accesskey">T</span>ranslations</a></li>
                </ul>
            </div>
        </div>
    </div>

</div>

<div id="extraDiv1"><span></span></div>
<div id="extraDiv2"><span></span></div>
<div id="extraDiv3"><span></span></div>
<div id="extraDiv4"><span></span></div>
<div id="extraDiv5"><span></span></div>
<div id="extraDiv6"><span></span></div>


</body>
</html>
```

> Wie Sie in einigen Designs sehen, dienen die völlig leeren divs und spans dazu, Bilder hinzuzufügen, wenn es innerhalb der regulären Elementgruppen nicht geht. Stellen Sie sich diese Elemente als wiederverwendbare img-Elemente vor.

DIE SICHTBARE STRUKTUR

Der Designer Andy Clarke erstellte einen optischen Leitfaden für die Markup-Struktur des Zen-Gartens (**ABBILDUNG 14**). Er demonstriert hervorragend, wie die verschiedenen Elemente ineinander verschachtelt sind, und dient als guter Ausgangspunkt zum Studieren und Übernehmen des Zen-Garten-Markups. Lesen Sie dazu auch Clarkes Begleittext »3D CSS Zen Garden« (www.stuffandnonsense.co.uk/archives/3d_css_zen_garden.html).

DESIGN MIT DEM ZIEL FLEXIBILITÄT

Von Anfang an bestand eines der primären Ziele des Markups in maximaler Flexibilität, um variable Designs zu ermöglichen. Es war für den Zen-Garten unabdingbar, möglichst viele zusätzliche Ansatzpunkte für das Markup bereitzustellen, damit jedes einzelne Element auf der Seite nach Bedarf geändert und angepasst werden konnte. Ohne diesen Aufwand ist es unmöglich, bestimmte Seitenelemente auszuwählen. Abhängige Selektoren ermöglichen allgemeine Auswahlen folgender Art:

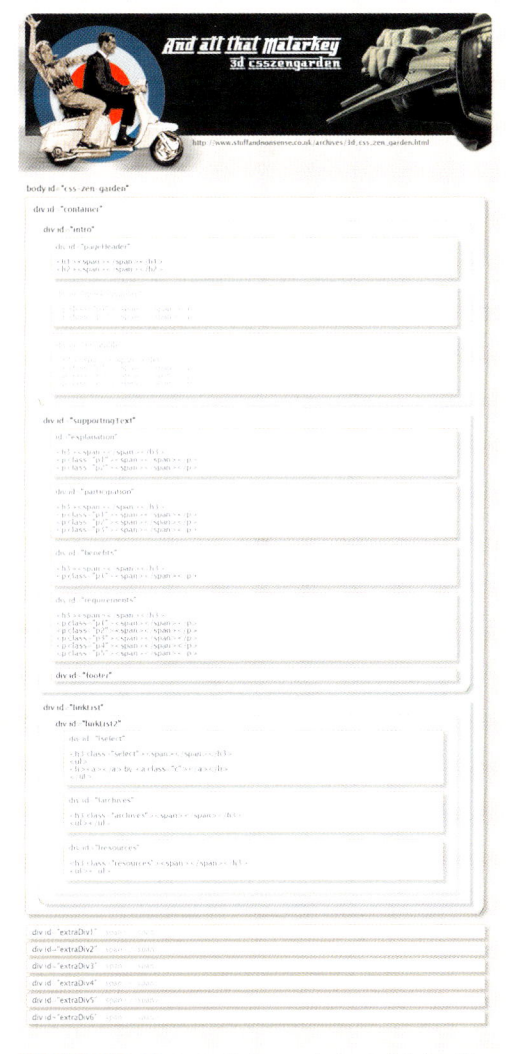

ABBILDUNG 14 Andy Clarkes optischer Leitfaden für die Markup-Struktur des Zen-Gartens

```
#quickSummary p {
    color: red;
}
```

Bei dieser Formatierung werden aber alle p-Elemente innerhalb von `#quickSummary` rot. Was ist, wenn Sie nur den zweiten Absatz ändern wollen? Ohne eine eindeutige Klasse für jeden enthaltenen Absatz besteht die einzige Möglichkeit, dies zu erreichen, in erweiterten CSS2-Selektoren:

```
#quickSummary > p + p {
    color: red;
}
#quickSummary > p + p + p {
    color: inherit;
}
```

Hier wird es etwas verwirrend: Die erste Regel ist eine Kombination aus untergeordneten und angrenzenden Selektoren, die etwa besagt: »Wende diese Regel auf jedes Absatzelement an, dem direkt ein anderes Absatzelement vorangeht, das ebenfalls `#quickSummary` untergeordnet ist.« Das betrifft in diesem Fall alle Absätze innerhalb von `#quickSummary` mit Ausnahme des ersten. Die zweite Regel überschreibt dann die erste, indem sie die Regel für alle Absätze zurücknimmt, die auf zwei weitere vorangehende Absätze in einer Reihe folgen, wobei der erste `#quickSummary` untergeordnet sein muss. Dies bedeutet, dass alle Absätze außer den beiden ersten zurückgesetzt werden.

Uff! Das ist viel verwirrende Logik nur für das Auswählen von Elementen. Glücklicherweise bietet CSS3 einen wesentlich einfacheren Weg:

```
#quickSummary p:nth-child(2) {
    color: red;
}
```

Nach alledem gibt es jedoch noch eins, was Sie wissen müssen: Keine der beiden Methoden funktioniert im Internet Explorer! Im Augenblick können Sie so gut wie vergessen, dass es sie gibt, es sei denn, Sie verspüren die dringende Notwendigkeit, einen Style zu verwenden, den ein Großteil Ihrer Adressaten nicht sehen kann. Die Beliebtheit des Internet Explorers mag sich in den nächsten Jahren ändern, aber zum

> **Tipp**
> Mehr über CSS2-Selektoren finden Sie im Artikel »5 Selectors« des W3C (www.w3.org/TR/CSS21/selector.html).

> **Tipp**
> Mehr über CSS3-Selektoren finden Sie im Artikel »Selectors« des W3C (www.w3.org/TR/css3-selectors.html).

> **Tipp**
> Ein großartiges Werkzeug zum Entschlüsseln komplexer CSS-Selektoren ist SelectORacle von der OPAL Group (http://gallery.theopalgroup.com/selectoracle).

Erscheinungszeitpunkt dieses Buches liegt sein Marktanteil weltweit bei knapp 80 Prozent.

Diese Zeilen über erweitertes CSS enthalten in vielen Worten eine einfache Feststellung. Es sollte offensichtlich sein, warum die zusätzlichen Klassen erforderlich waren, da maximale Flexibilität zu den wichtigen Designzielen gehörte. Ähnlich verhielt es sich mit den Überlegungen zu den zusätzlichen span-Elementen: Die Bereitstellung innerer Elemente für jeden Absatz der Seite macht zusätzliche Elemente für die Gestaltung verfügbar.

Bilder ersetzen

Die spans hatten noch einen weiteren Zweck: das Ersetzen von Bildern. Als der Zen-Garten angelegt wurde, geisterte in der Welt des CSS-Designs eine brandneue Idee herum: Wenn Sie eine Überschrift (zum Beispiel h3) hatten und den Text darin durch ein typografisch reiches Bild ersetzen wollten, benötigten Sie zwei Elemente, die den Text umschlossen: ein h3 und ein span.

Wenn Sie den Text innerhalb des spans mit Hilfe einer Style-Anweisung wie display: none ausblendeten, blieb ein h3 übrig, das Sie mit einem Hintergrundbild versehen konnten, was die Illusion einer grafischen Überschrift vervollständigte. Da jedes Element des Zen-Gartens ein internes span aufweist, gibt es umfangreiche Möglichkeiten für Experimente dieser Art.

Warum so viel Arbeit, wenn man mit einem img-Element dasselbe erreichen kann? Noch einmal: aufgrund der Flexibilität. Es wäre einfach nicht möglich, die Seite durch Austauschen von Stylesheets tiefgreifend zu verändern, wenn Bilder im HTML-Code hart verankert wären. Das Ersetzen von Bildern hat dennoch eigene Probleme, die an späterer Stelle zur Sprache kommen.

Die Erleuchtung

Einige Entscheidungen wurden nach bestem damaligen Wissen getroffen. Sie erforderten mehr Markup als neuere Techniken, die seitdem aufgekommen sind, und man kann leicht Stellen finden, an denen der Umfang nachträglich reduziert werden könnte.

Hinweis

Was ist, wenn Flexibilität ein Designziel darstellt? Manche Projekte benötigen flexible Gestaltungsmöglichkeiten, und recht häufig stellt sich die Frage, wie sich das Gestaltungspotenzial direkt in ihrem Markup maximieren lässt.

Die Methoden im Zen-Garten bieten einen guten Ausgangspunkt, vorausgesetzt, sie werden überlegt eingesetzt. Wir empfehlen, mit einigen ganz einfachen HTML-Elementen zu beginnen, um den Inhalt zu definieren – im Wesentlichen mit Absätzen, Überschriften, Listen. Fügen Sie nach Bedarf an logischen Stellen divs mit eindeutigen ids als Container und falls erforderlich geeignete, minimale Klassen für ihre Elemente hinzu. Die zusätzlichen spans des Zen-Gartens sind wahrscheinlich nicht notwendig und wir empfehlen sie nur, wenn sie wirklich gebraucht werden.

Seit dem Start des Zen-Gartens sind Bildersetzungstechniken verfügbar geworden, die kein span voraussetzen, so dass die meisten span-Elemente im Markup nicht mehr erforderlich sind. Die zusätzlichen Klassen werden in 98 Prozent der eingereichten Designs nicht genutzt, so dass sie überwiegend redundant und unnötig sind. Die Liste der leeren divs und spans am Ende des Dokuments ist nur wegen der zusätzlichen optischen Ansatzpunkte sinnvoll, die sie dem Designer liefern.

Wahrscheinlich sind diese Elemente für andere Websites nicht sinnvoll. Im Zen-Garten haben sie eine bestimmte Aufgabe: Sie erlauben größtmögliche Flexibilität. Nicht auf jeder Site ist es erforderlich, Vorkehrungen für so unterschiedliche Designs bereitzustellen.

Wenn Sie den HTML-Code des Zen-Gartens als Ausgangspunkt für Ihre eigene Arbeit nutzen (wofür Sie unseren Segen haben), sollten Sie daran denken, dass ein wichtiges Ziel standardbasierten Designs in der Beseitigung nicht benötigter Elemente besteht. Die gelegentliche Verwendung eines div-Elements zum Einschließen einer logischen Elementgruppe ist angemessen, während es unangemessen übertrieben ist, um jeden Absatz und jede Überschrift einer Seite ein span zu setzen. Wie Sie ein Dokument korrekt strukturieren, kommt später noch zur Sprache.

Was der Zen-Garten vermittelt

Der Hauptzweck des Zen-Gartens besteht darin, die Möglichkeiten standardbasierten Designs zu veranschaulichen, und die verschiedenen Designs zeigen eindrucksvoll, welche Flexibilität CSS bietet. Für sich allein ist CSS eine Designsprache zur Verbesserung einer einfachen Markup-Sprache wie HTML, XHTML oder XML. CSS1 wurde 1996 vorgestellt, CSS2 folgte kurz darauf 1998. Die Browser unterstützten allmählich beide Versionen und seit 1998 wurde es unter Webdesignern üblich, die gesamte Typografie einer Site mit Hilfe einer externen CSS-Datei zu steuern. Das war bis zu einem Zeitpunkt vier oder fünf Jahre später in etwa alles, was man mit CSS machte.

Es gab einen guten Grund, warum man CSS lediglich für Schriftarten in Erwägung zog – es war ungefähr das einzige, auf das man sich verlassen konnte, wenn man mit verschiedenen Browsern arbeitete. Noch nicht einmal dies funktionierte richtig gut, aber die Vorgehensweise bot einen Vorteil, dessentwegen zahlreiche Designer CSS trotzdem einsetzten.

Er besteht darin, dass alle Dokumente einer Site auf eine einzige CSS-Datei verweisen können. Wenn Sie Ihren Schriftschnitt mit Hilfe einer CSS-Deklaration setzen, verwenden ihn sämtliche Seiten. Wenn Sie die Schriftart oder die Größe in dieser einen Datei ändern, wird die Änderung von allen Dokumenten sofort übernommen und Ihre Aufgabe ist erledigt.

Das war gegenüber der vorher üblichen Methode ein erheblicher Fortschritt. Das bekannte Tag `<font>`, das es bis dahin gab, war ein Darstellungselement auf Dokumentebene, das auf jede einzelne Instanz der Site angewendet werden musste. Es konnte passieren, dass auf einer Seite sieben oder acht davon zu finden waren, und das über mehrere hundert Seiten. Die Schriftart zu ändern, war zeitaufwendig und mühevoll.

Diese Art, die Darstellung vom HTML-Code abzutrennen, bot einen kurzen Einblick in das Potenzial von CSS. Eine Umgestaltung wurde um Größenordnungen einfacher, da das Verschieben des Textes aus dem alten Design nicht mehr verlangte, mehrere tausend `<font>`-Tags in verschiedenen Dateien aufzuspüren und zu ersetzen. Sie brauchten nur noch den Inhalt zu kopieren und einzufügen und CSS den Rest zu überlassen.

An diesem Punkt blieb die übliche Nutzung lange stehen. Ältere Browser mit geringer Unterstützung für erweiterte Gestaltung waren noch Jahre nach ihrer Einstellung in Gebrauch, so dass Design mit CSS einfach nicht machbar war.

In den ersten Jahren des neuen Jahrtausends war die Minimalunterstützung so weit vorangekommen, dass vollständige CSS-Layouts als sinnvoll angesehen werden konnten. Die Browser-Unterstützung war noch nicht perfekt (und ist es immer noch nicht), aber ausreichend, um CSS für mehr als Schriften einzusetzen. Einige Jahre intensiver gemeinsamer Arbeit folgten, in denen Webdesigner weltweit zuverlässige Methoden für die Arbeit mit den verfügbaren Style-Optionen, Techniken zum Erstellen von Layouts mit Float-Elementen und dem Positionierungsmodell sowie Umgehungslösungen für ältere Browser entwickelten.

An diesem Punkt stehen wir heute. Es gibt selbst heute Browser, die Probleme mit CSS2 haben, das seit 1998 auf dem Markt ist. Die Unterstützung ist aber im Allgemeinen so breit, dass die Vorteile von CSS und standardbasiertem Design für diejenigen, die es nutzen, *heute* greifbar sind und sich auszahlen.

Werfen wir einen kurzen Blick auf diese Vorzüge. Es besteht die Chance, dass Sie sie bereits kennen, weil Sie dieses Buch lesen. Wenn Sie an weiteren Einzelheiten interessiert sind, sollten Sie die Literaturliste im Abschnitt »Abschließende Gedanken« zu Rate ziehen.

VORTEILE VON WEBSTANDARDS

Die Verwendung von Webstandards bedeutet, dass Sie das Gesamtbild betrachten müssen, also sowohl CSS als auch strukturelles HTML. Es ist schwierig, die Vorteile des einen zusammenzufassen, ohne das andere zu erwähnen. Richtig zahlt es sich aus, wenn beides gemeinsam genutzt wird, wobei Inhalt und Struktur des Dokuments durch den zugrunde liegenden HTML-Code und die Gestaltung von CSS gesteuert wird.

Die Zen-Garten-Designs sind der Beweis dafür, dass eine HTML-Datei auf beliebig viele Arten geändert werden kann, indem ein Stylesheet darüber gelegt wird. CSS ist eine Präsentationsmethode, die sich in die zugrunde liegende Dokumentstruktur einer HTML-Datei einklinkt. Obwohl sie sich auf diese Struktur stützt, arbeitet sie unabhängig von ihr, um eine Ebene optischer Elemente darüber zu legen.

Für die Grundstruktur ist es wichtig, dass sie wohlgeformt und gültig ist; wie ein ungültiges Dokument dargestellt wird, lässt sich nicht vorhersagen, und es verursacht mehr Probleme, als jemand verdient. Die erste Regel bei der Diagnose eines CSS-Layoutproblems lautet, zuallererst dafür zu sorgen, dass das Markup gültig ist.

> ## Hinweis
> Der W3C-HTML-Validator befindet sich auf der W3C-Seite »Validate Your Markup« (http://validator.w3.org).

> ## Hinweis
> Die Vorteile hinsichtlich der Bandbreite gelten nur für CSS-Dateien, die sich außerhalb des HTML-Codes befinden. CSS lässt sich auch in ein HTML-Dokument einbetten, aber dann wird es nicht wie eine externe CSS-Datei in den Cache geladen, so dass ein Teil der Vorteile verloren geht.

Kleinere Dateien und schnellere Downloads

Wenn Sie Ihre Präsentation vom Markup in CSS verlagern, sinkt üblicherweise die Dateigröße. Was vorher für den Gestaltungsrahmen einer Site vielleicht 30 Kbyte HTML-Code erfordert hat, lässt sich jetzt mit 10 Kbyte HTML und weiteren 10 Kbyte oder weniger CSS erreichen.

Außerdem wird CSS im Browser zwischengespeichert. Denken Sie eine Sekunde nach – bei 30 Kbyte HTML zum Erstellen des Designs müssen diese 30 Kbyte *zusätzlich* zum eigentlichen Inhalt bei jedem Download einer Seite über die Leitung geholt werden. Rufen Sie zehn solcher Webseiten auf, werden praktisch 300 Kbyte unnötig heruntergeladen.

Wenn das Design jedoch in eine externe CSS-Datei verlagert wird, ist nicht nur der endgültige Umfang der Seite geringer; auch beim Laden einer neuen Seite muss nur ein kleinerer Teil des Designs heruntergeladen werden – pro Seite sind nur 10 Kbyte zusätzlicher HTML-Code erforderlich, da die 10 Kbyte der CSS-Datei jedes Mal vom lokalen Browser kommen. Die 300 Kbyte aus dem vorhergehenden Beispiel schmelzen in diesem Fall auf 110 Kbyte zusammen.

Diese stückweise Reduzierung von Dateigrößen kann sich *wirklich* summieren, sowohl für den Benutzer als auch für den Server. Wenn Ihr Datenverkehr umfangreich ist, wirken sich die eingesparten Bytes gewaltig auf die Gesamtbandbreite aus. Die Website des Sportnetzwerks ESPN wurde Anfang 2003 auf CSS umgestellt, die Zahlen wirken fast unrealistisch. Die Entwickler von ESPN.com schätzen laut einem Interview, (zuerst auf DevEdge von Netscape veröffentlicht, jetzt außer Betrieb; das Interview steht zur Zeit unter der Adresse www.mikeindustries.com/blog/archive/2003/06/espn-interview zur Verfügung), dass sie jetzt pro *Tag* etwa 2 Terabyte sparen. Sie können also mehr Benutzer bedienen, und zwar schneller, ohne sonst etwas zu ändern. Das ist ein erheblicher Ertrag für eine einmalige Investition.

Höhere Portabilität

Eine korrekt strukturierte Seite braucht CSS eigentlich noch nicht einmal, um sich darstellen zu lassen. In einigen Situationen ist dies vollkommen sinnvoll: Wenn Sie Seiten für

> **Hinweis**
> CSS-Medienarten werden auf der W3C-Seite »7 Media Types« (www.w3.org/TR/CSS21/media.html) angerissen.

einen großen Monitor mit 1440x900 Pixeln entwerfen, ist eine Menge Platz zu füllen; für einen kleinen Pocket PC mit 240x320 Pixeln kann man das nicht sagen.

Ohne CSS bleibt der reine Inhalt perfekt lesbar, die Links und die Formularelemente funktionieren. Ohne etwas anderes zu tun, bedeutet die Verwendung strukturellen Markups, dass Sie automatisch eine Mobilversion Ihrer Site besitzen.

CSS bietet jedoch Unterstützung für verschiedene Medienarten, was Ihnen die Möglichkeit gibt, Ihren Style gezielt auf das Medium auszurichten, auf dem es präsentiert werden soll. Computerbildschirme oder mobile Geräte wie Handys und Drucker haben jeweils eigene Medientypen und weitere sind definiert oder in der Entwicklung.

Stylesheets für Druckmedien bedeuten den Tod des kleinen Links »Diese Seite drucken«. Jede Seite einer Site lässt sich mit wenig mehr als einem einfachen Stylesheet druckfertig machen, das bestimmte Elemente formatiert, andere ausblendet und die Seite für den Drucker präziser ausgibt. Da Drucker andere Einschränkungen aufweisen als Monitore, sind die Steuerungsmöglichkeiten eines Stylesheets für den Druck willkommen.

In der Theorie soll sich jedes Gerät eines Tages auf einen geeigneten Medientyp für die Herausforderungen stützen, vor denen es bei der Darstellung einer Website steht; in der Praxis nutzt im Augenblick kaum jemand etwas anderes als die Typen für Bildschirmmedien (Seitenautoren und Gerätehersteller gleichermaßen). Die CSS-Anzeigeoptionen für Handys gehen kaum über Textgröße und -farbe hinaus und Browser, die das gesprochene Medium »aural« verwenden, werden primär von sehbehinderten Menschen eingesetzt.

Es handelt sich um das Problem von der Henne und dem Ei, da die bessere Unterstützung erst wahrscheinlich wird, wenn Inhalte zur Verfügung stehen, und niemand Inhalte für Geräte produziert, die es noch nicht gibt. Langsam verbessert sich die Situation jedoch. Vielleicht ist eines Tages ein mobiler, für Handys und PDAs gestalteter CSS-Zen-Garten sinnvoll.

Einfacherer Zugriff

Korrekt strukturierter HTML-Code wurde entworfen, um barrierefrei zu sein. Sie können eine Version Ihrer Site erstellen, die die W3C-Leitlinien für Barrierefreiheit (Accessibility) von Inhalten zu 90 Prozent erfüllen, indem Sie einfach gültiges Markup schreiben.

Nehmen Sie Abschied von reinen Textäquivalenten Ihres Inhalts und mehreren Versionen einer Site, die sich nur mühevoll aktuell halten lassen. Begrüßen Sie universelles Webauthoring für alle Fälle! Meistens können dann selbst Sehbehinderte, die Lesegeräte zum Vorlesen von Webseiten einsetzen, Ihre Site benutzen, ohne noch etwas zu ändern.

Natürlich gibt es Hindernisse und etwas weiter hinten in diesem Kapitel sehen wir uns einige Accessibility-Probleme an, die CSS mit sich bringen kann.

> **Hinweis**
> Die Web Content Accessibility Guidelines (WCAG) des W3C stehen auf der W3C-Site zur Verfügung (www.w3.org/TR/WAI-WEBCONTENT).

Exakte Steuerung

Als Gestaltungssprache bietet CSS viele reichhaltige neue Optionen, deren Beherrschung HTML niemals hätte erhoffen können: exakte Steuerung des Durchschusses (Zeilenzwischenraum) mit der Eigenschaft `line-height`, des Abstands zwischen Elementen mit den Eigenschaften `margin` und `padding` und der Positionierung von Elementen auf der Seite mit `absolute` und `relative` usw.

Wenn Sie sich jemals durch das Raster eingeschränkt gefühlt haben, das ein tabellenbasiertes Layout Ihnen auferlegt, freuen Sie sich möglicherweise darüber, dass CSS es Ihnen erlaubt, Elemente an beliebigen Stellen auf der Seite zu platzieren. Haben Sie sich jemals eine exaktere Steuerung des Hintergrunds gewünscht als die Wahl zwischen einer Farbe und einem einzigen sich wiederholenden Bild, so sind die Hintergrundeigenschaften von CSS eine Entdeckung.

Erfahrungen

Keine Site ist perfekt, auch der Zen-Garten nicht. Jetzt ist es zu spät, noch etwas zu ändern, aber die Diskussion der letzten Jahre hat Erkenntnisse gebracht, die mitteilenswert sind.

ÜBERPRÜFEN DER ZUGRIFFSMÖGLICHKEITEN

Nachdem das Markup geschrieben war, bestätigte eine schnelle Prüfung, dass es die meisten wesentlichen Zugriffsprüfungen bestand. Vor dem Start waren ein paar schnelle Änderungen erforderlich, um die wenigen Fehler zu tilgen, die festgestellt wurden. In die Fußzeile des Zen-Gartens wurde der Link »AAA« aufgenommen, um zu kennzeichnen, dass die Zugriffsprüfung erfolgt war.

Wirklich? Wenn Sie sich mit den W3C-Zugriffsrichtlinien für Webinhalte befassen (siehe »Einfacherer Zugriff« weiter vorn in diesem Kapitel), stellen Sie schnell fest, dass es dort zahlreiche Richtlinien gibt. Der Prüfpunkt 2.1 besagt zum Beispiel, dass sämtliche Informationen, die durch Farbe übermittelt werden, auch für Benutzer ohne Farbmöglichkeiten verfügbar sein müssen – Prüfprogramme können dies nicht unterscheiden, insbesondere, wenn die Informationen und die Farbe in ein Bild eingebettet sind.

Der HTML-Code des Zen-Gartens hat also alle theoretischen Prüfpunkte für den Zugriff passiert, die das Markup betreffen, aber es gibt weitere, die über HTML hinausgehen. Einige davon gelten auch für CSS und mit der Zeit wurde deutlich, dass sie von einigen Designs nicht berücksichtigt wurden. Wenn Sie die Konsequenzen der Fahrner-Bildersetzung bedenken – die in Kapitel 4 ausführlicher behandelt wird –, können Sie leicht erkennen, wie CSS schnell Probleme verursachen kann, die keine automatische Prüfung diagnostizieren kann.

Wir haben folgende Lektion gelernt: Automatische Werkzeuge mögen als sinnvoller Ausgangspunkt für das Erstellen von Websites mit guten Zugriffsmöglichkeiten dienen, aber WCAG enthält zahlreiche weitere genauso wichtige Prüfpunkte, die solche Programme nicht erfassen können.

Hinweis

Es gibt zahlreiche Online-Zugriffsprüfungen, zum Beispiel Cynthia Says (www.cynthiasays.com) und Wave von WebAIM (http://wave.webaim.org/).

SKALIERBARKEIT VON TEXT

Ein konkretes Zugriffsproblem bei CSS hat mit der Änderung der Textgröße zu tun. Es ist verführerisch, mit Hilfe einer geringeren Schriftgröße mehr Informationen auf dem Bildschirm unterzubringen. Wir wissen alle, wie wenig Platz uns für die Arbeit auf dem Bildschirm zur Verfügung steht, so dass es gerechtfertigt erscheint, die Schrift zu verkleinern.

Das Problem liegt darin, dass viele Menschen Schrift unterhalb einer bestimmten Größe einfach nicht lesen können. Für einige ist Text mit einer Größe von zwölf Pixel nicht mehr lesbar und in Extremfällen sind sogar 24 Pixel zu wenig. Natürlich hat niemand vor, auf den heutigen Monitoren mit ihrer geringen Auflösung Schriftgrößen von 24 Pixel zu verwenden, so dass ein Kompromiss gefunden werden muss.

Glücklicherweise besitzen alle modernen Browser in irgendeiner Form einen integrierten Zoommechanismus. Nicht alle Benutzer wissen, wo sie dieses Werkzeug finden, aber wenn sie es kennen, dann ist es unbezahlbar. Problematisch wird es, wenn die Schriftgröße in px-Einheiten angegeben ist. Der Internet Explorer skaliert solche Schriftarten nicht, sondern nur solche, deren Größe in em- oder %-Einheiten angegeben ist.

Daher ist die Hilfe, die die Benutzer von ihren Browsern bekommen, für die Katz und das Problem besteht weiter. Wenn der Designer die Einheit px meidet, sollte alles in Ordnung sein, nicht wahr? Wahrscheinlich, aber Kapitel 5 behandelt einige ganz andere Probleme, die bei em- oder %-Einheiten auftreten können.

Selbst wenn sich der Text in allen Browsern skalieren lässt, müssen Sie etwas anderes beachten: Das Design muss die Skalierung *ermöglichen* (**ABBILDUNG 15**). Das klingt einfach, wenn Sie jedoch Elemente mit fester Größe (zum Beispiel ein zwanzig Pixel hohes Hintergrundbild) und Elemente mit variabler Größe (zum Beispiel Text, den der Browser von 14 auf 24 Pixel vergrößert hat) mischen, stellen Sie fest, dass ein Design, das sich auf feste Größen stützt, sehr schnell zusammenbrechen kann, wenn die Schrift eine andere Größe annimmt, als der Designer vorgesehen hat. Die meisten Designs des Zen-Gartens wurden auf diese Bedingung getestet und

ABBILDUNG 15 Der Text ist skalierbar, auch wenn Bilder und Proportionen es nicht sind.

Hinweis

Auf A List Apart finden Sie mehr über XHTML und die verschiedenen DOCTYPEs, unter denen Sie wählen können (www.alistapart.com/articles/doctype).

lassen sich ein wenig größer machen, als ihre Standardgröße beträgt.

Wir haben Folgendes gelernt: Welche Textgröße Sie auch wählen, es besteht das Risiko, dass jemand eine größere haben möchte. Es ist wichtig, die möglichen Probleme dabei zu kennen und Vorkehrungen zu treffen, wenn es sinnvoll ist.

XHTML UND MIME-TYPEN

Der Zen-Garten wurde als XHTML-1.1-Dokument gestartet. Schließlich hatte das Markup die XHTML-1.1-Validierung durchlaufen, warum sollte es also nicht anstelle des älteren XHTML 1.0 Strict verwendet werden?

Wie sich herausgestellt hat, macht XHTML mehr, als Tags korrekt zu schließen. Selbst wenn Sie Ihren XHTML-Code validieren und er vollständig gültig ist, handelt es sich technisch erst dann um XHTML, wenn Sie ihn mit dem passenden MIME-Typ bereitstellen.

MIME ist ein Standard zur Beschreibung von Informationen und der einzige Grund, aus dem Sie etwas darüber wissen müssen, besteht darin, dass der korrekte MIME-Typ für XHTML `application/xhtml+xml` heißt. Sie können ebenso das weitaus gebräuchlichere `text/html` verwenden, was auch ein Standard für HTML ist, aber nur, wenn Sie XHTML 1.0 Transitional verwenden oder Ihr XHTML 1.0 Strict abwärtskompatibel ist. XHTML 1.1 dürfen Sie keinesfalls als `text/html` bereitstellen, sondern Sie müssen einen XML-MIME-Typ wählen.

Zur Bereitstellung von XML-Dokumenten mit dem korrekten MIME-Typ gehört es, sich per Programm in die HTTP-Header einzuklinken, die der Server sendet, und sie zu ändern, möglicherweise mit `.htaccess`- oder `httpd.conf`-Dateien. Wenn Sie keine Vorstellung davon haben, worum es hier geht, liegt es nicht an Ihnen. Für Uneingeweihte kann dies wirklich maschinennaher technischer Stoff sein, da es in den Bereich der Serveradministration fällt.

> **Hinweis**
> Zwei Artikel, die detaillierter auf das Problem der MIME-Typen eingehen, finden Sie im Web Standards Project (www.webstandards.org/learn/askw3c/sep2003.html) und bei XML.com (www.xml.com/pub/a/2003/03/19/dive-into-xml.html).

Nachdem Sie herausgefunden haben, wie Sie den richtigen MIME-Typ bereitstellen, sind die Probleme bei der Benutzung noch lange nicht vorbei. Nur die neuesten Browser unterstützen `application/xhtml+xml`, so dass eine Schaltmethode für die selektive Bereitstellung erforderlich ist, mit der ältere Browser einen für sie passenden MIME-Typ erhalten.

Außerdem starten Sie mit der Aktivierung des korrekten MIME-Typs die XML-Analyse Ihres Browsers. Eine XML-Regel besagt, dass die Daten bei einem Fehler – wenn zum Beispiel das Tag `</p>` fehlt – nicht weiter analysiert werden und eine Fehlermeldung ausgegeben wird. Sie sehen dann nicht einmal eine Teildarstellung im Browser-Fenster, sondern schlicht überhaupt nichts (**ABBILDUNG 16**). Ein XML-Dokument muss korrekt aufgebaut sein und so ist es nun einmal – es gibt keinen Raum für Fehler.

Ist XHTML das alles wert? Das wesentliche Ziel von XHTML bestand schließlich darin, HTML als Anwendung von XML umzugestalten. Daher erscheint es manchen merkwürdig, sich mit XHTML zu plagen, ohne es als echtes XML bereitzustellen. Diese Vorgehensweise hat so gut wie keine Vorteile, aber wenn man es pedantisch sieht, ist es erforderlich, wenn Sie es XHTML nennen. Wenn Sie sich entschließen, sich darüber keine Gedanken zu machen, stehen Sie nicht allein. Viele führende Webdesigner verwenden ununterbrochen XHTML und den MIME-Typ `text/html`. Mit Sicherheit befinden Sie sich in guter Gesellschaft; achten Sie nur darauf, XHTML 1.1 zu meiden und ausschließlich die 1.0-Varianten zu benutzen. Möglicherweise bleiben Sie auch einfach bei HTML 4.01, das korrekt als das einfachere `text/html` bereitgestellt wird und nach ähnlichen Regeln wie XHTML geschrieben werden kann.

Wir haben folgende Lektion gelernt: XHTML ist oberflächlich gesehen einfach; betrachten Sie jedoch die wirklichen Konsequenzen, erwartet Sie ein Wirrwarr von Verstrickungen.

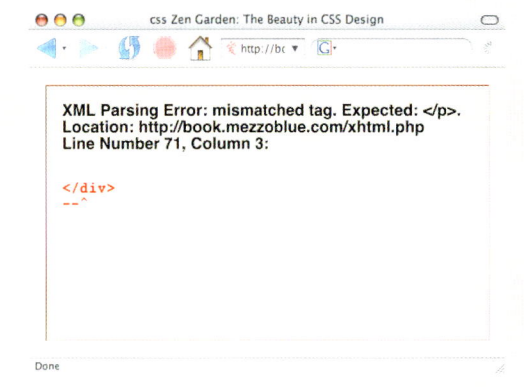

ABBILDUNG 16 Das Ergebnis bei nicht wohlgeformtem XML

> **Tipp**
> Weitere Ratschläge zur Zeichenkodierung finden Sie unter »WaSP Asks the W3C« (www.webstandards.org/learn/askw3c/dec2002.html).

ANDERE SPRACHEN

Es war einmal in der Computerbranche, dass Sie ein Dokument (in einem englischsprachigen Land) nur mit Hilfe spezieller Software in einer anderen Sprache als Englisch schreiben konnten.

Glücklicherweise ist die heutige Software wesentlich internationaler eingestellt. Das World Wide Web ist der beste Ort, um Beweise dafür zu finden. Die Anzahl der nicht englischsprachigen Sites nimmt in der Tat rapide zu.

Um ein breiteres Publikum zu erreichen, genehmigte der Zen-Garten Übersetzungen von Freiwilligen (www.mezzoblue.com/zengarden/translations). Als sie kamen, wurden einige Probleme enorm deutlich: Die Arbeit mit Fremdsprachen erfordert mindestens rudimentäre Kenntnisse der Zeichenkodierung und Übersetzen ist weitaus mehr Kunst als Wissenschaft.

Zeichenkodierung

Moderne Betriebssysteme kommen recht gut mit nichtenglischen Zeichen zurecht. Eine Grundinstallation von Windows XP, Windows Vista oder Mac OS X schließt nicht immer die vollständige Unterstützung der breiten Skala möglicher natürlicher Sprachen ein, aber auf der Installations-CD stehen Sprachpakete zur Verfügung, die die richtige Darstellung zahlreicher fremdsprachiger Zeichen ermöglichen.

Wenn Sie die Schriften sehen, ist erst die halbe Schlacht gewonnen; Text aus einer Quelle in ein HTML-Dokument zu kopieren, funktioniert nur, wenn die Zeichenkodierung übereinstimmt. Text, der `shift_jis` (Japanisch) als Basiskodierung verwendet, wird zum Beispiel in einem mit `utf-8` (Unicode) kodierten Dokument nicht korrekt angezeigt.

Die Kodierung kann auf Serverebene als Standard für alle Seiten Ihrer Site festgelegt werden. Aber selbst dann ist es wichtig, die Zeichenkodierung im HTML-Code mit dem Tag `meta` anzugeben:

```
<meta http-equiv="content-type" content="text/html;
➥charset=iso-8859-1" />
```

Der Zen-Garten verwendet den Wert `iso-8859-1`, eine Standardkodierung für die meisten europäischen Sprachen. Verschiedene Übersetzungen nutzen andere Kodierungen, aber im Rückblick wäre `UTF-8` für alle die beste Wahl gewesen.

UTF-8 ist eine Variante der beliebten internationalen Kodiersprache Unicode. Ihr Vorteil besteht darin, dass viele Sprachen mit unterschiedlichen Zeichensätzen, zum Beispiel Französisch, Japanisch, Arabisch und Griechisch, in demselben Dokument nebeneinander vorkommen können.

Gegen die breite Verwendung von UTF-8 im Web spricht derzeit nur der Umstand, dass einige ältere, nicht international ausgerichtete Serverprogramme und Authoringwerkzeuge es nicht unterstützen. Moderne Browser kennen keine Probleme, die dagegen sprächen, so dass das Problem nicht auf Seiten der Benutzer, sondern auf der der Server liegt. Außerdem ruft UTF-8 bei asiatischen Sprachen wegen der von ihnen benötigten komplexen Zeichensätze unnötig große Dateien hervor. Vorwiegend in Chinesisch verfasste Dokumente könnten vielleicht von einer spezielleren Zeichenkodierung profitieren.

Wir haben folgende Lektion gelernt: Da UTF-8 hervorragend mit mehreren Sprachen umgehen kann, ist es für diesen Bereich im Web das System der Wahl, falls die Programme es unterstützen.

Hürden bei der Übersetzung

Da sich der Zen-Garten für Übersetzungen auf Freiwillige stützt, schwankt deren Qualität. Muttersprachler senden derzeit häufig Kommentare mit Verbesserungsvorschlägen ein; dabei lassen sich offensichtliche Grammatik- und Rechtschreibfehler leicht beheben, während Vorschläge für alternative Formulierungen wesentlich schwieriger umzusetzen sind.

Selbst wenn ein professioneller Übersetzungsdienst beauftragt wird, lassen sich natürliche Sprachen nicht direkt austauschen. Eine Wendung kann unter dem Einfluss von Erfahrung und kulturellem Hintergrund des Übersetzers unterschiedlich interpretiert werden. Bezieht sich beispielsweise die Wendung »einen Vogel haben« auf einen Spinner oder einen Sittichfreund? Handelt es sich bei »Erleuchtung«

um einen Zen-Begriff oder um den Einsatz elektrischer Lampen? Der Kontext kann die Unklarheit beseitigen, aber nur, wenn er richtig verstanden wird.

Die menschliche Sprache ist weniger präzise als eine Computersprache; das Problem besteht also fort. Günstigenfalls können wir auf einen Konsens mehrerer Sprecher einer Sprache hoffen. Nehmen Sie dazu noch regionale Dialekte und Varianten, die sich im Lauf der Zeit entwickelt haben (nehmen Sie zu Erdbeeren Sahne, Rahm, österreichischen Obers oder schweizerisches Nidel?), dann ist offensichtlich, dass selbst ein Konsens schwer zu finden ist, insbesondere, wenn Sie die fragliche Sprache nicht sprechen.

Wir haben folgende Lektion gelernt: Ein Dokument zu übersetzen, ist keine leichte Aufgabe und möglicherweise ist dabei keine Perfektion zu erreichen. Infolgedessen verfügt der Zen-Garten jetzt über einen lockeren Disclaimer, der besagt, dass mit Fehlern zu rechnen ist und wir bereit sind, damit zu leben.

URHEBERRECHT

Über Demonstrationszwecke hinaus liegt der Wert des Zen-Gartens zu einem großen Teil in der Inspiration und der Weitergabe von Wissen. Dabei handelt es sich um ein zweischneidiges Schwert, weil Weitergabe letztendlich bedeutet, dass früher oder später jemand mehr von einem erwartet, als man zu geben bereit ist.

Von Anfang an wurden sämtliche Designs unter der Vereinbarung erstellt, dass die CSS-Datei für die begrenzte Nutzung durch andere zur Verfügung steht, was in einer Creative-Commons-Lizenz geregelt war. Da die Einmaligkeit der Arbeit jedoch weitgehend auf den Bildern beruhte, verblieb das vollständige Copyright dafür bei ihren Urhebern. Jeder, der die Designs als Grundlage seiner Arbeit verwenden wollte, erhielt das Recht, die CSS-Datei zu kopieren und zu ändern, während die Verwendung der GIF-, JPEG- oder PNG-Dateien einzeln oder insgesamt untersagt war.

> **Hinweis**
> Die CSS-Dateien unterliegen der Lizenz By-Attribution Non-Commercial Share-Alike. Weitere Einzelheiten darüber finden Sie auf Creative Commons (http://creativecommons.org/licenses/by-nc-sa/2.0).

Theoretisch war dies eine gute Möglichkeit, einen ausreichenden Teil des individuellen Eigentums für den ursprünglichen Ersteller zurückzubehalten und gleichzeitig Teile der CSS-Datei als Beispiel und zur Wiederverwendung freizugeben, um das Lernen zu fördern. Das Wesen der Site bestand in der Weitergabe des Wissens und daher schien dies die beste Lösung zu sein. In der Praxis erwies es sich aber als nicht ideal.

Bereits kurz nach dem Start des Zen-Gartens erschienen die ersten Nachahmerseiten. Einige klauten das gesamte Design, die Bilder und alles andere. Dabei handelt es sich eindeutig um Verletzungen des Copyrights, weil die Bilder geschützt sind.

Andere verwendeten und änderten dagegen sowohl die Bilder als auch die CSS-Datei oder Teile davon oder benutzten Designelemente in einer Art, die etwas zu stark wie Wiederverwendung wirkte. In einigen Fällen war das Ergebnis kaum als Abkömmling eines Designs des Zen-Gartens zu erkennen, doch in anderen Fällen enthielt die CSS-Datei so viel von den Designelementen, dass das Ergebnis mit oder ohne Bilder das Original auf eine Weise nachahmte, mit der der ursprüngliche Autor nicht glücklich war.

Was konnten wir im letztgenannten Fall tun? Meistens war nur eine schnell verfasste E-Mail erforderlich, weil die meisten Menschen bereit sind, die Rechte und Wünsche desjenigen zu respektieren, von dem ihre Inspiration stammt. In den Fällen, in denen der Rechtsverletzer nicht so höflich war, wurde die Einleitung rechtlicher Schritte zum Problem. Solange es nicht um Originalbilder ging, war die Creative-Commons-Lizenz offen genug, so dass es keine Rechtsmittel gab. Diese Art der Wiederverwendung war technisch erlaubt, obwohl sie für viele Einsender ein Problem darstellte.

Copyrightverstöße im kreativen Bereich bilden schon lange eine Grauzone. Welchen Anteil eines Originals müssen Sie verändern, damit es ein neues Werk wird? Dürfen Sie von einem urheberrechtlich geschützten Werk eines anderen ausgehen, wenn das Endergebnis völlig anders aussieht? Da sogar Gerichte um diese Fragen streiten, gab es keine einfachen Antworten.

Für den Zen-Garten wäre eine Lösung ideal, bei der die CSS-Datei offen genug bleibt, um als Beispiel zu dienen, aber die vollständige oder teilweise Wiederverwendung für kommerzielle (oder sonstige) Arbeiten ohne Genehmigung des Urhebers untersagt ist. Man muss sehr gut abwägen – bei zu großer Offenheit fühlen sich die Designer nicht wohl, wenn sie etwas einsenden, bei zu strengem Schutz geht ein großer Teil vom Wert des Zen-Gartens durch Überprotektion verloren.

Ohne die Site zu schließen, gibt es nie eine Garantie dafür, dass die Arbeit nicht gegen den Willen des Designers wiederverwendet wird. Lizenz oder nicht, es liegt einfach in der Natur der Veröffentlichung kreativer Arbeit: Sie wird geklaut. Das geschieht immer wieder – sehen Sie sich nur auf pirated-sites.com um.

Das Web macht es durch die Option QUELLTEXT ANZEIGEN ein wenig einfacher, die sie in jedem Browser finden. Dank Verweisprotokollen und Suchmaschinen ist aber auch die Aufdeckung etwas einfacher.

Derzeit ist das Problem noch weit von einer Lösung entfernt. Es wurde entschieden, die begrenzte Wiederverwendung der CSS-Dateien im Rahmen einer Creative-Commons-Lizenz weiter zu gestatten, die die kommerzielle Nutzung untersagt. Die Lösung ist nicht perfekt, funktioniert aber so, dass sie die guten Absichten der meisten anerkennt.

Wir haben folgende Lektion gelernt: Einige schwarze Schafe tun, was sie wollen, gleich, welcher Lizenz die Arbeit unterliegt. Daher reicht es, diejenigen mit guten Absichten zu informieren, was erlaubt ist.

HÖHER – SCHNELLER – WEITER

Mehrere Betrachter der Site haben Vorschläge eingereicht, um sie größer, besser, anders, lauter, mit Vitamin C angereichert und auf ungefähr jede vorstellbare Art zu gestalten. Es folgen nun einige Beispiele für solche Vorschläge:

Ein Zen-Garten für CMS

Es ist schön, eine Seite zu gestalten, aber was ist mit einer ganzen Site? Warum sollten Sie das Konzept nicht auf verschiedene Seiten einer realen, aktualisierten Site ausdehnen, die von einem CMS (Content Management System) irgendeiner Art verwaltet wird, um echte Situationen besser wiederzugeben?

Ein Zen-Garten für E-Commerce

Wie sieht es mit der Gestaltung einer E-Commerce-Site aus, die mit echten, sich ständig verändernden Produkten gefüllt ist? Gestaltungsoptionen könnten Einkaufswagen-Widgets, Artikel für den Verkauf, typische Produkte usw. sein.

Ein Zen-Garten für JavaScript

Die Trennung von Struktur und Präsentation ist ein hehres Ziel. Warum nicht einen Schritt weiter gehen und den Zen-Garten mit einer Verhaltensschicht versehen, die ebenfalls von den beiden anderen getrennt ist?

Ein großartiges Prüfexemplar für dieses Konzept (**ABBILDUNG 17**) wurde von Rares Portan eingereicht, einem der Urheber dieser Idee (www.csszengarden.com/javascript/), woraus sich eine Diskussion über die Vor- und Nachteile der Aufnahme dieser Methode in den Zen-Garten ergab (www.mezzoblue.com/archives/2004/05/04/javascript_b).

ABBILDUNG 17 Eine auf einem Skript beruhende Einsendung mit wandernden Wolken für den Zen-Garten

Ein Zen-Garten für XML/XSLT/RSS/Was-auch-immer

Setzen Sie eine Markup-Basissprache Ihrer Wahl ein und gestalten Sie mit CSS. Warum sollten Sie das Potenzial von CSS nicht im Zusammenhang mit anderen Sprachen auf XML-Basis als XHTML zeigen?

Ja, wo sind sie denn?

Ohne Zweifel sind diese Ideen packend und viele von ihnen würden der Webdesign-Gemeinde weitere sinnvolle Anstöße liefern. In den meisten Fällen haben die Urheber der Ideen positive Rückmeldungen sowie den Vorschlag erhalten, dass Demonstrationen Ihrer Idee außerhalb der Site willkommen seien.

Die Wahrheit lautet, dass der Zen-Garten sehr spezifische Ziele verfolgt und nicht jedem alles bietet. Zum jetzigen Zeitpunkt bedeutet die sehr breite Basis früherer Werke, dass eine Änderung der Regeln den Zweck der Site verändern würde und den bisherigen Einsendern gegenüber unfair wäre.

Trotzdem könnten neue Sites auf der Grundlage dieser Ideen funktionieren. Wenn Sie eine bessere Mausefalle bauen können, ermutigen wir Sie, es zu versuchen. Eine oder zwei sind schon entstanden, aber die Ergebnisse hatten nicht lange Bestand. Jeder hat seine eigene Theorie, was die Gründe betrifft, aber hier folgt unsere.

Erstens ist es *einfach*, Beiträge zum Zen-Garten einzureichen. Dafür werden Designfähigkeiten und CSS-Kodierkenntnisse vorausgesetzt, nicht jedoch wochenlange Arbeit. Eine ganze Site zu gestalten, ist wesentlich schwieriger, besonders, wenn sich der Inhalt häufig ändert. Wenn die Arbeit bezahlt wird, lässt sich die Zeit leicht rechtfertigen, wenn nicht, bildet der Zeitaufwand ein Hindernis für die Beteiligung.

Zweitens ist das Hauptziel des Zen-Gartens bereits erreicht. Er sollte die Wahrnehmung des CSS-basierten Designs verändern und das hat er getan. Die einzelnen Styles beziehen sich zwar auf einzelne Seiten, aber es ist nicht schwierig, das Prinzip zu extrapolieren und auf mehrseitige Sites anzuwenden.

Wenn sich jemand absolut nicht vorstellen kann, wie die Lektionen auf mehrere Seiten anzuwenden sind, stehen zahlreiche echte Sites zur Verfügung, die standardbasiertes Design nutzen und besser als Beispiele dienen können. Viele umfangreiche Firmen-Sites haben sich inzwischen auf standardbasiertes Design umgestellt: wired News (www.wired.com), ESPN.com, Chevrolet (www.chevrolet.com), AOL.com und viele andere.

Wir haben folgende Lektion gelernt: Die Nachfrage nach Standards für höchst unterschiedliche Sites ist hoch, aber echte Beispiele veranschaulichen den Wert von Standards noch wirksamer als eine Vorführseite in der Art des Zen-Gartens.

Atlantis, Seite 56

Zunflower, Seite 64

viridity, Seite 78

Ballade, Seite 86

Kapitel
2

Design

Springtime, Seite 70

Night Drive, Seite 94

DAS WEBDESIGN durchläuft einen dramatischen Wandel, aber gute Designprinzipien bleiben unverändert. Ob Sie eine Farbpalette wählen, über den optischen Fluss nachdenken, Formen wirkungsvoll einsetzen oder sich mit dem optischen Zusammenhalt von Seitenelementen befassen, die traditionellen Werte bleiben bestehen.

Die in diesem Kapitel behandelten Designs verdeutlichen das Wesentliche und gehen dabei auf ein Anliegen ein, das Webdesignern heute immer wichtiger wird: Wie verwaltet man den Arbeitsfluss effizient? Ob Sie mit Adobe Photoshop arbeiten, Ihre Ideen als Skizzen festhalten, mit CSS Prototypen erstellen oder direkt im Code arbeiten, Sie werden mit Sicherheit einige nützliche Ideen finden.

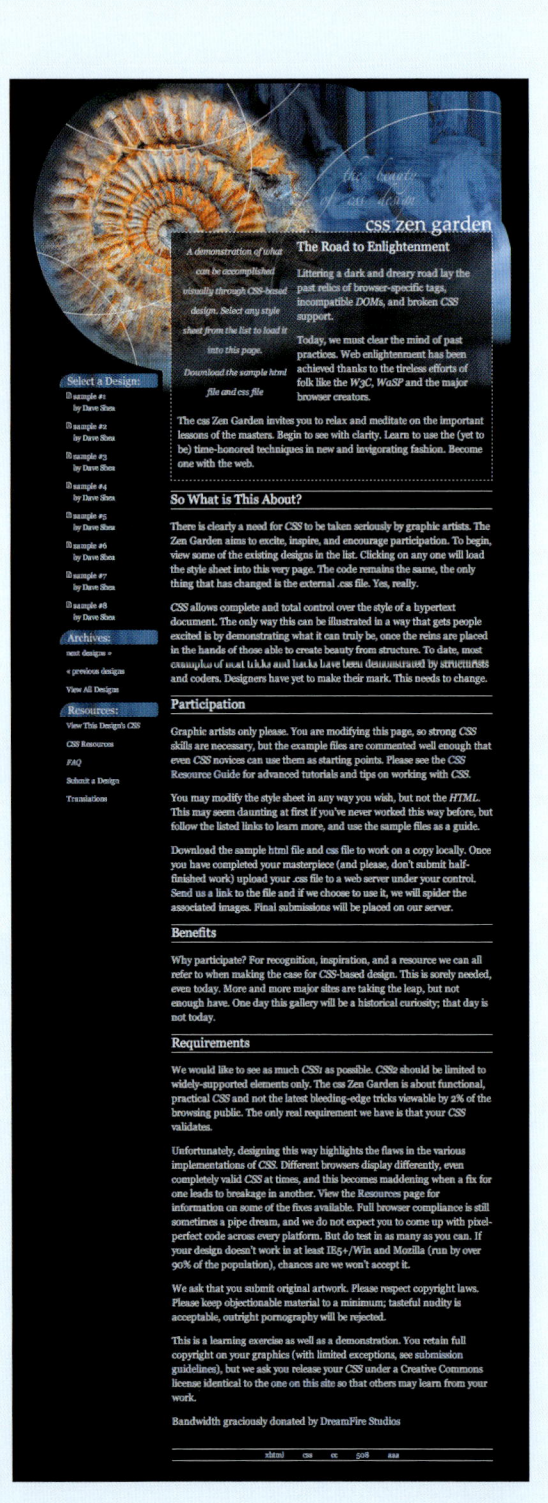

Kevin Davis, Designer
www.csszengarden.com/028

Atlantis

Minimalistisches Design, Einheitlichkeit und Symbolik

BEI GRAFISCHEM DESIGN geht es um Kommunikation; ein erfolgreiches Design übermittelt dem Betrachter eine Botschaft, die Worte allein nicht transportieren können. Design hat die Fähigkeit, Atmosphäre und Gefühle hervorzurufen, eine Stimmung zu erzeugen und den Betrachter zu einer Reaktion herauszufordern.

Bei seinem Werk **Atlantis** bestand das Ziel von **Kevin Davis** darin, Designelemente wie Typografie und Bilder in der Art und Weise zu kombinieren, wie ein Innenarchitekt Tische, Theke und Farben arrangiert und damit eine stimmungsvolle Caféeinrichtung schafft. Ausgehend von Fotos und einer Farbpalette mischte Davis Elemente, bis er das gewünschte Ergebnis erreicht hatte. Anschließend wendete er diesen Gestaltungsrahmen auf das von ihm erstellte Layout an.

Minimalismus

Die unmittelbare Faszination von Atlantis geht abgesehen von der detaillierten Collage der Überschrift von der relativen Einfachheit des Werks aus. Durch Kombination fotografischer Elemente mit einem täuschend einfachen Layout erreichte Davis eine seltene Mischung von Komplexität und Minimalismus.

Der CSS-Zen-Garten als solcher wurde in einem Klima angelegt, in dem die meisten CSS-Designs als »kastenförmig« und häufig »minimalistisch« abqualifiziert wurden (**ABBILDUNG 1A**, **1B** und **1C**). Beide Aussagen sind nicht zwingend falsch, vorausgesetzt, sie werden im richtigen Kontext benutzt.

Die Abwertung dieser »typischen« CSS-Designs ergab sich aus einem einfachen Missverständnis: Die Urheber der Werke waren häufig keine Grafkdesigner im eigentlichen Sinn und darunter litt die Technik. Dabei handelte es sich natürlich genau um eines der Probleme, zu deren Behebung der Zen-Garten geschaffen wurde.

Atlantis bringt jedoch als schlagendes Beispiel für die Tatsache, dass Minimalismus nicht zwangsläufig mit schlechtem Design gleichzusetzen ist, die Auseinandersetzung an den Ausgangspunkt zurück; wenn Sie zahllose Beispiele derselben Sache immer wieder sehen, werden Sie ihrer einfach müde. Bei einem Essen Kartoffelbrei, Bratkartoffeln und Pommes frites zu servieren, ist zu viel des Guten. Ein hübscher Klecks Kartoffelbrei neben Ihrem Putensteak (oder vielleicht auch Tofu) ergibt genau die richtige Mischung für ein einfaches, aber schmackhaftes Abendessen.

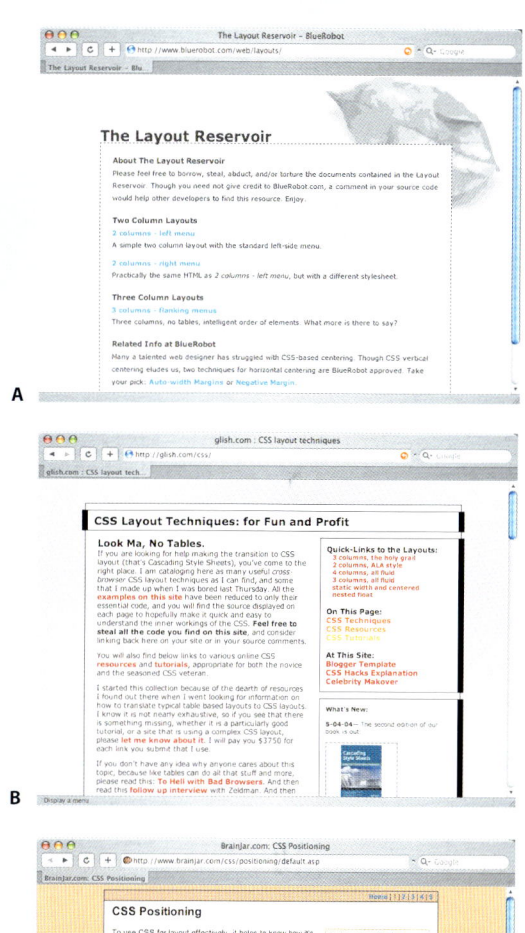

ABBILDUNG 1A–1C Beispiele für ältere, minimalistische CSS-Layouts

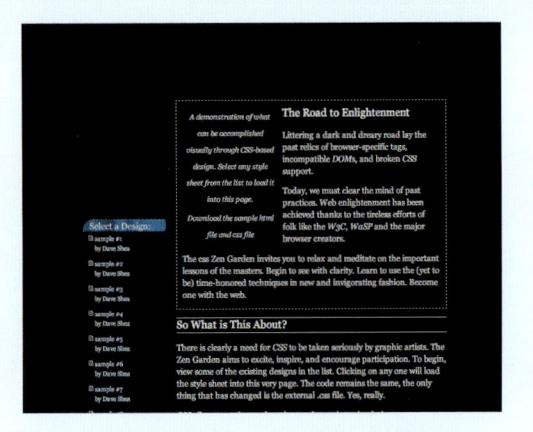

ABBILDUNG 2 Atlantis ohne das Überschriftenbild

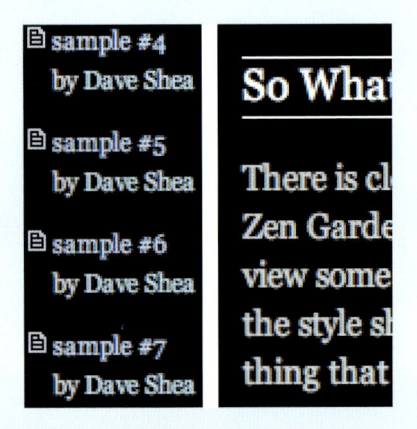

ABBILDUNG 3 Der Schriftgrad des Hauptteils ist fast doppelt so groß wie der des Menüs.

Unter Bedingungen, bei denen optische Elemente mit geringer Auffälligkeit sinnvoll sind, kann ein leichtes, minimalistisches Design genau das Richtige sein. Der Inhalt diktiert schließlich das Design und wenn er optisch komplex ist oder größere Aufmerksamkeit erfordert, hat es keinen Sinn, ihn mit überbordender Dekoration zu erschlagen.

Ein wirklich *gutes* minimalistisches Design zu schaffen, ist dagegen … nun, selbst Profis haben damit Schwierigkeiten. Wenn die Designelemente einfach sind, fesseln sie die Aufmerksamkeit des Betrachters einer Seite möglicherweise stärker als normal. Jedes verwendete Element ist für sich wichtiger. Deshalb unterscheidet die Beachtung von Details das Spektakuläre vom Mittelmaß.

Beim Erlernen der gekonnten Verwendung dieser Elemente können Sie erheblich vom Studium eines streng minimalistischen Layouts wie Atlantis profitieren. Wenn wir das Überschriftenbild entfernen, wird der Charakter des Layouts deutlicher (**ABBILDUNG 2**): Ein Hauptinhaltsbereich in der Mitte wird von einem schmaleren Menü links flankiert.

TYPOGRAFIE

Der Text des Hauptteils ist in Atlantis proportional etwas größer als der Menütext; um die beiden Bereiche weiter voneinander abzusetzen, hat Davis die Typografie so angepasst, um anzudeuten, dass der linke Bereich weniger wichtig ist als der rechte (**ABBILDUNG 3**). Außerdem trennt der größere Schriftgrad die Überschriften deutlich vom Fließtext. Diese optischen Unterschiede übermitteln zusätzliche Informationen über die Bedeutung der einzelnen Textteile im Verhältnis zueinander.

Der Schriftgrad ist ein Rahmen für die Übermittlung des geschriebenen Worts mit eigener Hierarchie, eigenen Mustern und eigenem Rhythmus. Diese Muster mit Hilfe von Textgröße, Abständen und Farbe so zu gestalten, dass eine bestimmte Wirkung erreicht wird, stellt eine leistungsfähige Methode dar, mehr als das Geschriebene mitzuteilen.

IKONOGRAPHIE

Im Menü links hat Davis neben den einzelnen Designnamen kleine Icons eingefügt. Da sie in der Größe den Links ähneln, verschmelzen sie mit dem Link-Text und fungieren als wenig auffällige Aufzählungszeichen, ohne das Auge abzulenken. Dieses einfache Detail fügt einen Kontext hinzu, der die Links auf die Designs von denen darunter abhebt und ein sonst geradliniges Menü ein wenig hervorhebt und interessanter macht.

Icons sind vereinfachte Symbole, die für Objekte und Ideen stehen oder ein Konzept abstrahieren, indem sie einen optischen Ersatz für eine längere verbale Beschreibung bieten. Objekte haben häufig gut erkennbare Icons, während sich Ideen wie Prozesse und Aktionen erheblich schwerer darstellen lassen. Ein gutes Icon braucht nicht erklärt zu werden, häufig sind Icons notwendigerweise optisch abstrakt. Wesentlich ist die strenge und konsistente Verknüpfung des Icons mit der betreffenden Idee, so dass die Identifikation nach wiederholter Präsentation intuitiver wird.

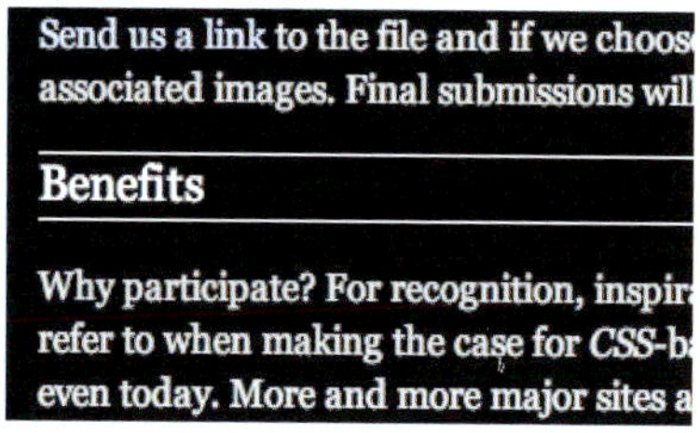

ABBILDUNG 4 Durchgezogene weiße Linien unterscheiden die Überschriften vom Text des Hauptteils.

LINIEN

Davis hat zwei Linien-Styles gewählt, um verschiedene Bereiche innerhalb des Designs zu unterscheiden: Eine gestrichelte Linie umgibt die oberen Absätze, die das Überschriftenbild überlagern, und durchgezogene weiße Linien setzen die Überschriften und die Fußzeile der Seite deutlich ab (**ABBILDUNG 4**). Diese einfachen Linien bringen zusätzlich optischen Kontext in die Seite, ohne das Auge zu verwirren.

Die einfache Verwendung einer Linie kann Bereiche innerhalb einer Seite abgrenzen und Schranken errichten, Bewegung in eine Seite bringen und zusätzliche Dimensionalität schaffen. Die Gefahr liegt darin, zu viele Linien einzusetzen – offene Kästen und zu viele Parallelen lassen Raster und Strukturen vermuten, die nicht vorhanden sind. Das Auge versucht, Muster zu finden, wo möglicherweise keine sind. Es ist also klug, Linien bewusst und nur dort zu verwenden, wo es sinnvoll ist.

> **Hinweis**
> Die meisten Designer haben kein Problem mit knappen vorgegebenen Seitenrändern, weil sie die Vorgaben sowieso überschreiben wollen, aber für Laien und Amateure ist ein guter Ausgangspunkt wichtig. Niemand verliert, wenn die Technologie bessere Vorbereitungen trifft – ein normaler Bürodrucker lässt großzügige Ränder um die Seite, um beispielsweise unruhige Zusammenballungen dieser Art zu verhindern.

RÄNDER

Durch Beschränkung des Designs auf einen zentralen Spaltenbereich hat Davis höchstmöglichen Einfluss auf den Abstand der Seitenelemente ausgeübt. Ein variabler Rand auf beiden Seiten positioniert den Inhalt in der Mitte des Browserfensters. Gelegentlich ist es günstig, das ganze Fenster mit einem Design auszufüllen, während in anderen Fällen ein beschränktes Design vorzuziehen ist.

In beiden Fällen verhindern großzügige Ränder links und rechts von wichtigen Textbereichen, dass das Design zu stark gequetscht wirkt. Standardmäßig verwenden die meisten Browser die schmalsten möglichen Ränder rund um die Seite, was unglücklicherweise zulässt, dass Text fast ungehemmt vom linken zum rechten Fensterrand verläuft.

Es handelt sich um ein optisches Problem. Text braucht Platz zum Atmen und fehlende Ränder führen dazu, dass er optisch mit dem verschmilzt, was hinter dem Browser liegt. Die Standardeinstellungen der Technologie sind in diesem Fall nicht für die Situation geeignet, so dass der Designer zusätzlich darauf achten muss, das Problem zu beheben.

Bei einem minimalistischen Layout, in dem ein Rand zu den wenigen verwendeten Designelementen zählt, bringt die richtige Gestaltung den Unterschied. Ein breiter Rand errichtet im Browser-Fenster eine Bühne für den Text und lenkt die Aufmerksamkeit des Betrachters auf den Inhalt.

Einheitlichkeit und Symbolik

Atlantis ist ein gutes Beispiel dafür, wie man mit Designelementen Atmosphäre schafft, wie Davis es beabsichtigte. Nach dem griechischen Philosophen Plato ist Atlantis eine verschwundene Insel, die vor vielen Jahren in den Fluten versunken ist. Die rostfleckige Spiralmuschel und klassische Statuen und Säulen aus Stein in der Überschrift rufen mit Sicherheit das alte, wohl bekannte Gefühl hervor, das die Legende umgibt, und die tiefen Blau- und Schwarztöne erinnern an die tieferen Wasserschichten mit wenig Licht. Indem Davis Bilder und Farbe im Voraus wählte, sorgte er dafür, dass sein Design der Inspiration treu blieb.

DURCHGÄNGIGKEIT

Die Farbe der Muschel wurde angepasst, damit sie mit der dahinter liegenden Collage verschmilzt. Ihre Ränder wurden mit Adobe Photoshop weichgezeichnet, damit sie sich besser in das Gesamtbild der Überschrift einfügten. Ohne die ganze Muschel in den blauen Farbtonbereich zu verschieben, hat Davis genügend Rosttöne übrig gelassen, die einen willkommenen Farbkontrast bilden (**ABBILDUNG 5**). Durchgängiges Blau im gesamten Design hätte die Stimmung viel zu sehr verstärkt (**ABBILDUNG 6**).

Designelemente können zwar variiert werden, aber ein einheitlicher Gesamtton ist ein wichtiges Ziel. Anstelle eines übermäßig monotonen Farbschemas gibt es andere, feinere Methoden, Durchgängigkeit in einem Design herzustellen: zum Beispiel die Wiederholung vorherrschender Formen in Zeichnungen oder Fotos oder die Abstimmung der Proportionen und Größen von Schrift und umgebenden Linien.

In Atlantis sehen wir in der Überschrift weiße Kreislinien, die die Muschel und die Collage gleichermaßen überlagern. Ohne Kontext scheinen einfache weiße Linien wie diese keine Ähnlichkeit mit irgendetwas aufzuweisen. Aber mit ihrer Form und dem blauen Hintergrund erinnern sie stark an Wellenlinien im Wasser. Außerdem stimmen Form und Größe deutlich mit denen der Muschel überein, so dass eine enge Verbindung zwischen den beiden Elementen entsteht.

WIEDERGABE

Diese Darstellungsmethode – die Verwendung einfacher Designelemente, die für komplexere Ideen oder Bilder stehen – stellt eine wirkungsvolle Möglichkeit dar, einer Designarbeit Subtilität und zusätzliche Tiefe zu verleihen. Möglicherweise haben Sie die weißen Linien noch nicht einmal bemerkt, bevor wir Sie darauf hingewiesen haben, aber nachdem sie deutlich geworden sind, ist es schwierig, in ihnen noch etwas anderes als Wellen auf der Oberfläche eines Gewässers zu sehen.

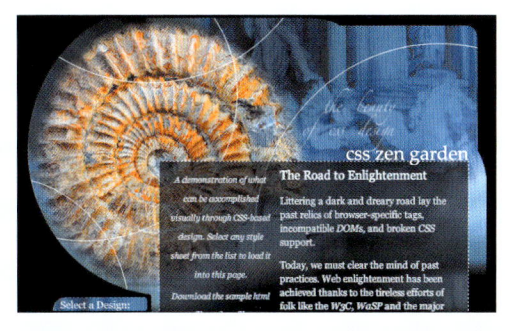

ABBILDUNG 5 Die Orangetöne in der Muschel bringen Farbkontrast ins Bild.

ABBILDUNG 6 Eine noch durchgängigere blaue Überschrift wäre für das Thema möglicherweise günstiger, aber das Design würde unter fehlendem Kontrast leiden.

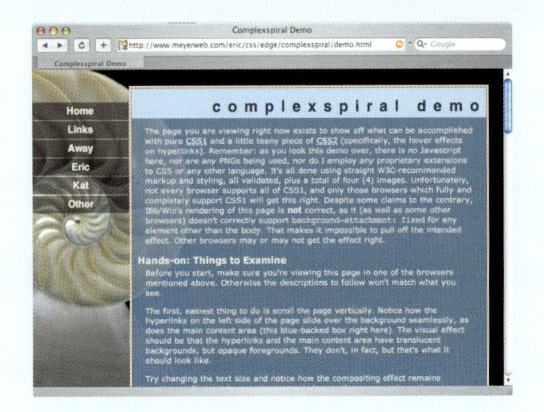

ABBILDUNG 7 Die Demonstrationsseite »Complexspiral«, auf die die Muschel in der Überschrift von Atlantis verweist

Die Atlantis-Symbolik endet nicht mit einfachen Linien; die Platzierung der Bilder in der Überschrift ist noch offensichtlicher. Das Atlantis von damals – ein starkes und wohlhabendes Imperium mit Steinsäulen und geschmückten Statuen – ist verblasst und hinter dem zentralen und deutlicheren Atlantis von heute im Hintergrund verschwunden: rostig, alt und im Meer versunken. Die räumliche Beziehung zwischen den beiden Hälften der Collage legt ein verblasstes Imperium lange nach seiner ruhmreichen Zeit nahe. Diese anscheinend einfache Platzierung schafft eine Geschichte und fügt eine zusätzliche Tiefenebene hinzu, die der Betrachter entschlüsseln muss.

Für den CSS-Kenner birgt die Verwendung einer Muschel als Überschriftenbild eine zusätzliche Bedeutung: Davis' Wahl ist eine Hommage an eine klassische CSS-Demonstrationsseite, »Complexspiral« von Eric Meyer, zu finden unter der Adresse www.meyerweb.com/eric/css/edge/complexspiral/demo.html (**ABBILDUNG 7**).

Die Verantwortung des Designers

Design ist ein leistungsfähiges Kommunikationsmittel; eine klare und einheitliche Botschaft über eine ganze Site bereitet die Bühne für ein Erlebnis. Nicht alle Sites bedürfen in Bezug auf das Design desselben Maßes von Beachtung, und in den Fällen, in denen Inhalt und Funktionalität im Mittelpunkt stehen, kann es Aufgabe des Designers sein, sich mit einfachen Bildern und einem effizienten, minimalistischen Layout einfach herauszuhalten.

In anderen Fällen muss das Design eine stärkere Botschaft übermitteln – häufig sogar mehrere. Möglicherweise bleiben bei der ersten Analyse eines Designs einige Feinheiten der Vision des Designers unentdeckt. Die Interpretation wird durch persönliche Erfahrungen und Kenntnisse beeinflusst. Das Erfassen der vollständigen Bedeutung eines Werks wie Atlantis schließt daher zwangsläufig ein, den Designer auf halbem Weg zu treffen und ein gemeinsames Verständnis zu entwickeln.

Die Verantwortung des Designers besteht darin, auf einmalige und verlockende Weise eine deutliche Botschaft zu übermitteln, die von möglichst vielen Betrachtern verstanden wird. Trotzdem gibt es viele Gelegenheiten, die zentrale Botschaft mit zusätzlichen Informationen zu unterlegen, wie Kevin Davis mit Atlantis bewiesen hat.

Radu Darvas, Designer
www.csszengarden.com/026

Zunflower

Spiel mit Licht und Schatten, Form und Raum

ALS SONNENBLUMEN AUF DEM BALKON seinen Blick auf sich zogen, begann **Radu Darvas**, Fotos aufzunehmen, aus denen die Designideen für **Zunflower** hervorgingen. Mit den Sonnenblumen in Photoshop zu spielen, half ihm, seine Ideen für einen Beitrag zum Zen-Garten zu entwickeln.

Eines seiner Anliegen bestand darin, dass er nicht »in Kästen denken« wollte. Als er sich weiter in das Design vertiefte, stellte er überdies fest, dass er die Platzierung der Spalten anpassen und eine optische Überlagerung herstellen konnte. Das führte zu weiterem Spiel mit Licht und Schatten, Form und Raum, aus dem sich das strahlende und kraftvolle Sonnenblumen-Layout ergab.

Ins Licht hinein

Wo immer Sie gerade sitzen und diese Zeilen lesen, gibt es mindestens eine Lichtquelle. Lösen Sie Ihre Augen einen Augenblick von der Seite. Aus welcher Richtung kommt die Hauptlichtquelle? Wie beleuchtet sie die Objekte um Sie herum? Wo liegen die Schatten?

Licht und Schatten werden von Künstlern zur optischen Gestaltung eingesetzt, um ihre Darstellung realistisch erscheinen zu lassen, Stimmung in ein Werk zu bringen und die Arbeit dadurch zu verbessern, dass interessante Aspekte in den Vordergrund gerückt werden.

Wenn wir auf das vergangene Jahrzehnt des Webdesigns zurückblicken, finden wir vielfältige Verwendungsarten für Licht. Ob Verläufe in Grafiken eingefügt (**ABBILDUNG 1**), Ränder von Schaltflächen abgeschrägt (**ABBILDUNG 2**) oder Schlagschatten erzeugt werden (**ABBILDUNG 3**), Licht wird im Web auf zahlreiche Weise eingesetzt.

Leider gehen Webdesigner, die keine formale Ausbildung in den bildenden Künsten genossen haben, manchmal schlecht mit Licht um. Wozu wir innerhalb der Grenzen unseres Mediums in der Lage waren, hat sich ebenfalls als Herausforderung erwiesen. Schließlich beeinflussen auch Trends die Technik – selbst wenn das verwendete Licht unrealistisch ist und aus Quellen stammt, die miteinander in Konflikt stehen (**ABBILDUNG 4**).

Bewahren des Schattens

Zunflower demonstriert die richtige Verwendung von Licht, um Schlagschatten zu erzeugen. Während strenge Verläufe und zusätzliche Abschrägungen im heutigen Webdesign aus der Mode gekommen sind, erwies sich die Verwendung von Schlagschatten bisher aus mehreren Gründen als dauerhaft:

- Schatten machen eine Seite optisch interessant.
- Ein Schlagschatten verleiht dem Objekt und der Seite den Eindruck von Räumlichkeit.
- Schlagschatten lassen sich mit Grafikprogrammen leicht erzeugen.

ABBILDUNG 1 Verlaufsfüllung, ca. 1995. Bei starker Komprimierung kommt es zu Dithering und Streifenbildung, was zu einem unprofessionellen Aussehen führt.

ABBILDUNG 2 Beispiel für einen abgeschrägten Text auf einer abgeschrägten Schaltfläche. Optische Effekte dieser Art beherrschten die Webseiten Mitte der neunziger Jahre.

ABBILDUNG 3 Ein klassischer Schlagschatteneffekt in einem Foto.

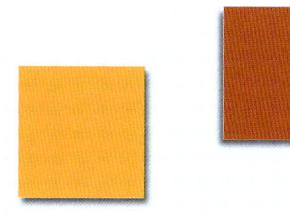

ABBILDUNG 4 Falsche Verwendung einer Lichtquelle – beachten Sie die unterschiedliche Richtung der Schatten bei den beiden Objekten.

Tipp

Wenn Sie die Ebeneneffekte von Photoshop benutzen, sollten Sie darauf achten, dass das Kontrollkästchen *Globalen Winkel verwenden* aktiviert ist. Damit bleibt der gewählte Lichtwinkel konsistent, während Sie Ihre Bilder bearbeiten.

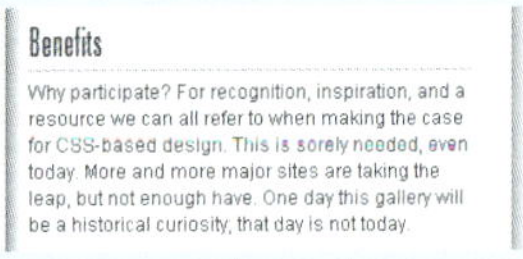

ABBILDUNG 5 Die korrekte Verwendung einer Lichtquelle, um passende Schatten zu erzeugen

ABBILDUNG 6 Mit der Lichtquelle folgen, um einen realistischen Eindruck zu erzielen

Um die Probleme zu vermeiden, die die Verwendung von Schatten mit sich bringen kann, bieten die folgenden Punkte einige allgemeine Richtlinien:

- Achten Sie sorgfältig darauf, wie hell oder dunkel Ihre Schatten sind – sorgen Sie dafür, dass die Intensität der einzelnen Schatten einem logischen optischen Abstand entspricht. Dunkle Schatten lassen das Objekt dem Hintergrund näher erscheinen, hellere weiter von ihm entfernt und näher am Betrachter.

- Breite und Höhe des Schattens beeinflussen die Tiefenwahrnehmung ebenfalls. Ein schmaler Schatten lässt ein Objekt dem Hintergrund näher erscheinen, ein breiterer oder höherer dagegen weiter von ihm entfernt.

- Denken Sie daran, eine realistische Lichtquelle zu simulieren. Wenn sich zwei Objekte auf einer Seite befinden, sollten ihre Schatten die Lichtquellen wiedergeben.

Die beiden ersten überlappenden Felder, aus denen die zentrale Spalte von Zunflower besteht, haben zum Beispiel gemeinsame Schatten, die von einer Lichtquelle auf der linken Seite erzeugt werden (**ABBILDUNG 5**).

Außerdem trägt der für das rechte Feld verwendete Verblassungseffekt zum Lichteindruck des Designs bei. Das Licht scheint zu schwinden, wodurch das restliche Bild unserem Blick entschwindet (**ABBILDUNG 6**).

Jetzt kommen wir in Form

Wie die Farbe beeinflussen uns auch Formen psychisch. Wir verknüpfen mit ihnen bestimmte Eigenschaften, die Designer nutzen können, um in den Betrachtern ein bestimmtes Gefühl zu wecken.

Der Einfluss von Formen ist nicht auf Computer- oder Druckdesigns beschränkt. Menschen benutzen Formen, seit sie in der Lage sind, Zeichen in den Sand zu malen oder mit Piktogrammen auf Höhlenwänden Geschichten zu erzählen. Wir finden sie überall – sie sind unserer Welt inhärent und in fast allem vorhanden, was Menschen tun. Ob wir eine komplexe mathematische Gleichung beschreiben, einem Gebäude einen architektonischen Akzent hinzufügen oder religiöse und ethnische Verknüpfungen ausdrücken (das christliche Kreuz, der Davidsstern, Tattoo-Kunst) – Formen bilden einen Bestandteil unserer Natur und unserer Ausdrucksweise.

In Zunflower stellt die Blume ein besonders attraktives Bild dar, von dem wir wegen seiner Farbe und wegen der Gegenwart, die seine Form ausdrückt, angezogen werden.

GRUNDFORMEN

Kreise werden meistens mit dem Weiblichen – Wärme, Trost, Sinnlichkeit und Liebe – und seinen Erweiterungen assoziiert. Kreise (oder Bögen) dienen häufig dazu, Gemeinschaft, Ganzheit, Dauerhaftigkeit, Bewegung und Sicherheit darzustellen. Viele Websites, in denen es um Frauen, Gemeinschaft, ganzheitliches Leben und Romantik geht, verwenden Kreise, um ihre Botschaft zu verstärken.

Dreiecke gelten als maskulin und drücken Eigenschaften wie Stärke, Aggression und dynamische Bewegung aus. Auch die Richtung eines Dreiecks hat Einfluss auf die Bedeutung. Das Auge neigt dazu, dem dominanten Winkel zu folgen. Wenn das Dreieck nach oben gerichtet ist, suggeriert es Aufwärtsbewegung und Aggression. Umgekehrt kann die Assoziation negativ sein und für Passivität und Impotenz stehen.

Natürlich lösen auch Rechtecke (einschließlich der Quadrate) Assoziationen aus. Sie suggerieren Macht und Festigkeit, wahrscheinlich wegen ihrer Strenge und des Eindrucks von Masse. Rechteckige Bilder können dem Betrachter Ordnung, Logik, Geschlossenheit und den Eindruck von Sicherheit vermitteln.

FORMEN KOMBINIEREN, UM MÖGLICHST GROSSE WIRKUNG ZU ERZIELEN

Wenn wir das Bild der Sonnenblume als solches studieren, entdecken wir eine Kombination von Dreiecken und Kreisen. Sie sind selbstverständlich natürlichen Ursprungs, aber Darvas hat das Bild mit Photoshop bearbeitet und Farbe und Form der Blume betont. Das Ergebnis ist ein Bild von starker Sinnlichkeit, das sowohl maskulin als auch feminin ist und ein bemerkenswertes Gefühl hervorruft (**ABBILDUNG 7**).

ABBILDUNG 7 Ein genauer Blick auf die »Sonnenblume« mit ihrer Kombination dreieckiger und runder Formen

ABBILDUNG 8 Rechtecke tragen zur Ausgewogenheit des Designs bei.

Strenge Rechtecke balancieren in Zunflower den eher sinnlichen Charakter der Blume aus und geben dem Design ein Fundament (**ABBILDUNG 8**).

Formen lassen sich kombinieren, um möglichst große Wirkung zu erzielen. Wenn Sie noch Farbe und Licht hinzufügen, wird es richtig interessant. Würdigen Sie schließlich noch den Raum und die Wirkung wird außerordentlich stark sein.

Ich brauche Raum!

Auch der Raum besitzt wie seine Verwandten Licht, Schatten und Form eine interessante und archetypische Relevanz, die Künstler aller Zeiten genutzt haben, um bei ihrem Publikum Reaktionen hervorzurufen.

Die richtige Verwendung des Raums in einem optischen Design dient mehreren Zwecken: Der Raum kann dazu beitragen, das Auge an eine interessante Stelle der Seite zu lenken, er polstert Text und Bilder und bietet den Augen einen Ruheplatz. Dadurch wird die Lesbarkeit verbessert und wir bekommen zusätzlichen geistigen Freiraum zur Verarbeitung der dargestellten Informationen.

PSYCHOLOGISCHE UND SOZIALE RELEVANZ

Raum hat eine bestimmte psychologische und soziale Bedeutung. Zur sozialen Relevanz ist Folgendes zu bedenken:

- Raum und Wirtschaft sind miteinander verknüpft. Sicher kennen Sie den Witz, demzufolge die Röcke der Frauen kürzer werden, wenn ein Wirtschaftsabschwung einsetzt. Der zur Verfügung stehende Raum und die Art seiner Nutzung sagen eine Menge aus. Überfüllte Designs wirken weniger gut, während die ausgewogene, aber dennoch offene Verwendung des Raums eine verfeinerte Aussage erleichtert.

- Raum ist nicht einfach das Fehlen des Physischen (tatsächlich hilft er bei der Definition von Objekten). Überfüllte Designs signalisieren die Notwendigkeit der Bewahrung und können Betrachter gespannt stimmen, während Raum, der ausgewogen, aber dennoch expansiv genutzt wird, eine ausgefeiltere und leichtere Botschaft übermittelt.

- Raum ist kulturabhängig. Wie die Farbwahrnehmung und die Deutung von Formen von der Kultur eines Menschen beeinflusst werden kann, so reagieren Menschen mit unterschiedlichem kulturellen Hintergrund auch anders auf Raum. In machen Kulturen gilt die physisch sehr große Nähe zu einer Person als bevorzugte Interaktionsmethode. In anderen ist der Sinn für physischen Raum wesentlich mehr von Distanz geprägt, wie sich in den USA deutlich zeigt.

Wenn wir diese Aussagen auf das Design anwenden, erkennen wir, dass Raum nicht nur ein Nebenprodukt dessen ist, was wir auf der Seite unterbringen, sondern ein integraler Aspekt des Designs.

POSITIVER UND NEGATIVER RAUM

Wie Raum und Design zusammenwirken, lässt sich besser verstehen, wenn die Unterschiede zwischen *positivem* und *negativem* Raum geklärt sind.

Positiver Raum ist derjenige, den die Objekte belegen, aus denen Ihr Design besteht. *Negativer Raum* ist der, auf dem sich keine Objekte befinden (der Hintergrund). Es ist jedoch nicht möglich, positiven und negativen Raum zu entkoppeln; sie stehen in einer ständig existenten Beziehung gegenseitiger Abhängigkeit.

Negativer Raum trägt dazu bei, den Rand des positiven Raums zu definieren, wobei der Rand eines Objekts den Anfang des negativen Raums definiert, der an und für sich eine Form ist (**ABBILDUNG 9**).

ABBILDUNG 9 Wenn der Raum schwarz gefärbt wird, können Sie deutlicher sehen, wie er die Objektkante definiert und selbst aus einer Kombination von Formen besteht.

Professionell aufpoliert

Das Verständnis von Lichtquellen trägt dazu bei, Schlagschatten und verwandte Techniken konsistenter einzusetzen. Die Rolle, die die Form im Design spielt, verdient eine detailliertere Untersuchung, sowohl für das Design insgesamt als auch für besondere Bedürfnisse wie Logos und Icons. Schließlich hilft Ihnen ein Gefühl für Raum, eine klarere Botschaft zu senden. Abschließend verleiht Kontrolle über Licht, Raum und Form Ihrer Designarbeit ein ebenso professionelles Finish wie in Zunflower.

Boér Attila, Designer
www.csszengarden.com/083

Springtime

Durch Farbe Emotionen hervorrufen

NACH EINEM KALTEN WINTER voller monochromer Töne wachte **Boér Attila** am ersten sonnigen Frühlingstag auf und fand die Farben erhebend, kräftig und fröhlich. Der Wechsel von Winter zu Frühling inspirierte Aspekte seines Designs, insbesondere die Farbauswahl.

Dass Farben eine Vielzahl von Gefühlen hervorrufen, ist bekannt. Aus diesem Grund definieren wir zum Beispiel Rot als heiße Farbe. Wir verbinden Rot mit Flammen oder scharfen Pfefferschoten. Diese Vorstellungen nehmen Einfluss darauf, wie wir Farbe einsetzen – zum Beispiel Erdtöne wie Braun und Gelbbraun bei der Gestaltung von Verpackungen für Naturprodukte.

In **Springtime** treffen die monotonen Töne des Winters auf die hervorbrechenden Farben des Frühlings, was eine Palette ergibt, die weder kalt noch heiß ist, sondern Wärme und Harmonie ausdrückt.

Die Macht der Farben

Als Designer, der seinem Publikum eine Botschaft übermitteln will, stellen Sie fest, dass das Verstehen der psychischen Wirkungen, des kulturellen Einflusses und der geschlechtsbedingten Neigungen in Bezug auf Farbe genauso wichtig ist wie die technischeren Belange.

EINE AUSSAGE

Während die Art, wie ihr Inhalt geschrieben, in Layout verpackt und durch Bilder verstärkt ist, ohne Zweifel ein offenkundiges Mittel darstellt, die Ziele einer Site auszudrücken, ist die Verwendung von Farbe ein bedeutsames Stück visueller Kommunikation. Der erfahrene Designer weiß Farben zu benutzen, die sich für die Botschaft und das Publikum eignen. Farbe kann für das menschliche Auge genauso überzeugend sein wie Bilder und Text und gelegentlich sogar überzeugender.

Wenn Ihr Auftrag lautet, eine Site für eine Death-Metal-Rockband zu erstellen, wären leuchtende Farben wie Gelb und Pink auf einem weißen Hintergrund für die Botschaft kontraproduktiv. Death Metal ist ein Synonym für Dunkelheit. Selbstverständlich können leuchtende Farben im Rahmen des Designs eingesetzt werden, aber die deutlichste Aussage über die Band wird durch die Verwendung dunkler schwerer Farben übermittelt, die üblicherweise mit diesem Musikgenre assoziiert werden.

Wenn Sie umgekehrt eine Site für ein klassisches Quartett gestalten, würden sehr dunkle Farben den Eindruck von Raffinesse und den leichteren Klang dieses Genres nicht vermitteln. Damit ein Design wirkungsvoll ist, kommt es darauf an, Farben zu wählen, die zum Thema und zur Botschaft der Site passen.

Hinweis

Natürlich kann die Verwendung des Gegenteils der erwarteten Farben zum Konflikt führen, was einen interessanten Designansatz ergibt, der hervorragende Ergebnisse erbringen kann. Ein solches Wagnis erfordert aber noch mehr Planung und Tests, um sicherzustellen, dass die gewählten Farben ihren Zweck erfüllen. Hier geht es darum, die natürliche Korrelation zwischen Farbe und menschlicher Reaktion aufzuzeigen.

FARBEN UND DIE MENSCHLICHE PSYCHE

Der Einfluss von Farben auf die Gefühle des Menschen ist ein Gebiet großer Faszination. Die Beziehungen sind komplex und umfassen zahlreiche Faktoren.

Wenn jemand nicht sehen kann, ist die Frage natürlich rein akademisch. Mit einer unvollständigen Farbwahrnehmung kann die Erfahrung einfach nicht genauso ausfallen wie bei jemandem, der Farben vollständig sieht. Etwa jeder zehnte männliche Deutsche leidet an der verbreitetsten Form der Farbenblindheit (*Dichromasie*, d.h. die Unfähigkeit, zwei Farben voneinander zu unterscheiden, meistens Rot und Grün). Deshalb muss dieses Problem bei der Auswahl von Farben bedacht werden.

Auch der Ton einer Farbe kann ihre Bedeutung beeinflussen. Ein leuchtendes Grün ruft ein bestimmtes Gefühl hervor, Khakigrün dagegen ein anderes. Ebenso kann eine Textur die Wahrnehmung der Farbe verändern. **TABELLE 1** stellt gängige Farben und die allgemeinen psychologischen Assoziationen gegenüber.

TABELLE 1 Psychische Assoziationen mit gängigen Farben

Farbe	Assoziation
Rot	Kraft, Energie, Liebe, Leidenschaft, Aggression, Gefahr
Blau	Vertrauen, Bewahrung, Sicherheit, Sauberkeit, Sorgfalt, Ordnung
Grün	Natur, Erde, Gesundheit, Neid, Erneuerung
Orange	Spaß, Glück
Gelb	Optimismus, Hoffnung, Philosophie, Feigheit
Violett	Königswürde, Geheimnis, Religion
Braun	Zuverlässigkeit, Trost, Dauerhaftigkeit, Erde
Grau/Silber	Intellekt, Futurismus, Bescheidenheit, Traurigkeit, Verfall, Eleganz
Schwarz	Macht, Sexualität, Raffinesse, Geheimnis, Furcht, Unglück, Tod
Weiß	Reinheit, Sauberkeit, Präzision, Unschuld, Sterilität, Tod

Wie Sie vielleicht bemerkt haben, gibt es bei der Assoziation mit einzelnen Farben Widersprüche sowie Doppelnennungen bei Farben wie Schwarz und Weiß. Rot inspiriert zum Beispiel Leidenschaft und steht für Gefahr (ist der Unterschied gar nicht so groß?). Mit diesen offenkundigen Widersprüchen sind wiederum zahlreiche Faktoren verknüpft. Ein großer Teil der Diskrepanzen beruht auf kulturellen und geschlechtsspezifischen Unterschieden.

Was Springtime betrifft, sind Ton und Intensität der grünen Farben sanft und wohltuend und erinnern an Gras und Blätter. Auch die Spur Blau im Design trägt dazu bei, an Natur zu denken (**ABBILDUNG 1**).

ABBILDUNG 1 Die Farbpalette von Springtime enthält eine Reihe Grüntöne, eine Spur Blau und Weiß.

Hinweis

Auf der Website Colorcom von Professor J. L. Morton (www.colorcom.com) erfahren Sie mehr über Farbe und finden zahlreiche Forschungsartikel, Bücher und weitere Quellen. Eine weitere großartige Site zu diesem Thema ist Causes of Color (http://webexhibits.org/causesofcolor).

FARBE, KULTURELLER HINTERGRUND UND GESCHLECHT

Attila ist Ungar. Haben die kulturellen Wurzeln eines Künstlers und die Umgebung, in der er lebt, Einfluss auf seine Designentscheidungen und seine Farbwahrnehmung? Experten bejahen diese Frage. In gleicher Weise können sich Geschlecht und Kultur des Betrachters von Springtime auf sein Erlebnis des Designs auswirken.

Kultur und Geschlecht erweitern und verkomplizieren die im vorhergehenden Abschnitt dargestellten Grundreaktionen und Assoziationen mit Farben. **TABELLE 2** gibt einige Einblicke in solche auf Kultur und Geschlecht basierenden Reaktionen und Assoziationen. Wie Sie bereits vermuten, müssen Sie die Verwendung von Farbe – besonders in einem weltweiten Forum wie dem Web – sehr sorgfältig überlegen.

Hinweis

Es ist günstig, vor dem Start eines Designs eine Reihe von Testpaletten zusammenzustellen, was mit Photoshop recht einfach möglich ist (ABBILDUNG 2). Legen Sie ein leeres Dokument an und fügen Sie mit Hilfe der Farbauswahl Farben zu einem Streifen zusammen, so dass Sie beurteilen können, wie die Mischung ausfällt und wie sie zueinander passen. Anschließend können Sie ein Testdokument erstellen, dem Sie die Farben mit CSS zuweisen.

CSS ist in der Prototypphase der Designentwicklung hilfreich: Sie können Stylesheets für die einzelnen Testpaletten erstellen und die Farben in das Testdokument übernehmen. Außerdem können Sie diesen Schritt als Bestandteil einer Machbarkeitsstudie einrichten, in der Sie Ihren Versuchspersonen verschiedene Farbschemata vorlegen und ihre Reaktionen auswerten.

ABBILDUNG 2 Anlegen einer Farbpalette mit Photoshop

TABELLE 2 Farbe und der Einfluss von Kultur und Geschlecht

Farbe	Einfluss
Rot	In China Symbol für großes Glück. In der Mischung mit Weiß noch intensiver. Mehr Frauen ziehen Rot Blau vor.
Blau	In vielen östlichen Ländern Farbe der Unsterblichkeit. Für Juden ist Blau die Farbe der Heiligkeit, im Hinduismus steht sie für Krishna. Sie wird in der ganzen Welt geschätzt und gilt daher als die global sicherste Farbe. Männer bevorzugen Blau gegenüber Rot.
Grün	Wird in den USA mit Geld assoziiert, in anderen Kulturen dagegen nicht zwangsläufig. Grün löst in Irland starke emotionale Assoziationen aus, wo es für die katholischen Nationalisten steht. Frauen können mehr Grüntöne namentlich nennen als Männer.
Orange	In den USA besteht im Verpackungsdesign die Tradition, preisgünstige Artikel durch Orange zu kennzeichnen, was bei der Verwendung dieser Farbe im Design von Unternehmens-Sites berücksichtigt werden muss. Orange weckt in Irland starke Emotionen, weil es für den Protestantismus steht. Männer bevorzugen Orange gegenüber Gelb.
Gelb	In asiatischen Kulturen eine heilige, kaiserliche Farbe. Frauen bevorzugen Gelb gegenüber Orange und assoziieren es mit Wärme und Optimismus.
Violett	Wird in Europa mit Trauer assoziiert, außerdem mit New Age und alternativen Religionen, so dass es als widersprüchlich gelten kann. Violett findet sich in der Natur relativ selten: bei einigen Blumenarten und ein paar Seefischen.
Braun	Eine sowohl kulturell als auch in Bezug auf das Geschlecht neutrale Farbe.
Schwarz	In den meisten westlichen Kulturen und vielen weiteren die Farbe von Trauer und Tod.
Weiß	Steht in den meisten asiatischen Kulturen für Trauer und Tod, in den meisten westlichen Gesellschaften für Reinheit und Keuschheit.

Farbpaletten für Websites

Beim Anlegen von Farbpaletten für eigene Projekte sollten Sie diese Dinge berücksichtigen. Dazu müssen Sie nicht nur Ihre Botschaft kennen, sondern benötigen auch ein Gefühl für die Erwartungen Ihres Publikums, damit Paletten entstehen, die Ihre Bedürfnisse abdecken.

VERSETZEN SIE SICH IN IHR PUBLIKUM HINEIN

Die goldene Regel der Kommunikation lautet: Versetzen Sie sich in Ihr Publikum hinein. Da die menschliche Psyche, kulturelle Wahrnehmungen und das Geschlecht bei der Rezeption von Farben eine Rolle spielen, müssen Sie Ihr Publikum verstehen, bevor Sie ein Farbschema festlegen. Manchmal sind die Farbassoziationen so verbreitet, dass sie für alle Gruppen zutreffen, was für Designs mit viel Blau, Braun oder – wie bei Springtime – Grün zutrifft.

Der Farbexperte J. L. Morton, dessen Site bereits weiter vorn in diesem Kapitel erwähnt wurde, schlägt vor, Designer sollten sich möglichst weitgehend an die erwarteten Beziehungen halten. Wenn die Site für Kinder bestimmt ist, kann es praktisch sein, mit Farben zu arbeiten, die Freude ausdrücken. Wenn es um Eleganz geht, können Schwarz und Silber in den USA eine hervorragende Kombination darstellen. Wenn Sie Männer ansprechen wollen, ist grundsätzlich viel Blau angebracht. Wenn Sie Frauen erreichen wollen, sind Rot- und Pinktöne wahrscheinlich günstiger als Blau. Wenn Sie eine Natur-Site gestalten oder eine, die Natur zelebriert, erscheint die Verwendung von Grün-, Blau- und Brauntönen sinnvoll.

Farbmöglichkeiten in CSS

Glücklicherweise bietet CSS zahlreiche Optionen für Farbwerte. Folgende Möglichkeiten stehen zur Verfügung:

- **Farbnamen:** Für CSS stehen jetzt 17 Farbnamen zur Auswahl: Schwarz (black), Silber (silver), Grau (gray), Weiß (white), Braun (maroon), Rot (red), Purpur (purple), Fuchsia (fuchsia), Grün (green), Limone (lime), Oliv (olive), Gelb (yellow), Marine (navy), Blau (blue),

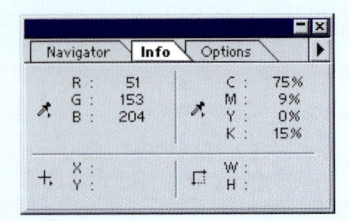

ABBILDUNG 3 RGB-Informationen in Photoshop

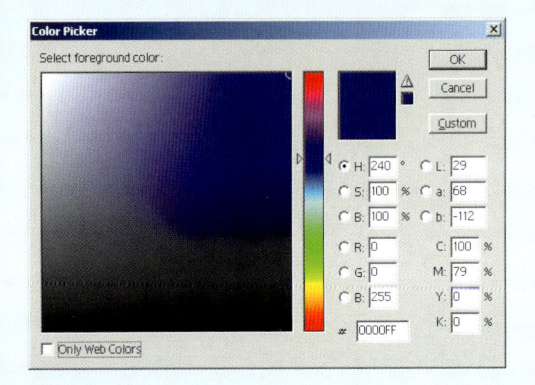

ABBILDUNG 4 Die Farbauswahl von Photoshop zeigt Hexadezimalwerte an.

> **Hinweis**
>
> Weitere Informationen über die Schlüsselwörter für Systemfarben finden Sie unter www.w3.org/TR/CSS21/ui.html#system-colors. Beachten Sie, dass diese Farben nicht Bestandteil des Farbmoduls von CSS 3.0 sein werden.

dunkles Blaugrün (teal), Aquamarine (aqua) und Orange (orange). Beispiel:

`color: orange;`

- **RGB-Werte (Literal):** Sie können die numerischen Rot-, Grün- und Blauwerte als Literal für eine Farbe benutzen – in diesem Fall ein helles Blau. Sie finden sie in Photoshop (**ABBILDUNG 3**) oder dem Bildbearbeitungsprogramm Ihrer Wahl:

`color: rgb(51,153,204);`

- **RGB-Werte (in Prozent):** Mischen Sie einfach Prozentwerte für Rot, Grün und Blau, um die gewünschte Farbe zu erzeugen – in diesem Fall Violett:

`color: rgb(93%, 51%, 93%);`

- **Hexadezimalwerte:** Dabei handelt es sich um sechsstellige Hexadezimalwerte, die Sie sowohl in Photoshop (**ABBILDUNG 4**) als auch in zahlreichen Onlinereferenzen finden. Sie sind alphanumerisch, wobei jedem Wertepaar ein RGB-Wert entspricht. Das hexadezimale Farbsystem ist im Web schon lange in Gebrauch, so dass die meisten Leser damit vertraut sind:

`color: #0000FF;`

- **Hexadezimalkurzwerte:** Sie können nur verwendet werden, wenn die beiden Wertepaare gleich sind; bei #FF6699 geht es also, bei #808080 nicht. Das genannte Beispiel für Blau erfüllt diese Anforderung und ergibt folgendes CSS:

`color: #00F;`

- **Systemfarben:** Damit ist ein Satz Schlüsselwörter gemeint, die in CSS 2.1 zulässig sind und dem Designer die Möglichkeit geben, die auf dem Computer eines Betrachters eingesetzten Farben zu verwenden. Beispiel:

`color: WindowText;`

Farbenfrohe Schlussfolgerungen

Ob Sie aus privaten oder beruflichen Gründen Design betreiben – am besten fangen Sie damit an, Ihre Botschaft und das Publikum zu verstehen, an das sie gerichtet ist. Anhand dieser Informationen treffen Sie mit weitaus höherer Wahrscheinlichkeit eine Farbauswahl, die Ihre Botschaft unterstreicht.

Springtime stellt ein hervorragendes Beispiel für Farbdesign dar, das vollkommen den Zielen entspricht, die es erreichen soll: den Übergang von Winter zu Frühling auszudrücken, dem Betrachter einen Hauch von ruhigem Optimismus zu vermitteln und dafür zu sorgen, dass diese Gefühle dem globalen Publikum verdeutlicht werden, das der CSS-Garten mit Sicherheit besitzt.

Hinweis

Manche Designer arbeiten noch immer mit der »websicheren« Palette. Da die meisten heute zur Verfügung stehenden Rechner jedoch von Anfang an Millionen von Farben unterstützen, brauchen Sie sich heute nicht mehr an diese Konventionen zu halten, es sei denn, Sie entwerfen für eine bestimmte demografische Gruppe. Leser, die die websichere Palette kennen, werden feststellen, dass die in Springtime verwendeten Farben außerhalb der 216 dort festgelegten liegen.

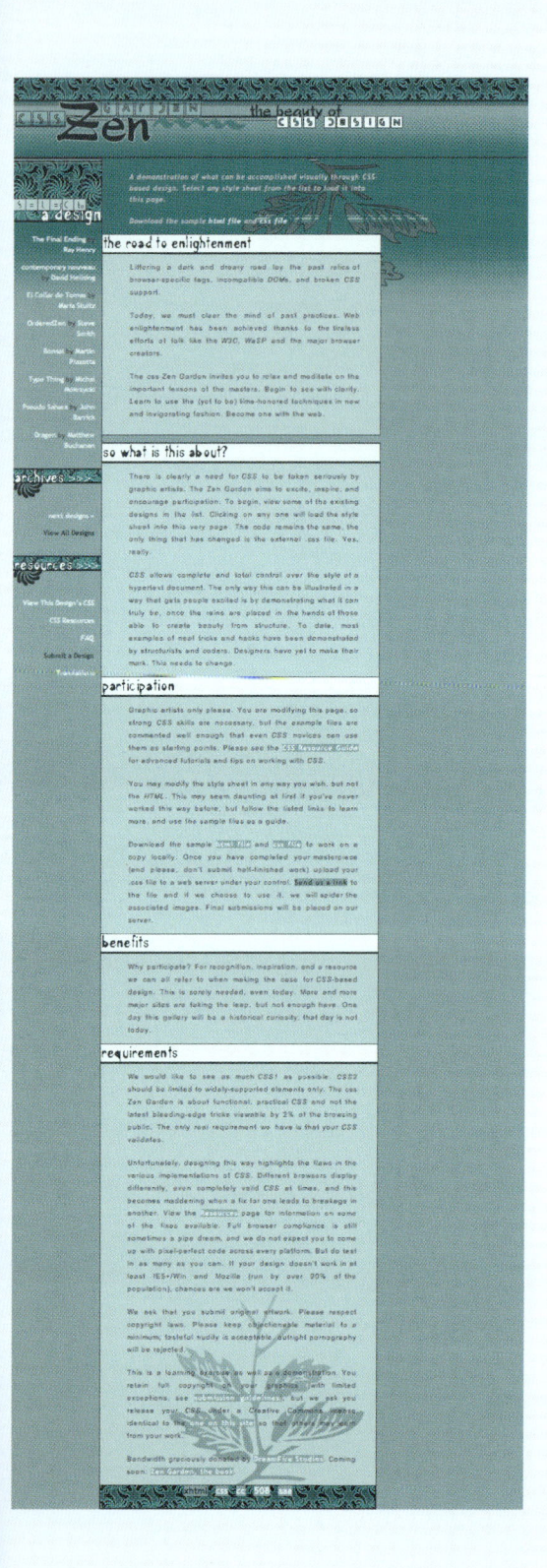

Laura MacArthur, Designer
www.csszengarden.com/022

viridity

Ausbalancieren von Muster, Textur und Kontrast

MIT SEINEM MONOCHROM GRÜNEN Farbschema und seinem Detailreichtum verfügt **viridity** über eine üppige Textur, die an einen moosbewachsenen Waldboden und kostbaren Samt erinnert. **Laura MacArthur** versuchte mit diesem Design den Ausdruck von Ausgewogenheit und Ruhe einzufangen.

Durch die Verwendung sich wiederholender Muster und einer simulierten Textur suchte sie ein Gegengewicht zu den vielen Einzelheiten in einer schlichten Gestaltung in anderen Bereichen. Das stille, monochrome Farbschema sorgt dafür, dass das Design nicht zu unruhig wird, während die ebenen grünen Flächen dem Auge Ruhepunkte zwischen den dominierenden Mustern bieten.

Muster

Die Bilder von viridity bestehen größtenteils aus optisch ähnlichen Mustern. Die detaillierte Analyse zeigt Konsistenz im gesamten Design sowie zwei unterschiedliche Musterarten: eine aus Halbtonpunkten und eine andere mit einem floralen Paisleymuster (**ABBILDUNGEN 1** and **2**). Beide Muster entstanden durch Kombination von Clipart-Illustrationselementen mit Photoshop-Filtern. Um sie zusätzlich optisch interessant zu machen, wurden leichte Variationen entwickelt, so dass sich ein konsistentes Aussehen ergab, das sich nicht wiederholt oder langweilig wirkt.

Ein Muster ist im Allgemeinen ein sich wiederholendes optisches Element (oder mehrere davon), das einen bestimmten Bereich ausfüllt. Muster sind in vielen Facetten optischen Designs zu finden, beispielsweise Mode und Innendekoration, und auch in der Natur, zum Beispiel die Poren einer Orangenschale oder die Adern eines Blatts.

Ein gelungenes Muster kann der beste Freund eines Designers sein. Große Bereiche oder solche mit wenig Inhalt müssen irgendwie gestaltet werden. In manchen Fällen mag es sinnvoll sein, sie mit einer Volltonfarbe zu füllen, in anderen funktioniert es, den Platz leer zu lassen, um zusätzliche weiße Flächen zu haben, in wieder anderen besteht aber Bedarf an optischen Details über das hinaus, was eine einfache Einfärbung zu bieten vermag.

Die Einschränkungen modernen Webdesigns fördern die Verwendung von Mustern. Ein einziges kleines Bild, das entworfen wurde, um auf einer größeren Fläche wiederholt zu werden, lässt sich leicht in eine Seite integrieren und die geringe Dateigröße verursacht in Bezug auf die Bandbreite relativ niedrigen Aufwand für das zusätzliche Detail: Ein sich wiederholendes Bild von 500 Byte kann ohne Weiteres eine 900 Pixel breite Fläche füllen.

Die Wiederholung lässt sich mit der CSS-Eigenschaft `background-repeat` leicht steuern. Zur Verfügung stehen die Werte `repeat`, `no-repeat`, `repeat-x` und `repeat-y`, mit denen Sie zwischen einem sich wiederholenden Bild, einem Bild, das angezeigt, aber nicht wiederholt wird, und einem Bild wählen können, das sich nur in einer Richtung wiederholt.

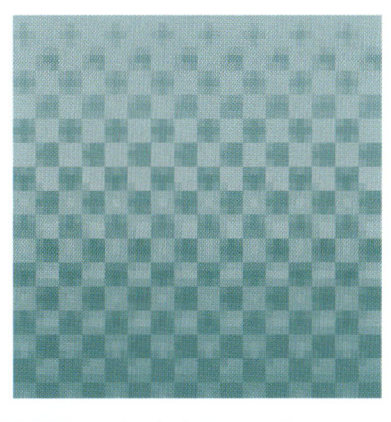

ABBILDUNG 1 Nahaufnahme des Halbtonmusters

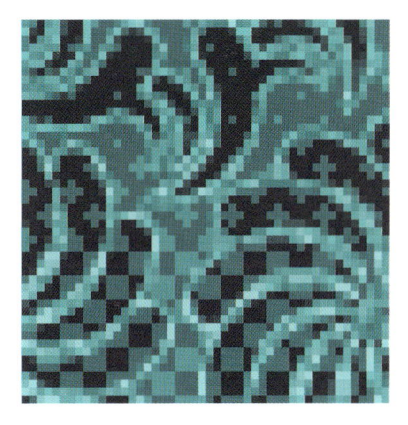

ABBILDUNG 2 Nahaufnahme des Paisleymusters

ABBILDUNG 3 In diese Statuen wurde eine simulierte Stofftextur eingearbeitet.

```
h3 {
 background-repeat: no-repeat;
}
body {
 background: #669999 url(z_bgrnd.gif) repeat-x 0px 1px;
}
```

Die vorstehenden Beispiele zeigen, dass der Wert background-repeat unabhängig von anderen Hintergrundeigenschaften für sich allein oder als Kürzel innerhalb einer längeren Hintergrundanweisung verwendet werden kann.

Texturen

Im Web gibt es nicht viele Überlegungen zu taktilen Reaktionen, was für die Computerbranche ganz allgemein gilt. Einfache Rückmeldungen über die Steuerkraft sind bei der Steuerung von Spielekonsolen beliebt, aber es gibt nicht viele Produkte für Endbenutzer, die darüber hinausgehen.

Zu Anfang des Jahrzehnts experimentierte Logitech mit einer als iFeel bezeichneten Baureihe von Mäusen, die eine feinere Rückmeldesteuerung besaßen. Diese ermöglichte es, Elemente des Betriebssystems oder Webseiten mit einfachen »Texturen« zu versehen. Die Bewegung des Mauszeigers über einen Hyperlink konnte sich zum Beispiel anfühlen, als schiebe man die Maus über eine Gummifläche. In letzter Zeit haben wir nicht mehr viel von dieser Technik gehört und Logitech stellt die Maus nicht mehr her. Die Technik war zwar toll, aber niemand fand einen praktischen Einsatzzweck, so dass sie nicht weiter verfolgt wurde.

Texturen im herkömmlichen Sinn sind daher im Web nicht besonders stark vertreten; der Klick auf eine Schaltfläche ist so ungefähr die stärkste taktile Reaktion, die Sie erzielen. Texturen enden jedoch nicht mit dem, was Sie fühlen; vom visuellen Standpunkt aus sind sie auch durch Darstellung zu erreichen.

Eine Statue kann mit wehenden Gewändern ausgestattet sein, die in den Stein gemeißelt sind. In unserem Innersten wissen wir, dass wir nur eine glatte, harte Oberfläche fühlen, wenn wir ihre Kleider berühren (**ABBILDUNG 3**). Wir verstehen sie jedoch als Abbildung echten Stoffs, weil sie einige optische Merkmale mit ihm gemein hat.

Muster und Texturen sind miteinander verwandt. Häufig erzeugt ein Muster gewollt oder ungewollt eine simulierte Textur. Viele Texturelemente bilden durch die Wiederholung ähnlicher Elemente von Natur aus Muster.

Die simulierten Muster von viridity sind möglicherweise nicht aus fotografischen Elementen abgeleitet, suggerieren aber mit Sicherheit echte Texturen. Die Punktmuster erinnern an eine höckerige Oberfläche und ihre verschwommenen Quadrate suggerieren einen Stoff wie Gingham. Die Paisleymuster könnten direkt aus einem Retropolster oder ornamentaler Draperie stammen. Der Gesamteindruck von Stoff, den die Textur in viridity hinterlässt, lässt den Eindruck eines einladenden komfortablen Liegestuhls entstehen.

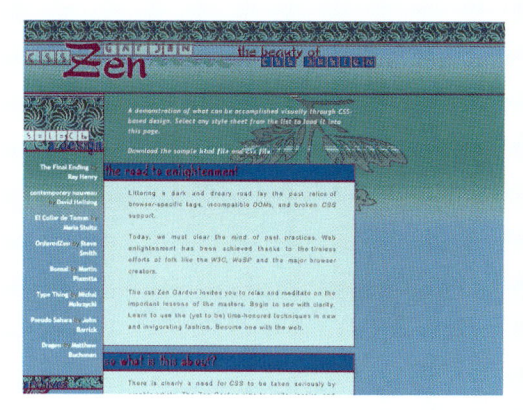

ABBILDUNG 4 Mehr Farbkontrast gerät mit den bereits unruhigen Mustern von viridity in Konflikt.

Kontrast

Ein streng monochromatisches Farbschema wie das in viridity verwendete ist in den falschen Händen gefährlich. Der Überfluss an Farbe und Details führt zu Kontrastproblemen, die bedacht werden müssen.

Kontrast ist wichtig, um zwischen verschiedenen Elementen unterscheiden zu können: zu wenig und sie verschwimmen ineinander, so dass der Text unlesbar wird, zu viel und die Leser fühlen sich erschlagen und unwohl.

STARKER KONTRAST

Zu viel Kontrast in einem Design führt zu Unruhe und einer Kakophonie übertriebener optischer Elemente. Die begrenzte Farbauswahl in viridity funktioniert, weil der Kontrast durch Textur und Schriftschnitt erreicht wird. Eine Variante mit mehr Farben wäre optisch laut und ungebändigt (**ABBILDUNG 4**).

Jahrhundertelang wurde das gedruckte Wort mit schwarzer Druckfarbe auf weißem Papier dargestellt. Es gibt zwar schon lange andere Druckfarben, aber Schwarz auf Weiß erzielt den größtmöglichen Farbkontrast und ist der Lesbarkeit am ehesten förderlich. Dasselbe Prinzip gilt im Allgemeinen für die Bildschirmausgabe: Der maximale Kontrast ergibt sich bei weißem Text auf schwarzem Hintergrund.

Es gibt jedoch Ausnahmen. Da ein Computerbildschirm anders als eine gedruckte Seite Licht projiziert, unterliegt er eigenen Gesetzen. Ein heller LCD-Bildschirm in einem dunklen Raum kann beispielsweise *zu* hell sein, um sich dabei wohlzufühlen. Der Versuch, unter diesen Bedingungen von einem vollkommen weißen Bildschirm abzulesen, kann zur Übung in optischer Belastbarkeit werden.

Farbe stellt im Hinblick auf Kontrast eine weitere Herausforderung dar. Bestimmte Farbkombinationen flackern aufgrund von so genanntem *Simultankontrast* optisch, wenn sie nebeneinander liegen. Wenn zwei Komplementärfarben, zum Beispiel Orange und Blau oder Rot und Grün, nebeneinander gesetzt werden, ist der Kontrast am stärksten und die Grenzen wirken besonders intensiv (**ABBILDUNG 5**). Wenn sich die in Komplementärfarben gestalteten Elemente vermischen, erzeugt der Kontrast eine unangenehme optische Spannung.

In seinen feineren Formen kann sich Simultankontrast als wertvolles Werkzeug für zusätzliche Fülle und Feinheit erweisen. Eine orangefarbiger Gelbton kann auf einem gelben Hintergrund mehr orange wirken, auf einem orangefarbenen oder roten dagegen mehr gelb (**ABBILDUNG 6**). Abgedunkelte Farben in der Umgebung mit noch dunkleren Schattierungen können sie leuchten lassen. Ein wenig gesättigtes Rot kann zum Beispiel auf einem grauen Hintergrund einen strahlenderen Ton annehmen.

GERINGER KONTRAST

Zu wenig Kontrast in einem Design löst einen gleichförmig stumpfen Gesamteindruck aus. Etwas Kontrast ist zugunsten von Variation und Unterscheidung erforderlich. Die monotonen Grüntöne in viridity erstrecken sich über einen Tonwert von hell bis dunkel; ein konsistenterer Ton würde das Zusammenwirken der optischen Elemente zerstören, die Lichter und die Ruhepunkte für das Auge entfernen und damit die vorhandene optische Ausgewogenheit aufheben (**ABBILDUNG 7**).

Niedriger Kontrast wird häufig eingesetzt, um Feinheit zu erreichen. Pixel sind für Designzwecke relativ große, klobige Grundeinheiten; eine Linie kann nicht dünner sein als ein Pixel, da Pixel unteilbar sind. Wenn Sie die Intensität des

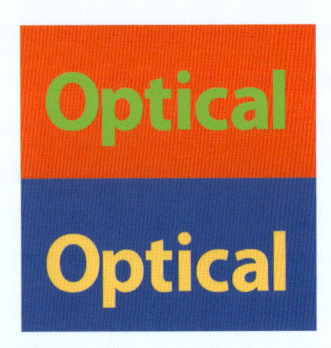

ABBILDUNG 5 Simultankontrast erzeugt an den Grenzen dieser Primärfarben ein Flackern.

ABBILDUNG 6 Ein und dieselbe gelbe Farbe wirkt auf einem gelben Hintergrund mehr orange, auf einem roten mehr gelb.

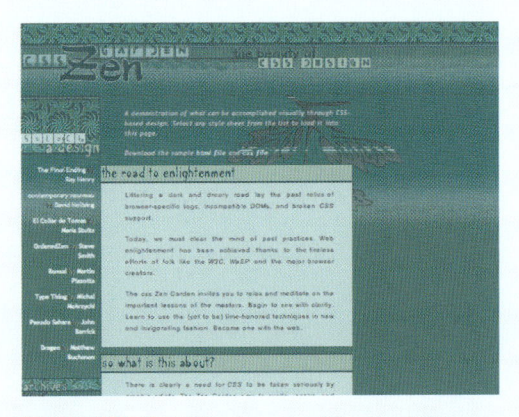

ABBILDUNG 7 viridity ohne ausreichenden Farbkontrast

Farbtons einer Linie herabsetzen, lässt die optische Aufhellung sie jedoch dünner erscheinen (**ABBILDUNG 8**).

In gleicher Weise wird durch Verminderung des Allgemeinkontrasts in Designelementen eine gedämpfte, verringerte Wirkung erreicht. Ein weniger wichtiges Stück Text kann durch eine hellere Textfarbe auf angemessene Weise weniger betont werden. Ein inaktives Icon oder ein inaktiver Link profitiert von einer Variante mit geringem Kontrast, die als optischer Hinweis darauf, dass sie nicht verfügbar ist, »ausgegraut« wirkt.

Mit den Designfähigkeiten, die geringer Kontrast bietet, ist die Verantwortung verknüpft, sie korrekt und umsichtig einzusetzen. Benutzern mit voller Sehfähigkeit mag es keine Mühe bereiten, den dunkelgrauen Text auf einem hellgrauen Hintergrund zu lesen. Benutzer mit geringerer Sehkraft müssen möglicherweise die Augen zusammenkneifen oder die Schrift drastisch vergrößern, um die Wörter erkennen zu können. Schwarzer Text wäre vielleicht von vornherein besser lesbar gewesen.

Die Lesbarkeit wird auch durch den Farbkontrast beeinflusst. Für zahlreiche Farbtöne gibt es unterschiedliche Tonwerte. Reines Gelb ist beispielsweise von vornherein heller als Blau und gelber Text auf einem weißen Hintergrund kann auch für Leser mit voller Sehkraft unlesbar sein.

FARBENBLINDHEIT

Die Wirkung, die geringer Farbkontrast auf Farbenblinde haben kann (**ABBILDUNG 9A** und **9B**), ist ein weiterer zu berücksichtigender Aspekt. Es gibt unterschiedliche Formen der Farbsehschwäche und zahlreiche Varianten. Zu den häufigeren Formen zählen die beiden folgenden:

- **Protanomalie/Deuteranomalie** Dies ist der weniger schwere Typ, bei dem die Betroffenen noch in der Lage sind, die meisten Farben zu sehen, aber ihre Fähigkeit, Farben zu unterscheiden, verringert ist. Sie wird auch als anomale Trichromazität bezeichnet.

- **Protanopie/Deuteranopie** Diese Form der Farbenblindheit ist weniger häufig, aber schwerer. Die Betroffenen haben normalerweise Probleme mit Rot und

ABBILDUNG 8 Durch Aufhellen erscheinen die Umrisse dieser Schaltflächen schmaler.

ABBILDUNG 9A Das Hauptdesign des Zen-Gartens durch einen Filter gesehen, der Protanopie simuliert

ABBILDUNG 9B Das Hauptdesign des Zen-Gartens durch einen Filter gesehen, der eine Form der Deuteranopie simuliert

> **Hinweis**
> Ein Filter, der Farbenblindheit simulieren kann, ist Colorblind Web Page Filter (http://colorfilter.wickline.org).

Grün, so dass sie in einer Welt von Gelb, Braun und Blau schwimmen. Sie wird auch als Dichromazität bezeichnet.

Jede Art besitzt Unterformen mit teilweise oder vollständig reduzierter Empfindlichkeit für Kombinationen von Rot, Grün und (selten) Blau. Von Farbenblindheit ist durchschnittlich jeder zwölfte betroffen, Männer stärker als Frauen.

Was geschieht, wenn Menschen mit eingeschränktem Farbsehvermögen ein Design sehen, das Farben außerhalb ihres Sehbereichs verwendet? Es kann sein, dass eine sorgfältig ausgewählte Farbpalette bis zur Unkenntlichkeit verzerrt wird, wenn der Designer sich darauf verlassen hat, dass Informationen durch Farbe vermittelt werden. Einem farbenblinden Benutzer die Anweisung zu geben, auf eine rote Schaltfläche zu klicken, ist aussichtslos, wenn diese als braun oder schwarz wahrgenommen wird. In vielen Fällen verschwimmt die Schaltfläche einfach in der umgebenden Fläche und der Kontrast, den ein Normalsichtiger wahrnimmt, ist nicht annähernd so deutlich.

Es gibt für den Designer keine zuverlässige Methode, Farbenblindheit zu simulieren. Ein Design in Grautöne zu konvertieren, mag auf der Hand liegen, gibt jedoch nicht exakt das wieder, was die meisten Farbenblinden sehen. Es gibt verschiedene Filter, die die unterschiedlichen Arten von Farbenblindheit simulieren, aber sie können nur eine Annäherung bieten. Farbenblindheit ist individuell und je nach Benutzer unterschiedlich.

Was kann man unternehmen, wenn nicht wirklich auf Farbenblindheit getestet werden kann? Leitlinie 2 der Web Content Accessibility Guidelines (www.w3.org/TR/WCAG10/#gl-color) schlägt vor, alle Informationen, die durch Farbe übermittelt werden, zusätzlich auf wenigstens eine andere Art darzustellen. Ein Link kann zum Beispiel blau *und* unterstrichen, eine Schaltfläche grün *und* mit einem Icon oder Text versehen, eine Warnmeldung rot *und* mit einer durchgezogenen Linie umrandet sein.

Einheitlichkeit

Design mit dem Blick für optische Einheitlichkeit bedeutet, alle optischen Aspekte gleichermaßen zu berücksichtigen. Ein Design wie viridity hätte ohne die Beachtung des Zusammenwirkens von Textur und Farbe oder Schrift und Muster ohne weiteres überladen und zu unruhig werden können. Da Laura MacArthur der Ausgewogenheit der Designelemente beträchtliche Aufmerksamkeit gewidmet hat, ist das Endergebnis mehr als die Summe seiner Teile.

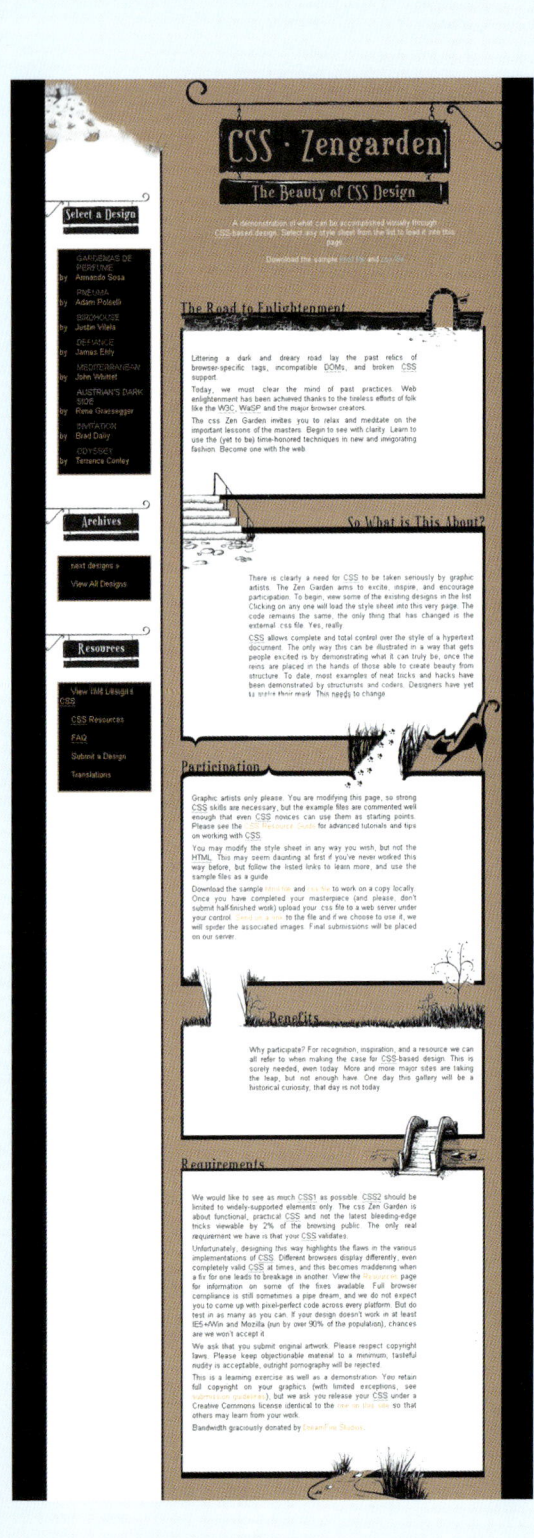

Charlotte Lambert, Designer
www.csszengarden.com/068

Ballade

Die Vorstellungskraft nutzen, um optischen Fluss zu schaffen und das Auge zu lenken

DER CHARAKTER des CSS-Zen-Gartens eignet sich ideal für stille Kontemplation und die Illustratorin **Charlotte Lambert** begann die Arbeit zu **Ballade** genau damit. Sie unternahm einen geistigen Streifzug durch einen Garten. Dabei ließ sie ihre Gedanken schweifen und entdeckte am Wege verschiedene figürliche Elemente: eine Treppe, eine kleine Brücke, eine Katze auf einem Ausflug.

Lambert wechselte zum Zeichenstift und schuf mehrere Skizzen, um die Ideen zu verfeinern. Anhand dieser Skizzen zeichnete sie per Hand die Bilder, die sie auf ihrer Reise entdeckt hatte. Von chinesischer Tusche, weißer Farbe, Papier und sogar einem Bierdeckel als Zeichenmaterial wechselte sie schließlich zu Photoshop, um die Bilder für das Web zu gestalten.

Das Auge führen

Gutes Design führt das Auge in logischer Folge durch die wichtigen Punkte des Inhalts, und zwar unmerklich für den Betrachter. Dies ist eine Methode, wie Designer ihre Botschaft übermitteln, ohne den Empfänger zu überlasten.

Um das Auge zu führen, muss es ein Mittel für den optischen Fluss geben, bei dem Bilder und Inhalt zusammenwirken, um das Auge von einer wichtigen Stelle zur nächsten zu leiten. In Ballade finden wir eine deutliche, aber sanfte Führung.

Das Absetzen der Navigations-, Archiv- und Ressourcenlinks an der linken Seite trennte den navigationsbezogenen vom eigentlichen Inhalt (**ABBILDUNG 1**). Die meisten Betrachter von Webseiten sind es gewöhnt, Navigationslinks am linken oder oberen Seitenrand zu finden. Wenn sie dort stehen, kann sich der Besucher schnell dem Inhalt zuwenden.

In Lamberts Design werden wir von Abschnitt zu Abschnitt geführt, als würden wir im Wortsinn durch einen Garten gehen. Wir beginnen am Portikus (**ABBILDUNG 2**), setzen unseren Weg über eine Treppe (**ABBILDUNG 3**) nach unten und dann weiter fort. Jede Stelle im Garten hat ein eigenes Aussehen und bietet viel Platz für Inhalt. Die Überschriften liefern uns den Kontext für den Inhalt der einzelnen Abschnitte und verbinden dadurch die Bedeutung des Inhalts und den optischen Fluss.

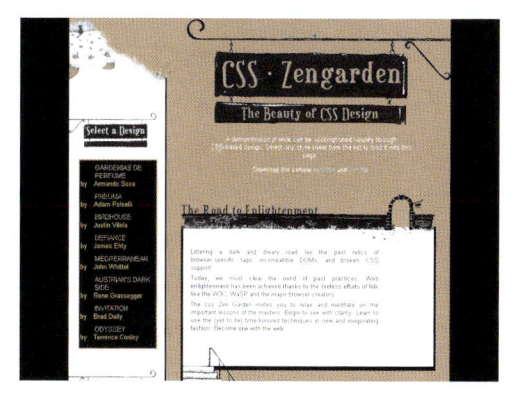

ABBILDUNG 1 In Ballade ist der Hauptinhalt von der Navigation und dienenden Informationen getrennt. Dies ist eine Methode, den Schwerpunkt auf den Inhalt zu legen und das Auge des Lesers auf die Botschaft der Seite zu leiten.

ABBILDUNG 2 Das Portikusbild von Ballade. Die Illustration trägt zu einem großen Teil dazu bei, dass die Seite interessant ist.

ABBILDUNG 3 Wir werden sowohl metaphorisch als auch technisch von der Pforte zur Treppe durch den Inhalt geführt.

ABBILDUNG 4 In jedem Inhaltsblock ist viel weißer Platz zu finden, der sowohl dem Auge Ruhe bietet als auch die allgemeine Lesbarkeit der Seite verbessert.

ABBILDUNG 5 Der mit Blättern übersäte Weg, der aus dem Garten führt

ABBILDUNG 6 Eine gezeichnete Katze schmückt die linke obere Ecke des Designs. Ballade ist voller freudiger Details, so dass das Auge des Betrachters ständig etwas Interessantes und Fesselndes zum Betrachten findet.

Ein weiteres wichtiges Mittel zur Führung des Auges sind gelegentliche Ruhepunkte, die üblicherweise durch Aufnahme geräumiger, gut platzierter weißer Flächen geschaffen werden (**ABBILDUNG 4**). Farbe kann den Leser zum wesentlichen Inhalt der Seite führen und die Positionierung von Formen und Linien lenkt das Auge des Lesers und bietet noch mehr Führung.

Im Fall von Ballade hat sich die Designerin entschlossen, den wesentlichen Inhalt in weiße Blöcke zu setzen, was sowohl guten Kontrast zum Lesen als auch ausreichend weiße Flächen zum Auffüllen und zur Entspannung des Auges bietet. Das Farbschema ist zwar mit der Kombination von Braun, Schwarz und Weiß extrem einfach, stellt aber eine subtile Verführung dar: Handelt es sich um einen Garten im Winter? Oder im Herbst? Die Frage hält uns in Spannung und wir suchen nach weiteren Hinweisen.

Die Blätter (**ABBILDUNG 5**), das Wasser, die Brücken und die Pfotenabdrücke (**ABBILDUNG 6**) tragen schließlich dazu bei, ungewöhnliche Formen in das Design einzubringen, die das Auge weiter leiten und uns außerdem kleine Überraschungen mit Witz und Laune bereiten.

In CSS denken

Ein interessantes Phänomen der letzten Jahre ist das Auftreten von Designern der neuen Schule, die nicht in den konventionellen Bahnen der alten Schule des tabellenbasierten HTML-Layouts denken. Stattdessen konzentrieren sie sich auf CSS als Mittel der Darstellung von Designs. Zwar erwarten alle Designs des CSS-Zen-Gartens diese Art des Denkens, aber es gibt immer noch zahlreiche Designer der alten Schule, die sich an den strengen und häufig komplexeren Ansatz des tabellenbasierten Designs klammern. Bei Ballade war die Designerin in der Lage, das Layout des Designs direkt in CSS zu erstellen. Was, wenn es nicht so gewesen wäre?

DIE LEIDEN DER ALTEN SCHULE

Wenn man dieses Design aus der Perspektive der alten Schule betrachtet, kann man leicht feststellen, dass die Schaffung eines ähnlichen Werks mit tabellenbasiertem Layout ein Albtraum wäre. Wenn Sie nur zwei Abschnitte des Hauptdesigns nehmen und versuchen, Ihr Layout auf die herkömmliche Art und Weise zu erstellen, haben Sie am Ende eine Reihe verbundener Bilder in einer Tabelle. Auch ältere Grafikprogramme generieren einen solchen Code:

```
<table bgcolor="#ffffff" border="0" cellpadding="0"
➥cellspacing="0" width="597">
  <tr>
    <td rowspan="3"><img name="ballade_r1_c1"
➥src="images/ballade_r1_c1.gif" width="30"
➥height="887" border="0" alt=""></td>
    <td><img name="ballade_r1_c2" src="images/
➥ballade_r1_c2.gif" width="537" height="273"
➥border="0" alt=""></td>
    <td rowspan="3"><img name="ballade_r1_c3"
➥src="images/ballade_r1_c3.gif" width="30"
➥height="887" border="0" alt=""></td>
    <td><img src="images/spacer.gif" width="1"
➥height="273" border="0" alt=""></td>
  </tr>
  <tr>
    <td><img name="ballade_r2_c2" src="images/
➥ballade_r2_c2.gif" width="537" height="429"
➥border="0" alt=""></td>
    <td><img src="images/spacer.gif" width="1"
➥height="429" border="0" alt=""></td>
  </tr>
  <tr>
    <td><img name="ballade_r3_c2" src="images/
➥ballade_r3_c2.gif" width="537" height="185"
➥border="0" alt=""></td>
    <td><img src="images/spacer.gif" width="1"
➥height="185" border="0" alt=""></td>
  </tr>
</table>
```

Hinweis

CSS-Layouts werden zwar schneller und angenehmer dargestellt als übermäßig komplexe tabellenbasierte Layouts, aber es gibt ein Phänomen, das so genannte FOUC – »Flash of Unstyled Content«. Es tritt bei IE-Browsern auf, wenn die CSS-Datei nicht verknüpft, sondern importiert wird. Wenn im Kopf des Dokuments ein link- oder script-Element vorkommt, gibt es kein FOUC. Die Designs des CSS-Zen-Gartens benutzen das script-Element, um das Problem zu verhindern, was den Ladevorgang sehr glatt macht. Mehr über FOUC finden Sie unter http://www.bluerobot.com/web/css/fouc.asp.

Hinweis

Ältere oder weniger leistungsfähige Grafikprogramme exportieren Bilder in tabellenbasierten HTML-Code. Mit Adobe Fireworks können Sie jedoch auch CSS-basierten Quelltext generieren und gleichzeitig benötigte Bilder speichern.

Bei näherer Untersuchung sehen Sie bald, wie komplex das Design in mehrfacher Hinsicht wäre:

- Das tabellenbasierte Layout bringt eine erhebliche Menge unnötigen Markups mit sich.

- Die Verwendung von Abstandsgrafiken als Ausgleich anstelle von CSS-Rändern oder Padding macht die Seite unnötig umfangreich.

- Die meisten Bilder werden durch das Markup selbst positioniert, was zusammen mit dem zusätzlichen Markup den Umfang der Seite weiter erhöht und wiederum zu längerer Ladezeit führt.

- Ein tabellenbasiertes Design dieser Art muss innerhalb einer Site von Seite zu Seite konsistent bleiben. Jede Seite enthält das Tabellen-Markup sowie das gesamte Markup für die Bilder, so dass Bilder und Seitenbestandteile bei jedem Ladevorgang neu aufgebaut werden. Mit CSS werden die Layouts zwischengespeichert und bei den Designs des CSS-Zen-Gartens muss der Code zur Verwaltung der Bilder nur ein einziges Mal geladen werden.

Natürlich sind dies die üblichen Probleme mit Tabellen. Die meisten Designer wissen recht gut, dass der übermäßige Einsatz von Tabellen andere Probleme verursacht, zum Beispiel hinsichtlich der Zugriffsmöglichkeiten, weil viele Bildschirmlesegeräte für Blinde tabellenbasierten Inhalt falsch interpretieren. Wenn wir aber die Bedeutung des Designs für dieses Werk betrachten – die Bedeutung der Lenkung des Auges –, stoßen wir auf ein weiteres Problem: Die Klobigkeit eines herkömmlichen Ansatzes würde den Fluss unterbrechen, da komplexe tabellenbasierte Layouts normalerweise ruckartig geladen werden.

DIE FREUDEN DER NEUEN SCHULE

Mit CSS ist es dagegen weitaus einfacher vorstellbar, ein Design zu erstellen, das zu einem flüssig geladenen, für das Auge angenehmen Erlebnis wird. Anstelle komplexer Tabellen, schlecht verbundener Bilder und Ausgleichsgrafiken kann der Designer daran denken, die Elemente einzeln zu gestalten.

Das heißt nicht, dass in CSS-Designs keine Inline-Grafiken verwendet werden sollen. Natürlich ist es vollkommen vernünftig, es zu tun, wenn die Grafik zum Inhalt passt, beispielsweise ein Foto des Firmenchefs auf der »Info«-Seite oder ein Bild eines Produkts auf einer Software-Site. Es kommt darauf an, *darstellungsbezogene* Grafiken und Seitenelemente auszuwählen – solche, deren Funktion Bestandteil des Designs ist, nicht des Inhalts.

Hier sehen Sie, wie die Grafiken für den Hauptinhaltsabschnitt im Hintergrund der Elemente auf Überschriftenebene platziert werden:

```
#preamble h3 {
   background: url(road.jpg) top left no-repeat;
   height: 106px;
   }
#explanation h3 {
   background: url(about.jpg) top left no-repeat;
   height: 168px;
   }
#participation h3 {
   background: url(particip.jpg) top left no-repeat;
   height: 154px;
   width: 565px;
   }
#benefits h3 {
   background: url(benef.jpg) top left no-repeat;
   height: 171px;
   }
#requirements h3 {
   background: url(req.jpg) top left no-repeat;
   height: 125px;
   }
```

Mit Hilfe der Erweiterung Web Developer für Mozilla und Mozilla Firefox können Sie Elementumrisse auf Blockebene aktivieren sowie Klassen und IDs der Elemente anzeigen (**ABBILDUNG 7**). Wie Sie sehen, stellt dies ein tolles Mittel dar, um genau festzustellen, an welcher Stelle des Designs sich die verschiedenen Abschnitte befinden.

ABBILDUNG 7 Ballade in der Darstellung einiger hilfreicher Entwicklerwerkzeuge aus der Erweiterung Web Developer für Mozilla und Mozilla Firefox. Hier ist jedes Element auf Blockebene mit einem Umriss versehen, so dass Sie eine Vorstellung davon bekommen, wie die Designerin ihr Layout aufgebaut und die Hintergrundgrafiken implementiert hat.

> **Hinweis**
>
> Das Verpacken von Bildern in Überschriften kann sinnvoll sein, wenn sie eigentlich als Überschriften dienen. Der CSS-Zen-Garten verwendet dafür eine Bildersetzungstechnik. Das Ersetzen von Bildern wird in Kapitel 4 behandelt.

> **Hinweis**
>
> Die kostenlose Erweiterung Web Developer für Mozilla und Mozilla Firefox können Sie von http://chrispederick.com/work/firefox/webdeveloper herunterladen.

Indem der Designer den Inhalt in Elemente verpackt und sich darauf verlässt, dass die Hintergrundgrafiken das Design übernehmen, erreicht er eine Reihe erheblicher Verbesserungen:

- Der Umfang der Seite wird durch rationelleres Markup verringert.

- Die Verlagerung des größten Teils der Darstellung (oder der gesamten!) in die CSS-Datei bewirkt, dass die Seiten einer Site wesentlich schneller geladen werden, weil die CSS-Styles zwischengespeichert werden und der Browser die betreffenden Informationen nicht jedes Mal neu interpretieren muss, wenn eine Seite geladen wird.

- Die Site wird sofort besser erreichbar, weil im Dokument keine darstellungsbezogenen Elemente erscheinen.

- Die Site lässt sich leichter verwalten. Nehmen wir an, es wird Frühling und wir wollen Ballade mit etwas Grün und Gold anstelle der jetzt vorhandenen schweren Farben auffrischen. Diese Aufgabe ist mit CSS wesentlich einfacher zu erfüllen, weil es mehr Flexibilität im Design ermöglicht und gleichzeitig den Aufwand dafür gering hält.

Eine Brücke finden

Eine Webseite wirkungsvoll zu gestalten, ist keine leichte Aufgabe. Der Designer muss zahlreiche Fragen bearbeiten. In Ballade sehen wir einen klaren Ausdruck dessen, wie sich ein Design einsetzen lässt, um das Auge zu führen, wie Farbe ein bestimmtes Gefühl transportiert, und wie das Denken in CSS anstatt in Tabellen unglaublich leistungsfähig machen kann. Es scheint, dass erst das Erlernen von CSS die neuen Designer im Web von den Grenzen und Einschränkungen konventioneller Techniken befreit.

Für Designer, die von der Verwendung von Tabellen zu CSS wechseln, besteht die Herausforderung darin, neue Wege des kreativen Denkens zu suchen. Es ist unbestreitbar, dass CSS uns in die Lage versetzt, außerhalb des sprichwörtlichen Kastens zu denken, während wir skizzieren, mit Photoshop arbeiten, das Markup durchführen und unser Werk gestalten. Das Suchen der Brücke kann die Herausforderung sein. Mit der Kombination aus Vorstellungskraft, Kunst und CSS inspiriert uns Charlotte Lamberts Ballade, zu sehen, wie wir als Designer diese Brücke überqueren und unsere Vorstellungen öffnen, uns dabei aber auf fortschrittliche Techniken stützen können, die uns von den Einschränkungen konventionellen Webdesigns in die progressive neue Umgebung des Designs mit CSS führen.

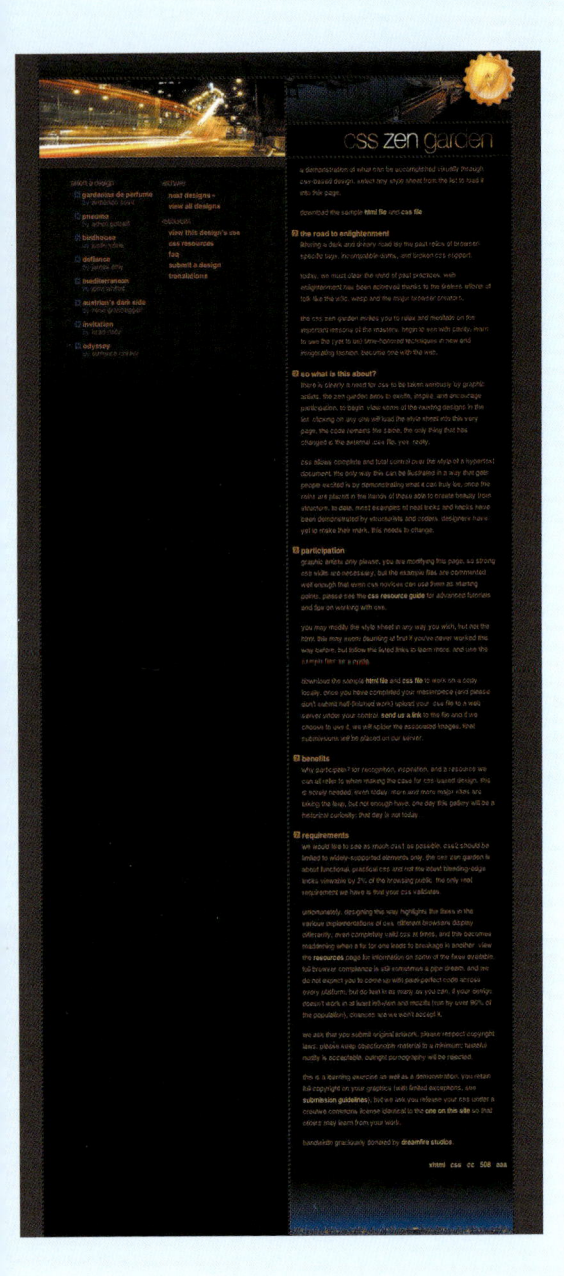

Dave Shea, Designer
www.csszengarden.com/064

Night Drive

Statische Site-Modelle in Code umwandeln und auftretende Probleme lösen

---

ATMOSPHÄRISCH: Bei Dämmerung durch die City zu fahren, während im Radio ein Saxofon eine Melodie von John Coltrane spielt, gelbe Lichter durch die Fenster scheinen und dunkle Blautöne am Himmel über uns lasten. **Dave Shea** machte sich auf, in **Night Drive** die Stimmung eines milden Sommerabends einzufangen.

Eine dunkle Farbpalette legt den gedämpften, warmen Ton fest. Das dunkle Orange im größten Teil von Text und Bildern wird mit leuchtenderen orangefarbigen Flecken ausgeglichen, damit die Gesamtpalette nicht zu braun wird. Beide werden durch feines Blau ergänzt, das über Text und Fotos gesprenkelt ist.

Die Fotos überzeugen durch Farbe und Thema: Nach Sonnenuntergang können Sie verwischte Lichter, glasiges Wasser und eine dunstige blaue Skyline erwarten.

Code visualisieren

Als Shea Night Drive mit Photoshop entwarf, achtete er wenig darauf, wie der Code aussehen würde. Zuerst kamen die optischen Elemente, eventuelle Implementierungsprobleme waren später beim Schreiben des Codes zu lösen.

Wie verwandelt man ein anspruchsloses Modell in eine interaktive Site? Verschiedene Bilder müssen gespeichert werden, weil das Design in Segmente zerlegt wird, die später in CSS neu zusammengesetzt werden. Für dieses Verfahren gibt es keine festen, unumstößlichen Regeln und der Schlüssel zu befriedigenden Ergebnissen heißt Flexibilität. Das vorhandene Wissen über alternative Methoden hilft, Entscheidungen zu treffen.

ABBILDUNG 1 Die Überschrift von Night Drive

ABBILDUNG 2 Die Überschrift wird in einzelne Felder unterteilt.

Die Möglichkeiten

Nehmen Sie die Überschrift von Night Drive – eine Reihe verbundener Felder, über die ein abgeschrägtes glänzendes gelbes Abzeichen gelegt ist (**ABBILDUNG 1**). Es gibt zwei Herausforderungen: das Layout des Bereichs mit der Mischung aus Fotos und Linien und das Darüberlegen des Abzeichens mit Hilfe einer transparenten Grafik. Nach einigem Überlegen kam Shea zu zwei möglichen Vorgehensweisen:

- Das Ganze zu einem großen Bild zu verbinden und als nur wenig komprimierte JPG-Datei zu speichern, um die Linien möglichst unverzerrt zu bewahren, wodurch sich eine recht große Datei ergäbe.

- Die einzelnen Grafikfelder zu eigenen Bildern zu verbinden und dann durch Zuweisung an die verschiedenen Elemente mit `#pageHeader` und `#extraDivs` am unteren Rand irgendwie neu zusammenzusetzen (wodurch das zweite mit Hilfe absoluter Positionierung nach oben gelangt) (**ABBILDUNG 2**).

ABBILDUNG 3 Fotos und Text wurden getrennt vom Hintergrund gespeichert.

Shea entschied sich schließlich für die zweite Methode in Verbindung mit einem Kniff aus der ersten: Anstatt aus jedem Feld ein eigenes Bild zu machen, lagerte er die beiden Fotos in eigene JPG-Dateien aus (**ABBILDUNG 3**). Der Titeltext »css Zen Garden« wurde im GIF-Format abgelegt und das ganze kastenhafte Layout hinter den übrigen Bildern wanderte in eine einzige stark komprimierte GIF-Datei. Was ein wirrer Haufen Code zum Zusammenhalten der Überschrift hätte werden können, war schließlich eine klare Mischung der möglichen Layoutmethoden, die für den gewünschten Zweck die Dateiformate GIF und JPG benutzen.

Nachdem die Dateien gespeichert waren, erforderte ihre Zusammensetzung weitere Planung: Welche Bilder sollten welchen Elementen zugewiesen werden? Mit umsichtiger Verwendung des Attributs `background-image` und einigen Bildersetzungstechniken klärten sich die Antworten: In `#pageHeader` gab es nicht genug Elemente; die `#extraDivs` vom unteren Dokumentrand mussten aufgerufen werden. Am Ende verknüpfte Shea das Haupthintergrundbild mit dem Element `h1` und den Titeltext »css Zen Garden« mit dem Element `h2`.

Der Code für die beiden Bilder ist hervorgehoben:

```
h1 {
 width: 770px;
 height: 166px;
 margin: 0;
 background: #000 url(bg2.gif) top left no-repeat;
}
h2 {
 width: 244px;
 height: 42px;
 background: #000 url(h1.gif) top left no-repeat;
 position: absolute;
 top: 120px;
 margin: 0;
 margin-left: 495px;
}

h1 span, h2 span {
 display: none;
}
```

Das zusätzliche Element span verbirgt den HTML-Text, weil er durch Bilder ersetzt wird, obwohl genau diese Methode jetzt als unerwünscht gilt.

Hinweis

Methoden und Probleme der Bildersetzung werden detaillierter in »Using Background-image to Replace Text« beschrieben (www.stopdesign.com/articles/replace_text).

Kunstgriffe zur absoluten Positionierung

Damit war die Bühne für die Fotos vorbereitet, doch sie in die Überschrift zu ziehen, stellte eine weitere Herausforderung innerhalb des Layouts dar: Absolute Positionierung funktioniert mit Zentrierung zusammen nicht gut. Shea wandte einen hilfreichen Kunstgriff an, um das Problem zu umgehen: Er platzierte die übergeordneten Elemente absolut entlang dem linken Bildschirmrand, setzte ihre Breite auf 100%, damit sie das gesamte Browserfenster horizontal ausfüllten, und zentrierte die untergeordneten Elemente – in diesem Fall die spans – innerhalb der übergeordneten.

Abgesehen von verschiedenen Browserfehlern sieht der erforderliche Code wie folgt aus:

```
#extraDiv1 {
 position: absolute;
 top: 41px;
 left: 0;
 text-align: center;
 width: 100%;
}
#extraDiv1 span {
 background: transparent url(granville.jpg) top left
➥no-repeat;
 display: block;
 margin-left: auto;
 margin-right: auto;
 height: 123px;
 width: 770px;
}
```

Dies funktioniert, wenn das untergeordnete Element unbeweglich in der Mitte liegt. Aber wenn nicht? Durch padding wird die Gesamtbreite des Elements erhöht, wodurch es vom Zentrum wegrückt. Der Kunstgriff wirkt zweifach: Das

> **Hinweis**
>
> Der Wert padding muss größer sein, als Sie erwarten. 100px padding-right verschiebt das Element nur um 50 Pixel von der Mittelachse nach rechts.
>
> Da das Element zentriert ist und jedes zusätzliche Auffüllen die Breite des Elements vergrößert, wird es gleichmäßig in beide Richtungen verschoben.

Auffüllen erweitert das Element in beide Richtungen, weshalb ein Wert doppelt so groß sein muss wie der gewünschte Abstand. Außerdem wird das Element in die Richtung verschoben, die nicht aufgefüllt wird. Um ein Element vom Zentrum nach links zu verschieben, muss also ein Wert für padding-right gesetzt werden und umgekehrt.

Taschenspielertricks

Nachdem die Überschrift stand, stieß Shea auf ein weiteres Problem, als er sie mit dem übrigen Inhalt verband. Er hatte vor, eine doppelte Linie zwischen den Spalten verlaufen zu lassen, aber einfach ein sich vertikal wiederholendes Hintergrundbild würde nicht funktionieren. Die linke Spalte (#linkList) lässt sich vertikal nicht ausreichend erweitern, während die rechte eigentlich aus drei einzelnen div-Elementen besteht (#quickSummary, #preamble und #supportingText).

Da ein einzelnes Element fehlte, dem das Hintergrundbild hätte zugewiesen werden können, wies er es allen drei Elementen zu in der Hoffnung, dass sie gleich breit seien und sich daher horizontal ausrichten ließen:

ABBILDUNG 4 Problematische Lücken zwischen Rändern

```
#quickSummary, #preamble, #supportingText {
  background: transparent url(bg4.gif) top left
repeat-y;
  margin: 0 0 0 400px;
  width: 342px;
}
```

> **Hinweis**
>
> Zusammenfallende Ränder sind in der Spezifikation von CSS 2.1 folgendermaßen definiert: »Zusammenfallen von Rändern bedeutet, dass margins (die nicht durch Bereiche mit nicht-leerem Inhalt, padding oder border oder Zwischenraum getrennt sind) von zwei oder mehr Kästen (nebeneinander oder verschachtelt) zu einem einzigen Rand verbunden werden.« (www.w3.org/TR/CSS21/box.html#collapsing-margins)

Es klappte, aber es zeigte sich ein unerwartetes Problem: Es gab eine vertikale Lücke zwischen den div-Elementen (**ABBILDUNG 4**). Keines von ihnen besaß spezifische margin-Werte. Wie kam die Lücke also zustande?

Zusammenfallende Ränder

Ein etwas obskures Merkmal des CSS-Kastenmodells sind *zusammenfallende Ränder*. Es bedeutet, dass der Gesamtbetrag der Ränder zweier nebeneinander liegender Elemente mit non-zero `margin` und ohne `padding`, `border` oder bestimmte andere Bedingungen *geringer* ist als ihre Summe. Damit ergeben zwei Ränder von je 20 Pixeln keine Lücke von 40 Pixeln, sondern werden zu einer Lücke von 20 Pixeln zusammengefasst.

Was hat das nun mit dem Problem der Lücke zu tun? Das Zusammenfallen betrifft über- und untergeordnete Elemente gleichermaßen. Da die `div`-Elemente keine vertikalen Ränder haben, fallen ihre unteren Ränder mit dem unteren Rand des jeweils letzten untergeordneten Absatzes zusammen. Da der Gesamtwert des Rands aber nicht null ist, muss noch der Rand des Absatzes von 10px berücksichtigt werden. Er blitzt durch den unteren Rand des umschließenden `div`s (**ABBILDUNG 5**).

Das Problem lässt sich leicht beheben, nachdem die Diagnose gestellt ist: Wenn auf die `div`s ein kleiner vertikaler `padding`-Wert von 1px angewendet wird, sind die Bedingungen für das Zusammenfallen von Rändern nicht mehr erfüllt, so dass die Lücke verschwindet:

```
#quickSummary, #preamble, #supportingText {
 background: transparent url(bg4.gif) top left repeat-y;
 margin: 0 0 0 400px;
 padding: 1px 0;
 width: 342px;
}
```

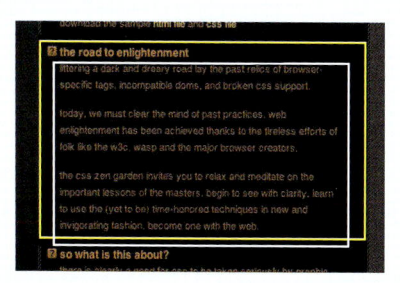

ABBILDUNG 5 Die Ränder eines Absatzes blitzen durch den unteren Rand des umschließenden divs.

ABBILDUNG 6 Abzeichen mit vollständigem Hintergrund ohne Transparenz

ABBILDUNG 7 Abzeichen mit ausgestanztem Hintergrund und begrenzter GIF-Transparenz

ABBILDUNG 8 Abzeichen als transparentes PNG-Bild, das einen weißen Hintergrund überlagert

ABBILDUNG 9 Abzeichen als transparentes PNG-Bild, das einen texturierten Hintergrund überlagert

Kunstgriffe für Bilder

Nachdem die Überschrift und der Hauptteil festgelegt waren, verlagerte sich die Aufmerksamkeit auf das Abzeichen in der rechten oberen Ecke. Ein Bild mit transparenten Flächen (in diesem Fall den Schlagschatten) über andere Bilder zu legen, bedeutet normalerweise, es zu speichern, um zu berücksichtigen, was es überlagert. Shea hätte das Photoshop-Modell flach machen und das endgültige Bild des Abzeichens zusammen mit Teilen des Fotos und den Linien darunter im GIF- oder JPG-Format ablegen können, um die Transparenzwirkung zu erhalten (**ABBILDUNG 6**). Er hätte auch den Hintergrundbereich ausstanzen und ein transparentes GIF-Bild speichern können, auch wenn der größte Teil des Schlagschattens verlorengegangen wäre (**ABBILDUNG 7**).

Da Shea das Abzeichen als »nicht unbedingt notwendiges Bild« ansah, entschied er sich, das PNG-Format zu verwenden und sich einige Mühe zu ersparen. Ein solches Bild mit 256 Ebenen Alphatransparenz bewahrt den Schlagschatteneffekt unabhängig davon, was daruntergelegt wird. **ABBILDUNG 8** und **9** zeigen diese Mischung auf zwei verschiedenen Hintergründen.

Das PNG-Format wird an späterer Stelle im Buch ausführlicher behandelt. Für den Augenblick sollten Sie sich in erster Linie merken, dass der Microsoft Internet Explorer für Windows die Transparenz nicht bzw. nur mit Tricks umsetzt, also eine Möglichkeit benötigt wird, die PNG-Datei vor ihm zu verbergen. Am einfachsten ist die Verwendung eines Selektors für untergeordnete Elemente, den der Internet Explorer nicht versteht, weshalb er die PNG-Datei selektiv nur für Browser bereitstellt, die sie wiedergeben können:

```
html>body #extraDiv4 span {
 background: transparent url(seal.png) top right no-repeat;
}
```

Bei einem formelleren Webprojekt ist die Unterstützung des Internet Explorers natürlich auch für nicht unbedingt notwendige Bilder wichtig. Die einfachere einstufige Transparenz des GIF-Formats, die sich ein- oder ausschalten lässt, ist zwar stärker eingeschränkt, aber dennoch ausreichend, so dass sie bei richtiger Planung funktioniert hätte. Der Zen-Garten fördert Experimente, Ihre Kunden möglicherweise nicht.

Ein kleiner Schritt

Lediglich aus einem Modell und einem Termin ein vollständiges CSS-Layout zu erstellen, ist eine beängstigende Herausforderung. Der Schlüssel liegt in der Zerlegung in kleinere Aufgaben. Die Überschrift für Night Drive zu schaffen, erforderte zum Beispiel zwei Schritte.

Wenn man die Möglichkeiten vorher kennt, sind bei Problemen tragfähigere Entscheidungen möglich, gleich, ob die Lösung im Wechsel zwischen Positionierungsmodellen, im Anpassen von Rändern oder in der Anwendung von Effekten auf ein ganz anderes Element besteht.

Backyard, Seite 104

Entomology, Seite 112

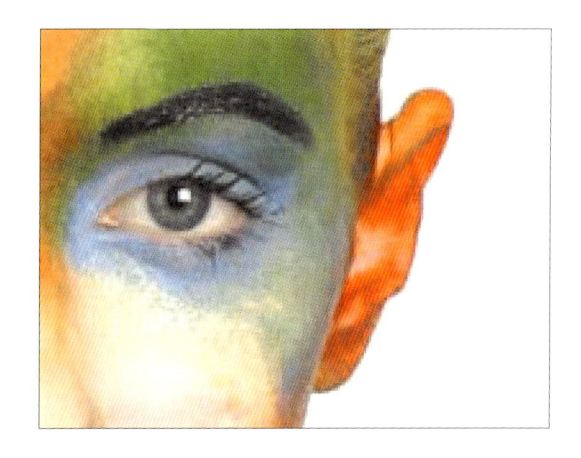

prêt-à-porter, Seite 128

CS(S) Monk, Seite 136

Kapitel
3

Layout

White Lily, Seite 120

Not So Minimal, Seite 144

DIE SEITENGESTALTUNG mit Hilfe von CSS erfordert eine Kombination aus technischem Wissen und Kreativität. Unabhängig davon, ob Sie ein festes oder ein fließendes Layout wählen und ob Sie Ihre Designs linksbündig oder zentriert ausrichten, müssen Sie eine feste Vorstellung von der Funktionsweise der CSS-Layouts haben.

In diesem Kapitel behandeln wir Layoutansätze, CSS-Positionierungsschemata, die Verwendung von Floats für das Layout und die Kombination dieser Verfahren zum Erstellen von nützlichen, attraktiven und – in einigen Fällen – überraschenden Layouts.

Ray Henry, Designer
www.csszengarden.com/029

Backyard

Absolute Positionierung und Floats verstehen

MANCHMAL IST ES SCHWER, an einen Aufhänger für ein neues Design zu gelangen, aber Inspirationen finden sich überall. In einem Café im Park zu sitzen, den Nachmittag bei einer großen Tasse Café Latte zu vertrödeln und eine anregende Unterhaltung zu führen, hat schon zu vielen revolutionären Ideen geführt. Beim Aufbau von **Backyard** wurde **Ray Henry** in zwei Gärten von der Muse geküsst – dem Zen-Garten und seinem eigenen. Die Farben von Backyard stammen natürlich von dem lebendigen Foto einer Blume aus Henrys Garten.

So einfach ein dreispaltiges Layout auch sein mag, für Ray Henry stellten sich beim Kodieren grundlegende Fragen, zum Beispiel, ob er die vielen auf Tabellen beruhenden Layouteffekte, die ihm bereits vertraut waren, mit Hilfe von CSS nachbauen könnte. Könnte er die Spalte mit den Links auf die rechte Seite setzen? Wenn ja, wie? Musste er sie anders gestalten, damit sie funktionierte? Dabei lernte Henry durch Ausprobieren und löste ein Layoutproblem nach dem anderen.

Hinweis

Obwohl es im Grunde richtig ist, dass CSS-Spaltenlayouts nicht explizit zur Verfügung stehen, gestatten CSS-Tabellen genau diese Art von Layout. Sie wurden zwar in CSS2 eingeführt, werden allerdings vom Internet Explorer für Windows nicht unterstützt, so dass sie derzeit unbrauchbar sind. Schade. Weitere Informationen über CSS-Tabellen finden Sie unter www.w3.org/TR/CSS21/tables.html.

Layoutgrundlagen

Spaltenlayouts in CSS erfordern einige Vorkenntnisse. Die Eigenschaft `left-column: 200px`, mit der Sie wie von Zauberhand Spalten erstellen, existiert nicht, so dass verschiedene Tricks notwendig sind, um diese Einschränkungen zu umgehen.

Es gibt zwei gebräuchliche Methoden zum Erstellen von Spaltenlayouts, beide haben Vor- und Nachteile. Von den vier CSS-Positionierungsschemata (absolut, statisch, relativ und fest) stellt die absolute Positionierung das Verfahren dar, mit dem Sie Inhalte aus dem regulären Dokumentfluss entfernen und an beliebiger Stelle wieder einsetzen können. Obwohl es sich im technischen Sinne nicht um ein Positionierungsschema handelt, können CSS-Floats andererseits Inhalten einen Platz zuweisen und den Rest des Dokuments fließend um diese Inhalte anordnen.

Die absolute Positionierung oder Floats erlauben die notwendige Steuerung der Elemente zum Erstellen eines mehrspaltigen Layouts. Sowohl Floats als auch die absolute Positionierung können einzeln oder gemeinsam eingesetzt werden.

ABSOLUTE POSITIONIERUNG

Von diesen beiden Methoden ist die absolute Positionierung leichter zu verstehen. Wenn Sie wie im folgenden HTML-Code eine Reihe von Elementen nacheinander im Dokument platzieren (was als *normaler Dokumentfluss* bezeichnet wird), entsteht das von Ihnen erwartete, in **ABBILDUNG 1** dargestellte lineare Layout, in dem die Elemente nacheinander angeordnet sind.

```
<h1>This is a header</h1>
<p>This is some text</p>
<p>And even more text</p>
```

ABBILDUNG 1 Elemente innerhalb des normalen Dokumentflusses

Bei Anwendung der absoluten Positionierung auf eines der Elemente wird dieses (in diesem Fall die Überschrift) jedoch an die von Ihnen genannte Stelle verschoben und die dadurch entstandene Lücke geschlossen (**ABBILDUNG 2**). Das absolut positionierte Element hat keinen Einfluss auf seine benachbarten Elemente und verhält sich beinahe so, als würde es im Dokument nicht existieren (obwohl Sie es deutlich sehen können). Die Syntax könnte in etwa wie folgt aussehen:

```
h3 {position: absolute; top: 100px; }
```

ABBILDUNG 2 Die absolute Positionierung entfernt die Kopfzeile aus dem Dokument und ermöglicht es dabei, dass der Absatz an ihre frühere Position rückt.

Der Vorteil der absoluten Positionierung besteht darin, dass die Position eines beliebigen Elements genau gesteuert werden kann; es gibt kein Rätselraten. Da das Element aus dem normalen Dokumentfluss vollständig entfernt wird, ist den anderen Elementen nicht bewusst, welchen Einfluss es ausübt. Dies erweist sich als Problem, was wir später in diesem Abschnitt noch zeigen werden.

FLOAT-OBJEKTE

Float-Objekte sind etwas schwieriger zu erkennen, so dass wir einige optische Hilfsmittel einsetzen. **ABBILDUNG 3** zeigt einen langen Textabschnitt; ein in diesen Text gesetztes Foto beansprucht naturgemäß einen bestimmten Platz und verschiebt damit den restlichen Text (**ABBILDUNG 4**). Um die Unterbrechung zwischen dem über und unter dem Foto liegenden Text zu vermeiden, muss der Text auf irgendeine Weise in den weißen Zwischenraum neben dem Foto übertragen werden, um diesen Bereich effektiver auszufüllen (**ABBILDUNG 5**).

ABBILDUNG 3 Regulärer Text

106 KAPITEL 3 / LAYOUT

Das ist der Kern dessen, was CSS-Floats bieten: Das Foto wird in den Textkörper eingefügt und vom Text umflossen, damit keine hässliche Lücke bestehen bleibt.

Die Syntax ist einfach, ihre Beherrschung jedoch nicht. Der CSS-Codeabschnitt zur Beschreibung dieses Szenarios könnte in etwa wie folgt aussehen:

```
#photo {float: left; margin: 10px 10px 10px 0;}
```

Für Floats ist dies so grundlegend wie möglich und in hohem Maße vorhersehbar.

Der Vorteil floatbasierter Layouts besteht darin, dass ein Float-Element nicht wirklich aus dem Dokumentfluss entfernt wird; die benachbarten Elemente kennen seine Position. Wegen der etwas uneinheitlichen Browser-Unterstützung sind Float-Objekte allerdings nicht immer die ideale Lösung für das Layout und es erfordert einige praktische Kenntnisse, um sich für ein Layoutverfahren entscheiden zu können.

ABBILDUNG 4 Wenn ein Foto hinzugefügt wird, erscheint eine Lücke im Text.

ABBILDUNG 5 Der Text wird fließend um das Foto angeordnet, um die Lücke zu schließen.

Layoutverfahren

Das folgende Markup umfasst die grundlegenden Bausteine für drei Spalten und eine Fußzeile. Für Suchmaschinen und Benutzer, deren Browser kein CSS unterstützen, wird der Haupttextkörper im Quellcode vor den beiden seitlichen Themenkästen angeordnet; je früher der Text im Quellcode erscheint, desto geringer ist die Anzahl der Navigations- und Linkobjekte, die übersprungen werden müssen, bevor der Inhalt der Seite angezeigt wird.

```
<div id="wrapper">
  <div id="contentArea">
    <p>(headers and text here)</p>
  </div>
  <div id="leftPanel">
    <p>(links and various text items here)</p>
  </div>
  <div id="rightPanel">
    <p>(links and various text items here)</p>
  </div>
  <div id="footer">
    <p>(Copyright statement, links, etc.)</p>
  </div>
</div>
```

Tipp

Merkwürdigerweise verdoppelt der Internet Explorer für Windows die horizontalen Ränder einiger Float-Elemente, was zu Verwunderung und Frustration führen kann. Wenn Ihre Werte für die Ränder auffälliger ausfallen als etwa 10 Pixel, wenden Sie zur Umgehung dieses Problems `display: inline` auf die Float-Elemente an. Weitere Informationen über diesen Fehler finden Sie bei Position is Everything (www.positioniseverything.net/explorer/doubled-margin.html).

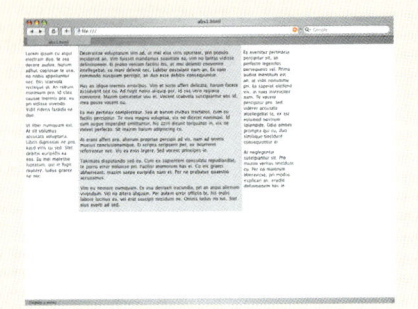

ABBILDUNG 6 Einfaches dreispaltiges Layout

ABBILDUNG 7 Dasselbe Layout in zentrierter Form

Ein auf die Schnelle erstelltes Layout unter Einsatz der absoluten Positionierung erfordert kaum Planung: Sie weisen allen drei Spalten eine feste Breite zu, beginnen in der oberen linken Ecke des Dokuments mit der Positionierung der einzelnen Spalten, ignorieren die Fußzeile erst einmal und schon sind Sie fertig (**ABBILDUNG 6**).

```
#contentArea {width: 450px; position: absolute; top: 0;
➥left: 150px;}
#leftPanel {width: 150px; position: absolute; top: 0;
➥left: 0;}
#rightPanel {width: 150px; position: absolute; top: 0;
➥left: 600px;}
#footer {display: none;}
```

Das Layout ist linksbündig ausgerichtet, aber was geschieht, wenn Sie es, wie in **ABBILDUNG 7** dargestellt, zentrieren wollen? Nichts leichter als das: Wenn Sie Elemente absolut in bereits positionierten Elementen einfügen wollen, errechnet die Funktion die Werte für die Position. Dabei berücksichtigt sie, dass `top` und `left` von der oberen linken Ecke des Containerelements berechnet werden müssen und nicht vom `html`-Stammelement (also der oberen linken Ecke des Browserfensters).

Klingt das etwas verwirrend? Das Containerelement fungiert als neuer Ausgangspunkt für die absolute Positionierung aller darin befindlichen Elemente. Wird `#wrapper` zentriert und positioniert, verbleiben daher die darin enthaltenen Spalten innerhalb dieses Elements. Der unten angegebene Stil zeigt uns, wie alles miteinander verbunden wird (die zweimalige Verwendung der Eigenschaft `text-align` dient zur Umgehung eines Fehlers im Internet Explorer 5 für Windows, der das Zentrieren eines Elements nicht erlaubt, wenn der Wert für die Ränder auf `auto` gesetzt wird).

```
body {
 text-align: center;
}
#wrapper {
 width: 750px;
 margin: 0 auto;
 text-align: left;
 position: relative;
}
#contentArea {
```

```css
  width: 450px;
  position: absolute;
  top: 0;
  left: 150px;
}
#leftPanel {
  width: 150px;
  position: absolute;
  top: 0;
  left: 0;
}
#rightPanel {
  width: 150px;
  position: absolute;
  top: 0;
  left: 600px;
}
```

Was geschieht aber, wenn die Fußzeile benötigt wird? Da die absolut positionierten Spalten die umgebenden Elemente nicht beeinflussen, werden sie von der Fußzeile ignoriert, so dass diese dort positioniert wird, wo sie normalerweise platziert würde, wenn diese Elemente nicht vorhanden wären, d.h. in diesem Fall als erstes Element auf der Seite.

Um dies unter Verwendung der absoluten Positionierung zu umgehen, muss die Höhe der einzelnen Spalten vorab bekannt sein und die Position der Fußzeile jeweils unterhalb des unteren Rands liegen. Ohne auf JavaScript zurückzugreifen, können Sie das nicht erreichen, wenn die Textlänge einer der Spalten unbekannt ist, es sei denn, Sie wechseln von der absoluten Positionierung zum Einsatz von Floats.

In **ABBILDUNG 8** gleicht die Fußzeile dank der Verwendung von Floats die drei Spalten aus und positioniert sich selbst darunter.

```css
body {
  text-align: center;
}
#wrapper {
  width: 750px;
  margin: 0 auto;
  text-align: left;
  position: relative;
```

ABBILDUNG 8 Dasselbe Layout mit Floats und einer Fußzeile

```
}
#contentArea {
 width: 450px;
 float: left;
}
#leftPanel {
 width: 150px;
 float: left;
}
#rightPanel {
 width: 150px;
 float: left;
}
#footer {
 clear: both;
}
```

Ein offensichtliches Problem besteht darin, dass die linke und die mittlere Spalte nun ihre Plätze getauscht haben. Da Floats innerhalb des regulären Dokumentflusses bleiben, ist die Reihenfolge innerhalb des HTML-Quellcodes viel wichtiger als bei der absoluten Positionierung. Der einfachste Weg zur Lösung dieses Problems besteht darin, die Reihenfolge der linken und der mittleren Spalten im HTML-Code zu vertauschen. Es gibt kompliziertere Maßnahmen zur Lösung dieses Problems, die die Verwendung von negativen Rändern und eine sehr unorthodoxe Denkweise umfassen; begnügen wir uns damit, dass das Ändern der Reihenfolge im Quellcode in neun von zehn Fällen Abhilfe schafft.

> **Tipp**
> Weitere Informationen über eine Lösung mit negativen Rändern finden Sie in der Demo von Ryan Brill (www.alistapart.com/articles/negativemargins).

Komplementäre Lösungen

Wie viele andere, die sich in CSS-Layouts einarbeiten, verwendete Ray Henry schließlich die absolute Positionierung für die Fertigstellung seines dreispaltigen Backyard-Layouts. Das ist in vielen Fällen (und sicherlich auch bei Backyard) eine gute Entscheidung, denn die absolute Positionierung ist leicht zu erlernen und wirkungsvoll in der Anwendung.

Dennoch ist sie nicht für alle Szenarios die perfekte Lösung und es können Probleme bei der Anwendung auftreten. In Fällen, in denen entweder eine Fußzeile erforderlich ist oder die Seitenelemente den ihnen benachbarten Elementen mehr Beachtung schenken müssen, dienen Floats dazu, die Schwachstellen aufzufangen. Kein Verfahren allein ist perfekt, aber zusammen bieten sie einen praktischen Satz komplementärer Layoutwerkzeuge. Verwenden Sie eine oder beide Methoden; die Möglichkeiten, die Ihnen eine Kombination der beiden Werkzeuge bietet, werden nur durch Ihre Vorstellungsgabe begrenzt.

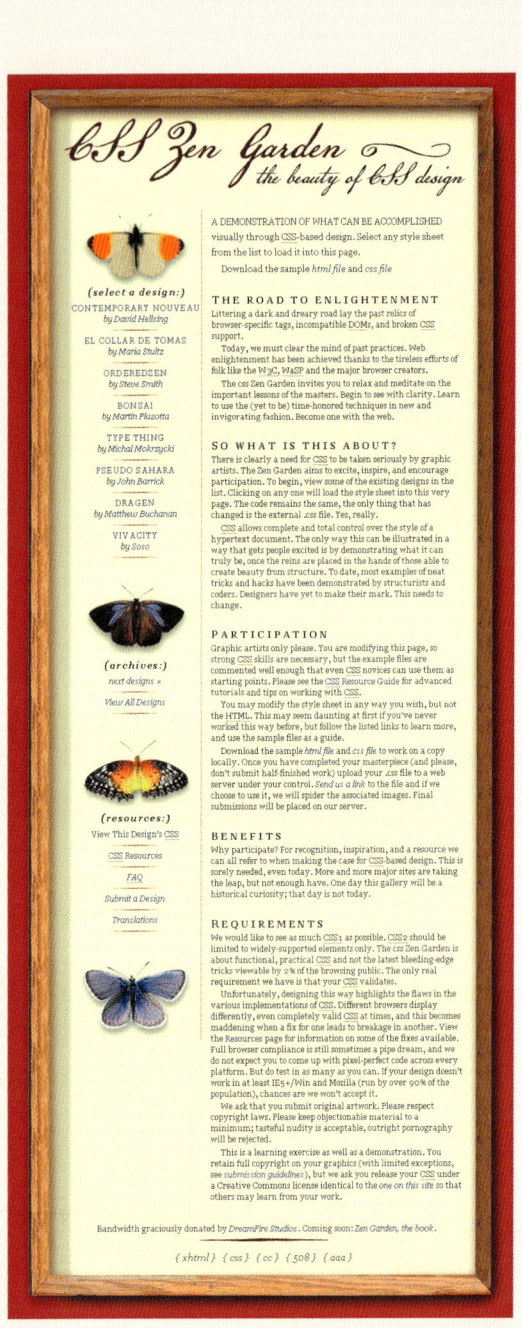

Jon Hicks, Designer

www.csszengarden.com/030

Entomology

Zentrierte Layouts im heutigen Webdesign

ES IST INTERESSANT, wo Ideen entstehen. Im Falle von **Entomology** stammt das Designkonzept aus dem Musikvideo der Single »Pin« von den Yeah Yeah Yeahs. **John Hicks** wollte einen optischen Aufhänger schaffen, der noch einen Bezug zum Gartenthema aufweisen sollte, ohne selbst einen Garten darzustellen. Nun, das Video von »Pin« zeigt präparierte Schmetterlinge …

Nach dem Entwurf eines groben Layouts begann Hicks direkt mit der CSS-Programmierung, ohne zuvor ein Modell in Adobe Photoshop zu erstellen. Da er beruflich stark eingespannt war, hatte er wenig Zeit, den Standarddesignprozess zu durchlaufen. Außerdem behauptet er, dass er dabei einen Tropenhelm getragen und ein Schmetterlingsnetz griffbereit gehalten habe, weil es wichtig sei, die richtige Atmosphäre zu schaffen!

Festgelegte und fließende Layouts

Es gibt zwei herkömmliche Arten von Weblayouts: *feste* oder *fließende*. Ein *festes* Design weist eine bestimmte Breite auf. Feste Designs können zwar linksbündig, rechtsbündig (obwohl dies selten der Fall ist) oder zentriert ausgerichtet werden, ihr Inhalt geht jedoch nicht über die angegebene Breite hinaus. Entomology verfügt beispielsweise über ein festes Layout (**ABBILDUNG 1**).

Bei einem *fließenden* Design, das auch als dynamisches Design bezeichnet wird, handelt es sich um ein Design, bei dem von festgelegten Breitenangaben prozentuale Werte verwendet werden, so dass das Layout fließt und das gesamte zur Verfügung stehende Darstellungsfeld ausfüllt (**ABBILDUNG 2**).

Kombinationseffekte sind ebenfalls möglich. Stellen Sie sich ein dreispaltiges Layout vor, in dem die angrenzenden Spalten zwar auf eine bestimmte Breite gesetzt werden, für die mittlere Spalte jedoch ein prozentualer Wert (bzw. keine festgelegte Breite) verwendet wird. Dies führt dazu, dass das Design stets das gesamte Darstellungsfeld ausfüllt, die mittlere Spalte jedoch breiter oder schmaler wird, wenn sich die Größe des Browserfensters ändert oder die Seite bei unterschiedlichen Auflösungen betrachtet wird.

Wie bei vielen Dingen kommen und gehen die Trends und Vorlieben auch hier. In den Anfangszeiten des Web war es der letzte Schrei, feste Designs zu erstellen. Nach einer Weile entstanden Diskussionen über die Vorteile fließender Designs und für einige Jahre waren diese dann der letzte Schrei.

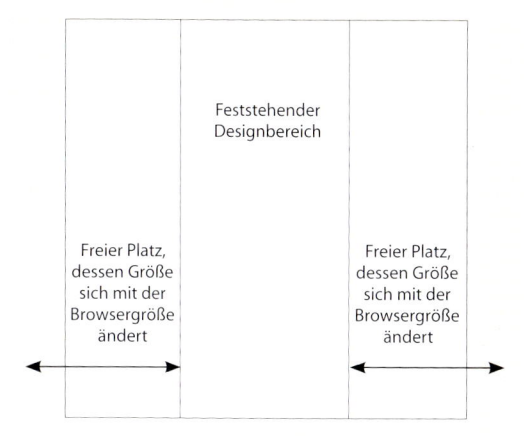

ABBILDUNG 1 Darstellung des Verhaltens bei fester Breite

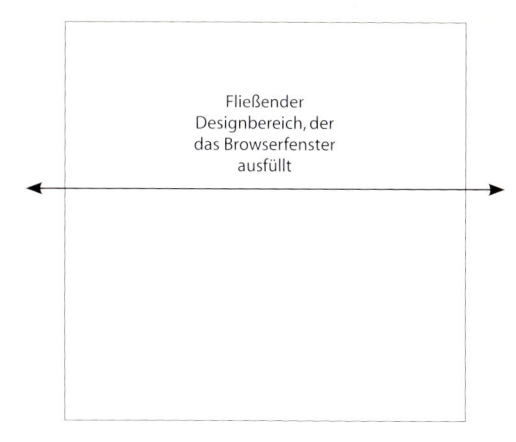

ABBILDUNG 2 Darstellung des Verhaltens bei einem fließenden Design

In den letzten Jahren ist die Beliebtheit fester Designs wieder gestiegen, insbesondere unter den auf Standards zurückgreifenden Designern. Zahlreiche führende Fachleute verwenden feste Designs für ihre eigenen Sites und im beruflichen Bereich. Dies ist ein interessanter Trend und bringt die Gründe dafür ans Tageslicht, warum Designer möglicherweise ein festes anstelle eines fließenden Designs wählen.

Zuallererst gibt ein festes Design dem Designer bessere Steuerungsmöglichkeiten, da er über einen geschlossenen Arbeitsbereich verfügt. Die Länge der Textzeilen ist leichter zu steuern wie auch die festgelegte Platzierung und die Umgebung von Text und Bildern. Diese Gründe sind sehr wahrscheinlich die Ursache für das Wiederauftauchen des Trends zu festen Layouts.

Fließende Designs haben ebenfalls ihre Stärken. Das Ausfüllen des Darstellungsfelds im Browser bedeutet, dass der gesamte zur Verfügung stehende Platz genutzt und Probleme mit der optischen Ausgewogenheit vermieden werden, die entstehen, wenn ein Design linksbündig ausgerichtet und fest ist, so dass es nur einen Teil des verfügbaren Raums einnimmt. Die Kehrseite ist jedoch, dass die Steuerung der Zeilenlänge, des Textflusses und der Positionierung und der Umgebung von Seitenelementen entfällt. Für geschulte Designer stellt dies ein erhebliches Problem dar, für das nur sehr begrenzte Lösungsmöglichkeiten zur Verfügung stehen.

Ein von Designern verwendeter Ansatz, um die von einem festen Design bereitgestellten Steuerungsmöglichkeiten zu nutzen und Probleme mit der optischen Ausgewogenheit zu lösen, ist das horizontale Zentrieren ihrer festen Designs. Dies erlaubt das Hinzufügen von Leerraum um das Design, so dass es zur rechten und linken Seite gleichmäßig ausgerichtet werden kann, wenn sich die Größe des Browser-Fensters ändert, und somit das Erscheinen eines großen Nichts auf der rechten Seite verhindert wird.

Ab in die Mitte

Das Zentrieren in CSS stellt eine gewisse Herausforderung dar, da der korrekte Weg zum horizontalen Zentrieren eines Designs mit CSS nicht in allen Browsern konsistent funktioniert. Hicks stieß während seiner Arbeit an Entomology auf dieses Problem und beschloss, zur Lösung des Problems Abhilfemaßnahmen zu treffen. Bevor wir uns diesem Ansatz widmen, ist jedoch eine Prüfung der unterschiedlichen Möglichkeiten zum horizontalen Zentrieren CSS-basierter Layouts an der Reihe.

ZENTRIERTE GESTALTUNG MIT AUTOMATISCHEN RÄNDERN

Der bevorzugte Weg zum horizontalen Zentrieren eines beliebigen Elements ist, die Eigenschaft margin zu verwenden und die Werte für left und right auf auto zu setzen. Damit dies bei Layouts funktioniert, erstellen Sie einen div-Container. Für diesen Container *müssen* Sie eine Breite angeben:

```
div#container {
    margin-left: auto;
    margin-right: auto;
    width: 168px;
{
```

ABBILDUNG 3 zeigt ein Beispiel für diesen Effekt unter Verwendung eines der Schmettterlingsbilder aus Hicks' Design. Das Bild wurde in ein div-Element platziert und mit Hilfe der automatischen Ränder zentriert.

Dieses Verfahren kann in nahezu allen aktuellen Browsern sehr gut angewendet werden, sogar im Microsoft Internet Explorer ab der Version 6 für Windows, sofern Sie sich im Standard-Modus befinden. Leider funktioniert es in früheren Versionen des Internet Explorer für Windows nicht, so dass sein Einsatz auf Situationen begrenzt ist, in denen die Anforderungen der Browserbasis nicht unter der Version 6.0 liegen.

TABELLE 1 beschreibt die wichtigsten Browser, die dieses Verfahren unterstützen.

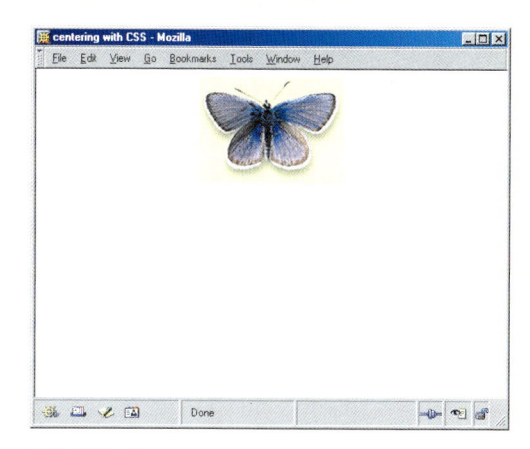

ABBILDUNG 3 Zentrieren eines Elements mit automatischen Rändern

Hinweis

Der Compliance-Modus ist Teil einer Browser-Technologie, die als DOCTYPE-Switching bezeichnet wird. Der XHTML-Code des CSS-Zen-Gartens nutzt den richtigen DOCTYPE, um den Compliance-Modus aufzurufen. Mehr über dieses wichtige Konzept erfahren Sie in dem Artikel »Doctype switching and standards compliance: An overview« von Matthias Gutfeldt (http://gutfeldt.ch/matthias/articles/doctypeswitch.html).

TABELLE 1 Browser-Unterstützung für automatische Ränder

Browser	Version	Unterstützung
Internet Explorer	6.0+, Standard-Modus	Ja
Internet Explorer	6.0+, Quirks-Modus	Nein
Internet Explorer	5.5 Windows	Nein
Internet Explorer	5.0 Windows	Nein
Internet Explorer	5.2 Macintosh	Ja
Mozilla	Alle aktuellen Versionen	Ja
Mozilla Firefox	Alle Versionen	Ja
Netscape	4.x	Nein
Netscape	6.x+	Ja
Opera	6.0+, Macintosh und Windows	Ja
Safari	1.2+	Ja

Trotz der Probleme bei der Unterstützung plädieren die meisten Designer dafür, dieses Verfahren in allen möglichen Fällen einzusetzen, da sie es als die richtige Methode zum horizontalen Zentrieren von Elementen in CSS betrachten.

ZENTRIERTE GESTALTUNG DURCH TEXTAUSRICHTUNG

Eine weitere Zentriermethode erfordert die Verwendung der Eigenschaft `text-align`, die auf den Wert `center` gesetzt und auf das Element `body` angewendet wird. Dabei handelt es sich durch und durch um einen Hack, der aber in einer recht großen Anzahl von Browsern funktioniert, so dass er sehr gelegen kommt.

Die Methode ist ein Hack, weil eine Texteigenschaft auf ein Containerelement und nicht auf Text angewendet wird. Dadurch entsteht wiederum zusätzliche Arbeit für Sie.

Nach Erstellen der für Ihr Layout erforderlichen `div`-Container wenden Sie die Eigenschaft `text-align` wie folgt an:

```
body {
   text-align: center;
}
```

Und welches Problem muss jetzt bewältigt werden? Alle Nachkommen von body werden zentriert (**ABBILDUNG 4**).

Das bedeutet, dass Sie zusätzliche Regeln festlegen müssen, um das Problem zu korrigieren und den Text auf seine Standardwerte zurückzusetzen, z.B.

```
p {
   text-align: left;
}
```

Wie Sie sich vorstellen können, ergibt sich daraus ein gewisser Nachteil. Außerdem wird von den wirklich standardkonformen Browsern nicht der Container, sondern nur der Text ausgerichtet.

RÄNDER UND TEXTAUSRICHTUNG KOMBINIERT EINSETZEN

Aufgrund der für die Textausrichtung bestehenden Abwärtskompatibilität und der heute weit verbreiteten Unterstützung automatischer Ränder kombinieren viele Designer die beiden Methoden zu einem ultimativen browserübergreifenden Hack zum horizontalen Zentrieren:

```
body {
text-align: center;
}
#container {
   margin-left: auto;
   margin-right: auto;
   border: 1px solid red;
   width: 168px;
   text-align: left;
}
```

Leider immer noch nicht perfekt und immer noch ein Hack. Sie müssen zusätzliche Regeln festlegen, um die Textausrichtung zu steuern. Sie erzielen aber jetzt recht gute browserübergreifende Ergebnisse.

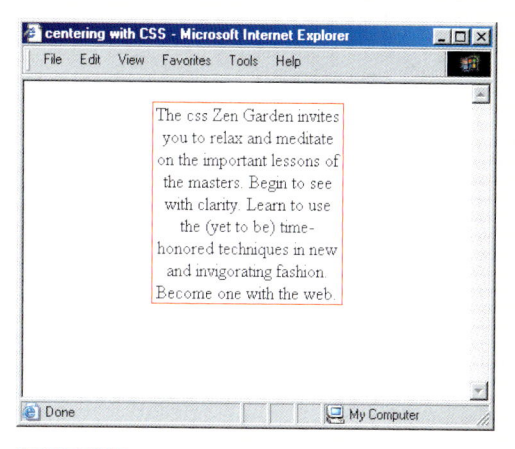

ABBILDUNG 4 Zentrieren mit Hilfe der Eigenschaft text-align im Internet Explorer. Beachten Sie, wie der Text des gesamten Absatzes nun innerhalb des div-Containers zentriert ist.

Hinweis

Es ist wichtig zu erwähnen, dass Ränder mit negativen Werten eine völlig legitime Verwendungsmöglichkeit von CSS darstellen. Der Einsatz negativer Ränder kann eine Reihe von Designanforderungen erfüllen, z.B. das Überlappen bestimmter Elementfelder.

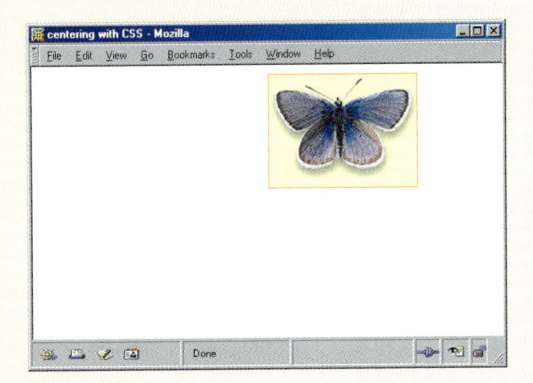

ABBILDUNG 5 Absolute Positionierung des Containerblocks mit einem Abstand von 50 Prozent vom linken Rand

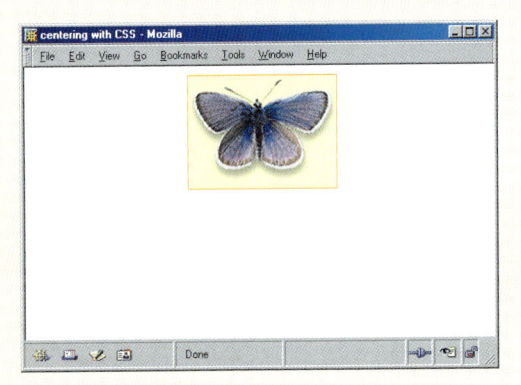

ABBILDUNG 6 Fügt man einen negativen Rand hinzu, der halb so breit ist wie die gesamte Breite des Elements, wird das Feld horizontal zentriert.

> **Hinweis**
>
> Seien Sie vorsichtig bei Ihren Berechnungen! Padding oder Rahmen müssen in die Breitenberechnungen einbezogen werden; andernfalls erhalten Sie nicht die gewünschten Ergebnisse.

DER KNIFF MIT DEM NEGATIVEN RAND

Angesichts der Herausforderung, Entomology zu zentrieren, beschloss Hicks, sich mit einer weiteren Zentrierungsmethode zu beschäftigen: mit der Verwendung negativer Ränder.

Die Lösung, negative Ränder zum Zentrieren einzusetzen, umfasst jedoch etwas mehr als die bloße Verwendung negativer Ränder. Es handelt sich um eine Kombination aus absoluter Positionierung und einem negativen Randwert.

Das funktioniert wie folgt: Zuerst wird ein Container erstellt, absolut positioniert und ein Abstand von 50 Prozent zum linken Rand festgelegt. Dies allein führt dazu, dass der linke Rand des Containerblocks bei 50 Prozent der Seitenbreite beginnt (**ABBILDUNG 5**).

Anschließend wird der linke Rand des Containers auf einen negativen Wert gesetzt, und zwar auf die *Hälfte* der Breite des Containerelements. Damit wird der Containerblock horizontal zentriert (**ABBILDUNG 6**).

Im Folgenden sehen Sie den CSS-Code von Entomology:

```
#container {
    background: #ffc url(mid.jpg) repeat-y center;
    position: absolute;
    left: 50%;
    width: 760px;
    margin-left: -380px;
}
```

Gemerkt ? Keine Hacks! Obwohl dies nicht die bevorzugte Methode ist, handelt es sich doch um eine großartige Hilfslösung, die breite Unterstützung findet. Ziemlich beeindruckend – sogar Netscape Navigator 4.x unterstützt dieses Verfahren, so dass es äußerst nützlich ist, wenn Sie eine große Anzahl von Browsern bedienen müssen.

Stilvoll geht die Welt zugrunde

Trends kommen und gehen, aber feste Designs werden uns noch lange Zeit begleiten. Sie stellen bestimmte Mittel zur Gestaltung von Webseiten bereit und sind Teil des Werkzeugkastens eines jeden Designers.

Welchen Ansatz Sie wählen, hängt von Ihrer Browser-Basis und persönlichen Vorlieben ab, aber wie bei Entomology ist die Verwendung negativer Ränder und der absoluten Positionierung zum Zentrieren eine stilvolle Möglichkeit, die in einer Vielzahl von Browsern funktioniert – sogar in solchen, von denen man es nicht erwartet.

Jens Kristensen, Designer

www.csszengarden.com/036

White Lily

Prinzipien und Prozesse zum Gestalten wirkungsvoller Layouts

OBWOHL ES KEINE bestimmten optischen Anforderungen an die Vorlagen für Zen Garden gibt, stellte **Jens Kristensen** fest, dass es vier klare Schlüsselwörter gibt, die Aufmerksamkeit erfordern: Visualität, CSS, Zen und Garten. Diese Begriffe gaben ihm den Rahmen für seine Arbeit, die bei dem wirkungsvollen botanischen Thema entspannend und beruhigend wirken sollte.

Nachdem er das Thema festgelegt hatte, prüfte er den Inhalt und entwarf für die definierten Ziele geeignete Layouts. Aus dieser systematischen Vorgehensweise entstand White Lily mit einem praktischen, nützlichen Layout, das weltweit vielen Sites als Inspiration diente.

Die Layoutprinzipien des Web

Wir sprechen oft über das Wort Layout und meinen dabei einfach die Anzahl der Spalten, die wir auf einer Seite anordnen wollen. Viele, die CSS lernen, gehen auf diese Weise an das Layout heran und fragen: »Wie erstelle ich ein dreispaltiges Layout?« oder »Wie erstelle ich ein Layout mit einer Kopf- und einer Fußzeile?« Das sind gute und wichtige Fragen, aber bevor wir zu CSS kommen, sollten wir die der Entscheidung für ein bestimmtes Layout zugrunde liegenden Prinzipien sorgfältig studieren.

Verfahren, die beim Entwerfen wirkungsvoller Layouts helfen, wurzeln in Prinzipien, die es schon lange vor der Zeit des Web gab. Obwohl sie sicherlich für das Web verändert wurden, bilden diese Prinzipien die notwendige Grundlage für das Erstellen von Layouts, die nicht nur großartig aussehen, sondern auch gut funktionieren.

Layouts in allen grafischen Formaten dienen in erster Linie der wirkungsvollen Anordnung von Inhalten. Wie sich dieses optisch gestaltet, ist unterschiedlich und hängt von Ihrem Medium, dem Inhalt und der Zielgruppe ab. Ein weiterer wichtiger Aspekt beim Weblayout ergibt sich aus der Tatsache, dass das Layout auch Funktionen unterstützen muss. Links, Menüsysteme und Formulare sind Beispiele für die wirksam in ein erfolgreiches Layout zu integrierende Funktionalität. Letztlich bildet das Layout den Grundstein für die Konsistenz einer Website, die für die Anwenderfreundlichkeit und das menschliche Fassungsvermögen von großer Bedeutung ist.

Hinweis

Leser, die mit anderen Formen grafischer Gestaltung vertraut sind, z.B. bei Druckerzeugnissen und Verpackungen, werden schnell feststellen, dass das Erstellen von Layouts am Bildschirm eine einzigartige Herausforderung ist. Neulinge im Studium des Webdesigns lernen schnell, dass die Gestaltung einer Seite entscheidende Unterschiede zur Druckgestaltung aufweist, obwohl dabei einige gemeinsame Verfahren genutzt werden.

Erst denken, dann…

Eine der nützlichsten Vorgehensweisen, die Kristensen später beim Erstellen von White Lily half, war sein Ansatz, zunächst den Inhalt zusammenzustellen, mit dem er anschließend arbeiten würde.

ABBILDUNG 1 Ein alternativer Stil für White Lily

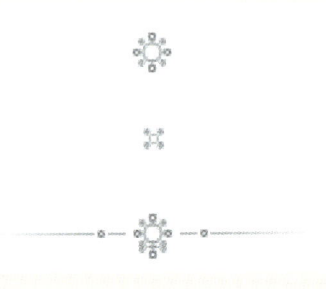

ABBILDUNG 2 Drei bildhafte Blumensymbole, die innerhalb von White Lily verwendet werden, um die botanische Thematik zu unterstreichen

Die Zusammenstellung des Inhalts dient mehreren Zwecken. Sie bekommen sofort einen klaren Überblick über die zu bewältigenden Arbeiten, was natürlich zum Festlegen von Prioritäten für das Material führt. Dies regt zu weiteren Gedanken über das Layout und verschiedene Ansätze an, die zur Erreichung der Form- *und* Funktionsziele geeignet sein könnten.

Kristensen unterteilte den Inhalt von CSS Zen Garden zunächst in drei Kategorien:

- Allgemeine Informationen über Zen Garden, z.B. Templates, Validierungslinks und eine Übersicht über den Garten
- Links und Navigation von Zen Garden
- Hauptinhalt

Unter Verwendung dieser besonderen Informationen begann er, an der Zusammenstellung der Seite zu arbeiten. Er verfolgte nun zwei ganz spezielle Ziele: seinen thematischen Vorstellungen zu entsprechen und den Inhalt in drei verschiedenen Abschnitten zu präsentieren. Mehrere Schritte waren erforderlich, um zu einer Entscheidung über den endgültigen Stil zu gelangen (**ABBILDUNG 1**).

Schließlich entschied er sich dann für den Stil, den er dann als fertiges White-Lily-Projekt vorlegte. Es ist wichtig, dass die Auswahl Ihres Layouts auf dem Inhalt und den optischen Anforderungen beruht und nicht zufällig getroffen wird oder deshalb, weil ein bestimmtes Layout gerade „trendy" ist.

Die Tricks im Layout von White Lily

Mit einer klaren Vorstellung über die weitere Vorgehensweise traf Kristensen seine Wahl über die Verarbeitung des Themas und des Inhalts.

Kristensen stellte fest, dass das Foto der Lilie die Grundlage für den botanischen Eindruck bot, den er herstellen wollte. Aus dem Foto zog er die Inspiration für sein Farbschema. Außerdem wählte er sorgfältig zusätzliche Ausschmückungen aus, die das botanische Konzept erweitern (**ABBILDUNG 2**).

Tatsächlich glänzt Kristensens Arbeit, wenn es um den Inhalt geht. Mit einem so klar definierten Ziel war es einfach, die Prioritäten für die Inhalte und deren effektive Behandlung über das Layout zu bestimmen.

Indem er die allgemeinen Informationen über den Garten in der Kopfzeile platzierte, erreichte er zwei wichtige Ziele: die Darstellung der »Marke« (in diesem Falle der Blume und des Seitentitels »CSS Zen Garden«) und die Verdeutlichung des Zwecks der Seite. Dieser Abschnitt umfasst auch die HTML- und CSS-Musterdateien mit den Validierungslinks (**ABBILDUNG 3**).

ABBILDUNG 3 Die Behandlung der expliziten Anforderungen: die effektive Zusammenstellung der Inhalte

Dadurch wird das restliche Layout freigegeben, um zwei wesentliche Punkte zu bearbeiten: die Navigation und den Hauptinhalt. Zur Navigation nutzte Kristensen die linke Spalte, was sehr gut funktioniert, da sie sich damit an einer Stelle befindet, an der man sie auch erwartet. Die rechte Spalte wird für den Hauptinhalt genutzt. Beide Abschnitte sind hell gestaltet und bleiben frisch und sauber. Alles in allem sind die Kopfzeile und das zweispaltige Layout für die Ziele und Bedürfnisse gut geeignet und ergeben ein unkompliziertes, einfach funktionierendes Design.

Inspiration und Ratschläge

Wenn Sie erst einmal eine Vorstellung von Ihrem Gesamtziel haben, können Sie die Vorteile hilfreicher Informationen nutzen, die Ihnen eine Anleitung zum Verfeinern des Layouts bieten. Dieser Abschnitt erkundet einige der Hauptgesichtspunkte bei der Arbeit an Weblayouts. Zwei wichtige Regeln bieten Richtlinien für die Gestaltung großartiger Weblayouts – das Design und die Anwenderfreundlichkeit der Benutzerschnittstelle.

ABBILDUNG 4 Die bildliche Darstellung ist ein wichtiger Aspekt des Schnittstellendesigns. Ein Einkaufswagensymbol wie dieses von amazon.com ist ein allgemein bekanntes Symbol, das für die Verwendung im Onlinehandel übernommen wurde.

ABBILDUNG 5 Die Navigationslinks von White Lily

DIE BENUTZERSCHNITTSTELLE GESTALTEN

Im Gegensatz zur Druckgestaltung bietet eine Webseite Interaktion, d.h., sie enthält nicht nur eine passive Nachricht. Die Gestaltung der Benutzerschnittstelle ist aufgrund der vielen Aspekte der Computertechnik, für die interaktive Schnittstellen erforderlich sind, ein recht ausgereiftes Gebiet. Beispiele dafür sind sowohl Betriebssysteme als auch Softwareanwendungen.

Einige der grundlegenden Prinzipien für die Gestaltung der Benutzerschnittstelle sind im Folgenden aufgeführt:

- Lernen Sie Ihre Benutzer kennen, da sie diejenigen sind, für die Sie Ihr Design erstellen.

- Sorgen Sie dafür, dass sich der Benutzer innerhalb der Seite und der Site zurechtfindet.

- Verwenden Sie vertraute bildliche Darstellungen. Ein großartiges Beispiel dafür ist das Einkaufswagensymbol auf einer E-Commerce-Site. Sogar Webneulinge verstehen, was dieses Symbol bedeutet (**ABBILDUNG 4**).

- Stellen Sie sicher, dass funktionsrelevante Eigenschaften deutlich sichtbar sind. Dies begegnet uns bei White Lily in Form von Linklisten, die ihren Zweck präzise wiedergeben (**ABBILDUNG 5**).

- Sorgen Sie für konsistente Designelemente. Wenn White Lily als Entwurf für eine vollständige Website verwendet würde, müsste die Navigation konsistent bleiben, wie es auch bei der Position des Fotos und des Titellogos der Fall sein sollte. Ein Wechsel der Position der Marke und der Funktionselemente kann bei den Benutzern zu Verwirrungen führen, so dass Sie solche radikalen Änderungen zwischen den einzelnen Seiten vermeiden sollten.

- Machen Sie sich den visuellen Schwerpunkt klar. Es wird immer einige Objekte in einem Design geben, die die Blicke mehr auf sich ziehen als andere Objekte. Bei White Lily bildet die Blume selbst diesen Schwerpunkt. Wenn der Designer die Bedeutung des Bilds erkennt, kann er die anderen Seitenelemente so gestalten, dass sie für eine entsprechende Ausgewogenheit im Design sorgen.

- Schaffen Sie Klarheit darüber, um welchen Inhalt es auf der Seite geht. Menschen haben eine sehr kurze Aufmerksamkeitsspanne; normalerweise warten sie *höchstens* neun Sekunden, um sich zu informieren, worum es geht – finden sie es innerhalb dieser Zeit nicht heraus, verlieren Sie möglicherweise vollständig ihre Aufmerksamkeit. Kristensen weckt die Aufmerksamkeit des Betrachters, indem er die wichtigste Mitteilung in einem eigenen Bereich innerhalb des Layouts platziert (**ABBILDUNG 6**).

Schnittstellendesigner sind ebenfalls sehr interessiert an der Ästhetik, sofern sie sich auf die Funktionen beziehen. Beachten Sie die Pfeile neben den Links in den Kopfzeilen von White Lily. Alle weisen dieselbe Größe auf und sollen den Besuchern eine ästhetisch ansprechende und hilfreiche Orientierungsmöglichkeit bieten (**ABBILDUNG 7**).

ANWENDERFREUNDLICHKEIT

Obwohl sie konzeptionell mit dem Design der Benutzerschnittstelle verwandt ist (und über ähnliche historische Wurzeln verfügt), hat die Anwenderfreundlichkeit einen anderen Schwerpunkt. Die Gestaltung der Benutzerschnittstelle befasst sich natürlich mit den Benutzern – und dabei geht es vor allem um die Art und Weise, in der die Arbeit von Entwicklern und Konstrukteuren den Bedürfnissen der Benutzer gerecht wird.

Bei den Forschungen zur Anwenderfreundlichkeit („Usability") liegt der Schwerpunkt jedoch auf der endgültigen Erlebniswelt des Benutzers und der Art und Weise, in der der Benutzer mit einer ausgefeilten Benutzerschnittstelle arbeitet. Beide Forschungen werden in dem Sinne integriert, dass die Anwenderfreundlichkeit die Einarbeitung in die Methoden und Prozesse des Benutzerschnittstellendesigns betrifft und dass Benutzerschnittstellen den Anwendern zu Testzwecken und letztlich zur Durchführung von Verbesserungen und Änderungen präsentiert werden.

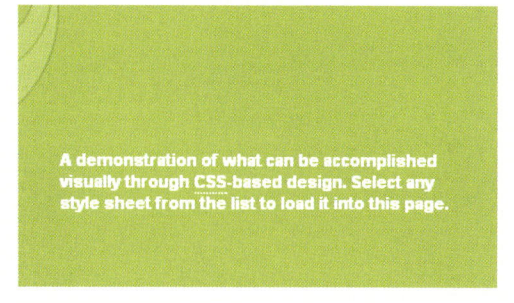

ABBILDUNG 6 Die Aufgabe der Seite in einem eigenen Bereich innerhalb des Layouts zu verdeutlichen, trägt zur leichten Verständlichkeit des Zwecks der Seite bei.

ABBILDUNG 7 Die bei den Hauptüberschriften in den Linklisten verwendeten Pfeile sind sowohl ästhetisch ansprechend als auch funktionell und lenken das Auge des Betrachters auf den darunter stehenden Inhalt.

Hinweis

Eine großartige Ressource für die Gestaltung von Benutzerschnittstellen und interaktive Designs finden Sie bei Boxes and Arrows (www.boxesandarrows.com).

ABBILDUNG 8 Die Kopfzeile mit wichtigen Informationen über die Seite befindet sich im oberen Bildschirmabschnitt.

ABBILDUNG 9 Auch wenn es sich nicht um einen speziellen Teil des Layouts handelt, hilft ein Titel in der Titelleiste dem Benutzer, sich innerhalb einer Site zu orientieren.

ABBILDUNG 10 Die Angabe des Copyrights oder der Lizenzbedingungen ist ein wichtiger Teil des Inhalts, der innerhalb des Layouts wirkungsvoll erscheinen sollte.

Hinweis

In vielen Layouts werden Fußzeilen für den Hinweis auf Copyrights, den Datenschutz, die Lizenzbedingungen und damit zusammenhängende Informationen verwendet. Dies ist eine gebräuchliche Konvention und nützlich, wenn Sie Sites gestalten, bei denen diese Art von Informationen wesentlich für die Organisation oder Firma sind.

Ebenso wie zum Design der Benutzerschnittstelle gibt es bereits seit langem Forschungen zur Anwenderfreundlichkeit, die ebenfalls aus anderen Bereichen der Computertechnologie hervorgegangen sind. Bei der Anwenderfreundlichkeit im Web handelt es sich um eine Untergruppe der Usability, die über eigene Vorschläge und Richtlinien verfügt.

Im Folgenden sind einige mit dem Layoutdesign verbundene Aspekte der Anwenderfreundlichkeit aufgeführt:

- Wichtige Informationen sollten so platziert werden, dass sie wie in einer Zeitung auf der gefalteten Titelseite sichtbar sind. Der Sinn ist eindeutig: Stellen Sie sicher, dass alle Informationen, die dem Benutzer sofort zur Verfügung stehen müssen, auf der Seite möglichst weit oben platziert werden. Bei White Lily wird dies sichergestellt, indem die »Marke« und der Seitentitel sofort sichtbar sind (**ABBILDUNG 8**).

- Verwenden Sie stets eine Beschreibung innerhalb des Titelelements:

  `<title>css Zen Garden: The Beauty in CSS Design</title>`

  Damit wird ein Titel in die Browserleiste gesetzt, der bei der Orientierung hilft (**ABBILDUNG 9**).

- Stellen Sie sicher, dass die Links und Navigationssysteme innerhalb eines Layouts so konsistent wie möglich positioniert werden. Sorgen Sie außerdem dafür, dass Links zur Homepage eingefügt werden. Links zu Seiten mit Copyrighthinweisen, Datenschutzrichtlinien und Kontaktinformationen sind stets förderlich. Im Fall von CSS Zen Garden sind alle Designs durch eine Creative-Commons-Lizenz geschützt, die innerhalb des Texts deutlich kenntlich gemacht wurde (**ABBILDUNG 10**).

- Für die meisten mittelgroßen bis großen Sites ist eine Suchfunktion *äußerst empfehlenswert*. Offensichtlich handelt es sich bei CSS Zen Garden eher um die Demonstration von Designansätzen als um individuelle Sites; in der Praxis sind die Benutzer jedoch dankbar für eine Suchfunktion und nutzen sie regelmäßig. Das ist der Fall, wenn sie an intuitiver Stelle innerhalb des Layouts platziert wird. Normalerweise sollten Suchfelder an einer logischen Stelle erscheinen: Findet man sie in der Nähe der Navigation, ist das eine gute Idee. Wenn Sie so tun müssten, als verfügte White Lily über eine Suchfunktion, könnte sie direkt über den Linklisten erscheinen (**ABBILDUNG 11**).

- Unterteilen Sie Spalten durch Absätze und Abstände. Dies kann äußerst hilfreich sein, um einen Gesamtaufbau zu erzielen und das Verständnis der Benutzer zu verbessern (**ABBILDUNG 12**).

Natürlich gibt es noch viele weitere Faktoren, die zur Anwenderfreundlichkeit beitragen; die Einbeziehung dieser Verfahren während der Arbeit an Ihrem Layout wird Ihnen aber dabei helfen, wichtige Einzelheiten im Hinblick auf die Funktion und das Format und letztlich darauf, wie die Benutzer Ihr Design erleben, auszuarbeiten.

Gehen Sie gezielt vor

White Lily zeigt, wie die geplante Vorgehensweise dazu führen kann, viele an ein Layout gestellte Anforderungen zu erfüllen. Natürlich verläuft der Designprozess bei den einzelnen Designern und Designerteams unterschiedlich und Ihr Prozess wird wahrscheinlich in einigen wesentlichen Punkten davon abweichen.

Egal wie Ihr persönlicher Prozess verläuft – eines ist allerdings klar: Jens Kristensen konnte in diesem Fall dadurch, dass er zuerst das Thema festgelegt und dann den Inhalt analysiert hat, einem sehr klaren Weg zur Erreichung des Endergebnisses folgen: ein attraktives und verständliches Layout, das die Benutzer erfreut.

ABBILDUNG 11 Wenn in diesem Layout eine Suchfunktion zur Verfügung gestellt werden sollte, könnte diese möglicherweise über den Link innerhalb des Navigationsbereichs des Layouts erscheinen.

ABBILDUNG 12 Interessanterweise kann das Einrücken oder Versetzen von Text innerhalb einer Spalte zum Verständnis der Funktion beitragen. In diesem Fall wird in der Hauptlinkliste ein Versatz vorgenommen, so dass die Spalte unterteilt wird und das Gesamtlayout offener wirkt.

Minz Meyer, Designer

www.csszengarden.com/037

prêt-à-porter

Horizontale Linien in einer vertikalen Welt erforschen

EINE DER VON DESIGNERN am häufigsten gestellten Fragen lautet: »Wo finde ich Inspiration?« Vielen Anfängern wird beigebracht, sich an verschiedenen Orten umzusehen. Die Natur bietet beispielsweise Landschaften voller Formen und Bewegung, die eine ungeheure Quelle der Inspiration und Erquickung sein können.

Eine weitere Inspirationsquelle sind das Wesen des Menschen und seine Gestalt. Studenten der bildenden Künste verbringen zahllose Stunden im Atelier, um Körper zu studieren – ihre einzigartigen Formen, die Gesichtszüge und ihr Wesen. **Prêt-à-porter** von **Minz Meyer** fasst Formen der Natur und des menschlichen Charakters zusammen, woraus sich ein Gesamtdesign ergibt, so einzigartig wie ein Gesicht.

Printmedien als Inspiration

Webdesigner, die bereits eine Weile im Berufsleben stehen, bekamen schon oft von Meinungsführern, Vordenkern und Ausbildern zu hören: »Das Web ist kein Printmedium.« Obwohl diese Aussage offensichtlich zutrifft, lautet eines der überzeugendsten Argumente, die prêt-à-porter uns vorhält, dass es auch dann keinen Grund gibt, warum ein Printmedium nicht als Inspiration für das Webdesign dienen könnte, wenn wir uns das Web nicht wie eine gedruckte Seite vorstellen sollten.

In diesem Fall war es nicht nur ein Printmedium, das als Inspiration für prêt-à-porter diente, sondern sogar ein Printmedium *zum Thema Drucken* (**ABBILDUNG 1**).

In Meyers Originalbroschüre für eine Druckerei wurde eine Kombination aus Bildern und Wörtern eingesetzt, um optische Spannung zu erzeugen. Auf der linken Seite des ursprünglichen Designs zeigt eine vertikal angeordnete Fotostrecke – die für die Broschüre entworfen und an einem Tag aufgenommen wurde – Variationen eines Frauengesichts mit außergewöhnlicher Retusche und Kolorierung. Auf der rechten Seite werden den Bildern Wörter und Sätze entgegengesetzt, z.B. das Wort »verfärbt«. Die daraus entstandene Broschüre wirbt mit überzeugenden Bildern und deutlicher Terminologie für die Qualität der Druckereiarbeiten und führt zu der Schlussfolgerung, dass die Druckerei keine Fehler bei der Wiedergabe von Bildern macht.

Insbesondere liegt die Originalbroschüre nicht im Hoch-, sondern im Querformat vor. Darin lag einer der faszinierendsten – und herausforderndsten – Aspekte des Layouts, als es darum ging, es an das Web anzupassen.

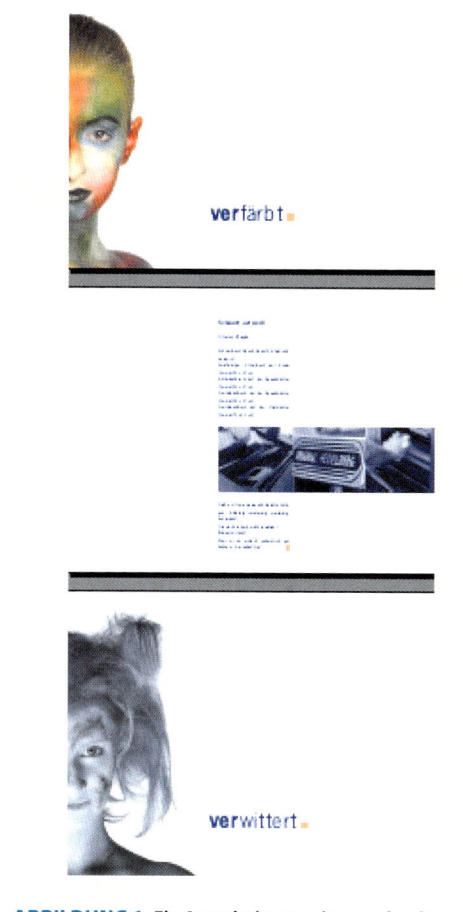

ABBILDUNG 1 Ein Ausschnitt aus einer gedruckten Broschüre diente als Inspiration für prêt-à-porter.

DIE REGELN BRECHEN

Obwohl sich das Querformat für Printmedien hervorragend eignen kann und daher häufig verwendet wird, fühlten sich Webdesigner lange darin bestärkt, derartige Designs zu meiden. Die Gründe dafür liegen vorwiegend in der Anwenderfreundlichkeit. Horizontale Designs zwingen den Browser normalerweise zur Anzeige einer Bildlaufleiste am unteren Rand des Dokuments, so dass die Besucher der Site horizontal hin- und herscrollen müssen. Dies wurde lange Zeit als problematisch angesehen, da die meisten Benutzer nicht geneigt sind, sich mehr als nötig zu bewegen, um an die Informationen zu gelangen. Außerdem ist es für Personen mit speziellen Behinderungen besonders schwer, eine horizontale Bildlaufleiste zu bewegen. Daher haben die meisten Webdesigner horizontale Designs vermieden, mit Ausnahme von Sonderfällen wie zum Beispiel experimentellen Anwendungen, oder sie erstellten derartige Designs leider versehentlich, wenn sie eine ungünstige Entscheidung im Hinblick auf die Bildschirmauflösung getroffen haben.

Eine seltene, frühe Ausnahme bildete eine Website, die 1998 für Circle of Friends veröffentlicht wurde – eine Gemeinschaft von unter Rückenmarksverletzungen Leidenden oder an diesem Thema Interessierten. Die Organisation, für die sich später übrigens unter anderem Christopher Reeves einsetzte, entschloss sich, eine Site im horizontalen Design zu entwerfen, weil viele Menschen mit schweren Rückenmarksverletzungen sich die Welt aus dieser Perspektive ansehen müssen. Damals war dieses Designkonzept revolutionär, es zählte zu denen, die mit größter Sicherheit von dem menschlichen Erleben inspiriert waren (**ABBILDUNG 2**).

ABBILDUNG 2 Die Website von Circle of Friends, die 1998 ins Leben gerufen wurde, mittlerweile jedoch nicht mehr existiert, ist ein frühes Beispiel für einen Regelbruch durch die Verwendung eines horizontalen Designs.

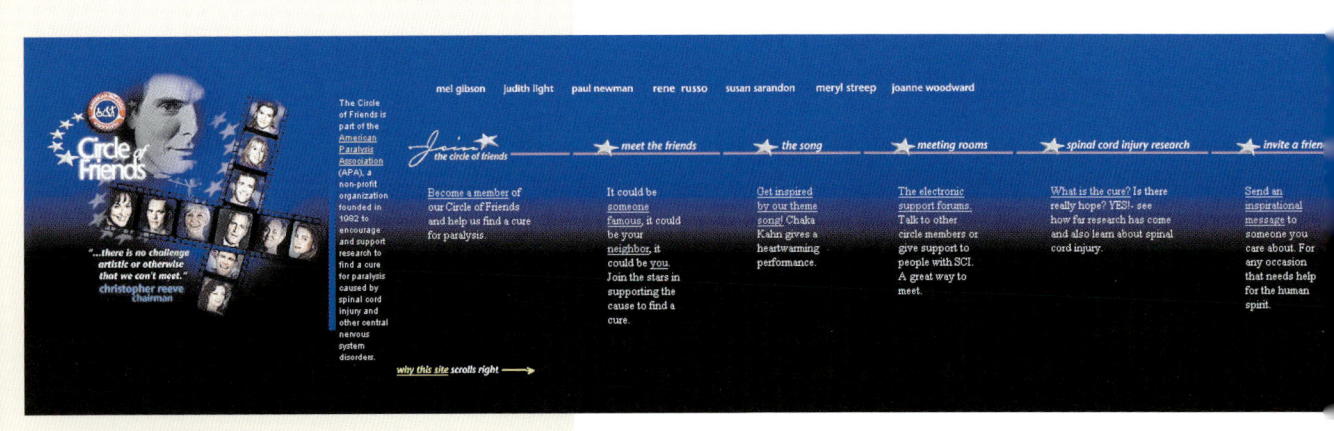

Herausgefordert durch die Vorstellung, dass ein horizontales Design starken Einfluss auf das Web nehmen könnte, entschloss sich Meyer, es zu versuchen und eine überzeugende Version des Printdesigns zu erstellen, die nicht nur im Web funktionieren, sondern auch CSS-Aspekte nutzen sollte, um das Design webwürdig zu gestalten.

Die Sache mit der Horizontalen

Während des Prozesses, die beeindruckende Botschaft der Originalbroschüre mit einem CSS-Layout zu verbinden, bestand eine der größten Hürden in dem unvermeidbaren Thema Browser-Unterstützung. Um ein für eine Vielzahl von Browser-Szenarien nützliches und ansprechendes Design zu entwerfen, waren Hilfslösungen erforderlich, um es browser- und betriebssystemübergreifend kompatibel zu gestalten.

AUSFLUG IN DIE FESTE POSITIONIERUNG

Das Bild der Frau inspirierte Meyer dazu, dafür zu sorgen, das Bild statisch im Design zu platzieren und den Text hinter das Bild laufen zu lassen. Dieser Effekt war ein erfrischender Ansatz, um das Design webfreundlich zu gestalten, was in der Printversion einfach nicht möglich ist.

Obwohl CSS dem Designer viele Möglichkeiten zur Implementierung von Hintergrundgrafiken bietet, hätte die Verwendung des Fotos der Frau als Hintergrundbild des Textkörpers zur Folge, dass der Text über das Bild läuft, was im Grunde die Kraft des Bilds zerstört und die Lesbarkeit des Texts auf null reduziert.

> **Tipp**
>
> Verwenden Sie `z-index`, um die Stapelreihenfolge der positionierten Felder festzulegen. Der höchste `z-index`-Wert erscheint im Stapel über den anderen Feldern.

ABBILDUNG 3 In Mozilla, das das feste Positionierungsschema unterstützt, bleibt das Bild an einer festen Position, während der Inhalt so gestaltet werden kann, dass er hinter das Bild läuft.

Hinweis

Obwohl er mit der CSS2-Spezifikation 1998 eingeführt wurde, fehlt in bestimmten Browsern – vor allem im Microsoft Internet Explorer – die Unterstützung des Werts `fixed` für die Eigenschaft `position`. Deshalb funktionieren die für dieses Szenario erstellten Regeln in kompatibleren Browsern zwar gut, beim Betrachten im Internet Explorer läuft das Bild jedoch aus der Seite heraus, was den Effekt zerstört.

Als Möglichkeit zur Problembehandlung wäre zu überlegen, ein `div`-Element mit fester Position einzusetzen und diesem ein Bild hinzuzufügen. Die feste Positionierung erlaubt es, dass ein beliebiges als feststehend definiertes Element völlig unbeweglich an seiner Position auf der Seite bleibt; daher läuft es beim Scrollen nicht mit, ganz unabhängig davon, was mit den anderen Seitenelementen geschieht. Somit ist es vorstellbar, dass Sie zu diesem Zweck einen Selektor mit den folgenden Deklarationen erstellen:

```
div#static-image {
    background-image: url(bg_face.jpg);
    background-repeat: no-repeat;
    background-position: left bottom;
    position: fixed;
    left: 0;
    bottom: 0;
    height: 594px;
    width: 205px;
    z-index: 2;
}
```

In einem wirklich CSS-kompatiblen Browser würde die feste Position dieses `div`-Elements erhalten bleiben, so dass andere Elemente auf der Seite dahinter positioniert werden können (**ABBILDUNG 3**).

AUF DEN BROWSER EINGEHEN

Wie es bei der Behandlung von browserübergreifenden Themen oft der Fall ist, ist es ratsam, ein Idealformat zu erstellen und dieses dann zur Verwendung in Browsern zurückzunehmen, die aus irgendeinem Grund einen bestimmten Effekt nicht unterstützen. Um das zu erreichen, können Sie verschiedene Designs erstellen und JavaScript zur Browsererkennung einsetzen; manche halten diese Vorgehensweise allerdings aus mehreren Gründen für ineffektiv, u.a. aufgrund der Tatsache, dass eine Reihe von Benutzern JavaScript in ihren Browsern deaktiviert.

Im Falle von prêt-à-porter bestand die Vorgehensweise darin, ein alternatives Design für den Internet Explorer zu erstellen, das gut aussehen und weich gerendert sein sollte, obwohl das Bild des Gesichts aus dem Anzeigebereich herausläuft.

Ebenso wie bei der festen Positionierung fehlt im Internet Explorer auch die Unterstützung untergeordneter Selektoren, die es uns erlauben, ein bestimmtes untergeordnetes Element eines vorgegebenen Elements auszuwählen. Untergeordnete Selektoren werden durch eine spitze Klammer (>) gekennzeichnet. Damit signalisiert der Selektor

```
p>strong
```

dass nur innerhalb von Absätzen vorkommende strong-Elemente durch die darauf folgende Deklaration gestaltet werden.

Aufgrund der Tatsache, dass der Internet Explorer die feste Positionierung sowie untergeordnete Selektoren nicht unterstützt, wurden eine Reihe von Regeln erstellt, die es ermöglichen, in CSS-konformen Browsern das optimale Design und im Internet Explorer ein alternatives Design zur Anzeige zu bringen:

```
body#css-zen-garden>div#extraDiv2 {
   background-image: url(bg_face.jpg);
   background-repeat: no-repeat;
   background-position: left bottom;
   position: fixed;
   left: 0;
   bottom: 0;
   height: 594px;
   width: 205px;
   z-index: 2;
}
```

ABBILDUNG 4 Im Alternativlayout für den Internet Explorer 6.0 läuft die Abbildung aus dem Bildschirmbereich heraus, die Grundintegrität des Designs bleibt jedoch erhalten.

Der folgende CSS-Code kommt nur in Browsern zum Einsatz, die die vorangegangene Regel nicht verstehen, in diesem Fall der Internet Explorer. Da die untergeordneten Selektoren eine größere Genauigkeit implizieren, hat die erste Regel Vorrang, allerdings nur, wenn der Browser sie versteht.

```
div#extraDiv2 {
    background-image: url(bg_face_ie.jpg);
    background-repeat: no-repeat;
    background-position: left bottom;
    position: absolute;
    left: 0;
    bottom: 0;
    height: 600px;
    width: 265px;
}
```

Obwohl das fest positionierte Bild im Internet Explorer 6.0 (und in älteren Versionen) aus dem Bildschirmbereich hinausläuft, bleibt das Design attraktiv und annehmbar (**ABBILDUNG 4**). Erst der Internet Explorer 7 unterstützt statische Layouts.

OPERA MEISTERN

Ein weiteres Problem, das sich beim Erstellen von prêt-à-porter ergab, betraf die Unterstützung des Opera-Browsers von Opera Software. Selbst wenn sich die Browser-Entwickler intensiv mit der Implementierung von Standards befassen, wie es bei Opera der Fall ist, verläuft die Implementierung aus verschiedenen Gründen nicht immer perfekt.

In den Opera-Versionen vor der Version 7.5 erschien die horizontale Bildlaufleiste bei prêt-à-porter nicht. Natürlich wurde das Design dadurch in diesen Versionen völlig unbrauchbar (**ABBILDUNG 5**).

Glücklicherweise hat Opera das Problem gelöst und das Design funktioniert jetzt nicht einfach nur, sondern es funktioniert sogar in idealer Weise, da das fest positionierte Bild an Ort und Stelle bleibt, wie es in anderen, vollständig CSS-kompatiblen Browsern der Fall ist.

ABBILDUNG 5 Prêt-à-porter in Opera 7.0. In den Versionen vor Opera 7.5 erschien keine Bildlaufleiste, so dass viele Funktionen des Designs nicht genutzt werden konnten.

Erfahrungen

Zwischen dem Zeitpunkt, zu dem die Inspiration erfolgt, und dem Zeitpunkt, an dem sich aus dieser Inspiration ein vollständiges Design entwickelt hat, findet ein Prozess statt, der bei den einzelnen Designern so einzigartig ist wie das Ergebnis. Aus Meyers von einem horizontalen Printdesign inspiriertem Layoutansatz ergaben sich sowohl Möglichkeiten als auch Herausforderungen. Durch die Verwendung raffinierter Hilfslösungen erzielte Meyer ein bemerkenswert schönes Design, das uns nicht nur lehrt, in besonderer Weise darüber nachzudenken, welch einzigartige Inspirationen den Layouts zugrunde liegen können, sondern auch zeigt, wie wirkungsvoll sie sich implementieren lassen.

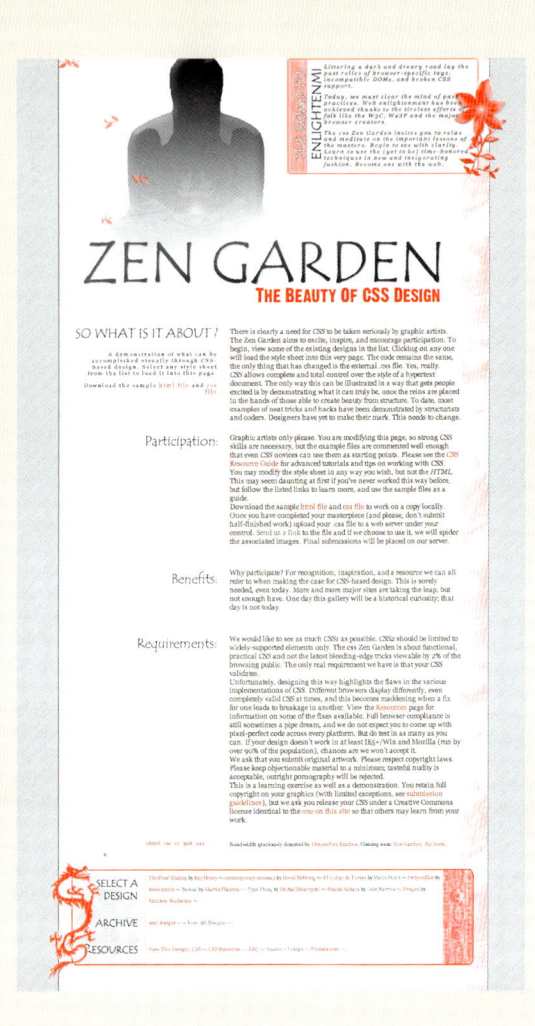

Cedric Savarese, Designer
www.csszengarden.com/070

CS(S) Monk

Aussagekräftig positionieren und das Raster nutzen

WER SAGT, DASS SIE einen Gesamtplan brauchen? **Cedric Savarese** begann mit **CS(S) Monk**, indem er in Adobe Photoshop experimentierte und abwartete, was dabei herauskam. Der Vorteil liegt in der Flexibilität; wenn neue Ideen entstehen, können ältere Elemente verworfen oder so angepasst werden, dass sie sich in das überarbeitete Layout einfügen lassen.

Savarese entschied, die Kopfzeile als Schwerpunkt einzusetzen, und baute das restliche Layout darauf auf. Für Titel und Untertitel wählte er eine Schriftart aus, die zu dem in der Entwicklung befindlichen Thema passen sollte. Die Platzierung der Blumen verleiht dem Layout eine gewisse Tiefe, ein beruhigendes Farbschema in Rot- und Grautönen gestaltet das Design einladend.

Position und Bedeutung

Das dominierende Bild des Mönchs von CS(S) Monk nimmt den Platz ein, der den wichtigsten Schwerpunkt auf der Seite bildet, nämlich die obere linke Ecke. Das erste Element dieses Designs ist das wichtigste für das Gesamtwerk und befindet sich auch an der wichtigsten Stelle.

Wenn Sie an eine flache Leinwand mit einer festen Größe wie zum Beispiel ein Blatt Papier denken, so erhalten Sie durch horizontales und vertikales Falten vier Quadranten. In den westlichen Sprachen werden Sätze auf einer Seite von links nach rechts und von oben nach unten gelesen. Der Durchschnittsbetrachter hat daher unbewusst gelernt, jedem Quadranten eine unterschiedliche Bedeutung beizumessen.

Haben Sie sich jemals gefragt, warum auf so vielen Sites das Logo in der oberen linken Ecke zu finden ist? Das liegt daran, dass sich der Blick normalerweise als Erstes auf diese Stelle richtet. Das Platzieren eines Objekts im oberen linken Quadranten gewährleistet maximale Aufmerksamkeit, so dass er für die Markendarstellung der ideale Ort ist (**ABBILDUNG 1**).

Der obere rechte Quadrant ist ebenfalls von Bedeutung (**ABBILDUNG 2**). Auf einer Webseite ist der Bereich »über dem Falz« – der Bereich, der direkt zu sehen ist, ohne scrollen zu müssen – die am besten einsehbare Stelle, was für alle Seiten gilt. Mit der Platzierung eines Objekts in der oberen rechten Ecke wird suggeriert, dass dieses Objekt etwas unwichtiger ist als das in der oberen linken Ecke, aber immer noch bedeutend im Vergleich zu den restlichen Seitenelementen.

Die beiden unteren Quadranten haben auf den meisten Webseiten nicht viel zu bieten (**ABBILDUNG 3**). Einige Designer bringen dort eine redundante Navigation an, andere fügen nichts als einen einfachen Copyrighthinweis ein. In traditionellen Printmedien könnte das Platzieren eines Objekts am unteren Seitenrand den Eindruck vermitteln, dass die darüber befindlichen Elemente angehoben werden oder darüber schweben. Auf einer gedruckten Seite kann durch einfache Positionierung der Eindruck eines dreidimensionalen Raums geschaffen werden, im Web ist es jedoch wahrscheinlicher, dass ein Objekt am Seitenende unbeachtet bleibt oder völlig fehlt.

ABBILDUNG 1 Der Quadrant oben links

ABBILDUNG 2 Der Quadrant oben rechts

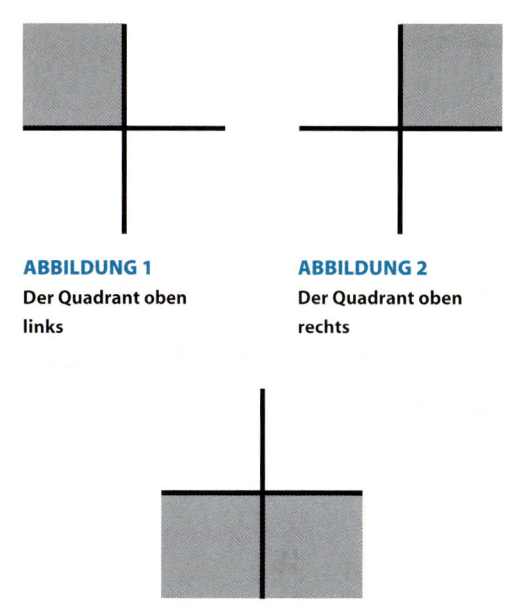

ABBILDUNG 3 Die Quadranten unten links und unten rechts

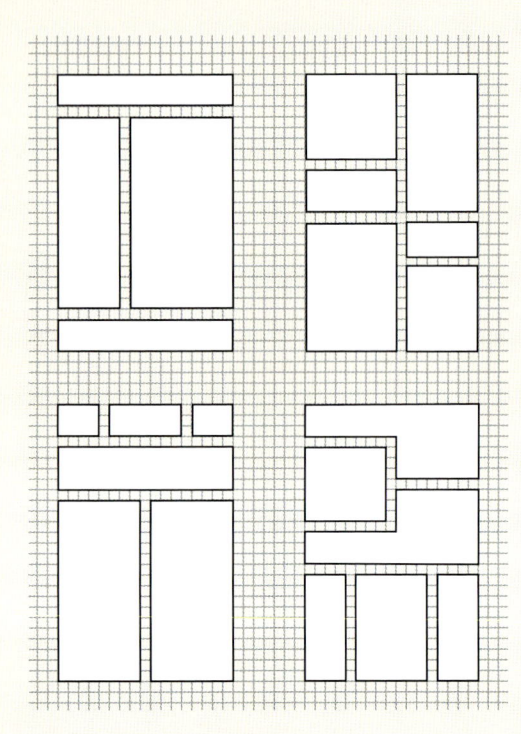

ABBILDUNG 4 Unterschiedliche Anordnung von Formen anhand eines Rasters

Eine interessante Vorgehensweise, die an Zugkraft gewinnt, ist die Positionierung unwesentlicher Extras am Ende einer Webseite. Allgemeine Links zu internen Inhalten oder Sitefunktionen können dort erscheinen, Links, die in der regulären Navigationshierarchie keinen Platz haben. Wenn die Benutzer sie übersehen, ist das kein Beinbruch – sie können den damit verknüpften Inhalt auf andere Weise finden. Für diejenigen, die diese zusätzlichen Links wahrnehmen, könnten sie wertvolle Zusatzfunktionen und wertvollen Kontext bereitstellen.

Das Raster

Ein Raster ist ein wichtiges Layoutwerkzeug, wird jedoch aufgrund seiner Starrheit häufig übersehen. Wie in der Mathematik handelt es sich bei einem Layoutraster einfach um eine Reihe gleichmäßig verteilter, sich kreuzender Linien, die eine Reihe von logischen, entsprechend konsistenten Feldern bilden. Diese Linien und Felder helfen dabei, die Voraussetzungen für die später hinzuzufügenden Designelemente zu schaffen. Halten Sie sich eng an das Raster, sind die Proportionen und die Abstände möglicherweise konsistenter, wenn auch vielleicht mit dem Nachteil, dass die Anordnung übermäßig ordentlich und vom kreativen Standpunkt aus langweilig wirken könnte (**ABBILDUNG 4**).

Das klassische tabellenbasierte Design zeigt die unfreiwillig einschränkende Beschaffenheit eines übermäßig strukturierten Rasters – ein in einer Tabellenzelle positioniertes Element hat keine andere Chance, als in dieser Zelle zu verbleiben. Wird ein Überschneidungseffekt gewünscht, müssen die benachbarten Zellen dazu herangezogen werden. Oft ist der einzige Weg, aus dem Raster auszubrechen, das Bild in winzige Teile zu zerschneiden und sie durch das Erstellen von Rastern innerhalb von Rastern oder den Einsatz komplexer verschachtelter Tabellen wieder zusammenzufügen.

CSS dagegen erlaubt eine wesentlich raffiniertere Steuerung der nicht an ein Raster gebundenen Elemente. Ein Layout kann auf einer Rasterstruktur beruhen, aber viele Elemente aufweisen, die sich fließender und spontaner über die Begrenzungen hinwegsetzen. Das CSS-Positionierungsmodell gewährt den Elementen viel mehr Freiheit. Es gestattet Ihnen, Elemente aus ihren Containern hinauszuschieben oder sie an beliebiger Stelle der Seite neu zu positionieren.

Das Raster konstruieren

Über das Raster hinausschieben bedeutet natürlich, dass ein solches zuerst erstellt werden muss. Legt man ein Raster über CS(S) Monk, scheint die Kopfzeile in drei separate Komponenten unterteilt zu sein und der Haupttextkörper erscheint in zwei Spalten.

KOPFZEILE

Auf der Basis des relativen Gewichts der einzelnen Elemente in der Kopfzeile existieren drei deutliche Bereiche: die Abbildung des Mönchs, der Titel »Zen Garden« und der Text innerhalb von `#preamble`, der aus dem regulären Dokumentfluss heraus nach oben in die Kopfzeile geschoben wurde.

Bei Überprüfung der einzelnen Bilder, aus denen sich die Kopfzeile von CS(S) Monk zusammensetzt, sieht es jedoch so aus, als ob zwei der Objekte, die Abbildung und der Titel, in einem Bild zusammengefasst wurden. Obwohl sie verschiedene Teile der optischen Struktur der Kopfzeile bilden, werden sie zu Kodierungszwecken als eine Einheit behandelt. Dies ist eine bekannte Eigenart des Webdesigns im Allgemeinen – die Bilder müssen vor dem Speichern zu einem einzigen Bild zusammengefügt werden, um das spätere Kodieren zu erleichtern (**ABBILDUNG 5**).

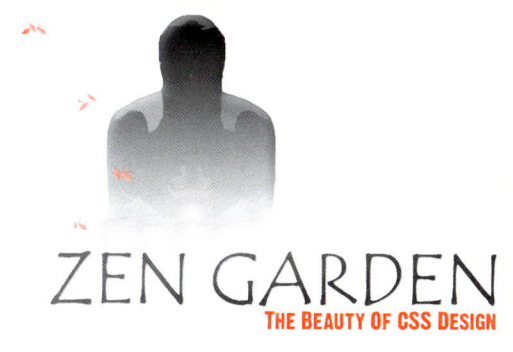

ABBILDUNG 5 Kombination der beiden Abbildungen und des Titels innerhalb ein und desselben Bildes

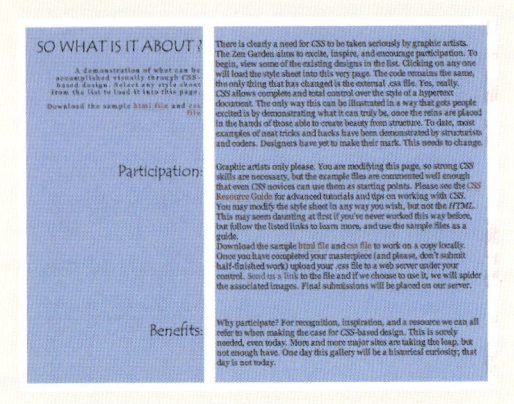

ABBILDUNG 6 Eine angedeutete zweite Spalte innerhalb des Textkörpers, die sich an die Rasterstruktur anlehnt

TEXTKÖRPER

Obwohl CS(S) Monk auf einer einzigen mittigen Textspalte beruht, wirken die am Rand platzierten Kopfzeilen wie eine angedeutete zweite Spalte. Ein einfaches blaues Overlay macht deutlich, wie sich die einzelnen Spalten im Verhältnis in die Seite einfügen (**ABBILDUNG 6**).

Die Spalte auf der linken Seite nimmt etwa zwei Drittel der Breite der rechten Spalte ein, so dass sich ein Verhältnis von 2:3 ergibt. Der Vorteil beim Erstellen einer solch engen numerischen Verbindung zwischen Spalten liegt darin, dass sich die Proportionen automatisch ergeben; nachdem die Breite der ersten Spalte festgelegt wurde, wird die Breite der zweiten anhand des verbliebenen Platzes bestimmt. Bei dem 2:3-Verhältnis dieser beiden Spalten handelt es sich um ein klassisches, harmonisches Zusammenspiel, das einen natürlich und angenehm wirkenden typografischen Rhythmus schafft.

Weitere Informationen über Proportionen und Verhältnisse im Design finden Sie in *Grafik für Nicht-Grafiker. Ein Rezeptbuch für den sicheren Umgang mit Gestaltung. Ein Plädoyer für besseres Design* von Frank Koschembar (Westend, 2008). Lesenswert ist auch *Geometry of Design: Studies in Proportion and Composition*, von Kimberly Elam (Princeton Architectural Press, 2001, Deutsche Ausgabe: *Proportion und Komposition. Geometrie im Design*, Princeton Architectural Press, 2004).

Aus dem Raster ausbrechen

Für den Großteil der Seiten in CS(S) Monk erstellte Savarese zwar ein rasterbasiertes Layout, aber er hatte in ausreichendem Maße die Möglichkeit, Elemente zu verschieben, um die Struktur zu durchbrechen und zusätzliche, für dieses Layout interessante Hinweise anzubringen.

Das CSS-Positionierungsmodell bietet die erforderliche Flexibilität, und zwar unabhängig davon, ob Sie sich für eine absolute oder relative Positionierung entscheiden. Eine Analyse der Unterschiede zwischen den beiden Methoden hilft dabei zu ermitteln, in welchen Fällen Sie sich für die eine oder die andere Lösung entscheiden sollten.

ABSOLUTE POSITIONIERUNG

Die absolute Positionierung zu verstehen, bedeutet, das Konzept des Dokumentflusses zu verstehen. Bei der Kodierung ist HTML linear – ein `h1`-Element kann an erster Stelle stehen, gefolgt von einem `p`- und einem `div`-Element. Die Möglichkeit zum Verschachteln von Elementen besteht zwar, wird ein Dokument jedoch ohne Stil wiedergegeben, ist es klar, dass der HTML-Parser am Dokumentanfang beginnt und sich nach unten durcharbeitet (**ABBILDUNG 7**).

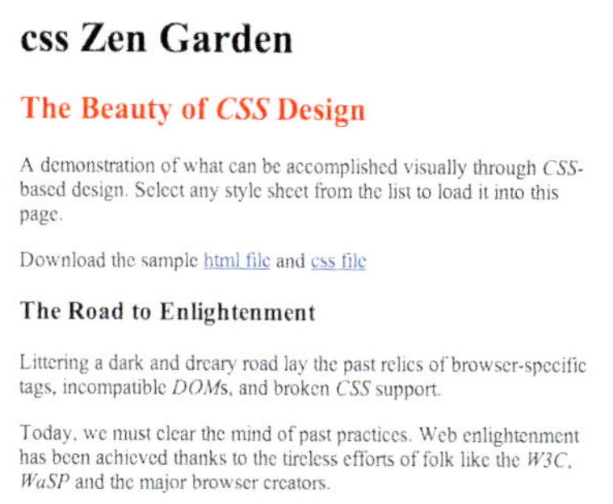

Die absolute Positionierung stellt die Möglichkeit bereit, ein Element nicht nur an eine beliebige Stelle der Seite zu verschieben, sondern es sogar aus dem Dokumentfluss zu entfernen. Ein absolut positionierter Block hat keinen Einfluss mehr auf die anderen Elemente des Dokuments und der lineare Fluss verläuft so, als wäre der Block nicht vorhanden (**ABBILDUNG 8**). Optisch erscheint er zwar an der Stelle, an der er positioniert wurde, für die anderen Elemente auf der Seite ist er aber nicht vorhanden. Die sich möglicherweise daraus ergebende Überschneidung zu bestimmen, ist Aufgabe des Designers.

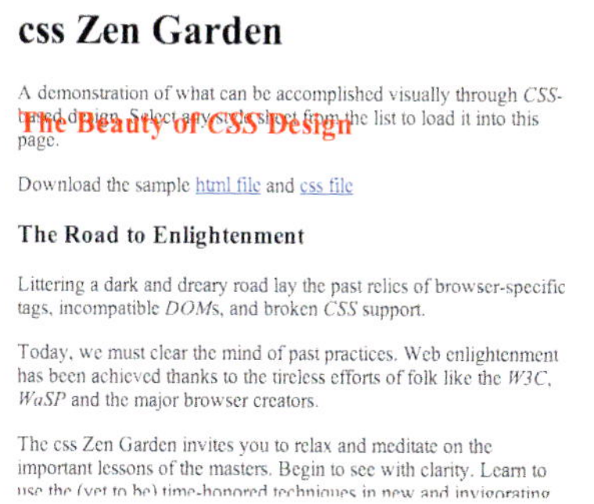

Der einzige Fall, in dem ein absolut positionierter Block Einfluss auf ein anderes Seitenelement hat, tritt ein, wenn es sich bei dem zweiten um ein untergeordnetes Element des ersten handelt, das ebenfalls positioniert wurde. Das Positionierungsmodell schreibt vor, dass ein Element in Übereinstimmung mit seinem Containerblock positioniert wird; in den meisten Fällen handelt es sich bei dem Containerblock um das Stamm-Element `html`. Existiert aber zwischen dem betreffenden Element und dem Stammelement ein übergeordnetes Element, wird das untergeordnete stattdessen in Übereinstimmung mit dem übergeordneten Element positioniert.

Weitere Informationen über Containerblöcke finden Sie in der CSS-Spezifikation auf der Seite »10 Visual formatting model details« (www.w3.org/TR/REC-CSS2/visudet.html#containing-block-details).

ABBILDUNG 7 Ein nicht mit einem Stil versehenes Markup liefert ein lineares, von oben nach unten verlaufendes Ergebnis.

ABBILDUNG 8 Andere Elemente fließen so, als sei der positionierte Block nicht vorhanden.

ABBILDUNG 9 Ein Element innerhalb des regulären Dokumentflusses

ABBILDUNG 10 Ein relativ positioniertes Element verbleibt innerhalb des Dokumentflusses; seine Ausgangsposition hat weiterhin Einfluss auf andere Elemente, während seine neue Position vom Dokumentfluss ignoriert wird.

ABBILDUNG 11 Dagegen übt ein absolut positioniertes Element keinen derartigen Einfluss auf den Dokumentfluss aus. Die Ausgangsposition des Elements wird vom Dokumentfluss ignoriert, das Gleiche gilt für seine neue Position.

RELATIVE POSITIONIERUNG

Bei der relativen Positionierung wird dagegen kein Element aus dem Dokumentfluss entfernt. Ausgehend von seiner Anfangsposition wird das Element bei der relativen Positionierung versetzt und hinterlässt eine Lücke, hinter der die anderen Elemente so ausgehandelt werden müssen, als ob das Element immer noch dort positioniert wäre (**ABBILDUNGEN 9**, **10** und **11**).

Die relative Positionierung ist meist zum Verschieben von Elementen nützlich; ein Element, dessen Ausgangsposition innerhalb eines herkömmlichen Rasters liegt, kann leicht aus der Rasterstruktur hinausgeschoben werden, und Elemente können fein ausgerichtet werden, wenn andere Positionierungsmöglichkeiten nicht gegeben sind. Savarese setzt die relative Positionierung beispielsweise dazu ein, den Drachen am unteren Ende des Designs von einem Ausgangspunkt unterhalb des weißen Inhaltsbereichs an seine endgültige Position auf der linken Seite des Fußes zu verschieben. Die Verwendung der absoluten Positionierung zur Platzierung von Elementen am unteren Ende eines Designs ist viel schwieriger als die Positionierung im oberen Bereich, so dass dieser relative Positionierungsvorgang das Ausrichten erleichtert.

Im Raster und doch flexibel

Ein evolutionärer Designprozess wie der von Cedric Savarese angewendete kann zu chaotischen Ergebnissen führen, wenn die Proportionen nicht mit Sorgfalt festgelegt werden. Das Studieren von Positionierungen und Verhältnissen hilft dabei, Probleme zu verhindern, und der Einsatz eines Rasters während des Designprozesses bietet eine einfache Möglichkeit, ein harmonisches Ergebnis zu erzielen.

Dan Rubin, Designer
www.csszengarden.com/024

Not So Minimal

Allgemeine Überlaufprobleme behandeln

DER TITEL **Not So Minimal** wirft die Frage auf: Nicht so minimal wie was? Hinter diesem Design steht eine Geschichte: **Dan Rubins** erster Beitrag zu Zen Garden mit dem Namen *Grazey* wurde mit dem Ziel maximaler Schlichtheit erstellt.

Rubin legte Grazay (**ABBILDUNG 1**) mit einem absichtlich hell gehaltenen Farbschema und entsprechender Schriftartauswahl (FF DIN Condensed und Verdana) vor. Obwohl er die Bedeutung eines guten minimalistischen Designs erkannte, war es das Ziel von Zen Garden, das Stigma der Minimalisierung, das dem CSS-Design anhaftete, zu überwinden. Rubin schmückte Grazay aus, und so entstand Not so Minimal.

Hinweis

Das ursprüngliche Design mit dem Namen *Grazay* finden Sie unter www.superfluous-banter.org/projects/zengarden/grazay/zengarden-grazay.html.

Überlaufender Inhalt

Eine der frustrierendsten Angelegenheiten beim Erstellen eines CSS-Layouts ist die Planung im Hinblick auf die variable Beschaffenheit des Webs. Das Problem liegt insbesondere in der Arbeit mit den vordefinierten Breiten und Höhen von CSS, wenn der Umfang des Inhalts vorab noch nicht bekannt ist.

Eine inkonsistente Länge des Inhalts liegt einfach in der Natur des Webs begründet; Seiten können so wenig oder so viel Inhalt wie nötig enthalten: Dynamische Sites, die mit einer Software wie einem Content-Management-System (CMS) betrieben werden, haben die Möglichkeit, Inhalte mit variabler Länge einzufügen, die ungewöhnlich kurz oder unglaublich lang sein können.

Sofern die Länge des Inhalts nicht vom Autor oder dem CMS strikt durchgesetzt wird – was in den meisten Fällen unrealistisch ist –, muss jeder Bereich, der Inhalte enthält und Änderungen unterliegt, sowohl mit kurzen als auch langen Inhalten getestet werden. Textbasierte Inhalte sind weitaus unvorhersehbarer als Bilder, da die Bilder feste vorgegebene Maße haben und daher nicht skalierbar sind, wobei es sich allerdings um keine allgemeingültige Regel handelt. Ein CMS könnte auch mehr als ein Bild einfügen, die Höhe könnte variabel sein oder es könnten mehrere andere Faktoren vorliegen, die zu Größenunterschieden führen.

Heute bieten die meisten Browser dem Benutzer die Möglichkeit, die Größe des Texts auf der Seite zu ändern. Benutzer mit eingeschränkter Sehkraft sind darauf angewiesen. Die Schriftvergrößerung könnte ähnliche Überschneidungsprobleme im Layout verursachen. Bei Textkörperbereichen, die die Probleme mit dem Inhalt variabler Länge lösen, werden zwar theoretisch auch weitere, sich aus der Schriftvergrößerung ergebende Komplikationen vermieden, aber kurze Textelemente wie Navigationslinks sind besonders anfällig. Es ist immer sinnvoll, sicherzustellen, dass eine Seite stabil genug ist, um eine Skalierung um 150 Prozent oder mehr zu überstehen, da es einige Benutzer gibt, die sie mit einer solchen Schriftvergrößerung *betrachten*.

ABBILDUNG 1 Grazay, das ursprüngliche Design von Dan Rubin, zeigt, wie sich Not So Minimal entwickelt hat, um eben nicht so minimal zu erscheinen.

Hinweis

Ein weiteres Problem bei der gleichzeitigen Arbeit mit einem standardbasierten Design und CMS-Software besteht darin, dass viele bekannte Systeme ein ungültiges, mit veralteten Präsentationstags gemischtes Markup erzeugen. Die Gestaltung eines `font`-Tags ist eine vergebliche Übung und die benutzerdefinierte Kodierung, die notwendig ist, um diese Systeme voll auszunutzen, liegt traditionsgemäß außerhalb vieler Budgets.

Die Situation bessert sich jedoch und die neuere CMS-Software funktioniert bei der Erstellung eines gültigen XHTML/CSS-Codes wesentlich besser. Zu den bekannten Open-Source-CMS-Paketen gehören Drupal (www.drupal.org), Typo 3 (www.typo3.de) und Mambo (www.mambo-foundation.org) bzw. Joomla (www.joomla.org).

Es ist höchst wahrscheinlich, dass Sie sich auf die eine oder andere Weise mit einem horizontal oder vertikal überlaufenden Textkörper auseinander setzen müssen. Anzeichen, auf die Sie achten sollten, sind sich überschneidende Inhalte und große Textkörperbereiche, die weiter unten auf der Seite angezeigt werden, als sie sollten. Ersteres deutet auf ein Überlaufproblem bei der absoluten Positionierung hin, das zweite auf Floats, die für den Bereich, in dem sie sich befinden sollten, zu breit oder zu hoch sind.

Float-Überlauf

Bei dem Attribut `float` handelt es sich genau genommen nicht um ein Layoutwerkzeug. Floats wurden entwickelt, damit Text ein Inline-Element umfließen kann, und waren niemals für den Einsatz als ausgewachsenes Layoutverfahren vorgesehen. Wir *müssen* Floats dennoch verwenden, und zwar aus einem einfachen Grund: Wir haben kein anderes Layoutwerkzeug zur Verfügung.

In ihrer einfachsten Form lassen sich das Attribut `clear` und das Clearing-Konzept als Möglichkeit beschreiben, Elementen mitzuteilen, erst zu beginnen, wenn ein anderes Element endet. Die Überlaufprobleme bei der absoluten Positionierung entstehen meistens, weil die Möglichkeit fehlt, das Umfließen eines positionierten Objekts zu beenden.

Floats sind allerdings unvollkommen und doppelt problematisch, weil viele Browser zusätzliche Schwierigkeiten verursachen.

CLEARING GEHT NICHT OHNE MARKUP

Damit das Clearing ordnungsgemäß vorgenommen werden kann, brauchen Sie mindestens zwei Elemente in Ihrem HTML-Code: eines, das das Attribut `float` übernimmt, und ein zusätzliches Element, um es zu beenden. Zwei `div`-Elemente können ein Umfließen auf der linken bzw. rechten Seite ermöglichen, in diesem Fall wäre jedoch ein drittes zu deren Clearing erforderlich. Oft ist es möglich, bereits vorhandene Elemente zu nutzen – zum Beispiel für das Clearing eines `h3`-Floats durch ein andernfalls unbesetztes p-Tag.

> **Tipp**
>
> Eric Meyer hat das Clearing von Floats ausführlich behandelt. Versäumen Sie nicht »Containig Floats« (www.complexspiral.com/publications/containing-floats) zu lesen.

> **Tipp**
>
> Es steht eine Methode für das Clearing von Floats zur Verfügung, wenn der HTML-Code kein `clear`-Element enthält. Zur Herstellung der browserübergreifenden Kompatibilität sind zwar einige nicht intuitive Hacks erforderlich, aber die Methode funktioniert. Siehe »How to Clear Floats Without Structural Markup« (www.positioniseverything.net/easyclearing.html).

Zuweilen ist es allerdings ein notwendiges Übel, ein zusätzliches leeres Element in Ihr Markup einzufügen, das speziell zum Clearing eines Floats gedacht ist. Ist dies der Fall, empfehlen wir, ein Allzweck-`div`-Element zu verwenden und die Inhalte leer zu lassen, wie das folgende Beispiel zeigt:

```
<div class="clear"></div>
```

Dann kann ein `clear`-Wert auf die Klasse angewendet werden. Das Verfahren ist nicht schön, funktioniert aber, ohne Ihrem HTML-Code zu viele zusätzliche bedeutungslose Strukturelemente hinzuzufügen.

FLOATS BENÖTIGEN PRÄZISION

Was geschieht, wenn Sie ein 40 Liter-Aquarium bis zum Rand füllen und dann ein Schäufelchen Sand hineingeben? Es ist natürlich nicht genügend Platz dafür vorhanden, so dass etwas Wasser überläuft.

Floats unterliegen ähnlichen Einschränkungen, was meist zu einem horizontalen Überlauf führt. Wenn zwei Floats, die 50 Prozent der Bildschirmbreite einnehmen, nebeneinander positioniert werden und für einen davon ein zusätzlicher Rand von 100 Pixeln festgelegt wird, wird der andere Float hinausgeschoben und fällt damit unter den ersten Float. Eine vorherige Berechnung der Breiten ist wichtig.

Allerdings unterstützt der Microsoft Internet Explorer für Windows die Attribute `width` und `height` nicht so, wie es die CSS-Spezifikation empfiehlt. Was *vermutlich* passiert, ist, dass ein Element, dessen Inhalt breiter ist als sein `width`-Wert, den Inhalt entweder umformatiert oder, falls dies nicht geschieht, die Breite beibehält und erlaubt, dass der Inhalt über seine Grenzen hinausläuft. Im Ergebnis bleiben die Floats unbeeinflusst, selbst wenn der Inhalt beginnt, andere Elemente zu überlappen.

ABBILDUNG 2 Wenn die Float-Elemente zu breit für den ihnen zugewiesenen Bereich sind, können eines oder mehrere dieser Elemente nach außen gedrückt werden und somit unterhalb der restlichen Elemente erscheinen.

Auf der anderen Seite lässt der Internet Explorer zu, dass sich der Inhalt über die benötigte Breite erstreckt. Sobald ein Float nur ein Pixel breiter ist, als er sein sollte, drängt er andere Float-Elemente hinaus (**ABBILDUNG 2**). Es gibt einige Möglichkeiten, dieses Problem zu beheben.

Den Bereich verbreitern

Wenn Sie die Möglichkeit haben, den Bereich, in dem sich der Float befindet, zu verbreitern, kann das Problem in vielen Fällen gelöst werden. Obwohl diese Lösung nicht optimal ist, sollten Sie diese Methode zuerst in Erwägung ziehen, da sie relativ leicht zu implementieren ist.

Die Breite des Inhalts einschränken (Kursivschrift)

Wenn es möglich wäre, sicherzustellen, dass der Inhalt keinen horizontalen Überlauf verursacht, ließe sich das Problem vermeiden. Dies ist normalerweise eine unrealistische Lösung, da das Problem nicht existieren würde, wenn der Inhalt nicht erst einmal zu breit wäre.

Ein besonders dummer Fehler, auf den Sie aufpassen müssen, liegt vor, wenn Inhalt zwar die richtige Breite zu haben scheint, aber dennoch weiterhin Schwierigkeiten bereitet, besonders im Internet Explorer für Windows. Wenn Sie auf dieses Problem stoßen und Text innerhalb des Float-Bereichs kursiv dargestellt wird, versuchen Sie, die Kursivschrift zu entfernen, und prüfen Sie, ob das Problem damit behoben ist. Kursiver Text kann im Internet Explorer einen horizontalen Überlauf verursachen und falls das Float-Problem nach dem Deaktivieren dieses Effekts gelöst ist, haben Sie den Übeltäter gefunden. Eigentlich sollte die Textformatierung ein Layout nicht auf diese Weise beeinflussen, aber hier ist es der Fall.

Überlaufenden Inhalt einschränken

Im nächsten Abschnitt, der sich dem vertikalen Überlauf widmet, werden wir das Attribut `overflow` erörtern, das aber auch zur Begrenzung des horizontalen Überlaufs eingesetzt werden kann. Lösungen, bei denen `overflow` auf diese Weise verwendet wird, sind oft nicht sehr elegant, so dass wir empfehlen, dabei Vorsicht walten zu lassen.

Überläufe bei absoluter Positionierung

Bei den bei der absoluten Positionierung auftretenden Problemen handelt es sich normalerweise um Schwierigkeiten mit dem vertikalen Überlauf. Die Ausnahme sind Fälle, in denen ein positioniertes Element eine bestimmte Breite hat, aber nicht genügend Platz zur Verfügung gestellt wurde, um dieser Breite Rechnung zu tragen (**ABBILDUNG 3**).

VERTIKALER ÜBERLAUF

Die Behandlung des vertikalen Überlaufs ist weitaus häufiger erforderlich. Das Problem ist einfach: Im Gegensatz zu Float-Elementen kann bei absolut positionierten Elementen kein Clearing erfolgen. Wurde die Positionierung erst einmal angewendet, wird das Element aus dem Dokumentfluss entfernt und hat anschließend keinen Einfluss mehr auf die umliegenden Elemente.

Dieses Thema kommt häufig zur Sprache, wenn es um die Behandlung der Seiten-Footer geht – eine absolut positionierte Spalte kann länger als andere Spalten werden, die die Position des Footers beeinflussen. Die positionierte Spalte läuft vertikal direkt über den Anfang des Footers hinweg und weiter (**ABBILDUNG 4**). Leider gibt es wirklich keine narrensichere Lösung; es stehen lediglich Hilfslösungen zur Verfügung.

ABBILDUNG 3 Das 150 Pixel breite Element `#linkList` ist zu breit für den ihm zugewiesenen 100 Pixel umfassenden Bereich.

ABBILDUNG 4 Wenn der Textkörper kürzer wäre, würde die absolut positionierte Menüleiste von Not So Minimal die Fußleiste überschneiden.

Floats einsetzen

Die effektivste Hilfslösung besteht darin, Floats anstelle der absoluten Positionierung zu verwenden und die Vorteile des von ihnen angebotenen Clearings zu nutzen. Dies ist natürlich nicht immer möglich, aber wenn ein Layout mit Floats dadurch funktionieren könnte, lohnt es sich, diese Methode auszuprobieren.

Gestalten Sie um das Problem herum

Als Alternative könnte dem absolut positionierten Element der Rest der Seite in vertikaler Richtung als freier Bereich zugestanden werden. Überschneidet sich das Element mit dem Footer am Seitenende, besteht ein möglicher Ausweg darin, den Footer so umzugestalten, dass ihm ein Rand in der Breite des Elements zugewiesen wird. Werden unter dem positionierten Element keine anderen Elemente platziert, können keine Überschneidungen auftreten, so dass auch keine Probleme entstehen.

Überläufe einschränken

Anstatt zu versuchen, die Länge des Inhalts zu steuern, ist es weitaus günstiger, die in CSS integrierten Funktionen zur automatischen Überlaufsteuerung auszuprobieren. Das Attribut overflow wurde theoretisch aus genau diesem Grund geschaffen, stellt aber nicht die erhoffte Wunderwaffe dar. Wenn Sie den height-Wert eines Elements auf 150px begrenzen und den overflow-Wert auf auto setzen, wird die Höhe auf genau 150 Pixel gestutzt und dem Benutzer eine Bildlaufleiste angezeigt, damit er sich den über 150 Pixel hinausgehenden Inhalt ansehen kann.

Zu viele Bildlaufleisten auf einer Seite verärgern den Betrachter allerdings schnell. Als Alternative können Sie den overflow-Wert auf hidden setzen und damit den gesamten über den Schnittpunkt hinausgehenden Inhalt verbergen. In den meisten Fällen ist es nicht sinnvoll, den Inhalt auf diese Weise zu verbergen, da versteckte Inhalte für den Betrachter nutzlos sind, aber in seltenen Fällen kann es genau die richtige Methode zur Überlaufbehandlung sein.

Skripts machen den Weg frei

Wenn Sie nichts dagegen haben, als Ergänzung zu Ihrem CSS-Code in geringem Maße JavaScript einzusetzen, stehen Ihnen Skripts zur Bekämpfung dieses Problems zur Verfügung. Einer der Mitwirkenden an Zen Garden, Shaun Inman, hat ein nützliches Verfahren für das Clearing absolut positionierter Elemente hergestellt, das Ähnlichkeiten mit dem Clearing von Floats aufweist. Dieses Skript steht Ihnen unter »Absolute Clearance« (www.shauninman.com/archive/2004/07/21/absolute_clearance) zur Verfügung.

Verwenden Sie em- statt px-Werten

Dieser Tipp gilt nur, wenn Überschneidungen durch Schriftvergrößerungen entstehen; Überschneidungen in dynamischen Textkörpern lassen sich damit nicht beheben. Die absolute Positionierung mit der Einheit px stellt eine hervorragende Möglichkeit zur exakten Steuerung dar, bietet jedoch keine Flexibilität – ist ein Element erst einmal positioniert, dann verbleibt es an der betreffenden Stelle. Durch die Verwendung der em-Einheit für Attribute wie top und left wird die Position des Elements jedoch etwas flexibler: Sie wird an die vom Benutzer gewählte Schriftgröße angepasst. Weist man Stapelelementen em-Werte zu, ändert sich der Anfang des nächsten Elements, sobald das Ende eines Elements die Position wechselt. Diese Methode ist ungenau, funktioniert aber in vielen Situationen.

Den Überlauf gestalten

Die absolut positionierte linke Menüleiste in Not So Minimal dient der sicheren Vermeidung des Überlaufproblems, da der Textkörper auf der rechten Seite viel länger ist. Handelte es sich bei Zen Garden um eine größere Site mit mehreren Inhaltsseiten, so wären möglicherweise verschiedene Seiten mit einer längeren Menüleiste ausgestattet und Seiten mit viel kürzerem Inhalt vorhanden. Höchstwahrscheinlich wäre die zuvor in **ABBILDUNG 4** gezeigte Überschneidung aufgetreten und hätte zusätzliche Schritte zur Behandlung des Überlaufs erforderlich gemacht.

Obwohl Entscheidungen im Hinblick auf das Design nicht von technischen Aspekten gelenkt sein sollten, stellt der Überlauf ein wesentliches Problem beim Aufbau größerer Sites dar. Wenn Sie es einfach dadurch vermeiden können, dass Sie Ihr Design um das Problem herum gestalten, würden Ihnen die technischen Einschränkungen in den Verfahren zur Überlaufbehandlung nicht so frustrierend ungeeignet erscheinen.

Japanese Garden, Seite 154

Revolution!, Seite 162

No Frontiers!, Seite 178

Coastal Breeze, Seite 186

Kapitel
4

Deco, Seite 170

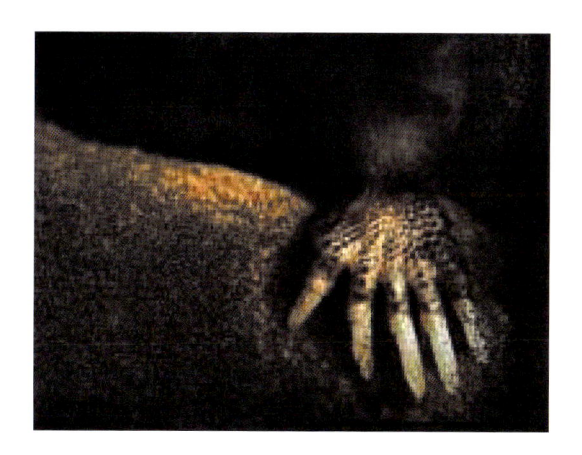

What Lies Beneath, Seite 194

Bilder

BILDER SO ZU ERSTELLEN, dass sie die größtmögliche optische Wirkung erzielen, ist ein wichtiger Teil der Arbeit eines Designers. Die Designs in diesem Abschnitt wurden aufgrund ihrer ausdrucksstarken und manchmal erhabenen Verwendung von Bildern ausgewählt. Die vielen Entscheidungen, die sich bei der Arbeit an Bildern jeweils stellen, können in verschiedene Richtungen führen.

Lassen Sie sich inspirieren, lernen Sie Bildbearbeitungsmethoden und Optimierungsmöglichkeiten kennen, erfahren Sie mehr über große Fotobibliotheken und -sammlungen und lernen Sie, wie Sie Ihre eigenen Bildelemente so erstellen, wie es die Situation verlangt.

Masanori Kawachi, Designer

www.csszengarden.com/096

Japanese Garden

Bildformate und Optimierung verstehen

WA STEHT FÜR DIE JAPANISCHE AUFFASSUNG von Harmonie. Obwohl gewagte und lebendige Designs in einigen Szenarien angemessen sein können, wird in **Japanese Garden Masanori Kawachis** Gespür für eine eher zurückhaltende, allgemeine Ästhetik sichtbar. Inmitten der starken individuellen Züge der vorhandenen Designs versuchte er, Wa einzufangen und damit einen optisch ansprechenden und international attraktiven Beitrag zu leisten.

Die offensichtlich japanischen Elemente von Kawachis Thema sind beispielhaft für sein Heimatland, die Effekte sind jedoch mild und die Bilder ansprechend genug, um auch Betrachter aus anderen Ländern zu beeindrucken.

Bildformate

Die zarten Transparenzen von Japanese Garden sind nur möglich, wenn Sie genau wissen, welche Bildformate zur Verfügung stehen und wie Sie diese nutzen können. Unter Tausenden von Formaten, die in der Welt der Computergrafik existieren, gibt es drei allgemein unterstützte Formate, die für das Web besonders geeignet sind – GIF, JPEG und PNG. Alle drei bieten eine Bildkomprimierung, um die endgültige Bildgröße zum Herunterladen zu reduzieren.

WAS BRINGT EINE OPTIMIERUNG?

Warum optimieren? Müssen wir in einer Zeit, in der Breitbandverbindungen überall zur Verfügung stehen, immer noch so geizig mit unseren Bildern umgehen? Obwohl es richtig ist, dass die Einführung von schnellen Internetzugängen immer weiter voranschreitet, ist dies jedoch nicht allgemeingültig. Viele Benutzer verwenden für ihre Verbindung immer noch ein 56K-Modem und in einigen Ländern sind die Telefonleitungen begrenzt. Jedes Kilobyte verlängert die zum Herunterladen erforderliche Zeit und jede zusätzliche Verbindungsminute kostet Geld.

Auch die Serverseite dürfen wir nicht vergessen. Sites mit hohem Traffic bedienen viele Benutzer; je mehr Bandbreite die einzelnen Benutzer brauchen, desto höher ist die Bandbreite, die der Webserver benötigt, so dass die Hostingkosten steigen. Jedes Kilobyte (Kbyte), um das die Dateigröße eines Bildes verringert werden kann, bedeutet geringeren Zeitaufwand und finanzielle Einsparungen sowohl für den Benutzer als auch den Webhost; 2 Kbyte hier und da klingen vielleicht nicht viel, aber diese geringen Einsparungen summieren sich schnell. 2 Kbyte, die bei einem Bild eingespart werden, das von 100.000 Besuchern pro Tag betrachtet wird, ergeben Einsparungen von etwa 6 GB in der Gesamtbandbreite pro Monat. Es sind nicht viele dieser kleinen Einschnitte notwendig, um wirklich Geld sparen zu können.

> ## Hinweis
> Ende 2007 verfügten über 50 Prozent der mit dem Internet verbundenen Haushalte in Deutschland über eine Breitbandverbindung (Quelle: Bitkom auf Basis Eurostat/EITO, Stand 12/2007). Laut Bitkom sollen Ende 2008 rund 58 Prozent aller Haushalte über einen schnellen Internetzugang verfügen (http://www.bitkom.org/de/presse/8477_52242.aspx).

ABBILDUNG 1 Diese Grafik wurde im GIF-Format mit 256 Farben gespeichert, die Dateigröße beträgt 8,6 Kbyte.

ABBILDUNG 2 Diese Grafik wurde im GIF-Format mit 32 Farben gespeichert, die Dateigröße beträgt 5,0 Kbyte.

ABBILDUNG 3 Dieses Bild wurde im GIF-Format mit 4 Farben gespeichert, die Dateigröße beträgt 2,1 Kbyte.

ABBILDUNG 4 Dieses JPEG wurde in der hohen Qualitätsstufe 70 gespeichert. Die Dateigröße beträgt 8,3 Kbyte.

ABBILDUNG 5 Dieses JPEG wurde in der mittleren Qualitätsstufe 30 gespeichert. Die Dateigröße beträgt 3,7 Kbyte.

ABBILDUNG 6 Dieses JPEG wurde in der niedrigen Qualitätsstufe 10 gespeichert. Die Dateigröße beträgt 2,5 Kbyte.

Was steht zur Auswahl?

Alle Bildformate verwenden unterschiedliche Farbmodelle, Komprimierungsformen und Transparenzeffekte; um eine Auswahl zwischen den Formaten treffen zu können, müssen Sie ihre Stärken und Schwächen kennen.

Bei der *verlustfreien* Komprimierung werden alle Feinheiten beibehalten, während bei der *verlustbehafteten* Komprimierung Feinheiten geopfert werden, aber die Dateigröße verringert wird. Beide Verfahren finden ihre Anwendung.

Die *Farbtiefe* bezieht sich auf die Anzahl der Farben, die ein Bild enthält. Die Farbtiefe wird in *Bit* gemessen – ein höherer Bitwert bietet eine höhere Anzahl an insgesamt verwendeten Farben. Eine Farbtiefe von 8 Bit ist auf 256 Farben begrenzt, während sich eine Farbtiefe von 24 Bit mit über 16 Millionen Farben rühmen kann.

GIF

Als Urvater aller Formate existiert das GIF-Format in der einen oder anderen Form bereits seit beinahe 20 Jahren. Die verwendete verlustfreie Komprimierung, *LZW* genannt, ist am besten geeignet für große, in den Grundfarben gehaltene Bereiche. Volltonfarbdarstellung, Buchstaben und große Muster einer einzelnen Farbe lassen sich am besten als GIF-Dateien speichern.

Obwohl das GIF-Format verlustfrei ist, nutzt es einen Farbindex, was sich als zweischneidiges Schwert herausstellen kann. Die Farbtiefe von 8 Bit unterstützt nicht mehr als 256 Farben in einem Bild, was die Verwendung auf das Komprimieren von Bildern beschränkt, die nur wenige Farben enthalten. Bilder mit weniger als 256 Farben können jedoch mit einem kleineren Farbindex gespeichert werden, wobei sich letztlich die Dateigröße verringert (**ABBILDUNGEN 1** bis **3**). Ein Bild mit vielen Farben *kann* als GIF gespeichert werden, wobei Farbinformationen verloren gehen könnten – so dass dieses Format letzten Endes doch etwas verlustbehaftet ist.

Das GIF-Format bietet eine 1 Bit-Transparenz, das heißt, dass die Pixel entweder völlig transparent oder völlig undurchsichtig sind; eine Zwischenstufe gibt es nicht. Dies stellt eine

Einschränkung dar, wenn Sie es gewohnt sind, mit Schichten und der kompletten Alphatransparenzpalette in einem Bildbearbeitungsprogramm zu arbeiten. Aber es ist immer noch nützlich, wenn der Hintergrund, auf dem Ihr GIF platziert wird, vorher bekannt ist. Darüber hinaus unterstützt das GIF-Format einfache framebasierte Animationen und ein schrittweises Ladeverfahren, das als *Interlacing* bezeichnet wird; beides erhöht die Dateigröße.

JPEG

Dank seiner hohen Farbtiefe von 24 Bit (16,78 Millionen Farben) ist das JPEG-Format gut geeignet für Fotografien und andere farbenprächtige, mit Feinheiten ausgestattete Bilder. JPEG gestattet Ihnen die Anwendung einer verlustbehafteten Komprimierung, bei der Sie zugunsten geringerer Dateigrößen minimale Detail- und Farbinformationen opfern (**ABBILDUNGEN 4** bis **6**).

Bei stark komprimierten JPEG-Bildern kommt es zu deutlich sichtbaren Verzerrungen und kleinen hässlichen Pixelfehlern, die man als *Artefakte* bezeichnet. Obwohl feinere Bilder dies effektiver verdecken, müssen Sie bei der Verwendung von JPEG ein Gleichgewicht zwischen einer akzeptablen Verringerung der Bildqualität und einer geringen Dateigröße finden. JPEG bietet zwar überhaupt keine Transparenz, aber progressive JPEGs, die ähnlich wie mit Interlacing ausgestattete GIF-Dateien funktionieren, werden von den meisten Browsern unterstützt (siehe hierzu »Tricks zur Optimierung« weiter unten in diesem Abschnitt).

PNG

Obwohl das PNG-Format in vielerlei Hinsicht Ähnlichkeiten zu GIF aufweist, bietet es zwei Farbspeichermodi an. PNG-Dateien, die über eine Farbtiefe von 24 Bit verfügen, sind groß – beinahe zu groß –, aber sie sind völlig verlustfrei. Alle Farbinformationen und Feinheiten werden beibehalten. PNG-Dateien mit einer Farbtiefe von 8 Bit verwenden einen Farbindex, der sehr große Ähnlichkeit mit dem Farbindex von GIF-Dateien aufweist, und in vielen Fällen lassen sich mit der von PNG verwendeten Komprimierung kleinere Dateien erstellen, als es bei der entsprechenden GIF-Einstellung der Fall ist (**ABBILDUNGEN 7** bis **9**).

ABBILDUNG 7 Dies ist eine 24 Bit-PNG-Datei. Die Dateigröße beträgt 16,2 Kbyte.

ABBILDUNG 8 Dies ist eine 8 Bit-PNG-Datei mit 64 Farben. Die Dateigröße beträgt 5,3 Kbyte.

ABBILDUNG 9 Dies ist eine 8 Bit-PNG-Datei mit vier Farben. Die Dateigröße beträgt 2,2 Kbyte.

ABBILDUNG 10 In Japanese Garden werden mehrere deckende und pseudotransparente Bilder miteinander kombiniert.

Wegen dieser doppelten Farbtiefen kann PNG theoretisch für alle Arten von Bildern eingesetzt werden; in der Praxis ist es am besten, dieses Format bei denselben Volltonbildern anzuwenden, für die Sie normalerweise auch das GIF-Format nutzen würden, und fotografische und High-Color-Bilder stattdessen als JPEG zu speichern. Eine 24 Bit-PNG-Datei kann verlustfrei sein, was jedoch mit einer erhöhten Dateigröße einhergeht.

Außerdem stehen zwei Transparenzmodi zur Verfügung, 1 Bit und 8 Bit. Der erste entspricht der Transparenz von GIFs, während es sich bei Letzterem um eine vollwertige 256-stufige Alphatransparenz handelt. Der 8 Bit-Transparenzmodus ist nützlich, da der Hintergrund, auf dem ein PNG-Bild platziert wird, nicht im Voraus bekannt sein muss. Leider wird diese nützliche Funktion durch die Browser-Unterstützung der PNG-Alphatransparenz eingeschränkt. Vor allem der Internet Explorer konnte die Alphatransparenz eines PNG-Bildes nicht richtig wiedergeben.

Transparenz kann nicht alles

Obwohl viele weitere Grafikdateitypen zur Verfügung stehen, sind dies die drei grundlegenden webfreundlichen Bildformate. JPEG bietet überhaupt keine Transparenz, die 1 Bit-Transparenz von GIFs ist begrenzt und die 8 Bit-Alphatransparenz von PNG wird von vielen beliebten Webbrowsern nicht unterstützt. Das Problem ist nicht neu und nicht auf CSS beschränkt. In den letzten zehn Jahren war es einfach eine Tatsache im Webdesign, dass die Verwendung von Transparenzeffekten im Web bedeutete, Bilder vorzeitig zu rendern und sie in dem von Ihnen gewünschten nicht-transparenten Dateiformat zu speichern.

In Kawachis Layout von Japanese Garden wird der Text in scheinbar transparente Spalten gesetzt, die ein blattgrünes Hintergrundbild überlagern (**ABBILDUNG 10**). Zwar erlaubt das GIF-Format diese Art der Durchsichtigkeit nicht, sie wird aber dennoch verwendet. Anstatt zu versuchen, die Transparenz auf Browser-Ebene durchzusetzen, hat Kawachi die Ebenenfunktionen von Adobe Photoshop genutzt, um das weiße Overlay direkt in GIF-Dateien zu speichern.

Die für die Hintergrundbilder hinter den Textspalten verwendeten Dateien nutzen die Transparenz überhaupt nicht – es handelt sich um Volltonbilder. Die endgültigen Dateien scheinen mit einem weißen Overlay versehen zu sein, wobei es sich allerdings um eine optische Täuschung handelt, die durch kluge Bildbearbeitung ermöglicht wird.

Bei der Verwendung von transparenten GIFs müssen Sie besonders sorgfältig vorgehen – da nur eine Transparenzstufe möglich ist, müssen etwaige halbtransparente Pixel mit einer bestimmten Hintergrundfarbe gemischt werden, was als matte Farbe bezeichnet wird. Die *matte Farbe* muss sehr gut zu der Hintergrundfarbe passen, mit der das GIF auf einer Webseite unterlegt wird; andernfalls entstünde ein erkennbarer Rand aus verfärbten Pixeln (**ABBILDUNGEN 11** bis **13**).

ABBILDUNG 11 Ein transparentes GIF, das für einen weißen Hintergrund gespeichert wurde und auf weißem Hintergrund platziert wird.

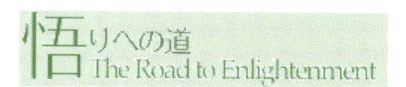

ABBILDUNG 12 Ein transparentes GIF, das für einen weißen Hintergrund gespeichert wurde und auf hellgrünem Hintergrund platziert wird.

ABBILDUNG 13 Ein transparentes GIF, das für einen weißen Hintergrund gespeichert wurde und auf dunkelgrünem Hintergrund platziert wird.

Die Transparenz wird im Web normalerweise durch eines dieser beiden Verfahren erreicht, weil es sich einfach um bewährte und genaue Methoden handelt. Die Alphatransparenz von PNGs ließe alternative Möglichkeiten zu; durch die fehlende Unterstützung des Internet Explorers ist es jedoch unmöglich, die Verwendung von PNG in Betracht zu ziehen. Oder doch?

Obwohl das einfache Hinzufügen einer transparenten PNG-Datei zu einem Design im Internet Explorer zu einem unerfreulichen Ergebnis führt, gibt es verschiedene Hilfslösungen, die eine ordnungsgemäße Funktion ermöglichen. Dabei handelt es sich um proprietäre Funktionen des Internet Explorers, die zwar selbst verschiedene Anforderungen stellen, aber funktionieren.

Hinweis
Der Internet Explorer unterstützt ab Version 7 die Alphatransparenz von PNGs.

Tricks zur Optimierung

Das Geheimnis der kleinen Dateien liegt darin, dass zugunsten einer Verringerung der endgültigen Dateigröße auf einen gewissen Grad an Bildqualität verzichtet wird. Je stärker Sie ein Bild komprimieren, desto hässlicher ist das Ergebnis; am besten ist es, mit einer hohen Komprimierungsstufe zu beginnen und diese stufenweise anzupassen, bis Sie eine Qualitätsstufe erreicht haben, mit der Sie leben können.

GIF

Das Optimieren eines GIFs bedeutet, dass Sie sich ein Vorschaubild auf einer niedrigen Farbstufe ansehen und sich stufenweise durcharbeiten, bis das Ergebnis angemessen aussieht. Wenn Sie die Vorschau mit 8 Farben beginnen und dann das Ergebnis mit 16, 32, 64 Farben usw. überprüfen, bekommen Sie ein Gefühl dafür, mit wie wenig Farben Sie auskommen können. Einige Bilder benötigen 256 Farben (oder mehr, wobei Sie an dieser Stelle stattdessen die Verwendung des JPEG-Formats in Erwägung ziehen müssen), während andere Bilder beinahe nicht von ihren volltonfarbigen Gegenstücken mit nur 8 oder 16 Farben zu unterscheiden sind.

Beim Speichern einer GIF-Datei stehen weitere Optionen zur Verfügung, die Einfluss auf die Dateigröße haben. Beim *Dithering* handelt es sich zum Beispiel um eine Steuerungsmöglichkeit, die ein Punktmuster hinzufügt, um die Grundfarbbereiche aufzulösen, was nützlich sein kann, um viele Farben zu simulieren, selbst wenn das komprimierte Bild nur wenige Farben enthält. Allerdings bringt die Anwendung des Dithering eine Verringerung des Komprimierungseffekts mit sich. Das Deaktivieren des Dithering und die Erhöhung der Farbanzahl kann eine kleinere Datei zur Folge haben als die Aktivierung des Dithering und die Reduzierung der Farben.

Eine relativ neue Funktion in Photoshop ist die Option *Lossy* für GIF-Dateien. Unabhängig davon, auf welche Größe Sie Ihre Datei reduzieren konnten, lässt sie sich durch die Aktivierung der Option *Lossy* noch weiter verringern, allerdings zu Lasten der Bildqualität. Eine kleine Verlustrate von fünf oder sechs Prozent kann oft die Dateigröße um zusätzliche 20 oder 30 Prozent verringern, ohne die Qualität merklich zu beeinträchtigen.

JPEG

Die Optimierung eines JPEG-Bildes ist eine wesentlich einfachere Angelegenheit. Ein Schieberegler mit verschiedenen Qualitätsstufen sollte in Ihrem Bildbearbeitungsprogramm erscheinen, wenn Sie ein Bild im JPEG-Format speichern. Höhere Qualität bedeutet größere Dateien; niedrigere Qualität bedeutet geringere Dateigrößen. Beginnen Sie mit einer niedrigen Qualitätseinstellung und erhöhen Sie diese stufenweise, bis Ihr Bild annehmbar aussieht.

Weitere fortgeschrittene JPEG-Optionen werden inzwischen von den meisten Browsern unterstützt. Bei *Optimiert* handelt es sich um eine Einstellung, die es Ihnen gestattet, eine geringfügig stärkere Komprimierung als die Standardmethode zu wählen. *Progressive JPEGs* sind nützlicher für große Fotos, bringen jedoch eine leichte, unnötige Dateivergrößerung mit sich. Wie der Name schon sagt, handelt es sich bei *Unschärfe* um eine Option, mit der einem Bild eine gewisse Unschärfe hingefügt wird, um auf diese Weise die Dateigröße weiter zu verringern.

PNG

Das Optimieren eines 8 Bit-PNG-Bildes ist größtenteils identisch mit dem entsprechenden Vorgang bei GIFs; Sie können verschiedene Farbstufen und das Dithering auswählen. Die Optimierung eines 24 Bit-PNG-Bildes ist ganz einfach: Es ist nicht möglich. Die einzige Komprimierungsmöglichkeit, die ein Vollton-Bild im PNG-Format bietet, ist die in das Dateiformat integrierte Komprimierung.

Eine schwere Wahl

Bis die PNG-Alphatransparenz von allen Browsern richtig unterstützt wird, werden sich Hilfslösungen wie die vorgerenderten Transparenzeffekte von Masanori Kawachi weiterhin großer Beliebtheit erfreuen.

Die Verwendung des richtigen Dateiformats für diese Aufgabe führt zu einem Kompromiss zwischen der Transparenzfähigkeit und der Farbtiefe auf der einen Seite und der Komprimierung auf der anderen; bei beidem handelt es sich nicht unbedingt um verwandte Konzepte, aber sie gehen aufgrund der verfügbaren Dateiformate Hand in Hand. Manchmal müssen Kompromisse geschlossen werden; die Auswahl des besten Formats für eine anstehende Aufgabe bedeutet, dass Sie sich Ihrer Auswahlmöglichkeiten bewusst sein müssen.

Hinweis

Hilfslösungen zum Hinzufügen einer transparenten PNG-Datei zu einem Design, das im Internet Explorer für Windows angezeigt wird, sind in den folgenden Artikeln beschrieben: »PNG Behavior« (http://webfx.eae.net/dhtml/pngbehavior/pngbehavior.html) und »Cross-Browser Variable Opacity with PNG: A Real Solution« (www.alistapart.com/articles/pngopacity). Lesenswert ist auch http://koivi.com/ie-png-transparency.

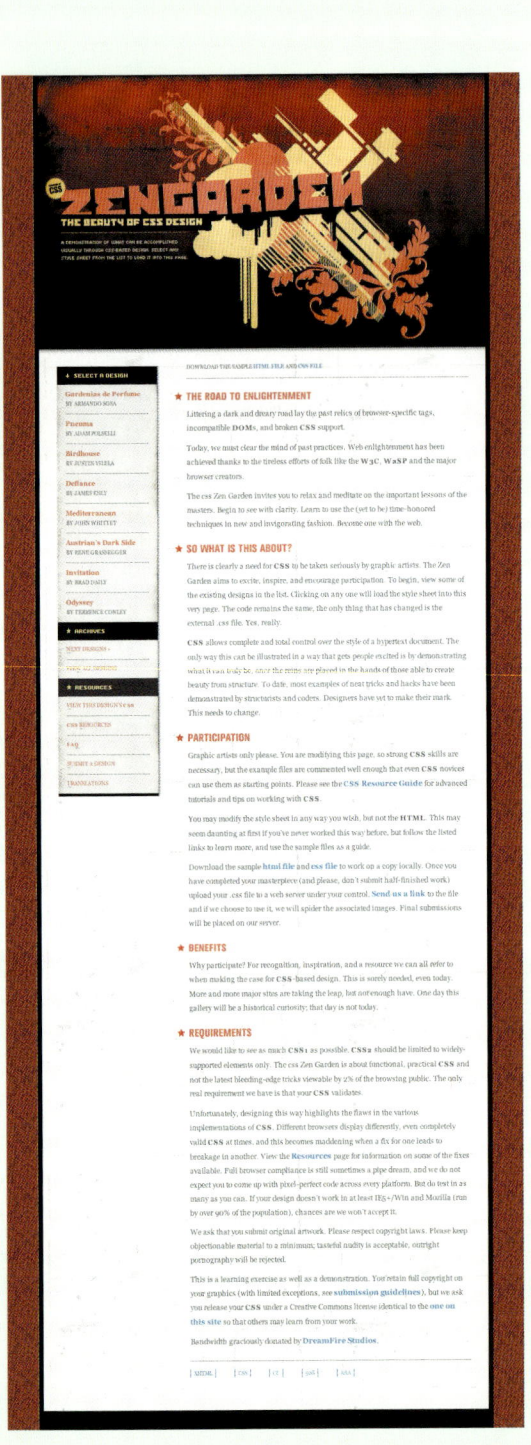

David Hellsing, Designer
www.csszengarden.com/102

Revolution!

Bilder mit CSS anwenden

BILDER SIND WICHTIG, um eine Stimmung zu vermitteln, eine Aussage zu machen und den Blick anzuziehen. Die richtigen Methoden zur Auswahl von Bildern sind genauso entscheidend.

Wie das erste Krachen des Kanonenfeuers über einem spannungsgeladenen Schlachtfeld kann ein dominierendes Einführungsbild nach Ihrer Aufmerksamkeit schreien. Als er die Macht dessen erkannt hatte, wandte sich **David Hellsing** alten politischen Propagandaplakaten und gewagten Bildquellen zu, zum Beispiel einem durchnässten Papier, um die richtige Atmosphäre zu vermitteln. Blut und Farbe, Schmutz und Sterne – die Zutaten von **Revolution!** garantieren geradezu ein ergreifendes und kraftvolles Ergebnis.

Ausgewogenheit war der Schlüssel; die politisch und kämpferisch anmutende Kopfzeile bildet einen starken Gegensatz zum ruhigen, leichten Textkörper.

Die praktische Anwendung

Beim Erstellen eines Designs mit CSS müssen gut ausgearbeitete Bilder wie Hellsings Kopfzeile irgendwie auf das Design angewendet werden. Für einen Designer, der die Verwendung des `img`-Tags gewöhnt ist, ist das Betrachten des Quellcodes von Zen Garden verwirrend, da es keinen offensichtlichen Mechanismus gibt, der die anzuzeigenden Bilder holt. Natürlich wird diese Aufgabe in der CSS-Datei erledigt, aber wie geschieht das?

Es gibt verschiedene Möglichkeiten, Bilder innerhalb von CSS auf ein Element anzuwenden, aber nur eine wird so ausreichend unterstützt, dass sie auch verwendbar ist: Hintergrundbilder. Die Anwendung eines Hintergrundbilds auf ein Element wie das Element h1 von Zen Garden (**ABBILDUNG 1**) erfordert eine recht einfache Syntax: Sie brauchen lediglich den Pfad zu dem Bild, seine Position und die Art seiner Wiederholung (wenn überhaupt erforderlich) anzugeben:

```
h1 {
  background: url(path/to/image.gif) left top no-repeat;
}
```

Wird `no-repeat` eingesetzt, erfordert das Hintergrundbild wahrscheinlich ein Containerelement mit genauen Maßen, damit es nicht abgeschnitten wird. Ist kein Breiten- oder Höhenwert angegeben, ist es möglich, sofern das Bild nicht sehr klein ist, dass der Text nicht hoch genug ist, um den gesamten Hintergrund einzubinden, so dass er kurz vor dem Ende des Bildes abgeschnitten wird (**ABBILDUNG 2**). In den meisten Fällen ist es erforderlich, die Maße im Ursprungselement anzugeben, um ausreichend Platz für das Hintergrundbild zu gewährleisten:

```
h1 {
 background: url(image.gif) top left no-repeat;
 width: 400px;
 height: 20px;
}
```

ABBILDUNG 1 Ein auf das Element h1 angewendetes Hintergrundbild mit sichtbarem Text

Tipp

Bitte beachten Sie, dass die Reihenfolge innerhalb der Hintergrundwerte wichtig ist; die Hintergrundpositionierung erfordert beispielsweise, dass die horizontale Position vor der vertikalen Position genannt wird, daher kommt `left` vor `top`. Wenn Sie Schlüsselwörter wie `top` und `left` verwenden, werden diese nicht strikt durchgesetzt; verwenden Sie dagegen Maßeinheiten wie % und `px`, ist das der Fall.

ABBILDUNG 2 Das Hintergrundbild wird dort, wo der Text endet, vertikal abgeschnitten.

Hinweis

Sie können ein Bild auch anwenden, indem Sie generierten Inhalt verwenden, der es Ihnen ermöglicht, über CSS die Inhalte eines Elements durch Ihren eigenen maßgeschneiderten Inhalt zu ersetzen:

```
h1 {
 content: url(aldente.gif);
}
```

Zunächst als Möglichkeit zur Bearbeitung der Pseudoelemente :before und :after in CSS2 eingeführt, wurde sie in CSS3 zu einer weitaus umfassenderen Eigenschaft entwickelt. Allerdings beginnen die Browser erst jetzt damit, die Unterstützung zu implementieren, so dass die Verwendung generierter Inhalte derzeit nur für Experimentierzwecke zu empfehlen ist.

Bilder ersetzen

Belässt man den normalen Text innerhalb des Elements, ist es nicht immer erwünscht, dass er auf dem Hintergrundbild platziert ist. Viele Designs von Zen Garden ersetzen Elemente wie die verschiedenen Kopfzeilen und verbergen den Text.

Im März 2003 veröffentlichte Douglas Bowman ein Verfahren auf seiner Site Stopdesign (www.stopdesign.com/articles/replace_text), das es erlaubte, um der schöneren Typografie willen einen Text durch ein Hintergrundbild zu ersetzen. Zu Ehren von Todd Fahrner, der dieses Verfahren erstmals vorgestellt hat, wurde es später auf den Namen Fahrner Image Replacement (FIR) getauft. Der Grundgedanke dabei ist einfach: Umgeben Sie Text mit einem span-Element, verbergen Sie den Text irgendwie mit Hilfe der span-Tags und wenden Sie das Hintergrundbild auf das Element selbst an. Im Folgenden finden Sie ein einfaches Markup für diesen Zweck:

```
<h1 id="pageHeader"><span>css Zen Garden</span></h1>
```

Das Ersetzen durch ein Bild erfolgt dann auf einfache Weise mit Hilfe des folgenden CSS-Codes:

```
#pageHeader {
 background: url(lemonfresh.gif) top left no-repeat;
 width: 400px;
 height: 20px;
}
#pageHeader span {
 display: none;
}
```

Alle span-Elemente innerhalb des Elements #pageHeader werden mit Hilfe von display: none oder visibility: hidden vollständig vor dem Browser verborgen; Hellsing hat beide verwendet – sie liefern jeweils ein ähnliches Ergebnis. Dieses Verfahren ist leistungsfähig und beliebt; ohne diese Technik wäre die Erstellung von Zen Garden wohl nicht möglich gewesen. Das Ersetzen von Bildern ist ein grundlegendes Verfahren, um maximale Flexibilität im CSS-Design zu erreichen.

Verantwortungsvoll ersetzen

Das Ziel der ursprünglichen FIR-Technik, die `display: none` verwendete, war nicht nur das Ersetzen von Text, sondern auch der *verantwortungsvolle Umgang* damit. Der Text innerhalb eines Bildes ist ohne eine kleine Hilfe nicht maschinenlesbar. Wäre es nicht für den `alt`-Text bestimmt, wäre das HTML-Element `img` zum Beispiel weitgehend nutzlos für Suchmaschinen wie Google und alternative Browser-Geräte, die nicht in der Lage sind, Bilder wiederzugeben (z.B. Bildschirmlesegeräte, die den Inhalt eines Computerbildschirms vorlesen). FIR wird bereits im HTML-Dokument über dem Ersatztext angewendet, so dass alles gut laufen sollte.

Aber es trat ein Problem auf. Google konnte den verborgenen Text zwar lesen, aber einige Bildschirmlesegeräte konnten es nicht. FIR war dazu gedacht, den zusätzlichen Text bereitzustellen, den ein sehbehinderter Benutzer benötigte, um gleichwertigen Zugang zu dem Inhalt eines Bildes zu erlangen, aber es funktionierte in einigen Fällen einfach nicht. Wenn ein Benutzer die Grafikanzeige deaktivierte, aber CSS aktivierte, wurde im Browser also gar nichts angezeigt. Außerdem wird das zusätzliche `span`-Element recht aufgebläht, was zwar ein weitaus geringeres Problem darstellt, aber immer noch nicht ideal ist.

So geht es besser

Als FIR bekannter wurde, rückten daher diese Implementierungsfragen in den Vordergrund. Durften die Designer guten Gewissens ein Verfahren verwenden, das einem Teil der Menschen und der Software, die es benötigt, den Zugang zu dem Inhalt bestimmter Elemente verwehrte? Glücklicherweise trugen etwa zu derselben Zeit Untersuchungen im Hinblick auf alternative Verfahren zum Ersetzen von Bildern ihre Früchte. Viele davon lösten einige der wesentlichsten Probleme, obwohl ein oder zwei Fragen offen blieben. Einige umfassten schwierige CSS-Hilfslösungen und Hacks, um zuverlässige browserübergreifende Ergebnisse zu erzielen. Zum Zeitpunkt der Drucklegung dieses Buchs gibt es

> **Hinweis**
> Ein Bildschirmlesegerät ist ein Gerät, das auf der Rendering-Engine eines großen Browsers, z.B. Internet Explorer, aufsetzt, sodass Text der vom Browser nicht wiedergegeben wird, *dem Benutzer nicht vorgelesen wird.*

> **Hinweis**
> Über FIR wurden Aufsätze zum Pro und Kontra geschrieben (z.B. Dave Sheas „In Defense of Fahrner Image Replacement"; www.digital-web.com/articles/in_defense_of_fahrner_image_replacement) und Studien erstellt („Facts and Opinion About Fahrner Image Replacement" von Joe Clark; www.alistapart.com/articles/fir). Es wurde klar, dass FIR in der ursprünglichen Form inpraktikabel ist – eine grundlegende Technik, die CSS sehr weit gebracht hat, erwies sich als nicht nutzbar. Was nun?

> **Hinweis**
> Eine Seite mit einer aktuellen Übersicht über die verschiedenen Varianten der Bildersetzung finden Sie auf der persönlichen Website von Dave Shea (www.mezzoblue.com/tests/revised-image-replacement).

immer noch kein perfektes Verfahren; es gibt lediglich Kompromisse und die Möglichkeit, sich für eine der besseren Alternativen zu entscheiden.

LEATHY UND LANGRIDGE

Seamus Leahy und Stuart Langridge entdeckten unabhängig voneinander diese Methode, die es gestattet, auf das überflüssige span-Element zu verzichten und den Text optisch zu verbergen, ohne den Zugriff durch Bildschirmlesegeräte zu unterbrechen. Wegen des kaputten Box-Modells, das Internet Explorer für Windows vor der Version 6.0 verwendete, sind einige browserspezifische Hilfslösungen notwendig, um die Kompatibilität zu diesen Browsern zu gewährleisten.

Markup
```
<h3 id="header">I like cola.</h3>
```

CSS
```
#header {
 padding: 25px 0 0 0;
 overflow: hidden;
 background-image: url(cola.gif);
 background-repeat: no-repeat;
 height: 0px !important;
 height /**/:25px;
}
```

Pro: Für Bildschirmlesegeräte zugänglich; kein zusätzliches span-Element.
Kontra: Löst das CSS ein/Bilder aus-Zugriffsproblem nicht. Erfordert Hacks.
Browser-Unterstützung: Windows – Internet Explorer 5.0+, Netscape 7+, Opera 6+, Firefox. Macintosh – Internet Explorer 5.2, Safari, Firefox.

RUNDLE

Der Designer Mike Rundle schlug eine Lösung vor, die einen negativen `text-indent`-Wert verwendete, um den Text zur linken Seite aus dem Bildschirmbereich hinauszuschieben. Sie ist einfach und elegant, obwohl sie in bestimmten Szenarien schwierig einzusetzen ist, da Internet Explorer für Windows 5.0 zusammen mit dem Text auch das Hintergrundbild aus dem Bildschirmbereich hinausschiebt.

Markup
```
<h3 id="header">Apple pie with cheddar?!</h3>
```

CSS
```
#header {
 text-indent: -5000px;
 background: url(sample-image.gif) no-repeat;
 height: 25px;
}
```

Pro: Für Bildschirmlesegeräte zugänglich; kein zusätzliches span-Element. Hübsches, leichtes CSS.
Kontra: Löst das CSS ein/Bilder aus-Zugriffsproblem nicht. Funktioniert im Internet Explorer 5.0 für Windows nicht immer ordnungsgemäß.
Browserunterstützung: Windows – Internet Explorer 5.5+, Netscape 7+, Opera 6+, Firefox. Macintosh – Internet Explorer 5.2, Safari, Firefox.

LEVIN

Levin Alexander kam mit einer überzeugenden Idee: Anstatt den Text im span-Element zu belassen, schieben Sie ihn einfach aus dem Element heraus und belassen beides im übergeordneten Element; dann verwenden Sie das jetzt leere span-Element, um den Text zu verbergen. Wird dies richtig durchgeführt, ist der Text für Bildschirmlesegeräte zugänglich und das obskure CSS ein/Bilder aus-Problem entfällt ebenfalls. Ein neues Problem besteht darin, dass das Bild nicht transparent sein darf; andernfalls stechen Teile des Texts darunter hervor und CSS bietet einen unvergesslichen Anblick, allerdings nicht im positiven Sinne.

Markup

```
<h3 class="replace" id="myh1">And a dash of Thyme.<span></span></h1>
```

CSS

```
.replace {
 position: relative;
 margin: 0px; padding: 0px;
 /* hide overflow:hidden from IE5/Mac \*/

 overflow: hidden;
 /* */
}
.replace span {
 display: block;
 position: absolute;
 top: 0px;
 left: 0px;
 z-index: 1; /*for Opera 5 and 6*/
}
#myh1, #myh1 span {
 height: 25px;
 width: 300px;
 background-image: url(thyme.png);
}
```

Pro: Für Bildschirmlesegeräte zugänglich. Kein zusätzliches span-Element. CSS ein/Bilder aus-Problem gelöst.

Kontra: Transparente Bilder sollten vermieden werden. Aufgeblähtes CSS.

Browserunterstützung: Windows – Internet Explorer 5+, Netscape 7+, Opera 6+, Firefox. Macintosh – Internet Explorer 5.2, Safari, Firefox.

Die Wahl

Welche Methode sollten Sie verwenden? Sie haben die Wahl. Bis zu dem Tag, an dem ein großer Teil der Browser das zuvor erwähnte fortgeschrittene Verfahren generierter Inhalte unterstützt, sind Leahy/Langridge, Rundle oder Levin die beste Möglichkeit. Die vorhandenen Zen-Garden-Designs wie Hellsings Revolution! wären ohne den ursprünglich von FIR erzielten Fortschritt nicht möglich gewesen; künftige Zen-Garden-Designs werden das Konzept mit zugänglicheren, verantwortungsvollen Alternativen weiterbringen.

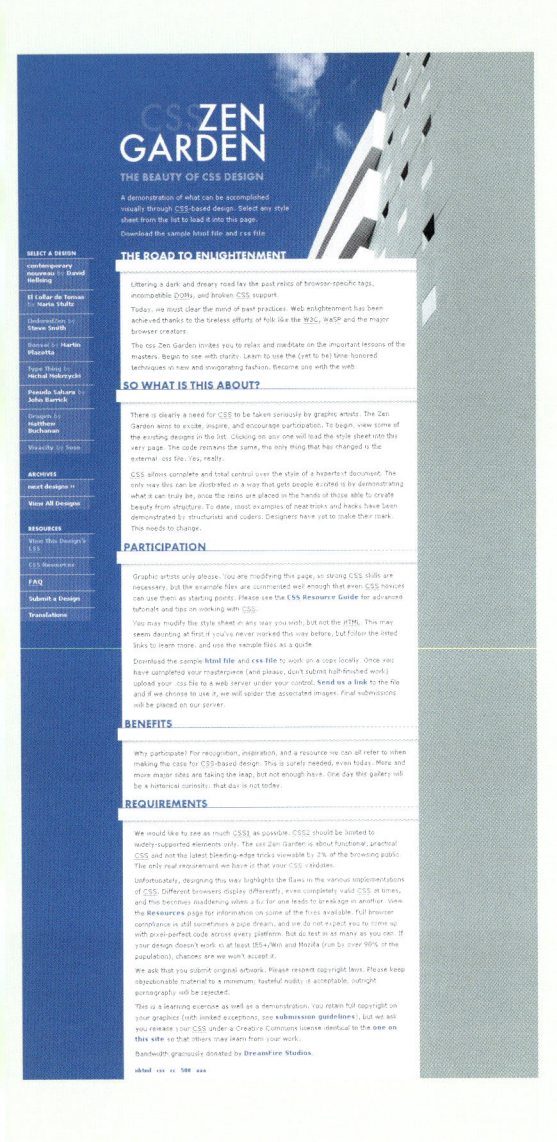

Marc Trudel, Designer
www.csszengarden.com/094

Deco

Minimale Bilder, maximale Auswirkungen

WENN **Mark Trudel** SEINE ARBEIT an einem Design beginnt, folgt er einem Ritual. Erst besucht er Sites, die ihn optisch inspirieren, dann verbringt er etwa eine Stunde damit, Inhalte zu sammeln: Fotos, Abbildungen, Text. Danach arbeitet er mit Adobe Photoshop an Thumbnails. Im Gegensatz zu vielen Grafikern vermeidet er Ideenskizzen auf Papier, weil er der Meinung ist, dass dabei die Feinheiten fehlen, die bei der Arbeit in Photoshop möglich sind.

Im Winter 2004 brach Trudel mit diesem Ritual, als er seine Zeit mit Wanderungen in der Umgebung von Miami verbrachte. Da er die Gebäude im Art-Déco-Stil für abstrakte Großaufnahmen hervorragend geeignet fand, schoss er eine Menge Fotos, von denen eines als Inspiration für die saubere, frische Linie seines Beitrags, **Deco**, diente.

Eine neue Art zu denken

Wenn es um die Arbeit mit Bildern und CSS geht, ist von jenen Designern »der alten Schule«, die ihre Zeit für das Webseitenlayout mit der Slice-and-dice-Methode verbringen, eine völlig neue Art des Denkens gefordert. Bei dieser Methode (für die Leser, die diese Methode glücklicherweise noch nicht verwenden mussten) beschäftigte sich der Designer damit, Layouts in Photoshop zu erstellen, die Grafiken dann gegebenenfalls zu teilen und in HTML-Tabellen einzufügen.

Diese Tabellen bildeten ein Rastersystem und natürlich dominierte diese Methode das Webdesign fast die gesamten neunziger Jahre (**ABBILDUNG 1**). Leider wird diese Praxis immer noch verwendet, zum Nachteil für den Fortschritt, der Zugänglichkeit und einer besseren Funktionalität.

Eine Belastung, die sich aus der Slice-and-dice-Methode ergibt und selten erörtert wurde, sind die daraus resultierenden Einschränkungen – besonders im Hinblick auf Bilder. Sie müssen bei jedem Bild sicherstellen, dass es in das Rastersystem passt, bei dem es sich um eine Reihe von Rechtecken handelt. Zu sagen, dass dies die Kreativität im Webdesign hemmt, ist noch untertrieben. Zu viele Webdesigner sind der Gewohnheit verfallen, ein sehr kastenförmiges, zurückhaltendes Layout zu erstellen.

Die Verwendung von CSS als Layoutwerkzeug befreit uns von Einschränkungen. Sicherlich beruht in der Realität immer noch alles in CSS auf dem Kastenprinzip, aber es gibt auch einen Unterschied. Mit CSS können Sie mit einem Raster arbeiten – oder nicht. Durch ein cleveres Design und die Platzierung von Bildern kann der Designer das Raster überschreiten und über fließendere, offenere Möglichkeiten nachdenken (**ABBILDUNG 2**).

Ohne die sich aus Tabellen ergebenden Beschränkungen können die Designer ohne eingeschränktes Denken an die Leinwand gehen. Einer der größten Vorteile aus diesem Wechsel besteht darin, dass Bilder ganz anders und mit besseren Ergebnissen verwendet werden können als in der Vergangenheit.

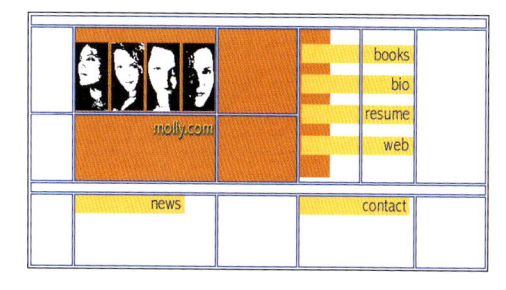

ABBILDUNG 1 Das einschränkende Rastersystem eines auf Tabellen beruhenden Designs.

ABBILDUNG 2 Deco ist gleich von Anfang an leicht und offen. Obwohl es nicht unmöglich zu verwirklichen ist, handelt es sich um ein Design, das zu Zeiten des tabellenbasierten Layouts wahrscheinlich nicht entstanden wäre.

Strikt durchgesetzte Raster, die den Designprozess behindern, gehören der Vergangenheit an. CSS erlaubt es Ihnen, beliebigen Hintergrundelementen Bilder hinzuzufügen, was wiederum die Möglichkeit eröffnet, Bilder in Schichten anzuordnen, Bilder mit Overlays zu versehen – und, mit der richtigen Browser-Umgebung, sogar die PNG-Transparenz zum Erstellen einer Reihe von bildbezogenen Effekten zu nutzen.

CSS gab dem Designer nicht nur die Freiheit, kreativer zu arbeiten, sondern auch Verfahren zu verwenden, die dazu dienen, zur Freude der Besucher die Gesamtgröße der Seite zu reduzieren.

Gehen Sie klug an Abbildungen heran

Wir können von der sauberen, offenen Linie von Deco unter anderem lernen, wie wir bei der Arbeit mit CSS intelligent an den Einsatz von Abbildungen herangehen können. Unabhängig davon, ob Sie die Größe, die Wirkung oder die Platzierung und die damit verbundenen Bildoptionen prüfen, werden Sie wesentliche Unterschiede in der Art und Weise feststellen, in der Bilder erstellt und in einer CSS-Umgebung angewendet werden.

WIRKUNG VON BILDANMUTUNG UND -GRÖSSE

Bilddateien sollten so klein wie möglich sein und dabei immer noch die optische Integrität wahren. Die Slicing-Methode, die zu Zeiten des tabellenintensiven Designs verwendet wurde, entstand zum Teil aus dem Motiv, die Gesamtgröße der Seiten zu reduzieren.

CSS erlaubt es Ihnen jedoch, sich genau das herauszupicken, was Sie an bestimmten Stellen brauchen, und nur Bilder zu verwenden, die diesen speziellen Bedürfnissen entsprechen. In einigen Fällen bedeutet dies die Verwendung einer großen Grafik, in anderen Fällen die Verwendung eines kleinen Bildes – oder einer Reihe von winzigen Grafiken, die zusammengesetzt werden, um einen großen Bereich auszufüllen.

Betrachten Sie das tragende fotografische Hintergrundbild von Deco, das die Wolken und die Deco-Wölbungen des Gebäudes in dem von Trudel aufgenommenen Foto enthält. Dies ist der Abschnitt des Designs, der so leicht und luftig aussieht, doch wenn wir uns das Hintergrundbild ansehen, stellen wir fest, dass es eine erstaunliche Größe aufweist (**ABBILDUNG 3**).

Die Grafik ist 788 Pixel breit und 497 Pixel hoch. Bei Verwendung der Technik aus der alten Schule wäre sie in mehrere Teile zerlegt worden, sofern ein Designer eine solche Ansicht überhaupt in Betracht gezogen hätte.

Das Bild hat also eine Größe von 45,02 Kbyte, was wahrscheinlich für ein tabellenbasiertes Layout als zu groß erachtet worden wäre. Denken Sie jedoch daran, dass CSS die Möglichkeit bietet, bei der Verwendung von Bildern wesentlich genauer vorzugehen, so dass ein Haupthintergrund in dieser Größe nicht extrem ist, wenn die restlichen Bilder besonders klein und in geringer Anzahl vorliegen. Das im Hinblick auf seine Größe und seine Maße darunter liegende Bild ist das Titelbild, das eine Größe von nur 3,28 Kbyte und eine normale Größe von 266 Pixel in der Breite und 103 Pixel in der Höhe aufweist (**ABBILDUNG 4**).

ANZAHL DER BILDER

Im CSS-Design ist die Anzahl der Bilder nicht unbedingt niedriger als im konventionellen tabellenbasierten Design, aber Sie können mit viel weniger Bildern viel mehr erreichen. **TABELLE 1** beschreibt die einzelnen, in Deco verwendeten Bilder und gibt die entsprechenden Maße und die Dateigröße an.

ABBILDUNG 3 Das Haupthintergrundbild in Deco

ABBILDUNG 4 Das für das Titelbild verwendete transparente GIF

Hinweis

Sicherlich haben die hervorragenden modernen Hilfsprogramme zur Grafikkomprimierung unsere Möglichkeiten verbessert, geringere Dateigrößen zu erzielen. Es ist vorstellbar, dass man die Größe des Hauptbildes in Deco noch wesentlich hätte reduzieren können, ohne dabei durch die Komprimierung zu viele Artefakte einzubringen. Da das Foto jedoch das Zentrum des Designs darstellt und das Bild den Anzeigebereich so stark dominiert, ist es ausgewogen, wenn sich ein Designer zugunsten des sehr kontrastreichen Bildes für eine größere Datei entscheidet.

TABELLE 1 Die Verwendung der Bilder in Deco

Bild	Abmessungen (in Pixel)	Größe	Verwendung
bg.jpg	788 x 497	45,02 Kbyte	Haupthintergrundfoto
bg_blue1.gif	2000 x 1	0,14 Kbyte	Hintergrund
csszengarden.gif	266 x 1033	28 Kbyte	Seitenheader
thebeauty.gif	263 x 13	1,69 Kbyte	Seitenheader Untertitel
h1.gif	537 x 39	3,02 Kbyte	Kopfzeile Ebene 1
h2.gif	537 x 50	2,83 Kbyte	Kopfzeile Ebene 2
h3.gif	537 x 50	2,46 Kbyte	Kopfzeile Ebene 3
h4.gif	537 x 50	2,20 Kbyte	Kopfzeile Ebene 4
h5.gif	537 x 50	2,52 Kbyte	Kopfzeile Ebene 5
lightblue.gif	125 x 3	0,06 Kbyte	Hintergrund Linkliste
selectdesign.gif	95 x 7	0,37 Kbyte	Kopfzeile Designauswahl
archives.gif	95 x 7	0,28 Kbyte	Kopfzeile Archive
resources.gif	95 x 7	0,31 Kbyte	Kopfzeile Ressourcen

Wie können Sie nun die Anzahl der verwendeten Bilder verringern und damit die Seitengröße reduzieren? Ein Teilziel dieses Kapitels ist es, Sie zu einem Denken in weiteren Dimensionen zu ermutigen, wenn es um Abbildungen geht, die ein guter Anfang dafür sind. Es gibt noch einige andere besondere Dinge, mit denen sich die Anzahl der verwendeten Bilder reduzieren lässt. Dazu gehören die folgenden Maßnahmen:

- Verwenden Sie, wenn möglich, immer gestalteten Text anstelle von Bildern. In Deco können Sie diese Maßnahme im Seitenheader und im Untertitel sehen. Grafiken werden dort eingesetzt, um typographische Effekte zu erzielen, aber bei dem direkt darunter im Abschnitt `quickSummary` befindlichen Text handelt es sich nicht um eine Grafik. Eine solche Art von Balance anzustreben, kann äußerst hilfreich sein.

- Verwenden Sie nur den Abschnitt eines Bildes, der notwendig ist, um den gewünschten Effekt zu erzielen. Dies wird besonders bei der Verwendung des Haupthintergrundfotos und der Kopfzeilen offensichtlich, so dass das Erscheinungsbild optisch viel Eindruck macht.

- Nutzen Sie sehr kleine Bilder, um Hintergründe auszufüllen. Die Datei `bg_blue1.gif` füllt den Hintergrund des restlichen Dokuments unterhalb des Hauptfotos aus, ist aber nur 1 Pixel hoch und hat eine Größe von läppischen 140 Byte.

- Wann immer es möglich ist, sollten Sie die Bilder wieder verwenden. Bei kluger CSS-Kodierung können Sie ein vorhandenes Bild auf zahlreiche Elemente anwenden. In Deco wird `lightblue.gif` als Hintergrund für drei verschiedene Elemente genutzt, aber die Regel wird mit Hilfe eines untergeordneten Selektors nur einmal geschrieben, so dass alle `ul`-Elemente innerhalb von `linkList` das Bild aufnehmen.

```
#linkList ul {
    margin: 0px;
    padding: 0px;
    background-image: url(lightblue.gif);
    background-repeat: repeat-y;
    }
```

- Gleichen Sie Bilder mit der Browser-Farbe ab. Immer, wenn Sie einen `color`- oder `background-color`-Wert anstelle eines Bildes verwenden können, um den von Ihnen gewünschten Effekt zu erzielen, sollten Sie dies tun.

ABBILDUNG 5 Das Anordnen eines transparenten Bildes als Ebene auf einem Hintergrund im Stil der alten Schule.

Abschließend sei gesagt, dass Sie weglassen sollten, was nicht wirklich notwendig ist. Eine der größten Versuchungen im Grafikdesign ist die übermäßige Verwendung unnötiger Bilder. Fragen Sie sich selbst bei jedem Bild auf der Seite, ob es wirklich einem funktionellen oder ästhetischen Zweck dient. Ist die Antwort fraglich, sollten Sie das Entfernen des Bildes in Erwägung ziehen.

BILDEBENEN

Ein weiteres Thema, über das vor der breiteren CSS-Unterstützung selten nachgedacht wurde, ist das Anordnen von Bildern in Ebenen, um bestimmte Effekte zu erzielen. Heutzutage scheint dies zu unserer zweiten Natur geworden zu sein; in der Vergangenheit waren jedoch die Möglichkeiten begrenzt, ein Bild über einem anderen zu platzieren.

In Aktion haben wir diese Methode immer dort gesehen, wo ein transparentes GIF inline über einem `body`- oder `table`-Hintergrundbild oder einer Hintergrundfarbe verwendet wurde. In diesem Fall würde das Hintergrundbild oder die Farbe für die gesamte Seite im `body`-Tag ausgezeichnet, was wie folgt aussieht:

```
<body bgcolor="#3366CC" background="images/bg.jpg">
```

Dann würde das transparente Bild an beliebiger Stelle im Textkörper platziert – höchstwahrscheinlich in einer Tabellenzelle:

```
<td><img src="images/csszengarden.gif" width="266 " height="103" alt="CSS Zen Garden"></td>
```

Die Ergebnisse würden ähnlich aussehen wie im aktuellen Design (**ABBILDUNG 5**).

Bei Deco platzierte Trudel das Hauptfoto im Hintergrund des Containerelements:

```
#container {
    background: url(bg.jpg) no-repeat scroll left top;
}
```

Außerdem platzierte er das transparente Header-Bild im Selektor #pageHeader h1:

```
#pageHeader h1 {
   background: url(csszengarden.gif) no-repeat left top;
   width: 620px;
   height: 103px;
}
```

Dies ergibt den attraktiven Header. Obwohl er genauso aussieht wie die Kombination einer Grafik und der Hintergrundfarbe in **ABBILDUNG 5**, unterscheidet sich der Prozess erheblich davon.

Maximale Wirkung

Dass Deco weniger Bilder verwendet, um ein frisches Erscheinungsbild zu erschaffen, ist bewundernswert. Kommt die kluge Platzierung von Bildern, die sorgsame Ausgewogenheit zwischen grafik- und textbasiertem Drucktyp und eine einfache, aber adäquate Verwendung von Bildern und Text zum Einsatz der Farbe hinzu, erzielen Sie ein technisch intelligentes sowie optisch beeindruckendes und kreatives Design.

Michal Mokrzycki, Designer
www.csszengarden.com/097

No Frontiers!

Mit Hilfe abgerundeter Bilder die Kastenform überwinden

EIN DOMINIERENDER TREND im CSS-Design sind zentrierte Layouts und vorhersehbare Schattierungen – ein Trend, aus dem **Michal Mokrzycki** in **No Frontiers!** ausbrechen wollte. Er beschloss, es mit einem die gesamte Breite ausfüllenden, erweiterbaren Layout unter Verwendung von drei Spalten zu versuchen. Sauber, elegant, einzigartig.

Im Gegensatz zu vielen prozessorientierten Designern stützte sich Mokrzycki oft auf Improvisation, wenn er sich den Designelementen näherte. Er begann damit, seine Fotosammlung zu durchsuchen, und wechselte dann zwischen CSS und Adobe Photoshop hin und her, um seine Vorstellungen zu festigen. Dabei erkannte Mokrzycki, dass CSS möglicherweise endlose Optionen für Designs außerhalb des Kastenschemas bot, weshalb er seinem Beitrag den Namen No Frontiers! gab.

Die Sache mit dem rechten Winkel

Es ist kein Zufall, dass das Webdesign von Haus aus kastenförmig war. Es ist auch sehr ironisch, dass das CSS-Design dafür kritisiert wurde, besondere Schuld an der Kastenförmigkeit zu tragen! Bedenken Sie, dass die frühen tabellenbasierten Designs mit der häufigen Nutzung von Rahmen und Padding vielfach wie unzusammenhängend auf die Seite geworfene Rechtecke aussahen (**ABBILDUNG 1**).

Bedenken Sie auch, dass zu der Zeit die meisten Personalcomputer mit einer Bildschirmauflösung von 640 x 480 ausgeliefert wurden – ein kostbarer kleiner visueller Besitz im Vergleich zu dem, was wir heute haben. Hinzu kamen die rechtwinkligen Schnittstellenfunktionen der Webbrowser und der Rahmen des Computerbildschirms selbst, so dass wir es mit Rechtecken in Rechtecken in Rechtecken zu tun hatten.

Vom optischen Standpunkt aus gesehen trug dies nicht viel dazu bei, die Sitebesucher mit den Informationen zu beruhigen, die in all der Kastenförmigkeit begraben lagen. Natürlich war das eine sehr aufregende Zeit – das Web war neu und durch seine Faszination wurde vieles vergeben – sowohl von denjenigen, die Seiten erstellten, als auch von denjenigen, die sie besuchten.

Als CSS anfing, sich als Mittel der reinen visuellen Darstellung durchzusetzen, konzentrierten sich die Innovationen natürlich auf die Neuerstellung derselben Arten von Designs, an die die Webbenutzer von früher gewöhnt waren. Da der Schwerpunkt auf Spaltendesigns und der einfachen Verwendung dekorativer Funktionen wie Rahmen lag, erleichterte das natürlich die frühen Designs, die wegen ihrer Fülle von Rechtecken so stark kritisiert worden waren (**ABBILDUNG 2**).

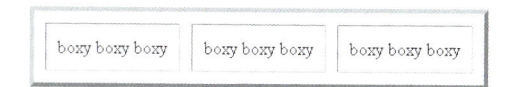

ABBILDUNG 1 Ein Übermaß an Rechtecken im frühen Web

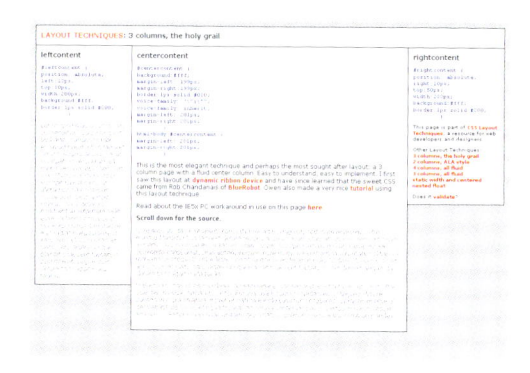

ABBILDUNG 2 Ein frühes CSS-Layout: auf Spalten konzentriert und in der Tat sehr kastenförmig, aber seinerzeit als »Heiliger Gral« angesehen, da es optisch ein populäres HTML-Layout replizierte.

> **Hinweis**
>
> Als das Webdesign immer anspruchsvoller wurde, lernten die Designer glücklicherweise, ihren tabellenbasierten Designs Formen hinzuzufügen, indem sie die Slice-and-dice-Methode einsetzten und Bilder in ein Tabellenraster platzierten. Mit der Zeit entstand ein geschlossener und prozessorientierter Ansatz, der zu neuen visuellen Trends führte, aber meistens begleitete uns das Problem der Kastenförmigkeit, seit das Web über eine Art grafischer Schnittstelle verfügt.

Es ist ungenau zu sagen, dass CSS die Hauptverantwortung für das Problem mit dem rechten Winkel tragen würde. Je mehr sich unser Verständnis für CSS entwickelt, desto mehr ergeben sich alle Arten von Möglichkeiten, Bilder auf intelligente Weise einzubauen, besonders in Elementhintergründen, um buchstäblich Schichten von Formen, Mustern und Ausschmückungen zu erstellen, die die rechteckigen Designs früherer Jahre überwinden.

No Frontiers! verwendet abgerundete Ecken und runde Ausschmückungen, die der kastenförmigen Beschaffenheit des Designs buchstäblich den Garaus bereiten, so dass das Gesamterscheinungsbild weicher und einheitlicher wird.

Scharfe Kurven

Eine Reihe von Beispielen in No Frontiers! helfen dabei, aufzuzeigen, wie Sie einige Kurven hinzufügen und Designs abrunden können, die andernfalls kastenförmig aussehen würden. Bei allen werden in irgendeiner Weise Hintergrundbilder verwendet.

KURVEN LEICHT GEMACHT: EIN EINZELNES HINTERGRUNDBILD

Der offensichtlichste Weg, einige Kurven in Ihr Design einzufügen, ist die Erstellung einer einzelnen Grafik mit allen unversehrten Kurven und Inhalten. Dann fügen Sie die Grafik mit Hilfe von CSS einfach in den Hintergrund des betreffenden Elements ein.

In No Frontiers! können Sie diese genaue Methode in der Praxis sehen. Die Kopfzeile »The Road to Enlightenment« verfügt auf der rechten Seite über eine hübsche abgerundete Kante (**ABBILDUNG 3**).

ABBILDUNG 3 Eine abgerundete grafische Kopfzeile aus No Frontiers!. Bitte beachten Sie die Transparenz auf der rechten Seite.

> **Hinweis**
>
> Der Wert transparent erlaubt es, dass andere Hintergrundfarben und Bilder durch den transparenten Bereich des Bildes hindurchscheinen.

Das Bild wird dann in den Hintergrund des Elements h3 innerhalb von #preamble eingefügt:

```css
#preamble h3 {
    background: transparent url(enlightment.gif)
    ➥no-repeat top left;
    width: 291px;
    height: 37px;
```

```
   margin-bottom: 10px;
   padding: 0;
}
```

Aber was geschieht, wenn Sie eine kurvenförmige Grafik wie diese auf einen anderen Hintergrund legen wollen?

MEHRERE HINTERGRUNDBILDER

Sie können mit Hilfe von Bildern und CSS zusätzliches visuelles Interesse wecken, wenn Sie die Vorteile mehrerer Hintergrundbilder nutzen. Dabei handelt es sich um den Prozess, Hintergrundgrafiken in zahlreichen Elementen zu platzieren, um die Illusion von Schichten zu erzeugen, während die Bilder klein und die Dateigröße niedrig gehalten werden.

In No Frontiers! können Sie dieses Verfahren in der Kopfzeile »CSS Zen Garden« sehen, die über eine abgerundete rechte Ecke verfügt. Dahinter erscheint ein gestreiftes Bild (**ABBILDUNG 4**).

ABBILDUNG 4 Die Kopfzeile mit der abgerundeten rechten Ecke scheint als Schicht auf den gestreiften Hintergrund gelegt worden zu sein.

Um diesen Effekt zu erzielen, platzierte Mokrzycki zuerst das gestreifte Bild, bei dem es sich lediglich um einen schmalen Streifen handelt, (**ABBILDUNG 5**) in den Hintergrund des body-Elements:

```
body {
   font: small "Trebuchet MS", Verdana, Arial,
   ➥Helvetica, sans-serif;
   color: #676767;
   margin: 0px;
   padding: 0px;
   background: #fbfbf2 url(page_back.gif) repeat-x fixed;
}
```

Dann wurde das Bild mit der abgerundeten Ecke in das Containerelement eingefügt:

```
#container {
   padding: 0px;
   margin: 0px;
   background: transparent url(body_back.png) no-repeat
   ➥top left;
}
```

ABBILDUNG 5 Die schmale Grafik wird an der X-Achse im Hintergrund des body-Elements wiederholt.

ABBILDUNG 6 Ein weiteres Beispiel eines Hintergrundschichteffekts

ABBILDUNG 7 Mehrere Elementhintergründe enthalten internen Text.

ABBILDUNG 8 Das obere Bild des Effekts, das grafischen Text enthält

ABBILDUNG 9 Das untere Bild. Bitte beachten Sie die transparenten Abschnitte beider Bilder, die durch das durchscheinende grauweiße Schachbrettmuster angezeigt werden.

Hinweis

Fortgeschrittenere Methoden, z.B. Douglas Bowmans »Sliding Doors of CSS« (www.alistapart.com/articles/slidingdoors und www.alistapart.com/articles/slidingdoors2), sind auf dem Hintergrundebenenkonzept angewiesen.

Konzeptionell sind die Hintergründe in Schichten angeordnet, was zu einer abgerundeten Kante gegenüber einem anders gemusterten Bild führt. Ein weiteres Beispiel dafür ist in der oberen rechten Ecke des Designs zu sehen, wo abgerundete Ecken in der Kopfzeile der Linkliste deutlich oberhalb des Streifenmusters erscheinen (**ABBILDUNG 6**).

INHALTE EINRAHMEN

Aufbauend auf dem Schichtkonzept ist es möglich, mehrere abgerundete Ecken oder andere Kanteneffekte mit Inhalt zu erzielen. Die Herausforderung bei diesem Ansatz besteht darin, dass Sie auf mehrere HTML-Elemente angewiesen sind, nur um den Effekt zu erzielen.

Ein Beispiel dafür sehen Sie in den Abschnitten #pageHeader und #quickSummary von No Frontiers! Das Endergebnis ist Text innerhalb eines Gestaltungselements, das sich oben und unten mit abgerundeten Ecken schmückt (**ABBILDUNG 7**).

Ohne CSS müsste es sich dabei um ein einzelnes Bild oder mehrere in eine Tabelle aufgeteilte Bilder handeln. Mit CSS ist es jedoch möglich, nur die Bilder für den Abrundungseffekt zu erstellen und gestalteten HTML-Text zu gestatten, wobei die Dateigröße der Bilder reduziert wird, die erforderlich sind, um diesen Effekt zustande zu bringen.

Um dies zu erreichen, erstellte Mokrzycki zwei Bilder, eines für den Anfang (**ABBILDUNG 8**) und eines für das Ende (**ABBILDUNG 9**).

Diese wurden dann in die Hintergründe der Elemente #pageheader bzw. #pageheader h2 eingefügt:

```
#pageHeader {
    position: absolute;
    left: 0px;
    top: 190px;
    width: 291px;
    height: 159px;
    background: transparent url(green_top.gif) no-repeat
    ➥top left;
    z-index: 3;
}

#pageHeader h2 {
    position: absolute;
```

```
    top: 118px;
    background: transparent url(green_bottom.gif)
➥no-repeat bottom left;
    width: 291px;
    height: 135px;
    margin: 0;
    padding: 0;
}
```

Die Elemente `#pageHeader h1` und `#quickSummary` enthalten überhaupt keine Bilder. Stattdessen werden sie positioniert, dem Element h1 wird eine Hintergrundfarbe zugewiesen und der darin enthaltene HTML-Text Inhalt wird gestaltet:

```
#pageHeader h1 {
    position: absolute;
    top: 59px;
    background-color: #bbbf58;
    border-right: 2px solid #fff;
    width: 289px;
    height: 150px;
    margin: 0;
    padding: 0;
}

#quickSummary {
    position: absolute;
    top: 270px;
    left: 20px;
    width: 245px;
    line-height: 2;
    z-index: 3;
}

#quickSummary p {
    color: #fff;
    font-size: 11px;
    line-height: 1.5;
    font-family: Verdana, Arial, Helvetica, sans-serif;
}
```

Bitte beachten Sie, dass den Abschnitten eine Höhe zugewiesen wurde. Das hilft dabei, ein Ausblenden oder ein Überlaufen zu verhindern.

EIGENE AUFZÄHLUNGSPUNKTE

Dieses Verfahren umfasst auch das Einfügen von Bildern in den Hintergrund eines Elements – in diesem Fall das Element li. Die Verwendung von kreisförmigen bildbasierten Aufzählungspunkten spielt in das Gesamtthema in No Frontiers! hinein und stellt etwas mehr Kontext für die Designer bereit, die am Erstellen von in das Gesamtkonzept integrierten Bildern interessiert sind (**ABBILDUNG 10**).

Um den vollständigen Satz eigener Aufzählungspunkte in No Frontiers! zu erhalten, stellte Mokrzycki zunächst drei verschiedene Bilder her. Das erste, in hellgrüner Farbe, wird für die Hauptlinks verwendet. Das zweite, in hellblauer Farbe, wird für die Archivlinks benutzt. Das dritte, in einem hellen rotbraunen Farbton, wird für den Abschnitt Resources verwendet.

Die Bilder der Aufzählungspunkte wurden dann in die mit den einzelnen Abschnitten verbundenen Elementhintergründe eingefügt.

```
#lselect li {
    background: transparent url(link_dot.gif) 0 7px
    ➥no-repeat;
}

#larchives li {
    background: transparent url(link_dot2.gif) 0 7px
    ➥no-repeat;
}

#lresources li {
    background: transparent url(link_dot3.gif) 0 7px
    ➥no-repeat;
}
```

Die Verwendung unterschiedlich gefärbter Aufzählungspunkte wirkt optisch interessant und stellt einen Hinweis für den Besucher dar, dass diese Abschnitte sich im Kontext unterscheiden.

ABBILDUNG 10 Die Linkliste mit eigenen Aufzählungspunkten

Hinweis

Weitere Ideen zur Verwendungsweise ähnlicher Ansätze zum Erzielen großartiger Kanteneffekte sind in »CSS Design: Creating Custom Corners & Borders« von Søren Madsen (www.alistapart.com/articles/customcorners) aufgeführt.

Ein wohl gerundetes Bild

Unabhängig davon, ob Sie abgerundete Ecken oder andere Kantenbearbeitungen erstellen wollen, um aus dem sprichwörtlichen Kasten auszubrechen, kann die Nutzung von Bildverfahren dem Design ein frisches und einzigartiges Erscheinungsbild verleihen. Die Realisierung ergänzender Formen kann die optischen Effekte deutlicher machen, wie wir in No Frontiers! sehen können.

Dave Shea, Designer

www.csszengarden.com/013

Coastal Breeze

Bilder für Ihre Arbeit erstellen und zusätzliches Quellmaterial finden

VANCOUVER, von dem dort ansässigen Autor Douglas Coupland als »The City of Glass« bezeichnet, ist eine florierende Stadt, die am Fuße einer hoch emporragenden Bergkette an der Westküste Kanadas angesiedelt ist. Ein überzeugendes meerorientiertes Thema mit Treibholz und Seemuscheln, ergänzt durch einige Glasscherben, könnte nur dann mehr an die Stadt erinnern, wenn außerdem einige Stücke Sushi hinzugegeben würden. Aber **Dave Shea** wusste, wann er aufhören musste.

Alle Bilder in **Coastal Breeze** wurden ohne fotografische Vorlage per Hand in Adobe Photoshop gemalt.

Der Ausgangspunkt

Die Grundobjekte waren ursprünglich für eine lange nicht mehr im Betrieb befindliche Site erstellt worden, die Jahre vor Zen Garden entstanden war. Blicken wir zurück auf die aus mehr als 300 Schichten bestehende Original-Photoshop-Datei, die Anfang 2001 erstellt wurde (**ABBILDUNG 1**). Shea zog die Elemente heraus, die er brauchte, um das neue Layout herzustellen. Das Anpassen der Bilder erwies sich als relativ einfach; die Herausforderung bestand im Erstellen einer Layoutstruktur zur Platzierung des Texts.

Da es sich bei dem ursprünglichen Design um einen sichtbaren Rahmen handelt, der eine annähernd quadratische, framebasierte HTML-Seite umgibt, und der Text von Zen Garden so lang ist, dass ein vertikales, mit Bildlaufleiste versehenes Layout erforderlich wird, muss beides unter einen Hut gebracht werden.

Sheas Ausgangspunkt war ein quadratischer Rahmen. Es stellte sich heraus, dass der sauberste Weg zur Anpassung dieses Rahmens für die Verwendung in Coastal Breeze darin bestand, ihn in eine obere und eine untere Hälfte zu teilen. L-förmige Ecken rahmen Coastal Breeze wirkungsvoll ein und lassen etwas notwendigen freien Platz.

Techniken

Ein ganzes Design per Hand zu malen, ist natürlich nicht jedermanns Sache, aber einige der in Coastal Breeze verwendeten Maltechniken können auch für allgemeine Nachbesserungen wertvoll sein. Die Verbesserung eines vorhandenen Kunstwerks oder das Hinzufügen optischer Attraktivität ist einfach, wenn Sie einige Kenntnisse mitbringen. Die folgende Beschreibung der Verfahren lehnt sich an Adobe Photoshop an. Da die notwendigen Werkzeuge für diese Techniken in vielen Designprogrammen identisch sind, sollten Sie in der Lage sein, die folgenden Methoden mit dem Bildbearbeitungsprogramm Ihrer Wahl nachzubilden.

ABBILDUNG 1 Die ursprüngliche Photoshop-Datei, von der Coastal Breeze abgeleitet wurde

ABBILDUNG 2 Für die Glasscherben wurden transparente Schatten erstellt.

ABBILDUNG 3 Eine einfache Murmelform mit einem Volltonschatten, der so geneigt ist, dass er auf einer imaginären 3D-Oberfläche liegt.

ABBILDUNG 4 Mit den Radiergummi- und Wischfinger-Werkzeugen wurde dem Schatten der Murmel Transparenz verliehen.

ABBILDUNG 5 Die fertig gestellte Murmel, der Unregelmäßigkeiten hinzugefügt wurden, um einen realistischen Eindruck zu erwecken

PINSEL UND TRANSFORMATIONEN VERWENDEN

Die Glasscherben in der oberen rechten Ecke werfen Schatten einschließlich der Transparenz, als scheine die Sonne hindurch (**ABBILDUNG 2**). Dieser Effekt erfordert etwas mehr Arbeit als die einfache Anwendung des Ebenenstils SCHLAGSCHATTEN in Photoshop, aber nicht sehr viel. Um einen halbwegs gut aussehenden Schatten zu erzeugen, beginnen Sie damit, die Vordergrundform zu duplizieren (wählen Sie EBENE | EBENE DUPLIZIEREN), in diesem Fall eine Glasmurmel. Duplizieren Sie sie unter das Original und füllen Sie sie mit einer Volltonfarbe. Mit Hilfe des Befehls FREI TRANSFORMIEREN (BEARBEITEN | FREI TRANSFORMIEREN), der es Ihnen erlaubt, eine Form zu vergrößern, zu verkleinern, zu drehen und zu neigen, wurde der Schatten vertikal komprimiert und nach links geneigt, und ein Weichzeichner wurde verwendet, um die harte Kante weicher erscheinen zu lassen (**ABBILDUNG 3**).

Um dem Schatten Transparenz zu verleihen, kommen die Radiergummi- und Wischfinger-Werkzeuge zum Einsatz. Beide können so angepasst werden, dass sie größer oder kleiner, weicher oder härter werden. Ein großer, weicher Pinsel wurde verwendet, um die Mitte des Schattens manuell auszuradieren, und ein kleiner, weicher Wischfinger wurde auf das Ergebnis angewendet, um dem Schatten Unregelmäßigkeiten hinzuzufügen (**ABBILDUNG 4**). Eine saubere, brandneue Oberfläche mag zwar schön sein, aber reale Objekte sind selten fehlerlos, so dass sie ohne zusätzliche Detailarbeit unrealistisch aussehen. Der Effekt wird vervollständigt, indem das Glas innerhalb der Murmel selbst verzerrt wird (**ABBILDUNG 5**).

ABWEDLER UND NACHBELICHTER EINSETZEN

Sie könnten bei vielen Nachbesserungen allein mit der Verwendung der Radiergummi- und Wischfinger-Werkzeuge auskommen, aber Sie wollen es wahrscheinlich nicht. Dank des Abwedler- bzw. des Nachbelichter-Werkzeugs sind Schatten und Lichteffekte jeder komplexen Grafik leicht hinzuzufügen. Diese Werkzeuge werden wie der Radiergummi und der Wischfinger eingesetzt und verfügen sogar über die gleichen Einstelloptionen. Unter Verwendung einer Grundform in einer Grundfarbe als zugrunde liegende Schicht (**ABBILDUNG 6**) werden mit Hilfe des Abwedlers helle Adern in das Beispielblatt gezeichnet. Durch die Nachbelichtung, um die leichten Schatten darunter zu betonen, kann den Adern zusätzliche Tiefe verliehen werden.

Ein Adernetz auf der flachen Blattform wirkt nicht authentisch, so dass weitere Schattierungen in die Blattoberfläche nachbelichtet wurden, um die dreidimensionale Wirkung zu verstärken (**ABBILDUNG 7**).

Die bisher erwähnten Werkzeuge wurden zum Erstellen von Blättern eines Kletterweins verwendet, indem dasselbe Blatt mehrmals dupliziert und die einzelnen Blätter anschließend skaliert und gedreht wurden. Nach dem Hinzufügen eines Stiels und weiterer Lichteffekte und Schattierungen war die Illusion komplett (**ABBILDUNG 8**).

Ihnen fällt wohl auf, dass die Adern mit abnehmender Blattgröße zu verschwinden beginnen; wird ein Bild verkleinert, werden die Details undeutlicher. Allerdings nimmt das Auge viele davon immer noch wahr und der Gesamteffekt wirkt mit zusätzlichen optischen Hinweisen überzeugender, so undeutlich sie auch sein mögen,. Es kann eine Herausforderung darstellen, eine gute, mit Details ausgestattete Arbeit zu verkleinern, da man von Natur aus dazu neigt, die größere Version beizubehalten.

ABBILDUNG 6 Eine einfache Blattform

ABBILDUNG 7 Licht- und Schatten-Effekte wurden hinzugefügt, um Adern und Struktur zu simulieren.

ABBILDUNG 8 Weinranke und Blätter fertiggestellt

Abbildungen erstellen

Auch wenn nicht jedem ein entsprechendes Budget zur Verfügung steht oder zahllose Stunden damit verbracht werden können, eine handgemalte Arbeit wie Coastal Breeze zu erstellen, bietet sie einen lohnenden Einblick in eine Möglichkeit, an Bilder zur Unterstützung Ihres Designs zu gelangen.

Sich den traditionellen bildenden Künsten zuzuwenden, ist vielleicht die am meisten intuitive Methode der Bilderstellung. Obwohl Malen und Zeichnen während der Gestaltung einer kompletten Site nicht so oft zum Einsatz kommen, beginnen viele Designer mit ihrem Design, indem sie ihre Layoutideen auf Papier skizzieren und damit die visuellen Probleme bearbeiten, bevor sie sich den Pixeln zuwenden. Eine Sammlung von Zeichnungen, Fotos und anderen kreativen Arbeiten kann sich als nützlich erweisen, wenn Sie der üblichen Quellen überdrüssig sind – und wenn sie nur als nützliche Quelle der künftigen Inspiration dient.

Es gibt unterschiedliche Talente, und Menschen mit vielen unterschiedlichen Fertigkeiten sind heutzutage im Webdesign beschäftigt. Selbst wenn Sie nicht zeichnen können, besteht die Chance, dass Sie bereits über die Ressourcen verfügen, um Ihre eigenen Bilder zu erzeugen. Dank der ständig steigenden technologischen Möglichkeiten (gepaart mit stetig sinkenden Preisen) reichen der preiswerte Scanner und die Digitalkamera, die Sie möglicherweise bereits besitzen, im Allgemeinen aus, um qualitativ hochwertiges Quellmaterial für das Web zu produzieren, wenn Sie wissen, wie Sie das Beste daraus machen. Der Hardware lag vielleicht eine gute Anleitung bei, aber ein allgemeines Elementarbuch über die digitale Bildverarbeitung kann dringend vonnöten sein. Sie müssen einen weiten Weg gehen, wenn Sie erst die Grundlagen lernen müssen.

Bilder beschaffen

Natürlich verbieten es in der Realität normalerweise die meisten für das Webdesign zur Verfügung stehenden Budgets, eigene Kunstwerke für eine Site in Auftrag zu geben, obwohl Kunden mit größerem Geldbeutel möglicherweise dankbar sind für die zusätzliche Betreuung im Hinblick auf das Thema und die Zusammensetzung, die ihnen bei Auftragsarbeiten zuteil wird.

AUFTRAGSARBEITEN UND LIZENZFREIE WERKE

Die Suche nach einem guten lokalen Fotografen oder Illustrator kann einen Streifzug durch die gelben Seiten erfordern, wobei Sie bei einer Vernetzung mit anderen kreativen Menschen vor Ort mehr Glück haben könnten. Es gibt jedoch keinen Grund, sich auf lokale Talente zu beschränken – auf einer Fülle von Sites können sich kreative Fachleute mit Kunden austauschen. Aquent (www.aquent.com) ist eine der führenden Sites, Sie finden jedoch noch viele andere mit unterschiedlichen Leistungsprofilen.

Auftragsarbeiten sind teuer und vielerortens steht einfach nicht das Budget dafür zur Verfügung. Stattdessen möchten Sie vielleicht den erschwinglicheren Weg der lizenzfreien Bestandsfotografie gehen. *Lizenzfrei* bedeutet, dass Sie für ein Bild einmal bezahlen und es anschließend entsprechend den Lizenzbedingungen für beliebige Zwecke einsetzen können, ohne weitere Zahlungen leisten zu müssen. Mit Ausnahme des Weiterverkaufs gestatten Ihnen die meisten lizenzfreien Bestandslizenzen die freie Verfügung, so dass Sie das Bild nach der Bezahlung für mehrere Projekte verwenden können. Das einzige Risiko besteht darin, dass andere ähnlichen Zugang zu dem Quellmaterial haben, so dass es gut möglich ist, dass die »professionelle Geschäftsfrau« in Ihrem letzten Meisterwerk an anderer Stelle als »Physiotherapeutin« auftaucht. Das passiert schon mal.

ABBILDUNG 9 iStockphoto ermutigt Künstler, ihre Werke mit anderen zu teilen.

Wenn Ihr Budget die Verwendung von Bestandsbildern einschränkt, gibt es Sites, die Ihnen Quellmaterial geben. Indem sie es befreundeten angehenden Fotografen und Illustratoren gestatten, ihre Werke gemeinsam zu nutzen, sind Gemeinschaften wie iStockphoto (www.istockphoto.com) (**ABBILDUNG 9**) und stock.xchng (wwww.sxc.hu) entstanden, die eindrucksvolle Kataloge aus Fotos und Abbildungen mittlerer und hoher Auflösung zusammengestellt haben, die für das Web wunderbar geeignet sind. Einige Bilder kosten eine geringe Gebühr, einige sind kostenlos und in beiden Fällen sind sie von unschätzbarem Wert.

ALTERNATIVE QUELLEN

Noch mehr lizenzfreie Quellen können Sie finden, wenn Sie bereit sind, Ihr Netz etwas weiter auszuwerfen. Während viele bestehende Urheberrechtsgesetze (abhängig von Ihrem Standort) einige Jahrzehnte zurückreichen, je nachdem, wo Sie leben, ist der Stichzeitpunkt, an dem Arbeiten lizenzfrei werden, aktuell genug, um nützlich zu sein. Beispielsweise wurden Mitte 2004 in den Vereinigten Staaten alle Arbeiten, die vor 1923 veröffentlicht wurden, als lizenzfrei angesehen; das Gleiche galt für Werke, die zwischen 1923 und 1963 veröffentlicht wurden und keine Urheberrechtsverlängerung erhalten hatten.

ABBILDUNG 10 Sites wie Creative Commons bieten lizenzfreie Kunst an.

> **Tipp**
>
> Das Suchwerkzug von Creative Commons finden Sie unter http://creativecommons.org/getcontent bzw. unter http://search.creativecommons.org.

> **Tipp**
>
> Im Folgenden finden Sie einige nützliche Quellen zum Thema Urheberrecht: Website der Gema (www.gema.de), Urheberrechts-Seite der Bundesbehörden der Schweiz (www.admin.ch/ch/d/sr/c231_1.html), Website des Instituts für Urheber- und Medienrecht (www.urheberrecht.org). Im englischsprachigen Raum sind folgende Sites interessant: US Copyright Office (www.copyright.gov), Canada's Copyright Act Web site (http://laws.justice.gc.ca/en/c-42), die Copyright-Seite des UK-Patent-Amts (www.patent.gov.uk/copy).

Sie können lizenzfreie Arbeiten für beliebige kommerzielle oder private Zwecke einsetzen, so dass Sie diese Methode in Erwägung ziehen sollten, wenn Sie Bilder aus einer anderen Epoche benötigen. Die Suche nach verfügbaren Arbeiten kann so einfach sein wie die Eingabe des Begriffs *lizenzfrei* in Ihre Lieblingssuchmaschine. Bibliotheken und Geschäfte für den Künstlerbedarf bieten Bücher an, in denen lizenzfreie kreative Werke katalogisiert sind, die Sie studieren könnten. Möglicherweise hat Ihre Bibliothek sogar einen eigenen Katalog lizenzfreier Fotografien.

Nicht immer müssen Sie so weit in die Vergangenheit zurückgehen, da es Projekte gibt, die sich bemühen, neue Arbeiten für den lizenzfreien Markt zur Verfügung zu stellen. Creative Commons (http://creativecommons.org) hat es sich zur Aufgabe gemacht, »die Auswahl an verfügbaren kreativen Arbeiten zu erweitern, um darauf aufzubauen und sie mit anderen zu teilen« (**ABBILDUNG 10**). Obwohl der Hauptschwerpunkt der Site im Jahr 2004 darin lag, Künstler zur Freigabe zu animieren, finden Sie dort auch Arbeiten, die andere unter einer Creative-Commons-Lizenz veröffentlicht haben. Seien Sie aufmerksam bei deren Verwendung, da es verschiedene Lizenzstufen gibt; nicht alles ist frei zu haben.

ANMERKUNGEN ZUM URHEBERRECHT

Wenn eine Arbeit zur Benutzung nicht zur Verfügung steht, Sie sie jedoch unbedingt haben müssen, können Sie stets den Urheber (oder in vielen Fällen den Verleger) um Erlaubnis bitten. Das Schlimmste, was Ihnen passieren kann, ist eine Absage. Achten Sie darauf, dass Sie die Genehmigung des richtigen Urheberrechtsinhabers in schriftlicher Form erhalten; anschließend können Sie die Arbeit für die vereinbarten Zwecke nutzen.

Bitte beachten Sie, dass das Urheberrechtsgesetz komplex ist und sich ständig ändert. Neue kreative Werke sind vom Augenblick der Erstellung an urheberrechtlich geschützt und dieser Schutz besteht unabhängig davon, ob der Schöpfer sein Urheberrecht angemeldet hat oder nicht.

Machen Sie sich mit der Sie betreffenden Gesetzeslage vertraut. Wenn Sie nicht absolut sicher sind, dass Sie eine Arbeit verwenden dürfen, holen Sie entweder die (schriftliche) Erlaubnis ein oder verwenden Sie etwas anderes. Es ist illegal, urheberrechtlich geschütztes Material ohne Genehmigung zu benutzen, und Sie können deshalb strafrechtlich belangt werden. Lassen Sie es nicht darauf ankommen.

Das abschließende Urteil

Coastal Breeze ist ein schlagkräftiges Beispiel dafür, was Sie mit ein wenig Talent und viel Zeit erreichen können. Shea schätzt, dass er wohl über 80 Stunden mit den ursprünglichen Photoshop-Sitzungen verbracht hat, in denen er die Kunstwerke für dieses Design erstellt hat.

Nur ein Traumkunde wäre bereit, einen derartigen Zeitaufwand zu bezahlen. Beim kreativen Briefing für ein kommerzielles Projekt, bei dem das gefragt ist, was mit Coastal Breeze aufgebaut wurde, ließe sich am meisten von der Fotografie profitieren. Mit den richtigen Ressourcen können auf Fotos beruhende Arbeiten dieselbe Atmosphäre schaffen, ohne das Budget in die Höhe zu treiben.

Der gemalte Look ist eindeutig, aber in der Realität ist es oft das Budget, das bestimmt, was bei einem Projekt getan werden kann. Einen solchen Look spart man sich am besten für kleine Details und Nachbesserungen auf.

Michael Pick, Designer

www.csszengarden.com/019

What Lies Beneath

Dreidimensionale Umgebungen in zweidimensionaler Form

GEDANKENSPIELE UND BILDHAFTE ASSOZIATIONEN gehören bei **Michael Pick** zur Ideenfindung. In diesem Fall begann er, über öffentliche Gärten in New York City nachzudenken, und machte eine Reihe von digitalen Fotos. Als er die Bilder in Adobe Photoshop bearbeitete, stellte er fest, dass seine Arbeit Ähnlichkeit mit einer Ameisenfarm aufwies. Das brachte ihn auf die Idee, eine unterirdische Szene anstelle eines traditionellen oberirdisch angelegten Gartens zu gestalten.

Dieser Anfang führte dazu, dass er über andere Dinge nachdachte, die man im Untergrund finden könnte. Eine Fülle von Ideen entstand und inspirierte das gespenstische, fremdartige und doch irgendwie auf seine eigene Weise schöne Projekt **What Lies Beneath**.

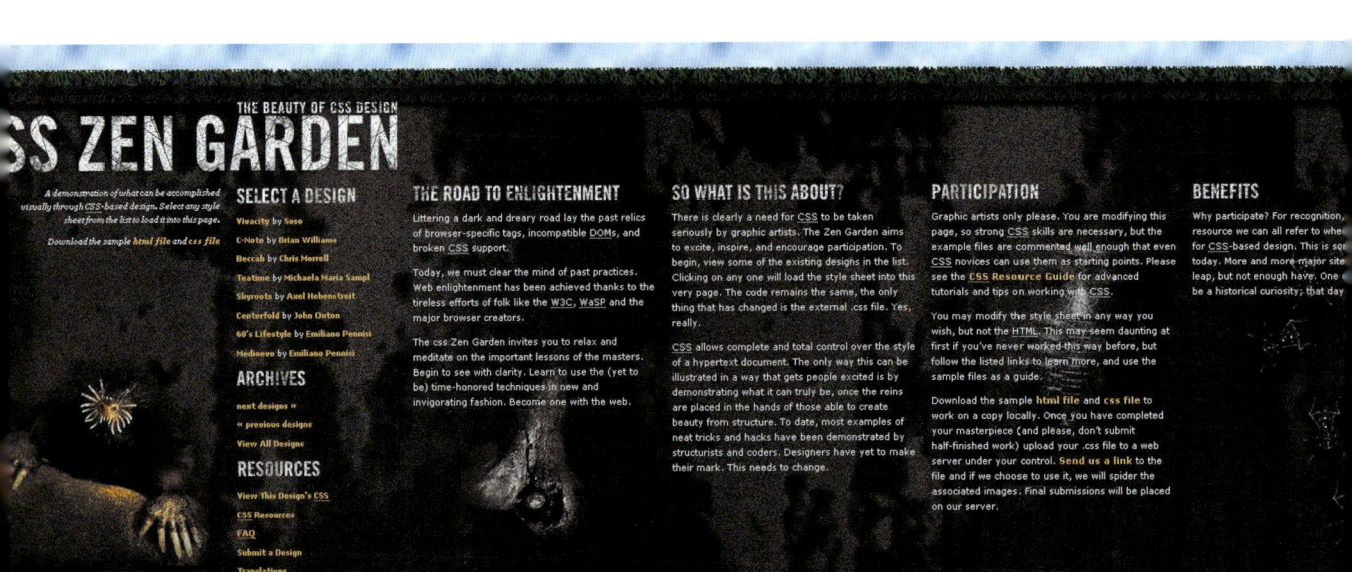

Umgebungen erschaffen

Die meisten Webseiten konzentrieren sich auf die Übermittlung von Informationen in angemessen anwenderfreundlicher und attraktiver Form. Obwohl die Designer stets angespornt werden, neue Ideen zu entwickeln, müssen wir alle zugeben, dass die Mehrheit der Anforderungen von Websites notwendigerweise in recht konventionellen 2D-Zusammenstellungen aus Bildern und Texten besteht.

Doch es gibt Ausnahmen. In den Anfangszeiten des Web entstand eine Technologie mit dem Namen VRML (*Virtual Reality Modeling Language*). Durch die grafische Darstellung bestimmter Punkte innerhalb einer simulierten Umgebung konnten Entwickler 3D-Modelle zur Ausgabe über eine Webseite erstellen. Unter Verwendung eines VRML-Plug-ins konnten die Besucher die Modelle dann betrachten.

Etwas später führte Apple QuickTime VR ein, das es den Designern erlaubte, sequenzielle Panoramafotos zu machen und diese mit Hilfe von Hilfsprogrammen für QuickTime VR zusammenzusetzen. Wiederum ist ein Plug-in erforderlich, um QTVR-Formate betrachten zu können; das Endergebnis ist jedoch eine simulierte, fotorealistische Umgebung, die man sich auf einer Website anschauen kann.

Natürlich können 3D-Filme und -Spiele im Web ausgegeben werden, solange sie in irgendeiner Weise von einem Browser oder Plug-ins wie Flash, Shockwave und anderen Video-, Audio- und verwandten Formaten unterstützt werden.

Nur ab und zu befinden wir uns in der glücklichen Lage, das Webmedium selbst erforschen zu können – ohne Virtual-Reality-Werkzeuge und spezielle Software und mit etwas mehr Tiefe! Anstatt unsere Vorstellungskraft auf den zweidimensionalen Bereich zu beschränken, bietet sich uns vielleicht die Gelegenheit, wie es bei Pick der Fall war, etwas tiefer einzutauchen und eine richtige Umgebung zu schaffen.

Das Simulieren von Umgebungen erfordert breit angelegte Studien, zu denen komplexe Theorien und wissenschaftliche Betrachtungen gehören. Ein guter Ausgangspunkt, etwas über simulierte Umgebungen zu lernen, ist die Entwicklung eines Computerspiels.

Hinweis

VRML ist nicht verschwunden. In der Tat wird diese Methode immer noch entwickelt und in bestimmten Situationen eingesetzt. Informationen über die Open-Source-Version von VRML, OpenVRML, finden Sie unter www.openvrml.org.

Hinweis

Mehr über Apples QuickTime VR erfahren Sie unter www.apple.com/quicktime/qtvr.

Hinweis

Beim Web3D Consortium handelt es sich um ein Projekt offener Standards, das sich mit der Untersuchung und Förderung von 3D-Standards für das Web befasst (www.web3d.org).

ABBILDUNG 1 Marschierende Ameisen in What Lies Beneath (das Bild wurde zur Verdeutlichung aufgehellt)

Es liegt nahe, dass Sie beim Studium von Prinzipien des Spieledesigns viele Lektionen lernen können, da Computerspiele immer realistischer und optisch überzeugender werden.

DIE FEINHEITEN VERSTEHEN

Die eindrucksvollen Grafiken von What Lies Beneath sind wegen der Feinheiten des Designs sehr kraftvoll. In den schattigen Tiefen finden wir Dinge, die normalerweise unter der Erde liegen, selbst wenn wir nicht sofort daran denken, dass sie sich dort befinden.

Eine der Aufgaben des Designers ist es, die Welt in ihren Feinheiten wahrzunehmen, um eine entsprechende Umgebung neu zu erschaffen – oder wie im Falle von What Lies Beneath geschehen, eine *Vorstellung* von dieser Umgebung zu vermitteln.

Das bedeutet, dass Sie lernen müssen, die Feinheiten zu verstehen und nicht nur zu sehen. Wenn Sie in einen Raum hineingehen, nehmen Sie sofort das Offensichtliche wahr: Wände, Fenster (oder deren Fehlen) und Möbel.

Aber was ist mit der Beschaffenheit? Die Risse im Holz, die abblätternde Farbe, der bröckelnde Putz, das zerbrochene oder verfärbte Glas? Wie gut nehmen wir Licht und Schatten wahr? Was ist mit dem Gesamteindruck des Raums: Ist er hoch? Hell? Weiträumig? Beengt? All diese Fragen erweisen sich als Feinheiten, die über das Offensichtliche hinausgehen, und genau diese Feinheiten sind erforderlich, um einen realitätsnahen Eindruck entstehen zu lassen.

In What Lies Beneath sehen wir diese Feinheiten überall, einschließlich der Ameisen, die ursprünglich als Inspiration für das Gesamtthema des Designs dienten (**ABBILDUNG 1**).

EINEN REALITÄTSNAHEN EINDRUCK SCHAFFEN

Es ist interessant festzustellen, dass das Erschaffen eines realitätsnahen Eindrucks nicht unbedingt bedeutet, fotorealistisch zu sein. Die in What Lies Beneath verwendeten Bilder sind an sich nicht fotorealistisch, sondern vermitteln lediglich einen sehr realitätsnahen Eindruck.

Der Gedanke ist, dass die Bilder die Realität wachrufen. Denken Sie beim Erstellen von Bildern, die nur etwas in der Natur Vorhandenes ins Gedächtnis rufen, anstatt es zu replizieren, über die folgenden Konzepte nach:

- Widmen Sie den Rändern große Aufmerksamkeit. Dies ist eine Fähigkeit, die sich Kunststudenten beim Aktzeichnen hart erarbeiten müssen. Sie neigen beispielsweise dazu, den Rand eines Frauenarms durch das Zeichnen einer Linie darzustellen. Der Student lernt jedoch schnell, dass das nicht so einfach ist. In der Realität sind Ränder ein Zusammenspiel aus Linien, Licht, Schatten sowie positivem und negativem Raum. Diese Aspekte schaffen wiederum das, was wir als Linie wahrnehmen (**ABBILDUNG 2**).

- Achten Sie auf die Form. Sehen Sie sich um und suchen Sie ein Objekt – ein beliebiges Objekt. Untersuchen Sie es genau und bestimmen Sie seine Form. Bei den meisten Objekten werden Sie feststellen, dass es sich um eine Kombination von Formen handelt, und dies ist ein wichtiger Unterschied. Wir können nicht einfach sagen, dass eine Teetasse ein Kreis ist. Sicherlich hat sie Kreise und Bögen, aber je nach Design der Teetasse können auch andere Formen vorkommen, die sie von anderen unterscheiden.

- Die Struktur in Bildern hilft dabei, einen realitätsnahen Eindruck von der Beschaffenheit eines Objekts zu erschaffen. Um den Schmutz in What Lies Beneath zu erstellen, nahm Pick das Foto eines Steuergeräts einer Ampelanlage in der Houston Street in New York. Interessanterweise ist es die Struktur des Steuergeräts – eines nicht verwandten Objekts –, das den realistischen Eindruck der Erde vermittelt (**ABBILDUNG 3**).

- Die Tiefe ist es, die den räumlichen Eindruck vermittelt, selbst in zweidimensionalen Umgebungen. In der Geometrie stellt die X-Achse die Horizontale und die Y-Achse die Vertikale dar. Die Z-Achse stellt die dritte Dimension bereit. Die Tiefe bezieht sich auf die Z-Achse: Nehmen Sie die Breite und die Höhe und fügen Sie diesen dritten Achspunkt hinzu; dadurch entsteht Tiefe. Die Vorstellung von der Tiefe im zweidimensionalen Design wird durch den Schatten und das Licht

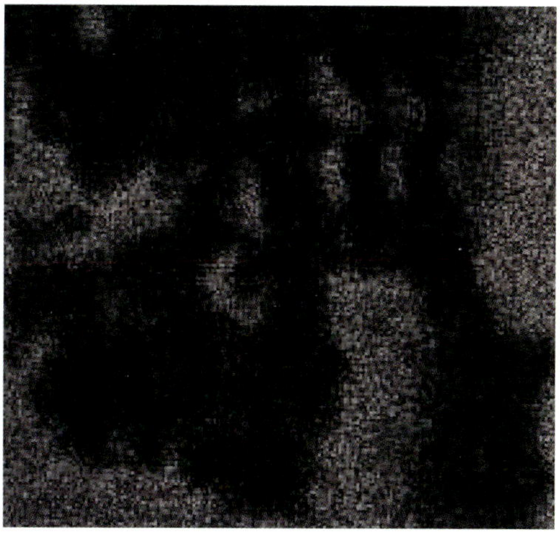

ABBILDUNG 2 Bei den Kanten handelt es sich nicht um bestimmte Linien. Stattdessen ergeben sie sich aus einem Zusammenspiel zwischen Licht und Schatten, Linien und Raum (das Bild wurde zur Verdeutlichung aufgehellt).

ABBILDUNG 3 Die Struktur eines Ampelsteuergeräts vermittelt den Eindruck von Erde (das Bild wurde zur Verdeutlichung aufgehellt).

ABBILDUNG 4 Ein sehr dunkler, großer Bereich von What Lies Beneath schafft den Eindruck von Schwere (zur Verdeutlichung aufgehellt).

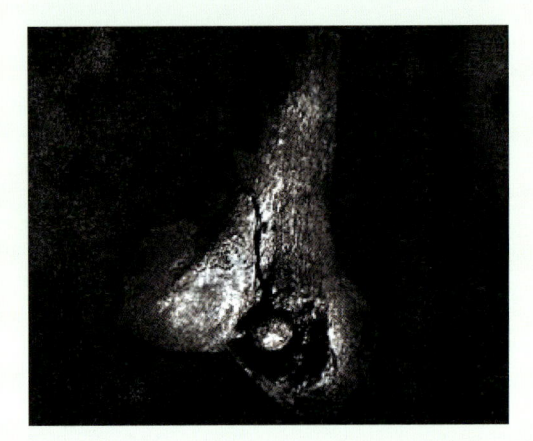

ABBILDUNG 5 Das Bild eines menschlichen Oberschenkelknochens unter der Erde vermittelt den Eindruck von Masse (zur Verdeutlichung aufgehellt).

ABBILDUNG 6 Zum Gruseln real: der Sternmull

Hinweis

Obwohl eine Überschneidung zwischen der mathematischen und der designbezogenen Definition von Masse, Festkörpern und Volumen besteht, unterscheiden sie sich ein wenig dahingehend, wie die Konzepte innerhalb des betreffenden Gebiets angewendet werden.

von Kanten bestimmt. In **ABBILDUNG 2** können Sie sehen, dass die dunkleren Bereiche wie reale Fugen in der Erde aussehen.

- Die Simulation der Erdanziehungskraft ist ebenfalls von Bedeutung. Im zweidimensionalen Design wird dies durch das optische Gewicht von Bildern auf einer Seite erreicht. In simulierten Umgebungen gelten dieselben Prinzipien, aber es muss auch ein Indikator für Dinge vorhanden sein, die bis zum untersten Punkt innerhalb des Designs gezogen werden. Der dunkelste, am massivsten wirkende Bereich von What Lies Beneath ist der unterste Teil der unterirdischen Szene, der dabei hilft, diesen Eindruck von Schwere zu erzeugen (**ABBILDUNG 4**).

Beim Erstellen einer Darstellung dreidimensionaler Objekte in einem zweidimensionalen Design führt die Kombination mehrerer der zuvor genannten Eigenschaften zur Illusion von *Masse*.

Im Zusammenhang mit dem optischen Design kann Masse als zweidimensionales Erscheinungsbild eines dreidimensionalen Objekts beschrieben werden, das für die Erzeugung der Illusion bestimmt ist, dass das Objekt aus seiner Umgebung hervorragt. Beachten Sie die folgenden Prinzipien:

- *Festkörper* setzen sich aus Farben und Strukturen zusammen.
- Das *Volumen* eines Objekts umfasst seine Länge, die Breite und die Tiefe.

Die Masse ist das Ergebnis der Gruppierung solcher optischen Elemente und macht letztlich den Eindruck eines realistischen Objekts aus (**ABBILDUNG 5**).

Abschließend sei gesagt, dass der simulierte Effekt verstärkt werden kann, wenn ein Objekt aus der Natur gewählt und in eine simulierte Umgebung platziert wird. In diesem Fall schafft das Bild des merkwürdig aussehenden Sternmulls ein gruseliges Gefühl beim Betrachter, das die Wahrhaftigkeit des übrigen Designs verstärkt (**ABBILDUNG 6**).

MIT EBENEN ARBEITEN

Ein weiteres Thema, auf das Webdesigner selten stoßen, ist das Arbeiten mit Ebenen. Ebenen sind genau das, was ihr Name schon sagt – einzelne Schichten innerhalb einer Umgebung. Das Ebenenkonzept erscheint insgesamt sinnvoll, wenn Sie an ein Bürogebäude denken. Jedes Stockwerk befindet sich auf einer anderen Ebene.

In der Entwicklung von Spielen wird dem Aufbau realistischer Ebenen innerhalb der Spielumgebung furchtbar viel Aufmerksamkeit gewidmet. Spieledesigner untersuchen oft, wie Architekten und Umweltgestalter die Konstruktion von Gebäuden angehen.

Zu den wichtigen Konzepten, die wir beim Erstellen von in Ebenen aufgeteilten Umgebungen von der Architektur, der Umweltgestaltung und der Spielentwicklung lernen können, gehören folgende:

- Jede Ebene ist in ihrer Anlage, ihrem Raum und ihrem Ausmaß einzigartig.
- Jede Ebene bleibt in irgendeiner Weise integriert und mit den darüber und darunter liegenden Ebenen verbunden.
- Es gibt einen natürlichen Übergang zwischen den Oberflächen.
- Es gibt immer einen Schwerpunkt oder eine Betonung innerhalb des Designs.
- Wie zuvor erwähnt, ist die Übermittlung der Schwerkraft von Bedeutung. Menschen erwarten, dass Objekte auf irgendeine Weise nach unten gezogen werden.

In What Lies Beneath gibt es drei verschiedene Ebenen: den Himmel (**ABBILDUNG 7**), das Gras (**ABBILDUNG 8**) und den unterirdischen Bereich (**ABBILDUNG 9**).

Beim Studieren dieser Bilder können wir sehen, dass die Konzepte gelten. Die einzelnen Ebenen haben ihre eigene einzigartige Beschaffenheit. Jede Ebene ist durch einen Designübergang mit der darüber (**ABBILDUNG 10**) und der darunter liegenden Ebene (**ABBILDUNG 11**) verbunden. Der Schwerpunkt liegt in diesem Fall auf allem, was sich unter der Erde befindet.

ABBILDUNG 7 Die oberste Ebene des Designs ist der Himmel.

ABBILDUNG 8 Die Zwischenebene ist das Gras (zur Verdeutlichung aufgehellt).

ABBILDUNG 9 Der untere Abschnitt erschafft die unterirdische Ebene.

ABBILDUNG 10 Der Übergang von der obersten zur Zwischenebene. Bitte beachten Sie die Stellen, an denen der Himmel im Gras zu sehen ist.

ABBILDUNG 11 Der Übergang vom Gras zum unterirdischen Bereich wird durch die progressive Verdunklung wiedergegeben, die zeigt, wie das Gras in der Erde verwurzelt ist (zur Verdeutlichung aufgehellt).

ABBILDUNG 12 Die Bearbeitung der Buchstaben hilft dabei, sie wirkungsvoller in diese Umgebung zu integrieren.

ABBILDUNG 13 Das Festhalten an einer einzelnen Farbe aus der unmittelbaren Umgebung hilft dabei, die unrealistischen Buchstaben dem Kontext anzupassen.

Interessanterweise erzeugt die unterirdische Ebene mit ihrer im Vergleich zu der obersten Ebene und den Zwischenebenen des Designs größeren Höhe, ihrem Gewicht und der dunkleren Farbe naturgemäß einen Gravitationssog.

Unrealistische Objekte in simulierten Umgebungen

Wir alle wissen, dass Kopftext, Textkörper und Links im Untergrund nicht existieren. Pick hat jedoch Verfahren angewendet, die diese unrealistischen Objekte als integrierte Bestandteile des Designs erscheinen lassen.

Sehen Sie sich den Kopftext an (**ABBILDUNG 12**). Sie können sehen, dass er die Buchstaben bearbeitet hat. Fügt man dem Text Kratzer und Schmutz hinzu, passt er besser zum Rest des Bildes.

Außerdem hat Pick sein Farbschema vernünftig ausgewählt. Die Farbe der Links wurde den helleren Abschnitten des Sternmulls entnommen. Dies erweitert den Eindruck des Lichts und kombiniert die Links wirkungsvoller mit dem Gesamteindruck des Designs (**ABBILDUNG 13**).

Es ist kein Zufall, dass es keine Hover-Farben oder andere Farbeffekte für die Links gibt, sondern diese lediglich beim Überfahren mit der Maus unterstrichen werden. Dadurch wird die Einführung weiterer, möglicherweise unrealistischer Objekte eingeschränkt.

Hätte Pick sich für die Verwendung anderer Linkfarben entschieden, z.B. das Blau des Himmels oder das Grün des Grases, hätte er die Illusion zerstört, da damit die einzigartige Beschaffenheit unabhängiger Ebenen in eine Ebene eingeführt worden wäre, zu der diese Beschaffenheit einfach nicht passt.

Im Ergebnis bleibt die Integrität des Gesamtansatzes erhalten.

Dimensionen

Im Großen und Ganzen ist es der experimentelle Charakter von CSS Zen Garden, der die Freiheit bot, das Arbeiten mit einem Design zu erforschen, das die unterirdische Umgebung simuliert. Es war der kluge Geist von Michael Pick und sein Blick für Feinheiten, die dieses einzigartige Design zustande kommen ließen.

Oceans Apart, Seite 204

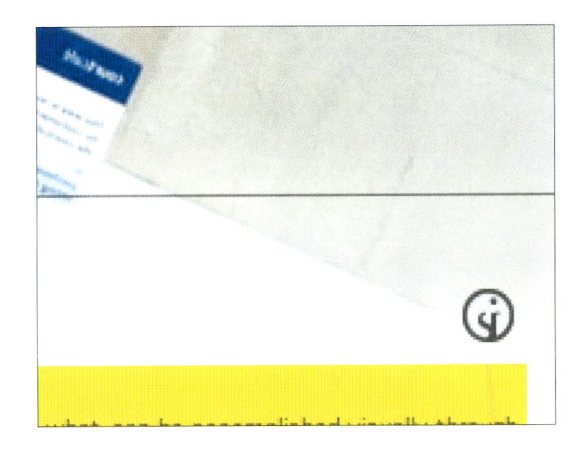

si6, Seite 212

Dead or Alive, Seite 228

Blood Lust, Seite 236

Kapitel 5

Typografie

Release One, Seite 220

Golden Mean, Seite 244

SINN UND ZWECK jeder Art von Schrift ist die Kommunikation. Dabei ist die Schriftart von größter Bedeutung für die Übermittlung von Ideen, denn sie transportiert Atmosphäre, Gefühle und andere Formen des menschlichen Ausdrucks.

Jeder aktive Webdesigner kennt die Schwierigkeiten, die mit der Schriftgestaltung im Web einhergehen. Das sollte uns aber nicht davon abhalten, unsere Techniken zu verfeinern und neue Methoden und Möglichkeiten auszuloten, um ein Gefühl für Gestalt, Form, Stil, Farbe, Gewicht und Aussehen zu entwickeln. Lassen Sie sich durch die in diesem Kapitel beschriebenen eindrucksvollen typografischen Techniken motivieren.

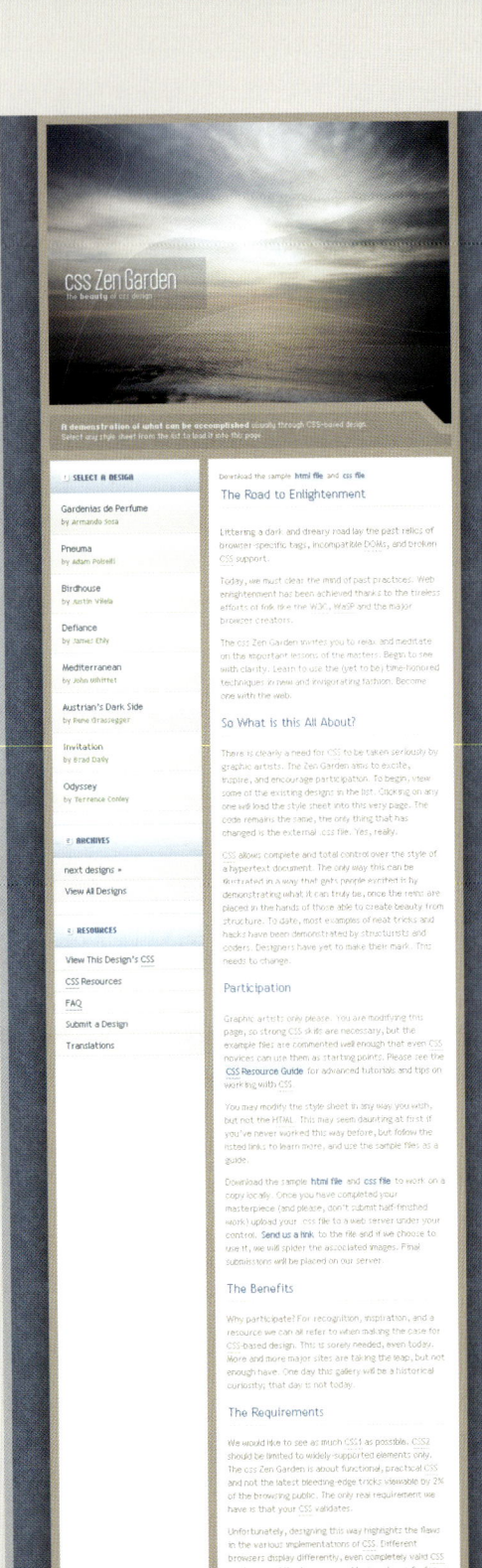

Ryan Sims, Designer
www.csszengarden.com/085

Oceans Apart

Schlichte Schriftarten und wirkungsvolles Design machen Eindruck

DIE WUNDERSCHÖNE FARBPALETTE von **Oceans Apart** entwickelte **Ryan Sims** aus einem Foto, das er in Südkalifornien aufgenommen hatte. Friedvoll wie der Pazifik selbst erzielen Farben und Bildsymbolik einen harmonischen Kontrast zu dem Eindruck sanfter Bewegung, der den Betrachter in seinen Bann zieht.

Oceans Apart ist weder grell noch aufdringlich. Die Einfachheit des Designs verstärkt sogar den nachhaltigen Eindruck. Statt vieler Bilder, Farben und Schriftarten verfolgt Sims eine Philosophie à la Hemingway: Modischer Schnickschnack wird vermieden. Seine Kunst besteht darin, die Schönheit eher durch Weglassen als durch Hinzufügen abzurunden.

Schriftkonventionen

Die Typografie stellt einen besonderen Bereich des Designs dar. Die Karriere mancher Designer beruht ausschließlich auf dem Studium, der Anwendung und der Entwicklung von Schriftarten. Für die Erstellung einer wirkungsvollen Schriftart gibt es keine eindeutigen Regeln, aber einige wichtige Richtlinien, die jeder Designer kennen sollte.

SCHRIFTATTRIBUTE

Zu den *Schriftattributen* gehören Merkmale einer Schrift wie zum Beispiel Gewicht, Laufweite und Neigung.

Das *Gewicht* sagt aus, wie schwer oder leicht eine Schriftart wirkt. In CSS können Sie diese Wirkung durch die Eigenschaft `font-weight` bestimmen. **TABELLE 1** zeigt Beispiele für verschiedene Werte dieses Attributs.

Hier türmt sich allerdings ein Berg von Hindernissen auf, wobei eines der größten darin besteht, dass viele Schriftarten keine Zwischengrößen aufweisen, die für CSS benötigt werden (**ABBILDUNG 1**). Überdies können einige Browser solche Zwischengrößen gar nicht anzeigen, selbst wenn die Schriftart darüber verfügt.

In der Praxis können Sie sich lediglich darauf stützen, dass jede Schriftart wenigstens zwei Schnitte besitzt, nämlich `normal` und `bold` (fett), die Sie zur Darstellung benutzen können. **ABBILDUNG 1** zeigt, wie ein Browser (in diesem Fall Mozilla) eine Schrift, die eigentlich in verschiedenen Gewichten angezeigt werden soll, lediglich durch Fett- und Normalschrift unterscheidet.

Die *Laufweite* bestimmt die Breite der Buchstaben einer Schriftart. Ein enger Schnitt enthält schmalere, ein weiter Schnitt breitere Buchstaben als die Normalschrift (**ABBILDUNG 2**). In CSS gibt es eine entsprechende Eigenschaft namens `font-stretch`. Sie wird allerdings nie benutzt, weil keiner der bekannten Browser sie unterstützt.

ABBILDUNG 1 Wenn eine Schriftart nicht über Zwischengrößen verfügt, tut der Browser, was er kann; meist erschöpfen sich seine Möglichkeiten jedoch in Fett- und Normalschrift.

ABBILDUNG 2 Die Schriftschnitte eng, normal und weit

Hinweis

Wenn eine fette, kursive oder geneigte Version einer Schriftart auf dem Computer des Benutzers vorhanden ist, wird der Browser sie in der Regel übernehmen. Anderenfalls versucht er, die gewünschte Variante elektronisch aus der Normalform zu generieren. Die Unterschiede sind häufig von einem geschulten Auge deutlich zu erkennen.

TABELLE 1   Gewichte von Schriftarten in CSS

Eigenschaft und Wert	Ergebnis
`font-weight: normal`	Die Schrift wird in ihrer Normalversion angezeigt, was dem numerischen Gewicht 400 entspricht.
`font-weight: bold`	Stellt die Schrift fett dar, was normalerweise dem numerischen Gewicht von 700 entspricht, obwohl fett bei einigen Schriftarten schon bei 600 beginnt.
`font-weight: (300)`	Stellt die Schrift etwas leichter als normal dar, wobei der Bereich von 100 bis 900 reicht.
`font-weight: bolder`	Stellt die Schrift fetter ein, als es dem übernommenen Wert entspricht. Wenn z.B. ein Absatz bereits in Fettschrift gesetzt ist und ein Teil darin durch strong hervorgehoben werden soll, wird er mit dem Wert bolder belegt, so dass er dunkler erscheint. Das ist natürlich nicht möglich, wenn der ursprüngliche Wert bereits 900 beträgt, weil dieser nicht mehr erhöht werden kann.
`font-weight: lighter`	Zeigt die Schrift leichter an, als es dem übernommenen Wert entspricht. Wenn er 300 beträgt, wird er auf 200 gesetzt, falls eine Version mit diesem Gewicht existiert. Eine Verringerung des Gewichts ist natürlich nicht möglich, wenn der ursprüngliche Wert 100 beträgt, weil dies der kleinstmögliche ist.
`font-weight: inherit`	Bewirkt, dass der ursprüngliche Wert des Gewichts übernommen wird.

Ein weiteres Schriftattribut ist die *Neigung*, die der CSS-Eigenschaft font-style entspricht. Sie bestimmt den Winkel, mit dem die Schrift dargestellt wird. Es gibt zwei Möglichkeiten für die Neigung:

- Kursiv (italic) – Dabei handelt es sich um eine aus der Normalschrift entwickelte Version, die einen handschriftlichen Eindruck vermittelt.

- Schräg (oblique) – Dies ist eine lediglich schräg gestellte Version der Normalschrift. Die meisten Menschen verwenden die Bezeichnung *kursiv* auch dann, wenn es sich eigentlich nur um eine schräg gestellte Normalschrift handelt.

Die Eigenschaft font-style kann die Werte normal, italic, oblique und inherit annehmen.

SCHRIFTKONTRAST

Der *Kontrast* wird durch dickere oder dünnere Linien der Buchstaben bestimmt. Einige Schriftarten verfügen über eine große Variationsbreite, während andere mit nur einem Kontrastwert ausgestattet sind.

Beim üblichen Schriftdesign wird häufig eine Schriftart für die Überschriften und eine andere für den Textkörper verwendet. Im Allgemeinen kommen serifenlose Schriftarten für die Überschriften zum Einsatz, weil die abgerundeten, meistens kontrastarmen Buchstabenformen die Aufmerksamkeit auf sich ziehen. Serifentypen werden seit eh und je für gedruckten Fließtext bevorzugt, besonders für lange Absätze. Die meisten Bücher sind nach diesem Schema gedruckt, im Web ist die Situation jedoch eine andere.

SCHRIFTFARBE

Dabei handelt es sich um einen typografischen Begriff, der den Bedeckungsgrad eines Textabsatzes kennzeichnet. Eine dünne Schriftart wie Helvetica Light weist zum Beispiel eine helle *Schriftfarbe* auf, weil sehr wenig Druckfarbe aufgetragen wird, während bei einer dicken Schrift wie Cooper oder Arial Black die Schriftfarbe dunkler ist. Die Schriftfarbe wird aber nicht allein von der verwendeten Schriftart, sondern auch von anderen Eigenschaften wie beispielsweise der Ausrichtung und dem Zeilenabstand bestimmt.

Hinweis

In Bezug auf das Web wird auch häufig die gegenteilige Meinung vertreten, dass serifenlose Schriftarten besser für Fließtext auf dem Bildschirm geeignet sind. Die Diskussion darüber ist nach wie vor im Gange. Mehr über diese Kontroverse können Sie unter www.digital-web.com/news/2004/06/serif_vs_sanserif nachlesen.

Weitere den Kontrast beeinflussende Eigenschaften sind die Farbe, in der die Schrift dargestellt wird, sowie die Farbsättigung (*type hue*), so dass sich dem Designer durch Verwendung kontrastreicher Schriftarten und kontrastreicher Farben unzählige Möglichkeiten bieten.

In der Regel sollten Designer vorsichtig mit dem Einsatz vieler verschiedener Farben umgehen. Natürlich gibt es auch bestimmte Fälle, in denen es gerade angebracht sein kann – zum Beispiel bei Seiten für Kinder. Meistens führt die übermäßige Verwendung von Farben aber zu unprofessionell wirkenden Ergebnissen.

Schriftkonventionen in Oceans Apart

Sims' Philosophie der Einfachheit kommt in diesem Design klar zum Ausdruck. Der gesamte HTML-Text ist in Trebuchet gesetzt, kombiniert mit einigen anderen serifenlosen Schriftarten für normalen Text:

```
body {font: 11px "trebuchet ms", arial, helvetica,
➥sans-serif;}
```

Trebuchet ist eine serifenlose Schrift, die von Microsoft im Web und in Microsoft Office verwendet wird. Dadurch ist sie weit verbreitet, aber dennoch ist es wichtig, über weitere Schriftarten zu verfügen.

SÄTTIGUNG UND KONTRAST WÄHLEN

Die Einstellungen für Sättigung und Kontrast sind nicht nur für den Gesamteindruck Ihres Designs von entscheidender Bedeutung, sondern auch für die *Lesbarkeit*. Diese Eigenschaft ist ein Maß dafür, wie gut eine Schriftart lesbar ist.

Bei einem konventionellen Schriftdesign werden Vorder- und Hintergrund in kontrastreichen Farben dargestellt, zum Beispiel schwarze Schrift auf weißem Hintergrund oder umgekehrt. Dies verbessert – in Verbindung mit den anderen aufgeführten Methoden – die Lesbarkeit.

Sims weicht bei Oceans Apart von den üblichen Konventionen ab und wählt eine feine bräunliche Tönung für seinen Text:

```
color: #9F927F;
```

Der Kontrast zu einem weißen Hintergrund erweist sich in diesem Fall als sehr gering, wie **ABBILDUNG 3** zeigt. Interessanterweise erscheinen die Links sowohl im Fließtext als auch in der seitlichen Linkleiste in einem dunkleren Blau. Viele Designer hätten wahrscheinlich diese Farbe wegen ihres höheren Kontrasts für den Fließtext benutzt (**ABBILDUNG 4**).

Zugegebenermaßen wird der Kontrast dadurch verbessert, wenn der Fließtext blau ist, aber der zarte Kontrast in der bräunlichen Tönung des Originals ist besonders reizvoll. In der Tat wirkt gerade diese Textgestaltung so außerordentlich beruhigend auf den Betrachter und ist noch ausreichend gut lesbar.

Darüber hinaus tragen die blauen Texteinfügungen und Links zum Gesamtkontrast des Designs bei. Dadurch wird zusätzliche Aufmerksamkeit erzeugt – eine subtile Designlösung, die aber in diesem Fall einen starken Eindruck hinterlässt.

Der Schriftkontrast ist auch in der negativ dargestellten Seitenüberschrift von Bedeutung. Die Schrift ist in Weiß vor einem durchscheinenden Feld dargestellt, das über dem Foto zu schweben scheint (**ABBILDUNG 5**). Direkt daneben befindet sich weiße Schrift auf einem dunkelbraunen Hintergrund, wodurch interessante Formen und Bewegungen entstehen, die die Gesamtwirkung verstärken (**ABBILDUNG 6**).

SCHRIFTGRÖSSENKONTRAST UND FARBE

Die Verwendung verschiedener Schriftgrößen erzeugt durch das unterschiedliche Aussehen der Absätze einer Seite zusätzliche Aufmerksamkeit. Auch in Oceans Apart ist diese einfache Methode mit Erfolg eingesetzt worden.

Der Standard-HTML-Text auf dieser Seite einschließlich der primären Links in der Linkliste ist auf 11 Pixel eingestellt und die sekundären Links und Zusatztexte auf 9 Pixel. Es ist

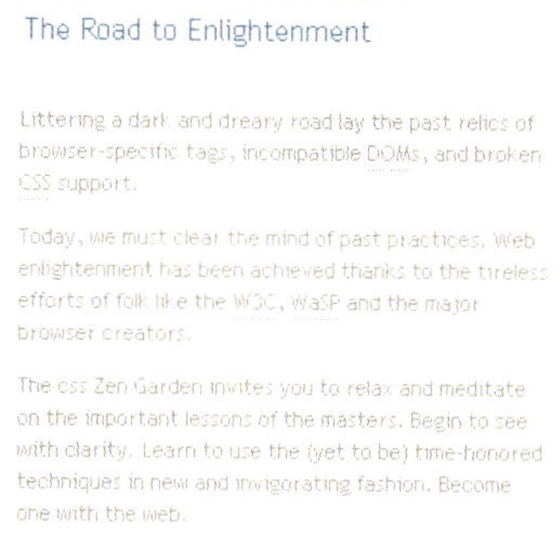

ABBILDUNG 3 Die benutzte Schriftart weist einen geringen Kontrast auf.

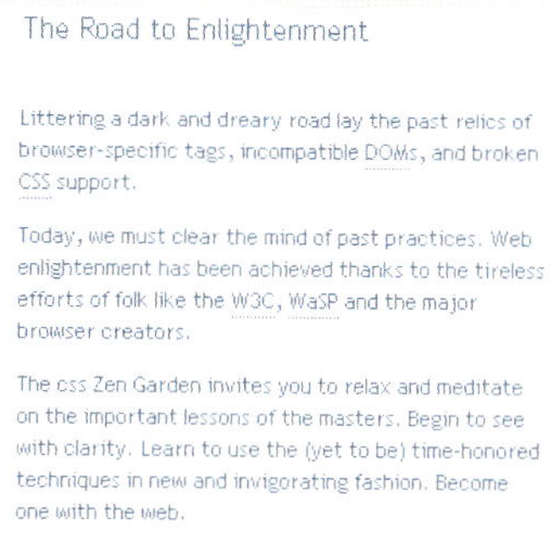

ABBILDUNG 4 Die Erhöhung des Kontrasts durch eine stärker gesättigte Farbe aus der Palette verändert den Gesamteindruck des Designs.

Tipp

Natürlich kann eine Schriftart mit geringerem Kontrast für Menschen mit eingeschränktem Sehvermögen schwerer lesbar sein. Für professionelle Designs, die sich an ein breites Publikum wenden, sollten zugunsten einer besseren Lesbarkeit keine zu schwachen Farb- und Kontrastwerte gewählt werden.

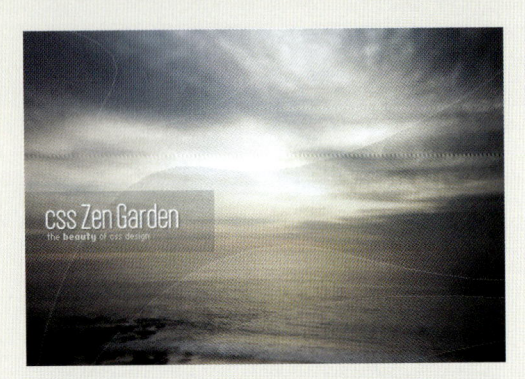

ABBILDUNG 5 Beurteilung des Kontrasts im Titelbild von Oceans Apart

ABBILDUNG 6 Die Unterzeile der Überschrift verwendet Negativschrift.

ABBILDUNG 7 Die optische Wirkung des Kontrasts bezüglich Größe und Sättigung bei einem Unterschied von nur 2 Pixeln ist wesentlich größer als vielleicht erwartet.

ABBILDUNG 8 Die grafische Schrift in Großbuchstaben auf einem besonderen Hintergrund fällt auf, weil diese Kombination innerhalb des Designs nur einmal auftaucht.

verblüffend, was ein Unterschied von 2 Pixeln ausmachen kann, wenn zusätzlich die Farbtöne verschieden sind (**ABBILDUNG 7**).

Im Abschnitt #linklist2 benutzt Sims ein Olivgrün, das sich nicht nur sehr gut vom Hintergrund der Linkliste, sondern auch von dem Blau und Braun der anderen Designbereiche abhebt.

SCHRIFTGRÖSSENKONTRAST UND GEWICHT

Wenn Sie sich nochmals das Titelbild in **ABBILDUNG 5** ansehen, werden Sie feststellen, dass Sims bei dieser grafischen Schrift Größe und Gewicht benutzt hat, um Kontrast zu erzeugen. »css« ist im Gegensatz zu »Zen Garden« klein geschrieben. Die Zeile darunter ist ein perfektes Beispiel für unterschiedliche Gewichte, wobei »beauty« in fettem und der umgebende Text in normalem Schnitt dargestellt wird.

Dies leitet direkt zu der Grafik unter dem Foto über, in der die ersten sieben Wörter in Fett und der restliche Text normal gesetzt sind, wie Sie in **ABBILDUNG 6** sehen.

ZUSAMMENSPIEL VON ÜBERSCHRIFTEN UND TEXT

Was wir abschließend nicht außer Acht lassen sollten, ist das Zusammenwirken von Überschriften und Text in Oceans Apart. Überschriften innerhalb des Textkörpers sind grafisch und verwenden die schon erwähnte blaue Farbe. Die Schrift ist mit einem feinen schwarzen Schatten versehen – fast nur ein Hauch –, der der Schrift einen leichten Glanz verleiht und damit die Auffälligkeit verbessert.

Was ebenfalls den Blick des Betrachters auf sich zieht, kommt innerhalb des Designs nur einmal vor, nämlich die Überschrift der Linkliste (**ABBILDUNG 8**). Hier sehen Sie eine grafische Schrift in Großbuchstaben in einem dunkleren Blau vor einem blauen Hintergrund, der sich von der bräunlichen Umgebung deutlich abhebt. Diese Überschrift ist sehr auffällig und eine sehr gute Hilfe für die Navigation innerhalb des Designs.

Von der Einfachheit lernen

Während der erste Eindruck von Oceans Apart sehr geradlinig wirkt, erzeugt die fein abgestufte Schlichtheit ein beruhigendes und angenehmes Gefühl. Die unaufdringlichen Ausdrucksformen – viele davon sind in der Schriftgestaltung zu finden – stellen ein Lehrstück dar, dessen wir uns bei der Gestaltung unserer eigenen Designs erinnern sollten.

Shaun Inman, Designer
www.csszengarden.com/044

si6

Die Schwierigkeiten mit Schriftarten und wie man damit umgeht

---

DER DESIGNER **Shaun Inman** erstellte **si6** unter Verwendung einer Rasterstruktur. Das Design besteht aus drei Spalten, die durch unsichtbare Grenzen gebildet werden. Die Textzeilen sind durch feine Linien getrennt, von denen einige die Verbindung zwischen den Überschriften in der linken und dem Text in der mittleren Spalte herstellen.

Die Schriftart selbst wurde sorgfältig ausgewählt, um zu dem linierten Hintergrund zu passen. Pixelgenau angelegter Text wie dieser vermittelt einen klaren und kühlen Eindruck, der jedoch zerstört wird, sobald der Betrachter die Textgröße in seinem Browser verändert (was wegen der kleinen Schrift und des geringen Kontrasts nicht unwahrscheinlich ist).

Eingeschränkte Schriftauswahl

Das wohl lästigste Problem beim Schriftdesign im Web, das sich sehr wahrscheinlich auch in absehbarer Zukunft nicht ändern wird, besteht darin, dass die Anzahl der verwendbaren Schriften klein und das Ergebnis nicht vorhersagbar ist, weil die Benutzer sehr leicht die auf ihrem Computer verfügbaren Schriftarten verändern können.

Mit Ausnahme der in Flash-Animationen oder Bildern eingebetteten Schriften hängt die Anzeige aller Schriften im Web davon ab, welche Schriftarten auf dem Computer des Endbenutzers installiert sind. Die meisten Benutzer sind keine Designer und verfügen lediglich über die mit dem Betriebssystem und verschiedenen Softwareprogrammen gelieferten Schriftarten. Benutzer von Microsoft Office besitzen eine größere Auswahl als solche, die Office nicht installiert haben.

In Windows und Mac OS X sind standardmäßig unterschiedliche Schriften installiert. Es gibt zwar einige Gemeinsamkeiten zwischen ihnen; wenn Sie aber die Unix-Varianten (einschließlich Linux) in Betracht ziehen, wird Ihnen schnell klar, dass die einzige Sicherheit darin besteht, dass nichts sicher vorhersagbar ist. **TABELLE 1** listet einige der gebräuchlichsten Schriften der verschiedenen Plattformen auf.

Microsoft führte 1996 eine Reihe von Schriftarten ein, die speziell für Bildschirmanwendungen gestaltet worden sind. Diese Standardschriften für das Web (»Core Web Fonts«) fanden weite Verbreitung, da sie über das Internet heruntergeladen werden konnten. Heute werden sie mit den Microsoft-Produkten installiert. Dazu gehören die in **TABELLE 2** aufgelisteten Schriftarten.

Tipp

Microsoft stellt eine Liste der Schriftarten, die mit den verschiedenen Anwendungen geliefert werden, unter www.microsoft.com/typography/fonts/default.aspx bereit. Weil die Benutzer aber selbst entscheiden können, einzelne Schriften zu entfernen oder gar nicht erst zu installieren, bietet auch dies keine Gewähr dafür, dass sie über die entsprechenden Schriftarten verfügen.

Tipp

Mit der Erstellung einer Übersicht der allgemein verfügbaren Schriftarten wurde 2001 begonnen. Obwohl sie wegen einer unbekannten Fehlerrate nicht als absolut verlässlich angesehen werden kann, ist sie als Grundlage für Vergleiche sehr nützlich. Mehr darüber finden Sie unter »Code Style Font Sampler« bei www.codestyle.org/css/font-family.

Hinweis

Leider können die Hauptschriftarten von Microsoft seit 2002 nicht mehr kostenlos heruntergeladen werden, aber es gibt sie noch (dank der großzügigen Lizenzbedingungen) unter http://corefonts.sourceforge.net/. Weil diese Seite für Linux-Benutzer gedacht ist, sind die Windows-Versionen etwas schwer zu finden – suchen Sie nach »original unaltered .exe files«.

TABELLE 1 Gebräuchliche Schriftarten verschiedener Plattformen

	Windows	**Macintosh**	**Unix/Linux**
Serif	Book Antiqua, Bookman Old Style, Garamond	New York, Palatino, Times	Bitstream Vera Serif, New Century Schoolbook, Times, Utopia
Sans serif	Arial Narrow, Century Gothic, Lucida Sans Unicode, Tahoma	Charcoal, Chicago, Geneva, Helvetica, Lucida Grande	Bitstream Vera Sans, Helvetica, Lucida
Monospace	Courier, Lucida Console	Courier, Monaco	Bitstream Vera Mono, Courier

TABELLE 2 Die Core Web Fonts von Microsoft

Serifenschriften	**Serifenlose Schriften**	**Monospace-Schriften**	**Besondere Schriften**
Georgia, Times New Roman	Arial, Arial Black, Trebuchet MS, Verdana	Courier New, Andale Mono	Comic Sans MS, Impact, Webdings

Normalerweise sollten Sie diese Schriftarten problemlos für Ihre Designs benutzen können, aber denken Sie daran: Nichts, was mit dem Web zu tun hat, ist absolut vorhersagbar. Genau das ist der Grund, weshalb CSS über eine Methode verfügt, verschiedene Schriftarten zuzulassen, wobei auf grundlegende Schriftfamilien zurückgegriffen werden kann, falls die Originalschrift nicht verfügbar ist.

Grundlegende Schriftfamilien

Inman wollte si6 mit der Mac-basierten Schriftart Geneva darstellen. Weil er aber die Begrenzungen von Windows-Computern bei der Darstellung von nicht vorhandenen Schriftarten kannte, fügte er Alternativen zu seiner Liste der bevorzugten Schriften hinzu:

```
body {
  font: 9px/16px Geneva,Arial,Tahoma,sans-serif;
}
```

In dieser Anweisung bestimmen die ersten beiden Werte die Schriftgröße (9 Pixel) und die Höhe (16 Pixel) und danach werden die alternativen Schriftarten in der gewünschten Reihenfolge aufgelistet (**ABBILDUNG 1**). Wenn ein Browser Geneva nicht finden kann, sucht er als Nächstes nach Arial, dann nach Tahoma, und falls auch diese nicht verfügbar sein sollten, benutzt er als letzte Möglichkeit seine eigene serifenlose Standardschrift.

Diese grundlegenden Schriftfamilien sind in CSS eingebaut und alle kompatiblen Browser ordnen jeder grundlegenden Schriftfamilie automatisch eine geeignete Schriftart zu (wobei es dem Benutzer trotzdem möglich ist, die vom Browser getroffene Auswahl zu verändern). Es ist nicht unbedingt notwendig, eine grundlegende Schriftfamilie für jede verwendete Schriftart bereitzustellen, aber es ist sehr zu empfehlen (es sei denn, Sie bevorzugen wirklich Times New Roman).

Alle grundlegenden Schriftfamilien sind nachfolgend mit einer Beschreibung ihrer Anwendungen aufgeführt.

serif

Diese Schriften weisen dekorative Serifen auf, darunter versteht man die kleinen Balken oder Häkchen am Ende der Buchstabenstriche (**ABBILDUNG 2**). Fast immer ist Times New Roman die Standardserifenschrift, falls der Benutzer dies nicht manuell geändert hat.

ABBILDUNG 1 si6 mit den Schriftarten Geneva, Arial und Tahoma (von oben nach unten)

ABBILDUNG 2 Beispiele für Serifenschriften: Times New Roman, Georgia und Garamond

Helvetica

Futura

Lucida Sans Unicode

ABBILDUNG 3 **Beispiele für serifenlose Schriften: Helvetica, Futura und Lucida Sans Unicode**

Courier

Monaco

Andale Mono

ABBILDUNG 4 **Beispiele für Monospace-Schriften: Courier, Monaco und Andale Mono**

Comic Sans

Apple Chancery

Brush Script MT

ABBILDUNG 5 **Beispiele für Kursivschriften: Comic Sans, Apple Chancery und Brush Script MT**

Impact

Papyrus

ABBILDUNG 6 **Beispiele für Fantasieschriften: Impact und Papyrus**

sans serif

Diese Schriften besitzen keine Serifen (**ABBILDUNG 3**). Arial ist fast immer die serifenlose Standardschriftart.

monospace

Dabei handelt es sich um Schriften, bei denen jeder Buchstabe gleich viel Platz beansprucht, so wie bei einer herkömmlichen Schreibmaschine (**ABBILDUNG 4**). Darin beansprucht beispielsweise ein »i« die gleiche Breite wie ein »m«. Sie eignen sich besonders für Codelistings, die gleiche Zeichenpositionen für jede Zeile voraussetzen. Die Standardschrift ist hier fast immer Courier oder Courier New.

cursive

Kursivschriften (**ABBILDUNG 5**) vermitteln einen handschriftähnlichen Eindruck und werden vor allem in Überschriften verwendet. Der Name bezieht sich auf Skriptstilschriften, aber zu dieser Kategorie gehören auch andere Schriftarten mit handschriftlichem Charakter. Es gibt unterschiedliche Standardschriften, aber zumeist wird Comic Sans verwendet.

fantasy

Fantasieschriften dienen ausschließlich dekorativen Zwecken und werden in erster Linie für Überschriften verwendet (**ABBILDUNG 6**). Weil diese Gruppe so viele Schriften umfasst, ist es unmöglich vorherzusagen, wie die Kombination der Schriftfamilie und der Größe aussehen wird. Deshalb verwendet im Web niemand `fantasy` für seriöse Designs.

08/15-Schriften sind ganz nett, aber ...

Wenn Sie einräumen müssen, dass Sie bisher für drei von vier Webprojekten Verdana und Georgia benutzt haben, werden Sie feststellen, dass die Verwendung einer Schriftart, von der Sie wissen, dass die meisten Benutzer sie nicht installiert haben, neuen Schwung in Ihre Arbeit bringt. Vorausgesetzt, dass Sie einige grundlegende Schriftfamilien für die große Mehrheit der Benutzer einbauen, die nicht über die Originalschrift verfügen, kann dieser fortschrittliche Ansatz Ihnen großartige neue Möglichkeiten ohne benutzerbedingte Begrenzungen eröffnen.

Die folgenden Kombinationen sind wegen ihrer Einfachheit gut geeignet. Die erste Schriftart in der Liste stellt jeweils etwas Neues und Unerwartetes dar, das aber durch die nachfolgenden Standardschriftarten abgesichert ist.

```
body {
  font-family: "Lucida Grande", "Lucida Sans Unicode",
  ➥Verdana, sans-serif;
}
h2 {
  font-family: Garamond, "Times New Roman", serif;
}
dt, li {
  font-family: Optima, Arial, sans-serif;
}
.sidebarCallout {
  font-family: "Century Gothic", Verdana, sans-serif;
}
```

Wir haben bereits beschrieben, dass Inman Geneva als erste Wahl anbietet, gefolgt von Arial und Tahoma als Absicherung. Dies ist wegen der ähnlichen x-Höhen eine besonders günstige Kombination. Die *x-Höhe* wird in *Typographic Design: Form and Communication, 3rd Edition*, von Rob Carter, Ben Day und Philip Meggs (John Wiley & Sons, 2002) als »Die Höhe von Kleinbuchstaben ohne Auf- und Abstriche« definiert und weiter heißt es: »Diese kann am einfachsten am kleinen x gemessen werden.«

Impact
Chicago
Verdana
Trebuchet MS
Lucida Grande
Geneva
Eurostile
Andale Mono
Helvetica
Arial
Arial Narrow
American Typewriter
New York
Monaco
Big Caslon
Palatino
Optima
Times New Roman
Georgia
Futura
Apple Chancery
Bell Gothic
Myriad Pro
COPPERPLATE
Gill Sans
Courier New
Baskerville
Brush Script MT

ABBILDUNG 7 Verschiedene Schriften von 16 Pixel Größe mit verschiedenen Werten von x-heights. Beachten Sie die Größenunterschiede der Schriften am Anfang und am Ende der Liste.

Sie haben wahrscheinlich bemerkt, dass einige Schriften größer aussehen als andere, obwohl Sie ihnen den gleichen Größenwert zugewiesen haben. In **ABBILDUNG 7** sehen Sie zum Beispiel, dass die 16 Pixel große Verdana etwas größer ist als die meisten Schriften von gleichem Größenmaß. Wenn Sie Ihre alternativen Schriften auswählen, sollten Sie dabei berücksichtigen, dass der Wert `font-size` auf alle gleichermaßen angewendet wird. Wenn Ihre bevorzugte Schrift eine relativ große x-Höhe aufweist und die Schrift, die die meisten Benutzer sehen, etwas kleiner ist, kann das in manchen Fällen die Lesbarkeit beeinträchtigen. Wenn Sie Ihre Auswahl mit verschiedenen Browsern und Plattformen ausprobieren, können Sie solchen Schwierigkeiten vorbeugen.

Im Jahre 1998 wurde mit CSS2 eine Eigenschaft namens `font-size-adjust` als Abhilfe für diese x-Höhendiskrepanz eingeführt. Weil sie aber keine breite Anwendung fand, wurde sie mit CSS2.1 wieder abgeschafft. Vielleicht wird sie ja eines Tages wieder eingeführt, wenn CSS3 vollendet ist und von den wichtigsten Browsern unterstützt wird. Gegenwärtig sollten Sie sich aber nicht darauf verlassen.

Schriftauswahl in der Praxis

Wegen der großen Vielzahl von Schriftarten, die den Benutzern zur Auswahl stehen, können Sie nicht vorhersehen, was die Besucher Ihrer Webseiten zu sehen bekommen. Deshalb empfiehlt sich ein pragmatischer Ansatz, mit dem Sie akzeptieren, dass einige Benutzer Ihre Seiten anders sehen, als Sie dies beabsichtigt haben.

Das ist aber kein Grund, sich ausschließlich an Arial zu klammern – Experimentieren im Web gehört zum guten Ton und das ist gut so. Shaun Inmans Beispiel zeigt Ihnen, dass sich das Abweichen von den üblichen Web-Schriftarten lohnen kann.

Didier Hilhorst, Designer

www.csszengarden.com/035

Release One

Das Chaos der Schriftgrößen beherrschen

URSPRÜNGLICH HATTE **Didier Hilhorst** die Absicht, **Release One** als auffällige Markenwerbung zu erstellen. Er wendete die gleiche Methode an wie immer, wenn er eine kreative Arbeit beginnt, indem er sich Gedanken über die Besucher des Zen Gardens (Designer), über die Anforderungen (gültiger Code, großes Design) und die Konkurrenz (andere wichtige Designsites) machte.

Das kreisförmige Gänseblümchen-Logo bleibt abstrakt genug, um sich in das umgebende Design einzufügen (**ABBILDUNG 1**). Leuchtend grüne und orange Farben wecken die Aufmerksamkeit des Betrachters, während blasseres Grau und wenig strukturierte Flächen das Auge ausruhen lassen.

Schriftgröße

Auch wenn das hier abgedruckte Design nicht denselben Eindruck wie die Bildschirmansicht vermittelt, werden Sie bemerkt haben, dass die Schrift ziemlich klein wirkt. Wenn Sie sich das Stylesheet ansehen, erkennen Sie den Grund:

```
p {
  font-size: 11px;
  text-align: justify;
}
#quickSummary p.p1 {
  font-size: 9px;
  background: transparent;
  color: #999;
  text-align: left;
}
```

ABBILDUNG 1 Ein stilisiertes Logo für Zen Garden

Das heißt, dass die größte Schriftart (abgesehen von denen in den Bildern) nicht größer als 11 Pixel hoch ist und manchmal nur 9 Pixel beträgt. Designer verwenden bevorzugt kleinere Schriften, weil die Gruppe der verfügbaren webfreundlichen Schriftarten in größeren Schriftgraden oft unprofessionell wirkt (Verdana größer als 12 Pixel ist besonders unschön) und weil der Designer bei kleineren Schriften mehr Information auf der gleichen Fläche unterbringen kann.

Browser-Steuerung

Glücklicherweise stehen dem Betrachter einer Site verschiedene Optionen zur Verfügung. Alle großen Browser bieten die Möglichkeit der Schriftgrößeneinstellung, über die ein Benutzer den Text einer Site nach Wunsch skalieren kann. In den meisten Browsern finden Sie diese Option über den Menüpunkt ANSICHT oder über die Tastenkombination `Strg` und `+` oder `Strg` und `-` (minus).

Wenn alles nach Plan verlaufen würde, könnten wir jetzt Schluss machen und die nächsten Seiten mit Männchenmalen und heiteren Anekdoten füllen. Daran hindert uns aber folgendes Problem: Schriften, deren Größe in Pixeln definiert ist, werden im Internet Explorer von Windows nicht richtig skaliert.

Hinweis

Wenn Sie ein modernes Betriebssystem wie Mac OS X, Windows XP oder Windows Vista benutzen, das eine Kantenglättung beinhaltet (bei Windows XP müssen Sie dazu allerdings die Funktion für die ClearType-Schriftdarstellung manuell aktivieren), können Sie die Schrift in Release One wahrscheinlich mühelos lesen (**ABBILDUNGEN 2** und **3**). Wenn Sie nicht über diese Funktion verfügen, benötigen Sie womöglich Hilfsmaßnahmen, um den Text zu lesen (**ABBILDUNG 4**). Während einige Schriften auch in sehr kleiner Form gut lesbar sind – Verdana ist dafür ein gutes Beispiel –, erscheinen andere in gleicher Größe unleserlich. Unter Windows XP aktivieren Sie ClearType über *Start/Einstellungen/Systemsteuerung/Anzeige/Darstellung*. Drücken Sie auf den Button *Effekte* und wählen Sie die Methode zum Kantenglätten von Bildschirmschriftarten aus. Bei Windows Vista wählen Sie *Systemsteuerung/Darstellung und Anpassung/Anpassung/Fensterfarbe und -darstellung/Eigenschaften für klassische Darstellung* öffnen.

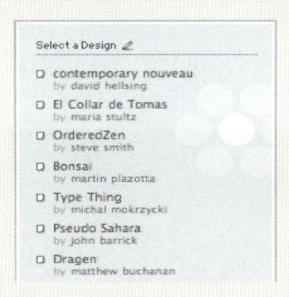

ABBILDUNG 2 Die Kantenglättung in Mac OS X lässt die kleine Schrift in Release One gut aussehen.

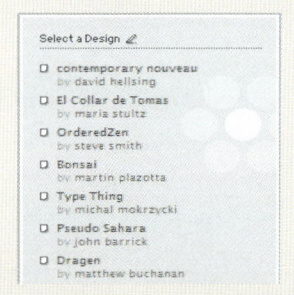

ABBILDUNG 3 ClearType von Windows XP zeigt ebenfalls eine gute Wirkung, obwohl die Schrift sogar noch kleiner wiedergegeben wird.

Relative oder absolute Einheiten

Eine absolute Einheit ist eine Länge mit einer vordefinierten Bedeutung; `cm`, `in` und `pt` stehen für Zentimeter, Zoll (*inch*) und Punkt. Jede dieser Einheiten entspricht einem Messwert in der realen Welt und es ist unsinnig zu behaupten, dass beispielsweise 2,5 Zentimeter gleich zweieinhalb Fuß sind.

Eine relative Einheit wie zum Beispiel `%`, `em`, `larger` (größer) oder `smaller` (kleiner) lässt dagegen auf eine einstellbare Beziehung zwischen Größenmaßen schließen. 2 em und 200 % sind doppelt so groß wie 1 em und 100 %, aber wie groß ist 1 em? Und auf was genau bezieht sich 100 %? Alle diese Einheiten benötigen eine Bezugsgröße, die den Unterschied ausmacht: 1 em kann 3 Zoll oder 0,55 cm oder irgendetwas anderes bedeuten.

Die Erstellung eines Stylesheet, das auf einer relativen Einheit aufbaut, benötigt eine Basisgröße von 1 em oder 100 %, auf die sich alle Schriftgrößen *proportional* beziehen. Überschriften können dann 150 % oder 2,2 em und Zusatztexte 0,8 em oder 75 % groß sein. Die Basisgröße kann spezifiziert werden oder von den Standardeinstellungen des Browsers abhängen und in beiden Fällen können die Benutzer ihre bevorzugte Basisgröße verändern, damit die Schriften auf der Seite entsprechend skaliert werden. Diese Wahlmöglichkeit des Benutzers stellt den Hauptvorteil einer relativen Einheit dar. Sehen Sie sich Release One in Windows XP oder Vista ohne ClearType an und Sie werden verstehen, wie wichtig diese Funktion für den Betrachter ist.

Es gibt noch eine dritte Art von Einheiten. Der Schriftschlüssel (*font keyword*) mit Werten wie zum Beispiel `xx-small`, `medium` und `x-large` ist eine absolute Einheit nach CSS-Spezifikation. Aber all das ist nicht perfekt und keine Methode arbeitet genau so wie gewünscht.

Pixel und Probleme

Nach der CSS-Spezifikation ist px in der Praxis eine relative Einheit. Dafür gibt es eine lange und ziemlich theoretische Erklärung, die sich mit Armlängen und visuellen Winkeln beschäftigt. In der Kurzfassung lautet sie, dass die Pixel eines 15-Zoll-Monitors mit einer Auflösung von 1280 x 960 wesentlich kleiner sind als die eines 21-Zoll-Monitors mit einer Auflösung von 800 x 600. Weil 10 Pixel auf Letzterem lesbar sind, nicht jedoch in halber Größe auf dem Ersteren, kann die Einheit nach der vorherigen Definition nicht als absolut angesehen werden.

Da px also relativ ist, sollten wir in der Lage sein, es für eine genaue Einstellung der Bezugsgröße für unsere Schriften zu benutzen und dem Betrachter erlauben, sie nach Bedarf einzustellen ... es sei denn, das ist gar nicht möglich, weil die fehlende Unterstützung des Windows Internet Explorers für die Skalierung der px-Einheit dazu führt, dass sie letztendlich doch absolut ist. Vielleicht können wir em oder % verwenden und damit das Problem lösen? Halt, nicht so hastig! Auch relative Einheiten sind nicht ideal.

DER AUSGANGSPUNKT

Rufen Sie sich ins Gedächtnis, dass sich relative Einheiten auf einen Basiswert beziehen. Aber wie wird dieser festgelegt? Durch die Standardeinstellung eines Browsers. Die meisten Browser verwenden dafür eine Größe von 16 Pixeln, was für die meisten Benutzer ausreicht.

INKONSISTENZEN UND RUNDUNG

Auf die Standardeinstellung eines Browsers zu bauen, mag gut funktionieren, wenn Sie keine genaue Übereinstimmung zwischen mehreren Browsern benötigen. Obwohl die meisten standardmäßig von 16 Pixel ausgehen, ist der Größenunterschied zwischen verschiedenen Betriebssystemen und älteren Browsern überraschend. Der Webdesigner Owen Briggs führte vor einigen Jahren eine Testreihe durch und stellte mit Hilfe mehrerer hundert Screenshots fest, dass die Übereinstimmung von relativen Einheiten ein ferner Traum bleiben wird (**ABBILDUNG 5**). Lange Zeit galt die relative Größenfestlegung wegen der großen Abweichungen als

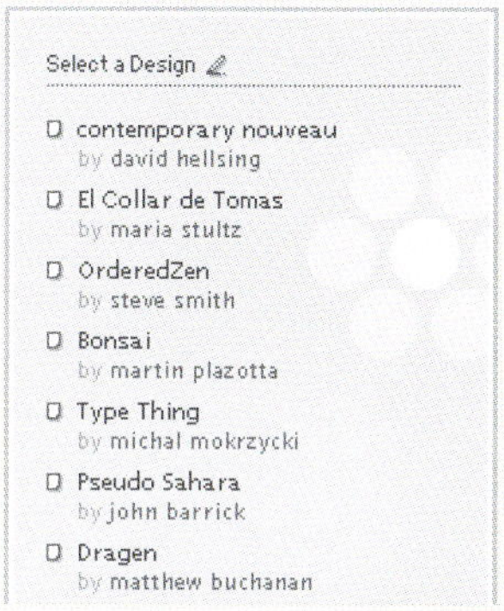

ABBILDUNG 4 Mit Windows XP ohne aktivierte ClearType-Funktion ist der Text von Release One nur schwer lesbar.

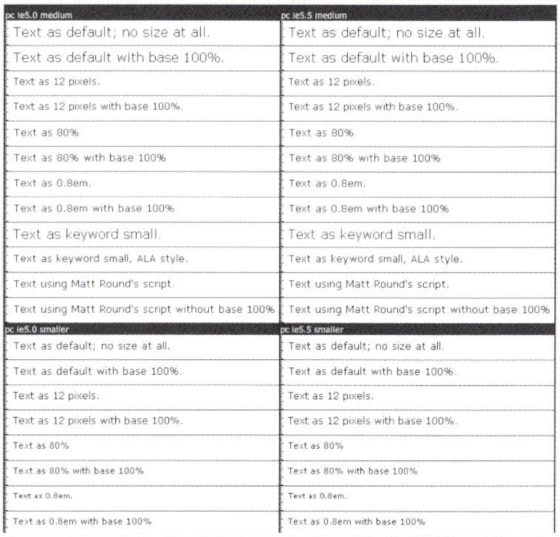

ABBILDUNG 5 Einige der zahlreichen Screenshots von Owen Briggs zeigen die Größenunterschiede verschiedener Browser.

Tipp

Mehr über die Tests von Owen Briggs können Sie unter »Text Sizing« bei http://thenoodleincident.com/tutorials/box_lesson/font/index.html nachlesen.

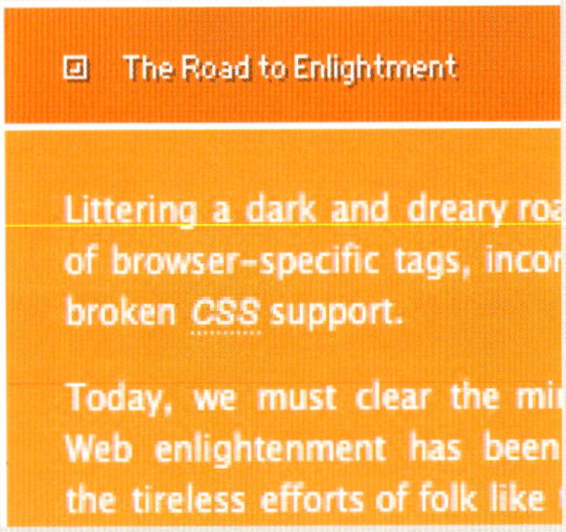

ABBILDUNG 6 Text, der in einem modernen Browser die richtige Größe aufweist ...

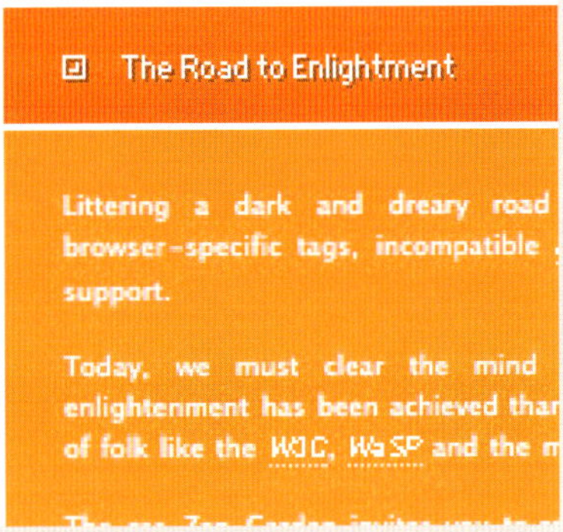

ABBILDUNG 7 ... kann aufgrund der Vermischung in einem älteren Browser unlesbar sein.

unpraktikabel; 1 em konnte irgendeine Größe zwischen 12 und 16 Pixel annehmen.

Nicht nur die Bezugsgrößen waren verschieden, sondern auch die Skalierungen der verschiedenen Browser. Wenn 1 em 16 Pixeln entspricht, wie groß sind dann 0,9 em? Ein Browser wird vielleicht 14,4 Pixel auf 14 abrunden, während ein anderer auf 15 aufrundet.

VERMISCHUNG

Mit relativen Größenangaben können Sie leicht in eine Sackgasse geraten. Betrachten Sie den folgenden Code:

```
<div id="benefits">
 <h3>Benefits</h3>
 <p>Why participate? For recognition, inspiration, and
 a resource we can all refer to when making the case for
 CSS-based design. This is sorely needed, even today.</p>
</div>
```

Wie groß ist der Text innerhalb des Absatzes, wenn der folgende CSS-Code angewendet wird, wobei 100 % 16 Pixel Höhe entsprechen?

```
#benefits {
 font-size: 75%;
}
p {
 font-size: 75%;
}
```

Haben Sie 12 oder 9 Pixel geraten? Die richtige Antwort ist 9 Pixel. Der erste Größenbefehl setzt den gesamten Text innerhalb #benefits auf 75 % oder 12 Pixel Höhe. Der zweite Befehl übernimmt diesen Wert und setzt ihn auf 75 % des Ersteren, woraus sich eine Textgröße von 9 Pixel ergibt.

Diese Vermischung wird problematisch, wenn sie ungewollt geschieht und nicht überprüft wird; bei zu vielen Iterationen wird Ihr Text unlesbar. Alte Browser wie beispielsweise der Internet Explorer für Macintosh werden besonders durch verschachtelte Einheiten beeinträchtigt; der Text wird dann immer kleiner und kleiner (**ABBILDUNGEN 6** und **7**).

Schriftgrößen mit Verstand wählen

Was soll der arme Webdesigner also tun, wenn alle Methoden für die Schriftgrößenbestimmung problembehaftet sind? Offensichtlich bereitet die Größenangabe in Pixeln dem Designer die wenigsten und dem Benutzer die meisten Probleme. Es gibt drei zuverlässige Methoden, jede davon mit Vor- und Nachteilen.

VOM EM-WERT AUSGEHEN

Nachdem Owen Briggs seine Screenshot-Orgie beendet hatte, entdeckte er, dass bei Schriften, deren Größe mit Prozentwerten bestimmt wurde, die geringsten Rundungsfehler auftraten. Wenn dem Textkörper ein Prozentwert zugeordnet war und allen anderen Textelementen ein em-Wert, wiesen die relativen Schriftgrößenfestlegungen eine hohe Konsistenz auf:

```
body {
  font-size: 76%;
}
p {
  font-size: 1em;
}
```

Briggs empfiehlt diese Werte und rät dazu, keine Schrift mit einem Wert unter 1 em zu bemessen. Die resultierende Textgröße für das p-Element beträgt ungefähr 12 Pixel, wenn der Standardwert des Browsers 16 Pixel beträgt. Dies ist ein günstiger Wert für die meisten Benutzer und wegen der relativen Angabe leicht zu ändern. Diese Methode hat Briggs auf seiner eigenen Website in »Sane CSS Sizes« ausführlich beschrieben (www.thenoodleincident.com/tutorials/typography/index.html). Die Achillesferse dieser Technik besteht in der Voraussetzung, dass der Standardwert des Browsers 16 Pixel beträgt. Das ist zwar für die meisten zutreffend; falls jedoch der Benutzer diesen Wert verändert hat, wird der Text auf dem Bildschirm entsprechend skaliert dargestellt.

Tipp

Viele gute Ratschläge sind online verfügbar, zum Beispiel bei Max Design (www.maxdesign.com.au/presentation/relative), css-discuss (http://css-discuss.incutio.com/?page=FontSize) und Dive Into Accessibility (http://diveintoaccessibility.org/day_26_using_relative_font_sizes.html).

Hinweis

Das Box Model Hack ist ein CSS-Hack, das speziell für den Internet Explorer 5 von Windows geschaffen wurde, um das kaputte Box-Modell dieses Browsers zu umgehen. Seine Verwendung ist um andere Methoden wie zum Beispiel die Schriftgrößentechnik erweitert worden. Sie finden Box Model Hack unter http://tantek.com/CSS/examples/boxmodelhack.html.

VON EINEM SCHLÜSSELWORT AUSGEHEN

Wie sich herausgestellt hat, verursacht der Windows Internet Explorer 5 die meisten Probleme bei der Schriftgrößenbestimmung mit Schlüsselwörtern. Die meisten anderen Browser liefern mit dieser Methode ziemlich zuverlässig konsistente Ergebnisse. Bei etwas browser-spezifischer Filterung mit Hilfe von Box Model Hack, um dem Internet Explorer 5 verschiedene Werte vorzugeben, stellt deshalb die Verwendung von CSS-Schlüsselwörtern eine gangbare Methode dar:

```
body {
 font-size: x-small;
 voice-family: "\"}\"";
 voice-family: inherit;
 font-size: small;
} html>body {
 font-size: small;
}
```

Der Skalierungsfaktor zwischen den Schlüsselwörtern wird mit 1,2 vorgeschlagen; wenn man also annimmt, dass ein mittlerer Wert 16 Pixel beträgt, entspricht das Ergebnis ungefähr einer Textgröße von 13 Pixeln.

DEN STIL VERÄNDERN

Für die genaue Steuerung von Bildschirmschrift ist px am besten geeignet. Sich allein darauf zu verlassen, ist nicht zu empfehlen, aber es gibt eine Methode, mit der die Mängel des Internet Explorers umgangen werden können – indem ein Stylesheet für größere Schriften erstellt wird.

In einigen Browsern sind Funktionen für das Wechseln zwischen Stylesheets eingebaut, nicht aber im Internet Explorer für Windows. Deshalb sind codebasierte Methoden geschaffen worden, die diese Funktionalität ersetzen und Elemente in eine Seite einfügen, die der Benutzer selbst steuern kann. Besonders erwähnenswert ist die von Paul Sowden, die in *A List Apart* veröffentlicht wurde. Mit diesem Verfahren können offensichtlich nicht nur Schriftgrößen eingestellt werden, aber es hat sich sehr gut bewährt und gestattet es, individuelle Einstellungen vorzunehmen, die der Webdesigner eingebaut hat.

Hinweis
Ein ausführlicheres Beispiel mit einer Beschreibung, was der links abgedruckte Code im Einzelnen bewirkt, ist bei Dive Into Accessibility unter http://diveintoaccessibility.org/day_26_using_relative_font_sizes.html zu finden.

Hinweis
Paul Sowdens Methode können Sie in »Alternative Style: Working with Alternate Style Sheets« (www.alistapart.com/articles/alternate) nachlesen.

Welche Methode?

Welche Methode ist für Ihre Arbeit am besten geeignet? Das ist weitgehend Geschmacksache. Die Betrachter Ihrer Seiten mögen nicht über das scharfe Auge eines Designers wie Didier Hilhorst verfügen, aber wenn Sie Ihre Schriftgrößenmethode mit Bedacht wählen, haben sie das auch nicht nötig.

Michael Pick, Designer
www.csszengarden.com/009

Dead or Alive

Anmut und Schwerkraft im typografischen Design

WÄHREND **Michael Pick** über mögliche Entwurfsideen für CSS Zen Garden nachgrübelte, entstand in ihm der Wunsch, »etwas Lustiges und ein bisschen Komisches« zu schaffen, was letztlich zu dem Design von **Dead or Alive** führte.

Picks Idee bestand darin, den alten Wilden Westen mit der Welt der japanischen Samurais zu verbinden, was in eine höchst interessante historische Gegenüberstellung mündete. Er wählte die charakteristischen Schriften im Western-Stil mit verschiedenen Verzierungen. Der damit gestaltete Entwurf ist gekennzeichnet von typografischer Unaufdringlichkeit und vermittelt eine hervorragende Einsicht in die Designgestaltung durch Schrift.

Dekoratives Beiwerk

Am augenfälligsten in Dead or Alive sind die typografischen Verzierungen, die so genannten *Dingbats* (Fantasiezeichen). Traditionell werden dafür Blumen- oder Ornamentsymbole verwendet; digitale Dingbats werden nach bestimmten Themengruppen zusammengestellt. Es folgen einige Beispiele:

- Geschäftswelt
- Sport
- Tiere
- Natur
- Kreativ/ausgefallen

ABBILDUNG 1 zeigt fünf Beispiele von Dingbat-Themen.

Pick gestaltete sein Western-Thema in Dead or Alive mit eingefügten Dingbat-Symbolen und mit grafischen Verfeinerungen, die das Design elegant und vollendet erscheinen lassen.

Was uns zuerst auffällt, ist das Logo (**ABBILDUNG 2**). In einer ovalen, mit Schnörkeln verzierten Fläche mit einer Unterschrift im Westernstil ist eine Pagode abgebildet. Dies thematisiert den Kontrast zwischen dem Wilden Westen und dem historischen Japan und ist das prägende Element der Gesamtansicht.

Der fünfzackige Stern als Abzeichen des Sheriffs ist ein bekanntes Symbol für den Wilden Westen. Die Überschriften der Linklisten sind mit solchen Sternen gekennzeichnet und die Absätze sind mit Dingbats unterteilt (**ABBILDUNG 3**).

Wenn wir den Textkörper betrachten, finden wir einige weitere interessante Dekorationselemente. Die oberste Textüberschrift weist als einzige die Silhouetten eines Samurais und eines Bonsai-Bäumchens auf (**ABBILDUNG 4**).

ABBILDUNG 1 Dingbats sind normalerweise nach Themen geordnet.

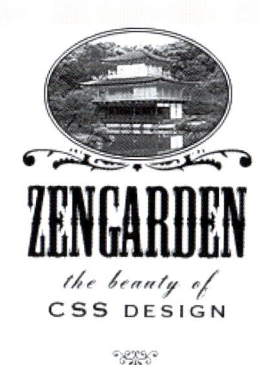

ABBILDUNG 2 Das dekorative Logo von Dead or Alive

ABBILDUNG 3 Die Überschriften in der Linkliste sind mit »Sheriffsternen« und einem Dingbat als Separator geschmückt.

ABBILDUNG 4 Die oberste Überschrift weist Samurais und ein Bonsai-Bäumchen auf.

In den folgenden Überschriften dominiert weiterhin der Westernstil mit einer Hinweishand als Dingbat – einem ebenfalls bekannten Westernsymbol (**ABBILDUNG 5**).

Zwei weitere dekorative Elemente vervollständigen das Werk und runden es ab. Oben und unten wird der Entwurf von einem sich wiederholenden Muster in Form einer Bordüre begrenzt, die an Geldscheine oder Aktien erinnert (**ABBILDUNG 6**). Zum Abschluss wurde mit feinem Humor ein Poststempel, der den Domänennamen mikepick.com enthält, als feine Verzierung hinzugefügt (**ABBILDUNG 7**).

Ohne Dingbats und Verzierungen wäre der thematische Kontrast dieses Designs nur schwer herstellbar gewesen. Wir lernen daraus, dass gut platzierte Verzierungen eine große Bereicherung darstellen können, die ein Design und seine Botschaft verstärken.

Typografisches Layout

Es wird viel über Layouts in Bezug auf die Platzierung von Teilen einer Seite gesprochen, aber es gibt auch viele wissenschaftliche und anekdotische Informationen über Schriftelemente in einem Design.

DIE OPTISCHE ANMUTUNG

Das menschliche Auge bewerkstelligt den Vorgang des Lesens auf einzigartige Weise. Designern wird von Typografen nahegelegt, ihre Schriften so zu gestalten, dass sie diesen Prozess unterstützen und nichts die natürliche Aufnahme der Wörter stört. Ausnahmsweise könnte ein Designer von dieser Zielsetzung abweichen, wenn er aus bestimmten Gründen *absichtlich* eine Störung des Leseflusses verursachen möchte. Ansonsten sollten Sie diese Regel stets beachten.

In Sprachen, die von rechts nach links gelesen werden, ergibt sich ein besonderes Lesemuster, wenn eine Person beginnt, eine Seite zu lesen. Das gilt für gedruckte Medien ebenso wie für Webseiten.

Eine vorherrschende Theorie in der Typografie geht davon aus, dass sich das Auge natürlicherweise auf die linke obere Ecke konzentriert, die man den *primären optischen Bereich* nennt. Danach bewegt sich das Auge nach rechts, springt

---

ABBILDUNG 5 Die folgenden Überschriften sind ebenfalls im Westernstil gestaltet.

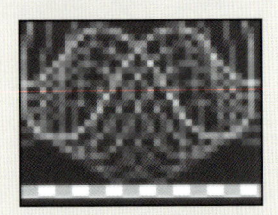

ABBILDUNG 6 Dieses sich wiederholende Ornament bildet eine auffällige Bordüre (Abbildung vergrößert dargestellt).

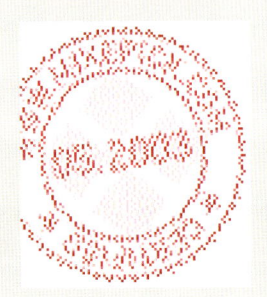

ABBILDUNG 7 Ein Poststempel als Wasserzeichen (Bild ist verdunkelt wiedergegeben)

Hinweis

Natürlich führen Sprachen, die nicht von links nach rechts geschrieben werden, zu anderen optischen Ergebnissen. Bei Sprachen wie Hebräisch oder Arabisch, die von rechts nach links geschrieben werden, ist es logisch, den optischen Aufbau umgekehrt zu gestalten: Das Abtasten mit den Augen beginnt an der oberen rechten Ecke und bewegt sich nach links und zeilenweise nach unten.

dann zurück auf den Beginn der nächsten Zeile und so weiter. Dieser Vorgang findet seinen Abschluss am untersten Punkt des Designs, der als *Ankerpunkt* (»Terminal Anchor«) bezeichnet wird. Im Idealfall werden Designs, die für praktische Zwecke und nicht für Experimente gestaltet sind, diese optische Verfahrensweise beim Lesen berücksichtigen und möglichst nicht stören (**ABBILDUNG 8**).

DIE SCHWERKRAFT FÜHRT DAS AUGE

Der Vorgang, der das Auge nach unten lenkt, wird *Schwerkraft* genannt. Genau wie die Schwerkraft uns physisch nach unten zieht, bewegt sich das Auge abwärts zum natürlichen Abschluss eines visuellen Designs.

Aufgrund dieser Erkenntnis ist es sinnvoll, Logos normalerweise im primären optischen Bereich (in der linken oberen Ecke) zu platzieren und das Design so zu gestalten, dass Text und andere Elemente zu einem Abschlusspunkt am Ende der Seite führen. Auf diesem Weg kann es einige interessante Punkte geben, auf denen sich das Auge einen Moment ausruhen kann, vorzugsweise auf der rechten Seite, bevor es wieder nach links springt, um den Lesevorgang fortzusetzen. Wenn wir uns ein Layout vorstellen, das diesem Schema folgt, gelangen wir zu einer Vorlage für ein ideales visuelles Design, das in **ABBILDUNG 9** dargestellt ist. Dead or Alive ist ein großartiges Beispiel für ein Design, das die natürliche Bewegung des menschlichen Auges unterstützt, ohne ihm irgendwelche Hindernisse in den Weg zu stellen.

Vermeiden Sie Verständnisprobleme

Als weiteres Ziel soll die Typografie sicherstellen, dass die Leser die Botschaft verstehen, die in Form von Worten übermittelt wird. Auch von dieser Regel kann es Ausnahmen in experimentellen Designs geben, bei denen die Botschaft eher in einer emotionalen Reaktion auf die Bilder besteht und weniger durch die begleitenden Texte ausgedrückt wird.

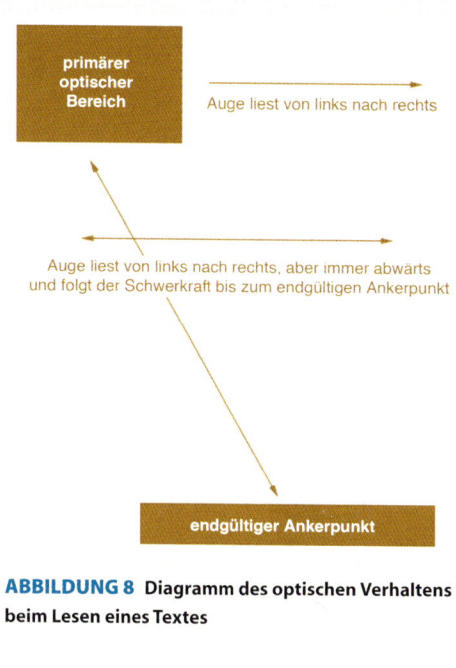

ABBILDUNG 8 Diagramm des optischen Verhaltens beim Lesen eines Textes

ABBILDUNG 9 Beispiel einer Vorlage für ein Layout, das das optische Verhalten berücksichtigt.

ÜBERSCHRIFTEN

Überschriften dienen dazu, Textabschnitte zu kennzeichnen. Wie in Dead or Alive zu sehen, kann die stilistische Gestaltung der Überschriften dem Betrachter eine zusätzliche Bedeutung vermitteln und den Eindruck des Designs insgesamt verstärken.

Die folgenden Richtlinien helfen Ihnen bei der wirkungsvollen Überschriftengestaltung:

- Verwenden Sie für Ihre Überschriften Farben, die zu den kräftigeren aus der verwendeten Palette gehören.

- Die Farben der Überschriften sollten lebhaft sein. Studien haben gezeigt, dass hellere Überschriften nicht so stark wirken wie dunklere. Je näher zu schwarz die Farbe ist, desto stärker ist der Eindruck auf den Betrachter.

- Je wichtiger die Überschrift ist, desto stärker sollte ihre visuelle Präsenz gestaltet werden.

- Ein etwas engerer Schriftschnitt wirkt eher auffälliger. Ein günstiger Wert liegt zwischen 70 und 90 % der normalen Schriftbreite.

- Ein hoher Schriftkontrast wirkt ebenfalls günstig. Die Überschriften in Dead or Alive sind alle in Versalien gesetzt, wodurch sie sich zusätzlich vom Fließtext abheben.

- Überschriften sollten kurz sein. Sehr lange Überschriften besitzen eine ungünstige visuelle Wirkung und sind schwer verständlich.

Ein weiterer bemerkenswerter Aspekt beim Entwerfen von Überschriften ist der Einfluss der Interpunktion. Normalerweise sollten Sie z.B. keinen Punkt am Ende einer Überschrift setzen. Ein Punkt bildet einen Abschluss, wohingegen eine Überschrift eine Einleitung darstellt (**ABBILDUNG 10**).

TEXTKÖRPER

Unter Textkörper verstehen wir den Hauptteil des redaktionellen Inhalts. Dieser Text dient dazu, gelesen – oder zumindest gescannt – zu werden. Schlechte typografische Entwürfe können allerdings die Botschaft beeinträchtigen.

ABBILDUNG 10 Die Überschriften in Dead or Alive besitzen keine Interpunktion, mit Ausnahme des Fragezeichens im abgebildeten Beispiel. In Verbindung mit der Hinweishand leiten sie das Auge weiter auf den nachfolgenden Textabsatz.

Für eine optimale Textgestaltung berücksichtigen Sie folgende Richtlinien:

- Versuchen Sie, die Zeilenlänge auf 60 Zeichen zu begrenzen. In der fließenden Welt des Webdesigns kann das auf Schwierigkeiten stoßen, besonders wegen der problematischen Eigenschaften von CSS bei der Steuerung der Zeilenlänge, zum Beispiel mit `min-width` und `max-width`. Trotzdem sollten Sie diesen Richtwert im Auge behalten, auch in variablen Designs. Zu lange Zeilen sind nicht nur schwerer verständlich, sondern können dazu führen, dass die Betrachter sie einfach nicht zu Ende lesen.

- Das Gegenteil ist ebenso ungünstig. Wenn Sie umfangreichen Text in kurze Zeilen setzen, zum Beispiel 20 Zeichen, wird das Verständnis schwieriger. Es ist ermüdend, einen langen Text in einer schmalen Spalte zu lesen. Kurze Zeilenlängen sollten akzentuiertem Text vorbehalten werden.

- In gedrucktem Text sollte ein Absatz normalerweise mindestens drei oder vier Sätze enthalten. Im Web sind lange Absätze nicht zu empfehlen, weil kurze besser zu dieser Umgebung des schnellen Weiterklickens passen.

- Wenn Sie umfangreiche Texte publizieren möchten, versuchen Sie, Ihre Absätze so kurz und knapp wie möglich zu halten, und unterteilen Sie das Dokument mit Überschriften in logische Abschnitte. Dies fördert das Verständnis erheblich und erleichtert dem Leser die Orientierung.

- Vermeiden Sie zu enge oder zu weite Zeilenabstände. Auch wenn der Abstand zwischen Absätzen zu groß oder zu klein gestaltet ist, kann die Verständlichkeit darunter leiden. Das führt im Extremfall dazu, dass das Gehirn die Informationsverarbeitung einstellt, entweder wegen Reizüberflutung oder weil der Anschein erweckt wird, die Botschaft sei beendet.

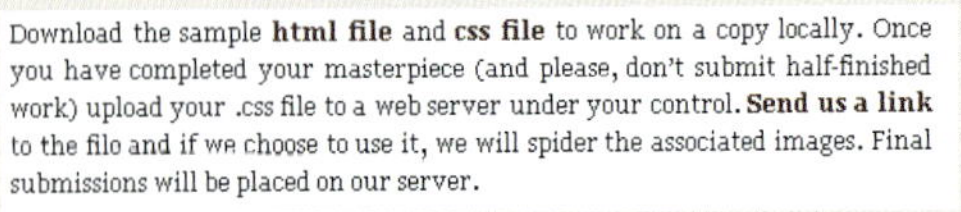

> Download the sample **html file** and **css file** to work on a copy locally. Once you have completed your masterpiece (and please, don't submit half-finished work) upload your .css file to a web server under your control. **Send us a link** to the file and if we choose to use it, we will spider the associated images. Final submissions will be placed on our server.

ABBILDUNG 11 Die Farbgebung der Links im Textkörper von Dead or Alive

- In den meisten Fällen sollten Sie farbige Textkörper vermeiden. Wie bei den Überschriften ist farbiger Text manchmal eher nachteilig. Verwenden Sie ihn vorzugsweise für Hervorhebungen und Links. In Dead or Alive wird sogar für die Links nur eine Farbvariation verwendet, und das auch nur für die Links im Fließtext (**ABBILDUNG 11**).

BEGLEITENDER TEXT

Begleitender Text erlaubt etwas mehr Flexibilität als Überschriften und Textkörper, die besonders wichtig für das Verständnis sind. Mit begleitendem Text sind Seitenbalken, Textkästen und Erklärungen gemeint. Berücksichtigen Sie beim Arbeiten mit solchen Textelementen folgende Hinweise:

- Weil das Auge des Lesers vom Fließtext zum begleitenden Text abgelenkt werden soll, kann hier gerne mit etwas Farbe gearbeitet werden. Am wichtigsten dabei ist, bei der Verwendung von Farben für bestimmte Zwecke die Konsistenz im gesamten Design zu wahren.

- Begleitender Text sollte auf wenige schmale Zeilen begrenzt werden.

- Begleitender Text in Seitenbalken und Textkästen sollte den Fluss des Textkörpers nicht unterbrechen, sondern ihn eher fördern. Wenn er das normale optische Verhalten unterbricht, wird das Verständnis behindert. Das Gleiche gilt für Bilder – auch sie sollten den Lesefluss nicht unterbrechen und nicht vom Text ablenken.

- Die Leser erwarten, dass Abbildungen mit einer Erklärung versehen sind. Bildunterschriften sind sehr hilfreich, wenn sie einen Zusammenhang mit dem Text herstellen, und fördern dadurch das Verständnis.

Ein praktischer Aspekt ist noch zu bedenken, wenn es um die Menge des Textes für eine Seite geht. Die meisten Leser lieben es nicht, wenn sie zu oft auf WEITER klicken müssen. Achten Sie auf eine sorgfältige Balance zwischen der richtigen Textmenge pro Seite und den Stellen, an denen es Sinn macht, auf die nächste Seite zu blättern.

Durchdachte Schriftwahl, gefälliges Layout

Dead or Alive ist ein sehr anmutiges Design. Seine angenehme Wirkung lebt von der Aufmerksamkeit, die Michael Pick den Details gewidmet hat, und der Art, mit der er das Design mit passenden und interessanten Facetten wie zum Beispiel Dingbat-Symbolen ausgeschmückt hat. Gepaart mit der gekonnten typografischen Gestaltung wirkt es durch seine unaufdringliche und dennoch kraftvolle Einfachheit.

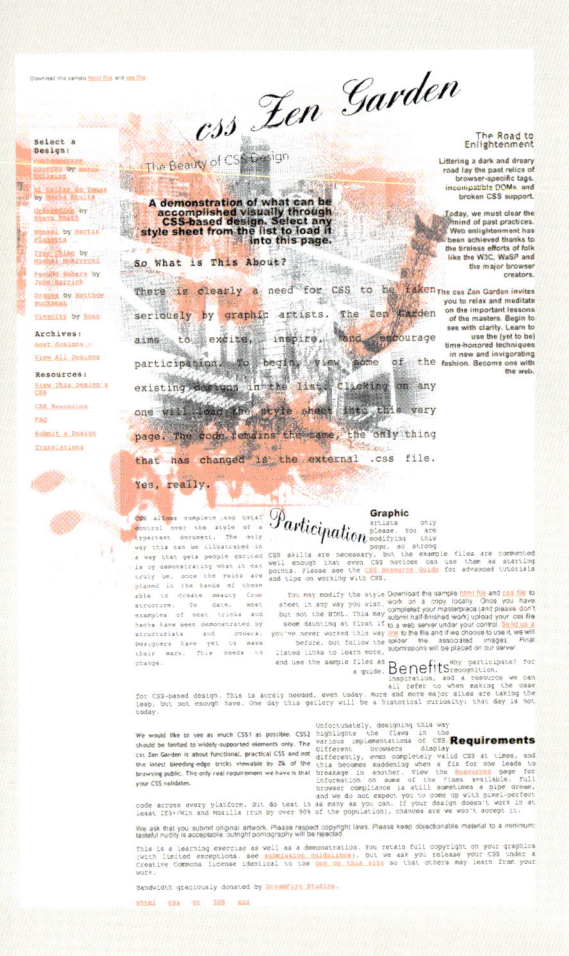

Dave Shea, Designer
www.csszengarden.com/005

Blood Lust

Gestaltungsvarianten durch Schriftformatierung

UM WEITERZUKOMMEN, benötigen Sie zuweilen Fingerzeige aus der Vergangenheit. **Dave Shea** erinnerte sich an die Kunstbewegung im frühen 20. Jahrhundert und schöpfte daraus die Inspiration für seinen chaotischen Entwurf **Blood Lust**. Er verfolgte dabei das Ziel, Designelemente von damals mit der Technologie von heute zu vermischen.

Als Grundlage verwendete er Fotos aus seiner eigenen Kollektion und kombinierte mehrere maskierte Ebenen, um einen Effekt zu erzielen, der an Siebdrucktechnik erinnert. Seine sehr begrenzte Farbpalette umfasst kaum mehr als Schwarz, Rot und Weiß. Um das herbe Konzept zu verstärken, beließ er unter Vermeidung von Anti-Aliasing die Ecken an allen Formen, während GIF-Muster-Dithering eine Brücke zur heutigen Technologie schlug.

Lassen Sie die Schrift den Ton angeben

Die gewollte Unordnung von Blood Lust kommt auch im Text zum Ausdruck; die meisten Absätze sind völlig unterschiedlich formatiert, was zu dem wirren und verwickelten Eindruck beiträgt. Das Mischen und Zusammenfügen von Schriftschnitten gehört zu den üblichen Techniken von futuristischen Designern, wobei die Positionierungen häufig nach dem Prinzip der maximalen Unordnung erfolgen (**ABBILDUNG 1**).

Die ungewöhnliche Textanordnung in Blood Lust erweckt den Anschein, als ob die Absätze durcheinander wirbeln, und füllt die Seite auf eine chaotische und unstrukturierte Weise. Dieser Aufbau unterstützt nicht gerade das Lesen in der logischen Reihenfolge, aber dadurch wird etwas anderes augenfällig, das Sie wahrscheinlich schon bemerkt haben: Die Schriftarten und Abstände der verschiedenen Absätze ergeben verschiedene Dichten und Helligkeitswerte. Wie in **ABBILDUNG 2** erkennbar ist, werden die Unterschiede der Dichte besonders auffällig, wenn der Text unscharf dargestellt wird, um die Buchstabenformen zu verwischen.

Dieses Design lebt von der Variation der Schriftfarben. Die Einstellung der Abstände mit `line-height`, Zeilenabständen und der Schriftschnitt selbst geben Ihrer Botschaft ein unterschiedliches Aussehen. Welche Version in **ABBILDUNG 3** ist am besten lesbar? Diese Überlegungen sollten Sie im Auge behalten, wenn Sie die Schriften in Ihren Arbeiten gestalten.

Möglichkeiten der Formatierung

Blood Lust macht reichlichen Gebrauch von den CSS-Textformatierungsfunktionen. Wenn Sie ein wenig mehr in die Tiefe gehen, als sich nur um Schriftart und -größe zu kümmern, finden Sie eine Reihe verschiedener Einstellmöglichkeiten, bei deren Anwendung Ihre Texte ganz anders wahrgenommen werden.

Wenn Sie die CSS-Spezifikation und die meisten Publikationen darüber lesen, erhalten Sie Informationen über die

ABBILDUNG 1 Das Beispiel eines futuristischen Designs – F.T. Marinettis »Les mots en liberté futuristes« von 1919

Hinweis

Im typografischen Sprachgebrauch bezieht sich Schriftfarbe nicht auf einen Farbton oder die Sättigung, sondern auf die Gesamthelligkeit eines Textabschnitts. Die Beziehung zwischen den Zeichenformen und dem Hintergrund, auf dem sie stehen, wird als Kontrast bezeichnet; Schrift ohne Kontrast ist unsichtbar. Als Begleiterscheinung dieses Sachverhalts werden die Abstandsverhältnisse – zwischen den Strichen eines Zeichens, den Buchstaben eines Wortes, den Wörtern einer Zeile und den Zeilen selbst – durch die Dicke der Schrift und die Buchstaben- und Wortabstände beeinflusst.

Meist zielt das Design auf die Bewahrung einer konsistenten typografischen Farbe in einem Gesamtwerk ab. Trotz aller Bemühungen stoßen Sie da bald an die Grenzen von CSS. Sie sollten dies zwar stets berücksichtigen, allerdings gibt es deutlich wichtigere Faktoren – etwa gute Lesbarkeit und Zeilenlängen –, um die Sie sich kümmern sollten, bevor Sie sich der Schriftfarbe zuwenden.

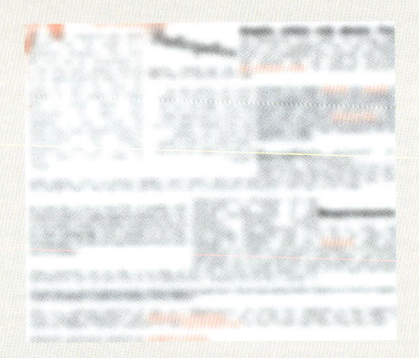

ABBILDUNG 2 Durch unscharfe Abbildung werden die Dichteunterschiede besonders gut sichtbar.

ABBILDUNG 3 Beispiele für verschiedene Schriftfarben

technischen Aspekte jeder Eigenschaft, jedoch keine Erkenntnisse über deren Wirkung vom Designstandpunkt aus. Einige CSS-Eigenschaften basieren auf tiefgründigen Prinzipien des grafischen Designs, aber das können Sie niemals aus der Lektüre eines technischen Dokuments erlernen.

Auf den folgenden Seiten beschäftigen wir uns etwas eingehender mit den üblichen Textformatierungseigenschaften, woher sie kommen und wie sie angewendet werden. Einige davon werden dabei nicht behandelt, (`font-family`, `font-size`, `font-style` und `font-weight`), weil sie bereits an anderer Stelle dieses Kapitels besprochen wurden.

GESTALTUNG DES TEXTES

Mit den in diesem Abschnitt beschriebenen Eigenschaften können Sie Einstellungen einzelner Zeichen verändern. In den meisten Fällen *muss* die Schrift über einen dafür entwickelten Schriftschnitt verfügen, der die gewünschte Einstellung erlaubt. Die Schriftartenliste Ihres Systems sollte erkennen lassen, welche Schriftschnitte für die installierten Schriften verfügbar sind. Die Betrachter müssen über genau die gleichen Varianten verfügen.

Schriftvarianten (`font-variant`)

Dabei handelt es sich um eine Eigenschaft zu dem einzigen Zweck, Ihre Schrift in Kapitälchen umzuwandeln. Die Großbuchstaben verbleiben in der Normalgröße, während die Kleinbuchstaben in Großbuchstaben mit kleinerem Format umgewandelt werden.

Mögliche Werte sind `normal` und `small-caps`. Weil die meisten Schriftarten keine Kapitälchen-Versionen besitzen, werden die Browser in diesem Fall die Schrift einheitlich in Versalien darstellen. Folglich gilt die Warnung bezüglich vorbereiteter Varianten nicht für `font-variant`.

Beispiel für die Benutzung von `font-variant`:

```
#quickSummary p {
  font-variant: small-caps;
}
```

So sieht das Ergebnis aus:

The Beauty of CSS Design

A DEMONSTRATION OF WHAT CAN BE ACCOMPLISHED VISUALLY THROUGH CSS-BASED DESIGN. SELECT ANY STYLE SHEET FROM THE LIST TO LOAD IT INTO THIS PAGE.

DOWNLOAD THE SAMPLE HTML FILE AND CSS FILE.

Texttransformationen (`text-transform`)

Ähnlich der Eigenschaft `font-variant` erlaubt `text-transform` eine genauere Einstellung von Text mit Kapitälchen. Mögliche Werte sind `capitalize`, `uppercase`, `lowercase` und `none`.

Der Wert `capitalize` wandelt den ersten Buchstaben jedes Worts in einen Großbuchstaben um und lässt die anderen unverändert, `uppercase` ändert alle Buchstaben in Großbuchstaben, `lowercase` alle in Kleinbuchstaben und `none` lässt den Text unverändert.

Beispiel für die Benutzung von `text-transform`:

```
#quickSummary p {
  text-transform: uppercase;
}
```

So sieht das Ergebnis aus:

The Beauty of CSS Design

A DEMONSTRATION OF WHAT CAN BE ACCOMPLISHED VISUALLY THROUGH CSS-BASED DESIGN. SELECT ANY STYLE SHEET FROM THE LIST TO LOAD IT INTO THIS PAGE.

Textdekorationen (`text-decoration`)

Unterstrichener Text wird seit den Anfängen des Webs für Hyperlinks verwendet, aber Unterstreichungen können sowohl für Links als auch für andere Zwecke durch die Texteigenschaft `decoration` eingestellt werden. Sie kann die Werte `none`, `underline`, `overline`, `line-through` und `blink` annehmen. `none` lässt den Text unverändert, `underline` er-

> **Tipp**
> Die CSS-Spezifikation enthält noch mehr Einzelheiten über alle Schriftschnittoptionen, nachzulesen unter »15 Fonts« (www.w3.org/TR/REC-CSS2/fonts.html#font-styling).

> **Hinweis**
> Für alle beschriebenen Eigenschaften können Sie auch den Wert `inherit` einsetzen. Das führt dazu, dass der Browser den gleichen Wert wie das übergeordnete Element benutzt. Dies können Sie für alle CSS-Eigenschaften verwenden; das gilt auch ohne besondere Erwähnung für die erst später in diesem Buch beschriebenen Eigenschaften.

stellt eine Unter- und `overline` eine Überstreichung, `line-through` streicht den Text horizontal durch und `blink` schaltet den Text periodisch ein und aus.

`text-decoration` ist die umstrittenste Formatierungseigenschaft, weil sie auf manche Betrachter störend wirkt. Es folgen einige Richtlinien für die Verwendung, um solche Irritationen zu vermeiden:

`none` – Das ist die Standardeinstellung für die meisten Textelemente; nur in bestimmten Ausnahmefällen sollten Sie davon abweichen.

`underline` – Wird nur für Links verwendet. Jede Unterstreichung, der kein Link zugrunde liegt, führt zur Verwirrung des Lesers. Wie oft ist es Ihnen schon passiert, dass Sie vergeblich auf einen unterstrichenen Text geklickt haben? In der Typografie werden Unterstreichungen traditionell für andere Zwecke wie zum Beispiel Überschriften verwendet, aber wegen der überragenden Bedeutung von Hyperlinks im Web kommen sie hier nicht in Frage.

`overline` – In der Mathematik symbolisiert eine Überstreichung einen Mittelwert, aber darüber hinaus gibt es kaum gebräuchliche Anwendungen.

`line-through` – Wenden Sie Durchstreichungen nur dann an, wenn ein Text zwar nicht mehr gültig, richtig oder informativ ist, aber aus bestimmten Gründen nicht gelöscht werden soll. Im Idealfall wird ein durchgestrichener Text gemeinsam mit einer neuen Version angezeigt – das ist zum Beispiel für die Nachvollziehbarkeit von Aktualisierungen ein sinnvolles Verfahren.

`blink` – Falls Sie nicht eine besondere Vorliebe für Videorecorder besitzen, die eine blinkende »12:00« anzeigen, sollten Sie diese Eigenschaft vergessen. Blinkende Kennzeichnungen wurden in der Anfangszeit des Webs exzessiv benutzt und darüber hinaus unterstützen nicht alle Browser diese CSS-Eigenschaft.

Beispiel für die Benutzung von `text-decoration`:

```
#quickSummary p {
 text-decoration: line-through;
}
```

So sieht das Ergebnis aus:

The Beauty of CSS Design

A demonstration of what can be accomplished visually through CSS-based design. Select any style sheet from the list to load it into this page.

Download the sample html file and css file.

GESTALTEN MIT LEERRAUM

Wir haben gesehen, wie der Kontrast zwischen der Buchstabenform und dem Hintergrund die Wahrnehmung des Textes beeinflusst. Weißer Leerraum ist ein wichtiges Designelement und dank der fortschrittlichen Formatierungsmöglichkeiten von CSS leicht zu beherrschen.

Zeilenhöhe (line-height)

In den vergangenen Jahrhunderten wurden Zeilenabstände im Schriftsatz durch weiche Streifen aus Blei hergestellt; heute wird im englischen Sprachraum noch immer von leading (von lead = Blei) gesprochen. In CSS wird der Zeilenabstand sehr einfach mit line-height eingestellt. Diese Eigenschaft kann als absoluter oder relativer Wert, als eine Länge oder ein Prozentwert und durch inherit angegeben werden.

Beachten Sie, dass line-height keine Einheit benötigt. Ein Wert von 1,2 entspricht 1,2 em oder 120 % – ein einheitsloser Wert bedeutet keinen Absolutwert, sondern einen Skalierungsfaktor, der sich auf die angegebene Schriftart bezieht.

Beispiel für die Benutzung von line-height

```
#quickSummary p {
 line-height: 0.8;
}
```

So sieht das Ergebnis aus:

The Beauty of CSS Design

A demonstration of what can be accomplished visually through CSS-based design. Select any style sheet from the list to load it into this page.

Download the sample html file and css file.

The Road to Enlightenment

Hinweis

Ein berühmter Ausspruch des schon erwähnten Designers Frederic Goudy lautet: »Anyone who would letterspace lower case would steal sheep. (Wer den Abstand von Kleinbuchstaben verändert, stiehlt auch Schafe.)« Benutzen Sie letter-spacing mit Bedacht, damit Sie nicht als Viehdieb beschimpft werden.

Laufweite (letter-spacing)

Der Abstand zwischen einzelnen Buchstaben kann durch die Eigenschaft `letter-spacing` bestimmt werden. Mögliche Werte sind `normal` oder eine Länge, die zum normalen Abstand hinzugefügt wird.

Wegen der niedrigen Auflösung eines Bildschirms kann der Zeichenabstand nur in relativ großen Schritten verändert werden, was zu einem amateurhaften Aussehen führen kann. Deshalb wirkt `letter-spacing` am besten in Überschriften oder in kleinen Textelementen und ist bei längeren Texten zu vermeiden.

Beispiel für die Benutzung von `letter-spacing`:

```
#quickSummary p {
 letter-spacing: 0.1em;
}
```

So sieht das Ergebnis aus:

The Beauty of *CSS* Design

A demonstration of what can be accomplished visually through *CSS*-based design. Select any style sheet from the list to load it into this page.

Download the sample html file and css file

Spationierung (word-spacing)

Wie bei `letter-spacing` erlaubt `word-spacing` die Einstellung des Abstands zwischen Wörtern. Mögliche Werte sind `normal`, eine Längen- oder Prozentangabe oder `inherit`.

Weitere Faktoren können die Fähigkeit eines Browsers bei der Anwendung von `word-spacing` beeinflussen, dazu gehören unter anderem die Justierung durch `text-align` und die Verwendung von `white-space`.

Beispiel für die Benutzung von `word-spacing`:

```
#quickSummary p {
 word-spacing: 1em;
}
```

So sieht das Ergebnis aus:

The Beauty of *CSS* Design

A demonstration of what can be accomplished visually through *CSS*-based design. Select any style sheet from the list to load it into this page.

Textausrichtung (`text-align`)

Diese Eigenschaft ermöglicht die Zentrierung oder Ausrichtung von Text sowie die rechts- oder linksbündige Anordnung innerhalb des Schriftbereichs. Sie kann die Werte `left`, `right`, `center` und `justify` annehmen.

Weil ein Browser die Ausrichtung automatisch vornimmt, sind traditionelle Techniken (wie Silbentrennung), die unsichtbare Textlücken verhindern, nicht möglich. CSS-basierte Ausrichtungen führen häufig zu Ergebnissen wie in **ABBILDUNG 4**. Wegen dieser unzulänglichen Steuerungsmöglichkeit empfehlen wir nach Möglichkeit die Verwendung der konventionellen Links- oder Rechtsausrichtung. Zentrierter Text kann sich bei Überschriften oder kleineren Textteilen wie zum Beispiel Zitaten anbieten, wir raten aber für längere Texte davon ab.

Beispiel für die Benutzung von `text-align`:

```
#quickSummary p {
  text-align: right;
}
```

So sieht das Ergebnis aus:

The Beauty of *CSS* Design

A demonstration of what can be accomplished visually through *CSS*-based design. Select any style sheet from the list to load it into this page.

Download the sample html file and css file

Von allem ein bisschen

Das unbegrenzte Mischen von Schrifteigenschaften mag sich für ein chaotisches Design wie Blood Lust eignen, Texte im Web dienen aber in der Regel dem Zweck, gelesen zu werden, und nicht in erster Linie der Bewunderung ihrer künstlerischen Qualität. Die Textformatierungsoptionen von CSS erlauben es Ihnen bei sachgerechtem Einsatz, den Besuchern Ihrer Webseiten eine gute Lesbarkeit und maximale Klarheit anzubieten.

A demonstration of what can be accomplished visually through *CSS*-based design. Select any style sheet from the list to load it into this page.

ABBILDUNG 4 Die Ausrichtung ohne Silbentrennung verursacht Lücken in einem Textabsatz.

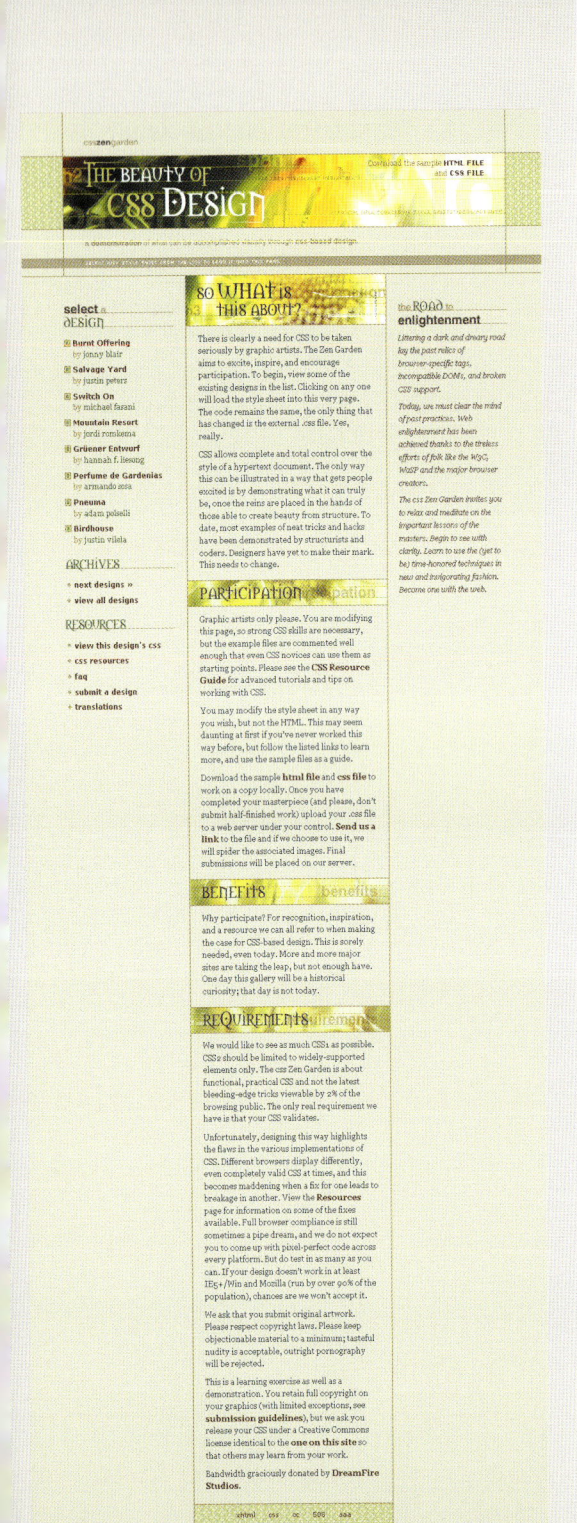

Douglas Bowman, Designer
www.csszengarden.com/017

Golden Mean

Die Kombination aus Methode und Kreativität erzeugt eine typografische Balance

WÄHREND **Douglas Bowman** seinen Beitrag zu CSS Zen Garden konzipierte, wurde ihm bewusst, dass er im Grunde die gleiche Vorgehensweise verwendete wie bei einem großen, umfangreichen Projekt.

Golden Mean demonstriert, dass die Typografie im Web ein ebenso wichtiger Bestandteil der Designerstellung ist wie in jeder anderen grafischen Kunstrichtung und dass Design eine Kombination aus Inspiration, technischen Details und Verarbeitungsprozessen darstellt.

Die Schriftauswahl

Erst nachdem Bowman einige Zeit darauf verwendet hatte, den Inhalt und den Hintergrund der zu gestaltenden Seite zu durchdenken und mögliche Layouts dafür zu skizzieren, konnte er sich mit der Typografie beschäftigen.

Die Schriftauswahl scheint von geringerer Bedeutung zu sein als die verwendeten Bilder oder Farben; erfahrene Designer sind sich jedoch dessen bewusst, dass ein erfolgreiches Design auf dem Zusammenwirken vieler Faktoren beruht. Die Wahl der Schriftart ist einer davon. Obwohl sie von vielen Menschen nur unterschwellig wahrgenommen wird, beeinflusst sie ein Design nachhaltig. Die Schriftart kann eine breite Skala von Stimmungen ausdrücken, wie zum Beispiel:

- Humor
- Apathie
- Wildheit
- Schrulligkeit
- Nostalgie

Wenn Sie Emotionen hinzufügen wollen, ist es sehr wahrscheinlich, dass eine Schriftart oder eine Kombination verschiedener Schriften diese hervorrufen kann. Wegen dieses bedeutungsvollen Einflusses sollte der Designer die Schriftartenoptionen für ein gegebenes Design mit größter Sorgfalt und Kreativität auswählen.

EXPERIMENTE IN ILLUSTRATOR

Für die Schriftauswahl verwendete Bowman Adobe Illustrator. Er benutzte diese Software und seine profunden Kenntnisse der Typografie, um durch das Schriftdesign die gewünschte anmutige Stimmung zu erzeugen.

ABBILDUNG 1 zeigt einen Auszug aus den Versuchen, die Bowman für Golden Mean anstellte. Die Auswahl von etwas, das nach seiner Auffassung am besten Cleverness, Freude und Einzigartigkeit ausdrücken konnte, war recht zeitaufwendig. Beachten Sie, dass er für die Versuche die vorhandenen Überschriften »CSS Zen Garden« und »The Beauty of CSS Design« verwendete. Das Erstellen einer Voransicht der aus-

ABBILDUNG 1 Das Erproben verschiedener Schriftarten während der Entwicklung von Golden Mean

Hinweis

Illustrator ist ein vektorbasiertes Zeichenprogramm. Viele Webdesigner erstellen ein Rohlayout und treffen ihre Schriftauswahl zunächst in Illustrator, um dann auf Adobe Photoshop überzugehen und die Ergebnisse für das Web zu integrieren und aufzurastern (beide Programme sind in der Adobe Creative Suite enthalten). Weitere Details finden Sie unter www.adobe.com/products/creativesuite/main.html.

ABBILDUNG 2 Die Schriftart Morpheus

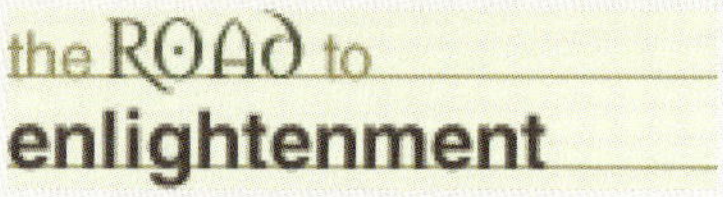

ABBILDUNG 3 Überschrift aus Golden Mean mit den Schriften Morpheus und Helvetica

ABBILDUNG 4 In der Linkliste werden Verdana und Georgia verwendet. Beachten Sie, dass Georgia durchgehend in Kleinbuchstaben und Verdana in normaler Schrift gesetzt ist.

gewählten Schriften hilft Ihnen dabei, nicht nur sie selbst, sondern auch die Gesamtwirkung zu beurteilen.

Schließlich entschied sich Bowman für die Schrift Morpheus, die kostenlos von Kiwi Media (www.kiwi-media.com/fonts.html) heruntergeladen werden kann (**ABBILDUNG 2**). Er war fasziniert von den Eigenarten dieser Schrift. Achten Sie vor allem auf folgende Einzelheiten:

- Die ungewöhnlich gestalteten Buchstaben **M** und **N**
- Gotische Bögen (besonders in **A** und **U**)
- Die Langstriche bei **K** und **R**
- Die wiederkehrenden Buchstabenelemente von **S** und dem kleinen **d**
- Dekorative Rhomben für das kleine **i** und die geschlossenen Buchstaben **D**, **O** und **Q**

DIE SPANNUNG ERKENNEN

Bowman benötigte außerdem eine kontrastierende Schrift, um eine visuelle Spannung herzustellen und die Originalität des Gesamteindrucks zu erhöhen. Er entschied sich dafür, Helvetica gemeinsam mit Morpheus zu verwenden. Dabei handelt es sich um eine ausgesprochen moderne, serifenlose Schrift, die sich stark von Morpheus abhebt; dadurch wird ein Bogen zwischen der Gotik und der Moderne gespannt, der eine besonders starke Wirkung erzeugt (**ABBILDUNG 3**). In der Linkliste werden durch die Mischung von Verdana, einer serifenlosen Schrift, mit der Serifenschrift Georgia in Kleinbuchstaben weitere Kontraste gesetzt (**ABBILDUNG 4**). Für letztere Schreibweise setzte Bowman die Eigenschaft text-transform wie folgt auf den Wert lowercase:

```
#linkList #lselect a.c:link, #linkList #lselect a.c:visited {
  display:inline;
  font-family:Georgia,Serif;
  font-weight:normal;
  color:#616623;
  background-color:transparent;
  text-transform:lowercase;
}
```

Andere Optionen für `text-transform` sind `capitalize`, bei der alle Wörter mit Großbuchstaben beginnen, und `uppercase`, wobei nur Großbuchstaben verwendet werden.

Georgia wird außerdem im Textkörper (**ABBILDUNG 5**) und in kursivem Schnitt in der Einleitung verwendet, wodurch die Schriftvariation in Golden Mean noch vergrößert wird.

STEUERUNG DER KANTENGLÄTTUNG

Die grafische Schrift macht einen klaren und sauberen Eindruck. Für das zuweilen undeutliche Erscheinungsbild grafischer Schriften im Web gibt es verschiedene Gründe. Häufig ist die Schrift bereits im Original unvollkommen oder nicht richtig optimiert. Eine andere Ursache liegt in der *Kantenglättung* (Anti-Aliasing).

Darunter versteht man die Glättung der Pixelecken an Rundungen durch die Verwendung von Halbtonfarben. Viele Programme zur Schriftbearbeitung stellen dazu wirksame Werkzeuge bereit, mit denen Sie ein gutes Endergebnis erzielen können. Designer, die damit noch nicht zufrieden sind, steigen etwas tiefer in die Materie ein, um die Kantenglättung – falls erforderlich – noch weiter zu verfeinern.

Dies ist umso wichtiger, je kleiner die Schrift ist. Kein Strich oder Bogen einer Schrift (und Schriften wie Morpheus sind damit reichhaltig ausgestattet) kann feiner als ein Pixel sein. Durch den Einsatz der Kantenglättung werden den feinen Strukturen getönte Pixel hinzugefügt, was zu einer unerwünschten Unschärfe führt. Sie können mit Hilfe der *kerning* Funktion, die in jedem wichtigen Grafikprogramm enthalten ist, den Zeichenabstand vorsichtig vergrößern, um zu besseren Kantenschärfungsergebnissen zu kommen. Weitere Informationen zu Anti-Aliasing und Kerning finden Sie auf der Seite *Web Page Design for Designers* (www.wpdfd.com/wpdtypo3.htm).

ABBILDUNG 5 Beachten Sie die Verwendung von Georgia in normalem und kursivem Schnitt im Textkörper und den Einleitungen sowie die grafische Schrift in den Überschriften.

Tipp

Obwohl Sie sich nicht scheuen sollten, mit vielen Schriftfamilien und -schnitten zu experimentieren, bedarf es großer Erfahrung, um damit ein gutes Ergebnis zu erzielen. Dies ist besonders von Bedeutung, wenn Sie mehrere Schriftfamilien mischen. Wenn Sie im Zweifel sind, ist größere Einfachheit meistens die beste Alternative.

Tipp

Ein hilfreicher Artikel, der dazu detaillierte Informationen und zusätzliche Einsichten vermittelt ist »Type: the Extra Mile« (www.mezzoblue.com/archives/2004/01/18/type_the_ext).

Die Weisheit der Typografie

Falls Sie durch die Beschäftigung mit der Typografie Appetit auf mehr bekommen haben, machen Sie sich keine Sorgen: Ausgezeichnete Literatur zu diesem Thema ist in großer Vielfalt sowohl in gedruckter Form als auch im Internet verfügbar.

FACHBÜCHER

Wenn Sie das nächste Mal in der Stadt sind, gehen Sie in Ihre bevorzugte Buchhandlung und nehmen Sie sich ein wenig Zeit für die Designabteilung. Sie finden mit Sicherheit viele interessante Bücher über Schriften. Einige beschäftigen sich mit der Historie, andere mit dem Schriftentwurf und weitere mit der Beschreibung der Werke von Designern. Blättern Sie einfach die Bücher durch, die Ihr Interesse wecken. Genau wie das Suchen im Quellcode von HTML und CSS ist das ein sehr guter Weg, um Methoden und Ideen zu entdecken, die Ihnen bisher unbekannt waren. Versäumen Sie dabei nicht, sich folgende Bücher anzusehen:

- *Typografie kompakt* von Max Bollwage (Springer, 2005). Dieses Lehrbuch vermittelt die Grundlagen von Schriftanwendungen auf dem Bildschirm und im gedruckten Text.

- *Typografie und Layout für digitale Medien* von Isolde Kommer, Tilly Mersin (Hanser, 2002). Ob Sie ein erfahrener Designer oder ein Anfänger sind – dieses Buch wird Ihnen neue Erkenntnisse über Schriften vermitteln und verknüpft diese mit den interaktiven Medien.

Erfahrenere Designer werden sich für Bücher über Schriftarten interessieren. Folgende Werke sind besonders zu empfehlen:

- *Die Kunst der Typografie*, von Paul Renner (Maro, 2003). Das Buch enthält eine umfassende Historie über die „klassische" Typografie, gründlich und mit vielen Beispielen anschaulich behandelt.

- *Detailtypografie*, von Friedrich Forssman, Ralf de Jong (Schmidt, 2004). Das Buch enthält eine umfassende Beschreibung der Typografie für Fortgeschrittene. Wegen der enzyklopädischen Tiefe des vermittelten Wissens ist es für nicht sehr versierte Designer schwer lesbar, aber die praktische Anwendung der Theorie macht es dennoch unentbehrlich.

- *Alphabet. Die Geschichte vom Schreiben* von Donald Jackson (W. Krüger, 1981). Das Buch gibt einen faszinierenden Überblick der Geschichte über die Schrift, von den Anfängen bis zur heutigen Zeit.

- Sehen Sie sich auch aktuelle oder unkonventionelle Werke an wie zum Beispiel *Typografie professionell* von Rudolf P. Gorbach (Galileo, 2001), und finden Sie darin eine fast unbegrenzte Anzahl von Anregungen und Ideen.

Studieren Sie lieber englischsprachige Literatur?

- *The Mac Is Not a Typewriter*, von Robin Williams, 2nd Edition (Peachpit Press, 2003)

- *The PC Is Not a Typewriter*, von Robin Williams, 2nd Edition (Peachpit Press, 1995)

- *The Non-Designer's Type Book* (Addison-Wesley, 2008). Dieses Buch beeindruckt sowohl Anfänger als auch professionelle Designer und hält einige Überraschungen parat. Sie erfahren, wie Sie große Dokumente entwerfen und Gelegenheiten nutzen, traditionelle Grenzen zu überschreiten.

Für fortgeschrittene Designer gibt es zahlreiche Bücher über Schriften. Insbesondere empfehlen wir:

- *Typographic Design: Form and Communication*, 4th Edition, von Rob Carter, Ben Day und Philip Meggs (John Wiley & Sons, 2006). Das Buch schildert eine verständliche Geschichte der Schrift, studiert Schriftbilder und enthält eine Übersicht häufig verwendeter Schriftarten. Das Buch ist weniger für Anfänger als vielmehr für das fortgeschrittene Typografie-Studium geeignet.

- *The Elements of Typograpic Style*, 3rd Edition, von Robert Bringhurst (Hartley & Marks Publishers, 2004). Dieses Buch liefert einen verständlichen und detaillierten Blick auf die Typografie. Da das Wissen enzyklopädisch und detailliert vermittelt wird, ist das Buch für viele schwer lesbar. Fortgeschrittene Typografen werden jedoch den praktischen Nutzen zu schätzen wissen.

- *Alphabet: The History, Evolution, and Design of the Letters We Use Today*, von Allan Haley (Pub Overstock Unlimited, 1995). Dieses faszinierende Buch beleuchtet die Geschichte und das Design von Buchstaben in zeitgenössigem Englisch. Andere Bücher von Haley sind ebenfalls lesenswert und auch für Anfänger geeignet.

- *The End of Print: The Grafik Design of David Carson*, Revised Edition, von Lewis Blackwell und David Carson (Chronicle Books, 2000). Dieses zeitgenössige und gleichzeitig kontroverse Buch liefert endlose Inspirationen und Argumente.

INFORMATIONEN IM INTERNET

Wenn Sie lieber das Internet durchsuchen, nehmen Sie sich dafür ausreichend Zeit. Das Web ist voll von einem unüberschaubaren Angebot an Informationen, vom Online-Schriftdesign über hilfreiche Abhandlungen bis zu lehrreichen Hinweisen und Interviews. Eine Suche bei Google nach *Typografie, Font-Shop, Schriftarten* oder ähnlichen Stichwörtern bringt Ihnen mehr, als Sie an einem Tag durchsehen können. Als Einstieg können Sie mit folgenden Adressen beginnen:

- Identifont (www.identifont.com). Auf dieser hervorragenden Seite können Sie eine Schrift identifizieren, indem Sie eine Reihe von Fragen darüber beantworten. Außerdem finden Sie hier weitere typografische Informationen.

- MyFonts (www.myfonts.com). Dies ist vielleicht die am schlechtesten gestaltete Seite über Schriften im Web, aber sie ist einen Besuch wert. Die Suchfunktion ist flexibel genug, um mit allgemeinen Suchwörtern wie *retro* oder *happy* zurecht zu kommen, und mit der Funktion

WHATTHEFONT können Sie versuchen, Schriften in Bildern zu identifizieren.

- Adobe Type Library (http://store.adobe.com/type). Adobe stellt eine Bibliothek von Weltklasse für Schriften zur Verfügung, die von einer großen Auswahl bekannter Quellen erworben werden können.

- Fonts, Tutorials, Design-Elemente und zahlreiche Tipps finden Sie unter www.websitetips.com/fonts. Hierbei handelt es sich um einen beeindruckenden Katalog für fast alles über Schriften im Web. Er enthält Shareware- und Freeware-Schriften, sprachspezifische Schriften, Listen von typografischen Organisationen und Newsgroups sowie eine Sammlung von Schriftbearbeitungssoftware.

Ein umfassendes typografisches Studium ist ein lebenslanger Prozess, aber das sollte Sie nicht abschrecken. Je mehr Wissen Sie ansammeln, umso besser wird das Ergebnis Ihrer Arbeiten ausfallen.

Ausgeglichenheit ist der Schlüssel

Aristoteles lehrte uns, dass eine weise Lebensphilosophie in der »Mäßigung in allen Dingen« liegt. Obwohl Design manchmal durchaus extreme Formen annehmen kann, ist Ausgeglichenheit für die meisten professionellen Designer der Schlüssel zum Erfolg.

Die kontrastierenden Schriftarten und Zeichenformen von Golden Mean machen deutlich, wie die richtige Mischung typografischer Ausdrucksformen diese Balance herstellen kann – die im wörtlichen Sinn goldene Mitte, durch die ein Design seinen Zweck erfüllt: eine visuelle Botschaft zu übermitteln, die im Gedächtnis haften bleibt.

This is Cereal, Seite 254

Gemination, Seite 262

Tulipe, Seite 276

door to my garden, Seite 284

Kapitel
6

Spezial-
effekte

Bonsai Sky, Seite 270

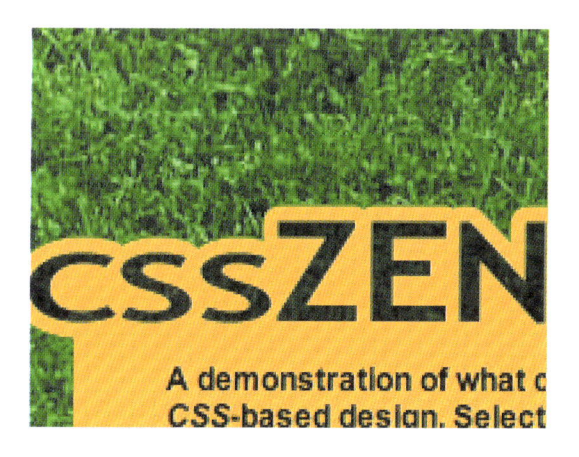

Elastic Lawn, Seite 292

IN DIESEM KAPITEL lernen Sie, wie Sie mit Hintergrundbildern, Transparenzen und Ebenen Effekte erzielen, die dem Web ein ganz neues Gesicht verleihen.

Vielleicht das Wichtigste an diesen Seiten ist, dass sie das frustrierendste Problem für den Webdesigner behandeln: die Browser-Unterstützung. Die Designs hier werden Ihnen helfen, Techniken zur Verbesserung, Hilfskonstruktionen und andere nützliche Ansätze zur Browser-Verwaltung zu verstehen.

Shaun Inman, Designer
www.csszengarden.com/057

This is Cereal

Die Kaskaden- und Ebeneneffekte

Shaun Inman LIEBT SICHER ein ausgewogenes Frühstück. Ausgerüstet mit einer Packung Fruchtmüsli, einem Schuss Parodie und dem Drang, manche Regeln zu brechen, entschied er sich für Bilder zum Thema Frühstück, um die Grundlage für das wohltuende **This is Cereal** zu gestalten. Verstärkt mit Spezialeffekten für fortschrittliche Browser erweiterte sein Design die Grenzen dessen, was das Zen-Garten-Markup erlaubt.

Da ein großer Anteil der Bevölkerung immer noch Browser benutzt, die nicht auf dem neuesten Stand der CSS-Unterstützung sind, hat Inman sichergestellt, dass sich das Design auch in reduzierter Form elegant darbietet.

Die Kaskade

Die Menüs und die Transparenz in This is Cereal sind nur in einem weitgehend CSS2-konformen Browser wie Firefox möglich. Diese Form der Erweiterung selektiv anzuwenden, erfordert verschiedene CSS-Filter und Hacks, die sich die Leistungsfähigkeit der Kaskade zunutze machen.

Was ist eigentlich der „Kaskaden"-Teil von Cascading Style Sheets? Das W3C sagt: „Die CSS-Kaskade ordnet jeder Stilregel ein Gewicht zu. Wenn mehrere Regeln Anwendung finden, hat diejenige mit dem größten Gewicht Vorrang." Zwei verwandte Konzepte, Spezifizierung und Vererbung, können Ihre besten Freunde sein oder Ihre schlimmsten Albträume hervorrufen ... allerdings nicht unbedingt in dieser Reihenfolge.

CSS lässt es zu, mehrere Elemente gleichzeitig zu formatieren. Ohne die Möglichkeit, Stilregeln zu kombinieren und auf mehrere Elemente anzuwenden, würden CSS-Dateien eine Ein-zu-Eins-Zuordnung zwischen Stilregeln und Elementen erfordern – ein unpraktisches und schwerfälliges Konzept.

VERERBUNG

Es besteht die Möglichkeit, Stile auf generische Elemente und auf Gruppen von Elementen anzuwenden, die bestimmte Kriterien erfüllen. Eine Stilregel für h3-Elemente wird auf alle h3-Elemente einer Seite angewandt (**ABBILDUNG 1**).

```
h3 {
 color: red;
}
```

> **Tipp**
>
> Mehr über Spezifizierung und Vererbung finden Sie in der CSS-Spezifikation „Assigning property, values, Cascading, and Inheritance" (www.w3.org/TR/REC-CSS2/cascade.html).

ABBILDUNG 1 Alle h3-Elemente auf der Seite sind rot.

ABBILDUNG 2 h3-Elemente der Klasse archives sind grün; alle anderen h3-Elemente bleiben rot.

ABBILDUNG 3 Eine Kombination von Stilregeln ruft eine grüne Überschrift hervor, die in Verdana 0.8 em wiedergegeben wird.

Auf diese Weise wird jedes auf dieser Seite vorkommende h3-Element rot. Das ist einfach. Aber was wäre, wenn Sie diese Festlegung für einige h3-Elemente überschreiben wollen, für andere aber nicht? Sie müssen eine zusätzliche Klasse einführen (**ABBILDUNG 2**):

```
h3 {
  color: red;
}
h3.archives {
  color: green;
}
```

Die erste Stilregel färbt alle h3-Elemente, während die zweite Regel nur die Farbe derjenigen Elemente ändert, denen die Klasse archives zugeordnet ist.

Bis jetzt passiert noch nichts besonders Kompliziertes, deshalb wollen wir noch etwas Schwierigeres versuchen. Wie werden h3-Elemente innerhalb von #linkList dargestellt, wenn folgender Stil gilt? (**ABBILDUNG 3**)

```
h3 {
  font: 1em Verdana, sans-serif;
  color: red;
}
h3.archives {
  color: green;
}
#linkList h3 {
  font-size: 0.8em;
}
```

Sie sind rot und werden in 0.8em Verdana (oder, falls Verdana nicht zur Verfügung steht, ersatzweise in Sans-Serif) wiedergegeben. Da die Schriftartfamilie nicht durch einen neuen Wert in der letzten Regel überschrieben wird, wird Verdana von der früheren globalen h3-Stilregel übernommen, nur die Größe ändert sich. Wäre den h3-Elementen oder sonstigen betroffenen Elementen die Klasse archives zugeordnet, dann würden sie grün dargestellt.

SPEZIFIZIERUNG

Auch das vorstehende Beispiel zeigt den Vorgang der Spezifizierung – die letzte Stilregel erhält eine höhere Priorität als die erste. Da eine eigene Klasse definiert wurde, wird die Gesamtregel als spezifischer gewichtet als die erste und erhält Vorrang.

Wenn es dieses Konzept der Spezifizierung nicht gäbe, stünden die beiden Regeln im Wettbewerb um die Priorität, da ein h3-Element nicht gleichzeitig den Wert 0.8em und 1em haben kann. Die Spezifizierung ist ein einfacher Weg, eine Rangordnung festzulegen und sicherzustellen, dass mit Hilfe einer verlässlichen Methode rechtzeitig angegeben wird, welche Regel gewinnt.

Dies scheint einfach, aber die Spezifizierung birgt jede Menge Herausforderungen. Es ist durchaus möglich, eine Stilregel zu überspezifizieren und Bedingungen hervorzurufen, bei denen der einzige Weg, Werte zu überschreiben, darin besteht, eine noch spezifischere Regel zu erstellen.

Hier ein typisches Beispiel:

```
body>html #header ul.navigation li.home a {
 color: red;
}
```

Was geschieht, wenn Sie den :hover-Status des Links stattdessen blau anzeigen lassen möchten? Dann müssen Sie einen Schritt weitergehen, die lange Liste von Selektoren duplizieren und etwas noch Spezifischeres hinzufügen, das auf den :hover-Status abzielt.

```
body>html #header ul.navigation li.home a:hover {
 color: blue;
}
```

Die Spezifizierung steuern

Vorausschauendes Denken kann hilfreich sein, um komplexe und verwirrende Selektoren zu vermeiden, die viel zu sehr spezifiziert sind. Eine Faustregel besagt, bei Stilregeln so allgemein wie möglich zu bleiben und etwas nur dann genauer zu spezifizieren, wenn es wirklich erforderlich ist.

Vergleichen Sie beispielsweise diesen Selektor:

```
#linkList ul li h3 {
 color: red;
}
```

mit diesem:

```
#linkList h3 {
 color: red;
}
```

Das erste Beispiel zeigt viele zusätzliche Selektoren, die auf ein h3-Element angewendet werden, bevor es rot angezeigt wird. Es muss in einer ungeordneten Liste enthalten und ein entfernter Nachfahre eines sehr spezifischen Identifikators sein. Das zweite Beispiel lässt die Listenanforderung weg, verlangt jedoch weiterhin einen spezifischen Identifikator als Vorgänger. Wenn Sie mit dem Allgemeinen beginnen und die Struktur immer weiter zum Spezifischen verfeinern, dann gerät die Möglichkeit, später leicht weitere Spezifizierungen hinzufügen zu können, nicht zur Übung in übermäßig langen Stilregeln.

Fehlersuche in der Spezifizierung

Der folgende einfache Tipp ist sehr nützlich für die Fehlersuche bei CSS-Layout-Problemen: Stellen Sie sicher, dass es kein Spezifizierungskonflikt ist, der Sie zum Rotieren bringt. Wenn Sie Stile anwenden, die scheinbar keinen Effekt erzielen, müssen Sie als Erstes überprüfen, ob die Stilregel speziell genug ist. Um dies zu tun, ist es oft sinnvoll, einige sehr auffällige temporäre Formatierungen einzufügen, um sicherzustellen, dass der Selektor wirklich das gewünschte Element trifft, zum Beispiel wie folgt:

```
#linkList h3 {
 border: solid 20px red;
}
```

Wenn das h3-Element den Rahmen nicht erhält, müssen Sie den Selektor genauer spezifizieren. Andernfalls entfernen Sie den Rahmenstil wieder und probieren etwas anderes aus, da das Problem dann wahrscheinlich nicht in der Spezifizierung liegt.

Die Spezifizierung überschreiben

Eine Möglichkeit, die Spezifizierung für eine gegebene Stilregel zu überschreiben, ist in CSS enthalten. Die Deklaration !important, die attributweise angewandt wird, ist eine schnelle Möglichkeit, um sicherzustellen, dass eine besondere Regel unabhängig von der Spezifizierung irgendwelcher anderer Selektoren innerhalb des Stylesheets in jedem Fall angewandt wird. Betrachten Sie dazu das folgende Beispiel:

```
h3 {
 color: red !important;
}
#linkList h3 {
 color: blue;
}
```

Obwohl die zweite Regel für h3-Elemente im #linkList-Block von größerem Gewicht ist, werden die Elemente dennoch in rotem Text dargestellt, da die !important-Deklaration in der vorigen Regel die höhere Gewichtung der Spezifizierung ignoriert. Lediglich der alte Netscape 4.x unterstützt !important nicht.

Die Kaskade wurde in This is Cereal intensiv genutzt, um das Fehlen von einzelnen Effekten in bestimmten Browsern zu kompensieren. Tatsächlich hat Inman die Stile so spezifisch gefiltert, dass Benutzer mit Browsern, die diese Effekte besser unterstützen sollten, als sie es derzeit tun, mit einer dreisten Meldung (**ABBILDUNG 4**) begrüßt werden.

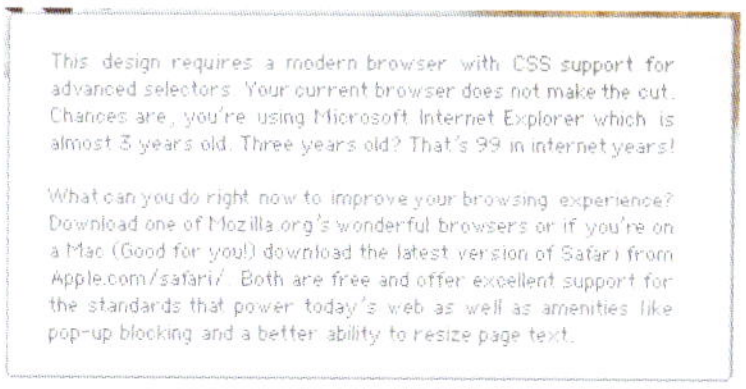

ABBILDUNG 4 Die Meldung, mit der Betrachter von This is Cereal begrüßt werden, wenn sie den Internet Explorer älter als Version 7 benutzen.

Ebenen

Die Meldung für den Internet Explorer (älter als Version 7) und andere Elemente der Seite werden absolut positioniert und es wurde, um Überlagerungen zu vermeiden, große Sorgfalt auf die Anordnung der Ebenen verwandt.

Das Attribut z-index ist ein wertvolles CSS-Steuerelement für die Stapelreihenfolge der auf einer Seite positionierten Elemente. Da absolut positionierte Elemente von dem regulären Textfluss abgesondert werden, reicht die Standardmethode, um Überlagerungen zu steuern, oft nicht aus. Ohne einen z-index-Wert werden positionierte Elemente von unten nach oben übereinander gestapelt. Elemente, die in HTML zuerst erscheinen, werden im Stapel unten eingeordnet und Elemente, die danach kommen, werden darüber eingefügt.

z-index regelt die Stapelreihenfolge und erlaubt es dem Designer, die Ebenen in jeder gewünschten Reihenfolge anzuordnen. Mögliche Werte beginnen bei 0 und können jede beliebige ganze Zahl annehmen, zum Beispiel wie folgt:

```css
#linkList h3 {
 position: absolute;
 top: 50px;
 left: 50px;
 z-index: 10;
}
#linkList ul {
 position: absolute;
 top: 50px;
 left: 50px;
 z-index: 20;
}
```

An derselben Stelle der Seite platziert, erscheint das h3-Element hinter dem ul-Element, unabhängig davon, wo es im HTML-Quelltext steht, da sein z-index-Wert niedriger ist.

Integration

Die Ebenenoptionen, die CSS dem Grafik-Designer bietet, sollten Ihnen vertraut erscheinen, denn sie halten sich eng an verwandte Konzepte in Bildbearbeitungssoftware. Die Kaskade hingegen ist ein eher programmorientiertes Konzept ohne einfache Analogie in der Welt des Designs, aber wenn Sie sie einmal beherrschen, bietet sie die nötigen Steuerungmöglichkeiten, um sicherzustellen, dass alle Elemente hübsch zusammenwirken wie This is Cereal erfolgreich demonstriert.

Egor Kloos, Designer

www.csszengarden.com/062

Gemination

Zwei Designs, aber ein Stylesheet

CSS-HACKS, DIE VERWENDET WERDEN KÖNNEN, um erweiterte Stile an Browser zu schicken, brachten **Egor Kloos** auf die Idee, die als ultimativer Beweis dafür dient, dass kluge Programmierung überraschende Ergebnisse hervorrufen kann. Und nun gibt es **Gemination**. Es besteht aus zwei völlig unterschiedlichen Designs, die auf demselben Stylesheet beruhen.

MOSe

Diskussionen über erweiterte Designs für Browser mit tiefer gehender CSS-Unterstützung gab es bereits einige Zeit vor dem Erscheinen von Gemination. Die Idee ist einfach. Nutzen Sie die fehlende Unterstützung für bestimmte CSS-Selektoren in weniger leistungsfähigen Browsern und verwenden Sie diese Selektoren, um Erweiterungen zu kreieren, die von den Browsern, die sie handhaben können, interpretiert werden – namentlich Mozilla und Varianten wie Firefox, Opera und Safari sowie der Internet Explorer ab Version 7.

Besonders MOSe führt eine Reihe von Selektoren aus, die von älteren Versionen des Internet Explorers nicht unterstützt werden. Für Erweiterungen werden am häufigsten *untergeordnete Selektoren*, *benachbarte Selektoren* und *Attribut-Selektoren* genutzt.

UNTERGEORDNETE SELEKTOREN

Untergeordnete Selektoren wählen, wie der Name schon sagt, das untergeordnete Element eines gegebenen Objekts aus. Sie ähneln in gewisser Weise abhängigen Selektoren, die aber jedes abhängige Element eines Vorgängers auswählen, sogar jene, die in anderen Elementen innerhalb des Vorgängers verschachtelt sind.

Um einen untergeordneten Selektor zu erstellen, listen Sie zuerst das übergeordnete Element auf und verwenden dann den Kombinator >. (Der Ausdruck Kombinator bezeichnet das Symbol, das für die Verknüpfung der Selektortypen verwendet wird.) Anschließend definieren Sie das untergeordnete Element und vervollständigen die Regel.

```
div#content>p {color: orange;}
```

Nun werden alle Absätze, die direkte Nachfolger von #content div sind, wie in **ABBILDUNG 1** dargestellt in Orange angezeigt.

Hinweis

Der Ausdruck MOSe steht für Mozilla/Opera/Safari-Erweiterung. Einzelheiten finden Sie unter www.mezzoblue.com/archives/2003/06/25/mose.

Hinweis

Ein untergeordneter Selektor bietet die Möglichkeit, spezieller zu sein, indem Sie nur die untergeordneten Elemente innerhalb des spezifischen Elements auswählen, nicht aber andere, die in der Struktur des übergeordneten Elements verschachtelt sind.

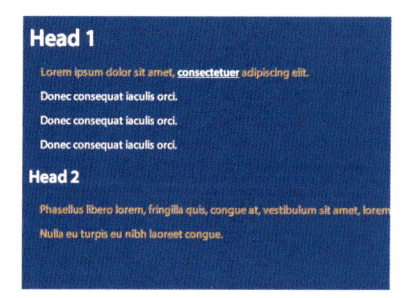

ABBILDUNG 1 Beachten Sie, wie der untergeordnete Selektor nur auf die direkten untergeordneten Elemente des übergeordneten Objekts angewandt wird, nicht aber auf die übrigen Nachfahren.

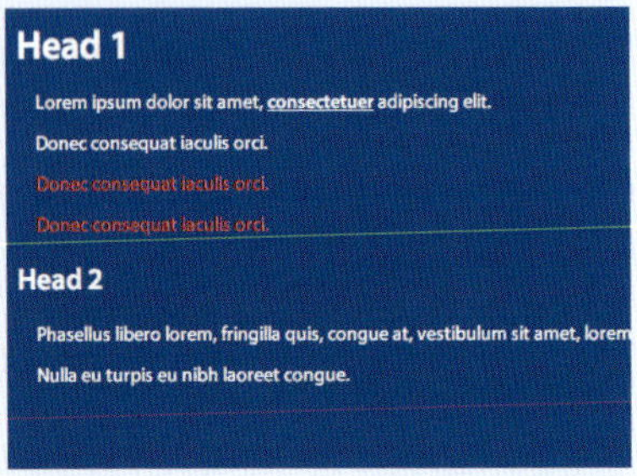

ABBILDUNG 2 Beachten Sie, wie der benachbarte Selektor die Nachkommen des ursprünglichen Elements auswählt.

Hinweis

Die Website der OPAL-Gruppe (http://gallery.theopalgroup.com/selectoracle) erläutert CSS-Selektoren in allen Einzelheiten.

Hinweis

MOSe interpretiert andere Selektortypen, die von älteren Versionen des Internet Explorers nicht unterstützt werden, darunter auch einiges an Syntax aus CSS 3.0. Einen vollständigen Überblick über die verschiedenen MOSe-Vorgehensweisen, die benutzt werden, um Erweiterungen vorzunehmen, finden Sie unter www.mezzoblue.com/archives/2003/06/25/mose.

BENACHBARTE SELEKTOREN

Benachbarte Selektoren wählen die Geschwisterelemente eines ersten untergeordneten Elements aus. Dies wird erreicht, indem Sie das erste Element definieren, dann mit der +-Verknüpfung das Geschwisterelement bestimmen und anschließend die Regel vervollständigen:

```
div#warning p + p {color: red;}
```

Dies würde Geschwisterabsätze eines ersten untergeordneten Absatzes innerhalb des #warning-Abschnitts rot anzeigen. Wenn Sie die CSS-Regel für benachbarte Selektoren auf das gleiche Markup wie oben anwenden, wird das Ergebnis genauso aussehen wie in **ABBILDUNG 2**.

ATTRIBUTSELEKTOREN UND MUSTERPRÜFUNG

Hier beginnt der Spaß wirklich! Vielleicht sind Ihnen Attributselektoren nicht bekannt. Grund dafür ist oft die Tatsache, dass sie von älteren Versionen des Internet Explorers nicht unterstützt werden. Die meisten Webdesigner sehen sich nicht in der Lage, sie zu benutzen. Aber Attributselektoren sind sehr leistungsfähig und die Steuerungsmöglichkeiten, die sie bieten, sind einfach toll.

Ein Attributselektor versetzt Sie in die Lage, Elemente auf der Grundlage auszuwählen, welche Attribute gesetzt sind und, was noch nützlicher ist, welche Werte die Attribute haben. Wenn Sie also eine Verbindung zu einem bestimmten URL haben, können Sie den URL nicht nur über das href-Attribut auswählen, sondern auch über seinen Wert, den URL selbst. Jedes Vorkommen dieses URLs wird dann den entsprechenden Stil aufweisen.

Betrachten Sie folgenden CSS-Code:

```
[id] {color: teal;}
[id="warning"] {color: red;}
[href~="http://www.molly.com/"] {text-decoration: none;}
```

ABBILDUNG 3 zeigt, wie diese Selektoren Elemente aufgrund ihrer Attribute und deren Wert geändert werden.

Dies ist der Selektortyp, den Egor Kloos hauptsächlich in Gemination benutzte, um damit ein Design an kompatible Browser und ein völlig anderes an den Internet Explorer vor Version 7 zu übergeben.

CSS-Signaturen

CSS-Signaturen werden immer öfter verwendet. Die Idee dahinter besteht darin, dass die Zuordnung einer Kennung zum Body-Element einer Website eine eindeutige Stilsignatur liefert, die für siteübergreifende Stile, Benutzer-Stylesheets und verschiedene CSS-Dateien verwendet werden kann.

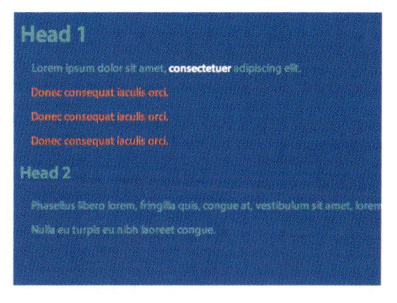

ABBILDUNG 3 Die Auswirkung von Attributselektoren in einem kompatiblen Browser

Einen wirklichen Vorteil von einer CSS-Signatur hat der anspruchsvolle Benutzer, der eine einzelne Site optimieren möchte. Wenn beispielsweise eine Site, die Sie häufig besuchen, aus hellgrauem, nur 9 Pixel großem Text auf weißem Hintergrund besteht und Sie ihn ganz einfach nicht lesen können, müssen Sie nicht den Autor der Site mit der E-Mail „Ändern Sie das, sonst ..." verärgern. Falls er eine CSS-Signatur eingesetzt hat, können Sie die Schriftgröße einfach überschreiben, indem Sie Ihrem eigenen Browser ein Benutzer-Stylesheet hinzufügen.

Wie der Zen-Garten eine CSS-Signatur benutzt, wird durch Kloos' Implementierung demonstriert:

```
<body id="css-zen-garden">
```

Um ein erweitertes Design für Gemination zu erstellen, benutzte Kloos das Body-Element und die ihm zugeordnete Attributsignatur. Wenn Sie den CSS-Code auf dieses Design hin untersuchen, werden Sie etwas bemerken, das auf den ersten Blick wie unübliche Syntax aussieht:

```
body[id=css-zen-garden] a:link    { color: #f90; }
body[id=css-zen-garden] a:visited { color: #f90; }
body[id=css-zen-garden] a:hover,
body[id=css-zen-garden] a:active  { color: #fff; }
```

ABBILDUNG 4 Verbessertes Link-Verhalten in Gemination

ABBILDUNG 5 Standardmäßiges Link-Verhalten in der nicht erweiterten Version von Gemination

ABBILDUNG 6 Aus dem Hintergrundbild von squidfingers.com wird ein Hintergrundfeld erzeugt.

In diesem CSS-Code definiert Kloos das Verhalten von Links, indem er angibt, dass der gegebene Link-Typ sich auf das ID-Attribut des Hauptteils und seinen Wert bezieht. Dadurch erfasst er alles Grundlegende – es handelt sich um ein weit greifendes Mittel, das sicherstellt, dass alle untergeordneten Elemente des spezifizierten Body-Teils die Stile übernehmen (**ABBILDUNG 4**).

Internet-Explorer-Stile und MOSe im Vergleich

Dem Internet Explorer völlig andere Stilinformationen zu schicken, ist einfach. Sie müssen nur sicherstellen, dass Sie Stile geschrieben haben, die er interpretieren kann.

Der CSS-Code für die Link-Stile der Internet-Explorer-Variante (vor Version 7) sieht wie folgt aus:

```
a:link           { color: #f90; }
a:visited        { color: #f90; }
a:hover, a:active    { color: #fff; }
```

Sie können feststellen, dass dabei exakt die gleichen Stile verwendet werden wie in dem früheren Beispiel. In diesem Fall wird die Syntax vom Internet Explorer jedoch richtig unterstützt und er interpretiert sie in der nicht erweiterten Version (**ABBILDUNG 5**).

266 KAPITEL 6 / SPEZIALEFFEKTE

Die erweiterte Fassung von Gemination

Das erweiterte Design hat einige Effekte, die es wert sind, erwähnt zu werden. Es ist ähnlich aufgebaut wie die Art, in der Ebenen in Adobe Photoshop funktionieren – eine sich wiederholende Kachel bildet den Hintergrund, wobei andere Elemente darüber gelagert sind.

Zunächst benutzte Kloos eine Hintergrundkachel für das Body-Element (**ABBILDUNG 6**).

Der CSS-Code lautet wie folgt:

```
body[id=css-zen-garden]
{ margin: 100px 0 0 0; padding: 0; text-align: center;
background: transparent url(squidback.gif); }
```

Anschließend wird ein anderes Bild hinzugefügt, diesmal zu #container. Dadurch wird der Hintergrund (**ABBILDUNG 7**) für den Inhaltsbereich des Designs erstellt.

In der Einleitung entsteht ein hübscher Effekt dadurch, dass die Hintergrundgrafik durch den hellgrauen Hintergrund hindurchscheint (**ABBILDUNG 8**).

Der CSS-Code lautet wie folgt:

```
body[id=css-zen-garden] #preamble
{ position: absolute; top: 30px; left: 20px;
display: block; margin: 0; border: 1px dotted #fff;
padding: 0; width: 196px; height: 290px;
background: transparent url(blk35.png) repeat;
overflow: hidden; }
```

Dieser Effekt wird ebenfalls im Inhaltsbereich angewandt, mit einer Bildlaufleiste auf dem Hintergrund. Schließlich benutzt die Registernavigation ganz rechts den :hover-Selektor, um sehr ansprechende Rollover-Effekte zu erzielen (**ABBILDUNG 9**). Natürlich ist dieser Effekt auf Browser beschränkt, die :hover für alle Elemente und nicht nur für Links unterstützen. Sie können aber halbwegs sicher sein, dass Browser, die fortschrittliche MOSe-Selektoren unterstützen, geeignet sind.

ABBILDUNG 7 Die Hintergrundgrafik erzeugt einen Hintergrund für den Inhaltsbereich des erweiterten Designs.

ABBILDUNG 8 Dieser Effekt wird erzeugt, indem zwei Grafikebenen kombiniert werden, der Hintergrund jedoch transparent bleibt.

ABBILDUNG 9 Die Anwendung des dynamischen Pseudoklassen-Selektors :hover auf Elemente ermöglicht Rollover-Effekte, ohne dass Skripts erforderlich sind.

ABBILDUNG 10 „Das Box-Modell"

Da ein weit traditionelleres CSS-Design an den Internet Explorer älter als Version 7 weitergegeben wird, gibt es zum Thema Effekte nicht mehr viel zu sagen. Der überzeugendste Aspekt des Internet-Explorer-Designs ist sein Humor. Es zeigt ein Wortspiel zum Thema CSS-Box-Modell: eine Frau, gefangen in einer Kiste, mit einem ziemlich überraschten Gesichtsausdruck. Dies ist ein kleiner Seitenhieb auf die Fehlinterpretation des Standard-CSS-Box-Modells durch den Internet Explorer 5.x (**ABBILDUNG 10**). Das Box-Modell ist das visuelle Modell, das von Browsern benutzt wird, um die Anzeige von visuellen Darstellungen zu berechnen. Weitere Informationen dazu finden Sie unter www.w3.org/TR/REC-CSS2/box.html.

Zukunftssichere Gestaltung

Eine fortwährende Diskussion im Webdesign rankt sich um die „zukunftssichere Gestaltung". Dies bedeutet, dass das, was heute gemacht wird, im Kontext künftiger fortgeschrittener Technologien auch funktionieren muss.

Natürlich, die gesamte Vorgehensweise bei Gemination – und die allgemeine Vorgehensweise von MOSe – beruht auf der Tatsache, dass einige Browser ungenügende Unterstützung für heute übliche Selektoren der CSS 2.1-Spezifikation bieten. Was wird also geschehen, wenn modernere Browser all diese Funktionen unterstützen? Theoretisch nichts. Tatsächlich unterstützt der Internet Explorer 7 für Windows alle Selektoren und Effekte in gleicher Weise und stellt die Seite genauso dar wie Mozilla und andere Browser das gegenwärtig tun.

Kloos ist der Meinung, dass die Forderung nach Zukunftsfähigkeit ein Produkt der Einbildung von Personen mit zu viel Vorstellungskraft ist, da nicht vorherzusehen ist, was sich in Zukunft ändern wird. Ob dies nun wahr ist oder nicht – sicher ist, wenigstens gegenwärtig, dass wir bei der Benutzung heutiger Selektoren auf die fehlende Unterstützung in älteren Versionen des Internet Explorers stoßen und dies zu unserem Vorteil nutzen können – etwas, was durch die brillante Dualität von Gemination klar demonstriert wird.

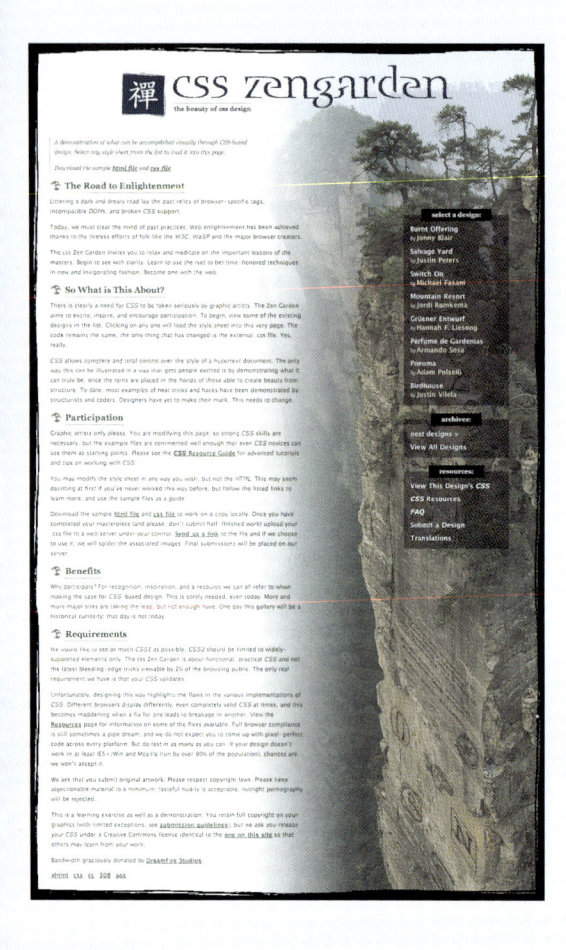

Mike Davidson, Designer
www.csszengarden.com/069

Bonsai Sky

Browser-Einschränkungen durch intelligente Zusammenstellung von Bild und Code umgehen

MIT EINEM „HIMMLISCHEN" ZEN-GARTEN illustriert **Mike Davidson** seinen Entwurf **Bonsai Sky**. Ausgehend von einem Foto einer steinigen, baumgesäumten Felsklippe musste er zuerst herausfinden, wie der Text mit einem dominanten Bild harmonisch auszubalancieren ist.

Indem er das Bild des Felsens rechts platzierte und nach links verblassen ließ, war es Davidson möglich, den Text einfach links überlappend im leeren weißen Raum anzuordnen. Dies lädt den Betrachter ein, den Bildschirminhalt nach oben zu verschieben und eine Überraschung zu erleben: Browser-Logos, als Runen in die Oberfläche des Felsens geritzt, und ein Wanderer, der forschend in den Abgrund blickt. Der Wanderer ist Davidson. Nachdem er die CSS-Lernkurve erfolgreich gemeistert hat, spürt er, dass es kein Zurück mehr gibt.

Versionen

Einige der interessanten Bilder in Bonsai Sky sind nur in bestimmten Browsern sichtbar. Es war ganz einfach nicht möglich, jedermann eine identische Version des Designs zu präsentieren, da Davidson spezielle CSS-Eigenschaften verwendete. Anstatt die visuellen Effekte, die er hinzufügen wollte, wegzulassen, täuschte Davidson die Browser, die sie nicht richtig anwendeten, indem er besonders ausgewählten CSS-Code verwendete.

DEN SCHWARZEN RAND POSITIONIEREN

Bonsai Sky ist von einem dicken schwarzen Rahmen umgeben, der fest positioniert ist.

```
#extraDiv2 {
  background-image: url(edge_bottom_black.gif);
  background-repeat: repeat-x;
  position: fixed;
  bottom: 0;
  left: 100%;
  width: 100%;
  height: 20px;
  margin-left: -100%;
}
```

Das Attribut `fixed` ermöglicht es, dass Elemente innerhalb eines Layouts präzise platziert werden und an diesem Platz auch dann verbleiben, wenn der Benutzer die Seite nach oben verschiebt. Die fixierten Elemente scheinen über den Rest der Seite zu fließen, wie z. B. die Rahmen (**ABBILDUNGEN 1** bis **3**)

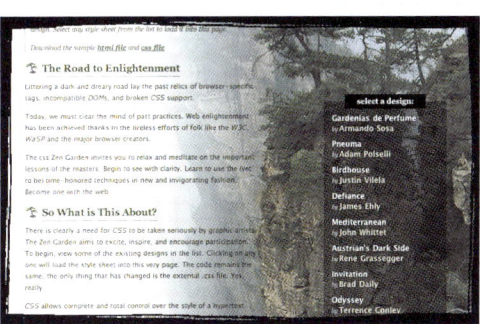

ABBILDUNGEN 1–3 Der Rahmen bleibt bestehen, wenn der Bonsai Sky-Bildschirm verschoben wird.

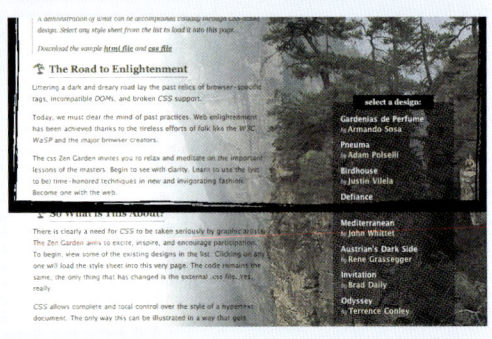

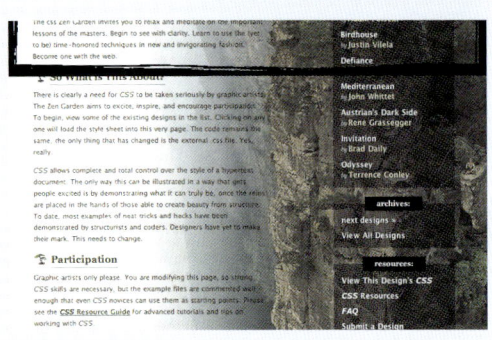

ABBILDUNGEN 4–6 Der Rahmen lappt über, falls ein Bildlauf erfolgt.

Jedoch ist die Unterstützung der festen Positionierung nicht zuverlässig und einige Browser (der Internet Explorer für Windows vor der Version 7 ist hierfür ein bemerkenswertes Beispiel) verschieben die fixed-Elemente zusammen mit dem Rest der Seite. In einigen Designs kann dies als eine akzeptable Schwäche hingenommen werden: Wenn der Browser das Element stehen lässt, großartig. Falls er das nicht tut und das Element mit dem Rest der Seite verschiebt, ist dies auch in Ordnung.

PROBLEMLÖSUNG FÜR DEN SCHWARZEN RAND

Die Rahmen von Bonsai Sky würden jedoch, wie in den **ABBILDUNGEN 4** bis **6** gezeigt, den Inhalt verdecken, falls dies erlaubt wäre. Daher war eine Problemlösung dringend erforderlich. Es existieren viele Filter, um CSS-Code von Browsern auszublenden, aber anstatt die Rahmen völlig wegzunehmen, fand Davidson eine Möglichkeit, sie außerhalb des Bildschirms zu verbergen, indem er sich eine Unzulänglichkeit bestimmter Browser zunutze machte, die damit eigentlich gar nichts zu tun hat.

Jeder der horizontal verlaufenden Rahmen, sowohl oben als auch unten, wird fest positioniert, und zwar mit einem linken Versatz von 100%. Ihre Startpositionen liegen darum gerade hinter der äußersten rechten Ecke des Browser-Fensters, völlig außerhalb des Bildschirms. Um sie zurück auf den Bildschirm zu ziehen, wendete Davidson auf jeden von ihnen einen negativen margin-left-Wert von -100 % an.

```
#extraDiv2 {
        background-image: url(edge_bottom_black.gif);
        background-repeat: repeat-x;
        position: fixed;
        bottom: 0;
        left: 100%;
        width: 100%;
        height: 20px;
        margin-left: -100%;
}
```

Da fortschrittlichere Browser negative Ränder unterstützen, werden die Rahmen genau an der von Davidson beabsichtigten richtigen Stelle angezeigt. Diejenigen Browser, die negative Ränder nicht unterstützen, schieben die Rahmenteile nicht wieder zurück auf den Bildschirm und lassen sie schön verborgen. Glücklicherweise unterstützen genau diese Browser auch die feste Positionierung nicht.

BUDDHA

Nachdem das Problem der Rahmenplatzierung gelöst war, fügte Davidson einen neuen optischen Akzent hinzu, um das Thema zu vervollständigen. Eine kleine goldene Buddha-Statue sitzt auf einem schwebenden Felsvorsprung und berührt dabei die rechte Kante des Browser-Fensters. Das Bild der Statue wurde mit derselben Methode der festen Positionierung platziert, die für den Rahmen benutzt wurde.

Da das bedeutete, dass ältere Versionen des Internet Explorers für Windows es sowieso nicht darstellen würde, beschloss Davidson, den Vorteil der Alpha-Transparenz zu nutzen, die im Zusammenhang mit dem Dateiformat PNG möglich ist, aber vom Internet Explorer ebenfalls nicht (bzw. nur mit Tricks) unterstützt wird.

Ein schwacher, durchsichtiger Schatten wurde in der PNG-Datei hinter den Felsen platziert (**ABBILDUNG 7**). Wenn der Benutzer in Bonsai Sky einen Bildlauf durchführt, verhindert der Schatten, dass der Vorsprung in den Felsen des Hintergrunds verschwindet und vermittelt das Gefühl von räumlicher Überlagerung.

Es ist ein einfacher subtiler Trick, der bei den beschränkten Transparenzoptionen einer GIF-Datei völlig verloren ginge und daher in Browsern, die PNG-Transparenz nicht richtig anwenden, nicht möglich ist.

Obwohl die Grafik mit dem schwebenden Felsvorsprung und der Statue optisch viel zu Bonsai Sky beiträgt, empfand Davidson sein Erleuchtungsmotiv als stark genug, so dass er beschloss, dass nur Browser, die wahrhaftig mit dem kompletten Umfang der CSS-Unterstützung „erleuchtet" waren, imstande sein sollten, es anzuzeigen. Indem er denselben Trick mit dem negativen Rand wie für die Seitenrahmen benutzte, erreichte er, dass der schwebende Felsvorsprung im Internet Explorer für Windows älter als Version 7 einfach nicht erschien.

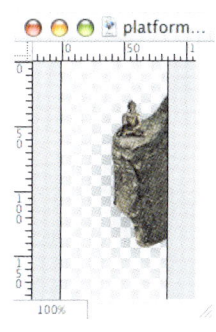

ABBILDUNG 7 Dank der PNG-Transparenz erscheint ein blasser Schatten hinter dem Felsvorsprung und der Buddha-Statue.

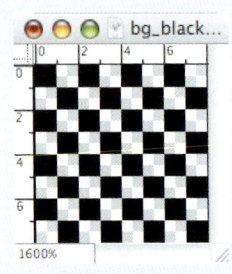

ABBILDUNG 8 Vergrößertes transparentes GIF-Schachbrettmuster, das eine halbtransparente Fläche in 50 % Schwarz simuliert.

ABBILDUNG 9 Überlagerung mit dem GIF-Schachbrettmuster, 100 %

Da dies jedoch bedeutete, dass die vielen Betrachter, die diesen Browser benutzten, den Effekt nicht sehen würden, stellte er sicher, dass der Rest des Designs dennoch vernünftig funktionierte, auch wenn der Felsvorsprung nicht sichtbar war. Die potenzielle Verschlechterung war in diesem Fall akzeptabel, obwohl das Endergebnis mit einem Browser, der feste Positionierung und PNG-Transparenz unterstützt, unzweifelhaft schöner ist.

TRANSPARENTE THEMENKÄSTEN

Nach dem Setzen des Textes und der Positionierung des Felsenfotos geriet Davidson in eine Klemme: Die Link-Listen – „select a design", „archives" und „resources" – mussten untergebracht werden. Aber nachdem er viel Zeit damit verbracht hatte, das Felsenbild zu gestalten, zögerte er, es zu verdecken.

Eine leicht transparente Überlagerung schien eine gute Lösung zu sein, aber die PNG-Transparenz konnte offensichtlich nicht die Lösung sein. Diesmal war es wichtig, dass das Bild auch in allen Versionen des Internet Explorers für Windows gesehen werden konnte. Daher wandte er sich stattdessen einem uralten Webdesigner-Trick zu, nämlich dem Auge etwas vorzugaukeln, und zwar eine kleine transparente GIF-Datei als halb durchsichtige Überlappung erscheinen zu lassen.

Ein Schachbrettmuster mit abwechselnd schwarzen und transparenten Pixeln erscheint wie eine halbdurchsichtige Fläche in 50 % Schwarz, wenn es über eine größere Fläche wiederholt wird (**ABBILDUNG 8**). Dies ist so ähnlich wie das Verfahren, mit dem Tintenstrahldrucker Grau zu simulieren, indem Sie ein Bild aus winzigen schwarzen Punkten zusammensetzen, um dem Auge vorzutäuschen, dass es etwas in der Mitte zwischen Schwarz und Weiß sieht.

Da Pixel etwas größer sind als die Punkte eines Tintenstrahldruckers bei niedrigster Auflösung, ist ein sichtbares schachbrettartiges Muster unvermeidbar und die Illusion nicht ganz perfekt. Aber sie ist gut genug, um ihren Zweck zu erfüllen, und das Muster kann als Teil des Designs betrachtet werden (**ABBILDUNG 9**). Tatsächlich akzentuierte Davidson die Überschriften innerhalb der Textfläche mit gepunkteten Unterstreichungen, um das Muster besser in den Rest einzubinden; ein kluger und subtiler Schachzug, um den Farbton, wenn auch nicht ganz so wie beabsichtigt, so doch wenigstens einheitlich zu halten.

BESONDERE TRICKS

Die Tricks der festen Positionierung, die Davidson benutzte, stellen sicher, dass der Betrachter zusätzliche Zeit damit verbringt, einen Bildlauf durchzuführen, um sie in Aktion zu sehen. Wenn der Betrachter erst einmal die Buddha-Statue oberhalb des Felsens im Hintergrund schweben sieht, entsteht bei ihm der Impuls, ihr die Seite hinauf und hinunter zu folgen.

Als Belohnung dafür, nach unten geblickt zu haben, erhält der Betrachter einen netten Bonus: Runen der wichtigen Browser scheinen in die Oberfläche des Felsens geritzt zu sein, begleitet von ein wenig CSS-Code (**ABBILDUNG 10**).

Dieses zusätzliche Bild ist ein netter Hingucker, da viele Designer sich auf den oberen Teil eines Bildes konzentrieren, der der offensichtlichste Platz für aufwändige Detailarbeiten ist und am ehesten gesehen wird. Von der Regel abzuweichen und thematisch wichtige Elemente an einer unkonventionellen Stelle unterzubringen und dann Anreize für den Betrachter zu schaffen, sie zu finden, ist ein kreativer Weg für herausragendes Design.

ABBILDUNG 10 Die als Runen in die Klippe eingemeißelten Browser-Symbole

Der gesunde Menschenverstand

Da es nichts nützt, ausgefallene CSS-Effekte anzuwenden, wenn die Mehrheit der Benutzer sie nicht sehen kann, stellt die Möglichkeit, ein Design durch den Wegfall einzelner Teile selektiv zu verändern und Browser mit eleganten Alternativen zu versorgen, eine wichtige Experimentiermethode dar.

Die Grenzen für die Anwendung von CSS auszudehnen, verlangt, dass Designer einige Risiken eingehen, aber glücklicherweise ist es möglich, gleichzeitig auf Nummer Sicher zu gehen, so dass der Betrachter nicht enttäuscht wird. Umsicht und vorsichtige Beachtung der Browser-Unterstützung garantieren den größtmöglichen Nutzen für verschiedene Benutzer, ohne irgendjemanden zu weit zurückzulassen.

Eric Shepherd, Designer

www.csszengarden.com/088

Tulipe

CSS-Dropdown-Menüs mit einer Alternative für den Internet Explorer

DIE ZERBRECHLICHKEIT EINER TULPE, der ein Blütenblatt fehlt, in einem seiner eigenen Fotos inspirierte **Eric Shepherd**. Er erstellte ein horizontales Layout mit Dropdown-Menüs, das sich über den oberen Teil von **Tulipe** bewegt.

Die Möglichkeit, reine CSS-Dropdown-Menüs anzulegen, wurde erstmals ein paar Jahre zuvor auf Eric Meyers Seite CSS/Edge (www.meyerweb.com/eric/css/edge/menus/demo.html) demonstriert, jedoch sind Hilfskonstruktionen für ältere Versionen des Internet Explorers erforderlich.

Nun besteht der Trick darin, das optimale Design zu kreieren und gleichzeitig mit einem alternativen Design speziell für den Internet Explorer einen Schritt zurückzugehen und dabei doch einiges von der Integrität und Funktionalität des Designs zu bewahren. Shepherd war in der Lage, genau dies zu tun, indem er einige intelligente Hilfskonstruktionen verwendete.

Reine CSS-Menüs

Reine CSS-Menüs zu erstellen, ist ein Vergnügen. Es ist leicht zu bewerkstelligen und es birgt so viel Potenzial, dass Sie eine Reihe verschiedener Stile und Positionierungen verwenden können und dabei unterschiedliche Resultate erzielen. Vielleicht am interessantesten dabei: Sie müssen niemals eine Zeile JavaScript schreiben (**ABBILDUNG 1**).

In dem unten stehenden Code finden Sie das grundlegende Markup für ein auf einer Liste basierendes Navigationsmenü. Das Markup ist nur eine vereinfachte Version von dem, was Sie in Tulipe sehen, und verwendet nur ein einzelnes div anstelle der vielen, die im Zen-Garten-Markup benutzt werden, sowie eine Liste der Links für eines der Menüs.

```
<div id="menu">
<h3>Select a Design:</h3>
<ul>
<li><a href="#">Gardenias de Perfume</a> by <a
➥href="#">Armando Sosa</a></li>
<li><a href="#">Pneuma</a> by <a href="#">Adam
➥Polselli</a></li>
<li><a href="#">Birdhouse</a> by <a href="#">Justin
➥Vilela</a></li>
<li><a href="#">Defiance</a> by <a href="#">James Ehly</a>
➥</li>
<li><a href="#">Mediterranean</a> by <a href="#">John
➥Whittet</a></li>
<li><a href="#">Austrian&#8217;s Dark Side</a> by <a
➥href="#">Rene Grassegger</a></li>
<li><a href="#">Invitation</a> by <a href="#">Brad
➥Daily</a></li>
<li><a href="#">Odyssey</a> by <a href="#">Terrence
➥Conley</a></li>
</ul>
</div>
```

ABBILDUNG 1 Eines der Dropdown-Menüs in Tulipe

Select a Design:

- Gardenias de Perfume by Armando Sosa
- Pneuma by Adam Polselli
- Birdhouse by Justin Vilela
- Defiance by James Ehly
- Mediterranean by John Whittet
- Austrian's Dark Side by Rene Grassegger
- Invitation by Brad Daily
- Odyssey by Terrence Conley

ABBILDUNG 2 Das unformatierte Markup wird in jedem Browser als ungeordnete Liste aufbereitet.

Select a Design:

Gardenias de Perfume by Armando Sosa
Pneuma by Adam Polselli
Birdhouse by Justin Vilela
Defiance by James Ehly
Mediterranean by John Whittet
Austrian's Dark Side by Rene Grassegger
Invitation by Brad Daily
Odyssey by Terrence Conley

ABBILDUNG 3 Anwendung einiger grundlegender Stile auf das Menü inklusive eines hover-Stils, der vom Internet Explorer unterstützt wird.

Der Aufruf dieses Markups ohne Stile liefert in jedem Browser, also auch im Internet Explorer, einfach eine ungeordnete Liste (**ABBILDUNG 2**).

Obwohl es sehr nützlich ist, ist es nicht sehr schön. Fügt man etwas CSS hinzu, wird dies sofort besser. Das folgende Listing zeigt den CSS-Code, der den Hauptteil und die Links formatiert.

```
body {
    font-family: tahoma, arial, helvetica, sans-serif;
    font-size: small;
    background-color: #F2F4EE;
}
a:link, a:visited {
    font-weight: bold;
    text-decoration: none;
    color: #998;
}
a:hover {
    color: #887;
    text-decoration: underline;
}
```

Wie Sie in **ABBILDUNG 3** sehen können, wurden die Stile hinzugefügt. Beachten Sie bitte, dass sich die Hover-Unterstreichung im Webbrowser zeigt, wenn sich der Zeiger über einen Link bewegt.

So weit, so gut, aber jetzt wird es etwas schwieriger: Nun ist es erforderlich, die Anzeige des u1-Elements auf den Wert none zu ändern. Dies wird die Liste ausblenden und es Ihnen ermöglichen, sie nur dann zu aktivieren, wenn der Zeiger darüber fährt.

```
ul {
    display: none;
}
```

Fügen Sie dies zum CSS-Code hinzu, wird die Liste in allen CSS-fähigen Browsern komplett ausgeblendet. Damit sie wieder erscheint, fügen Sie die dynamische Pseudoklasse :hover hinzu und setzen Sie den display-Wert auf etwas anderes als none – in diesem Fall auf block, so dass ul wieder sichtbar wird, wenn der Zeiger über das #menu-Element fährt. Sie werden auch in dem folgenden Code einige zusätzliche Formate für sowohl ul- als auch li-Elemente finden:

```
#menu:hover ul {
   display: block;
   border: 1px solid #776;
   margin: 5px;
   padding: 5px;
   width: 175px;
   list-style-type: none;
}
li {
   margin: 0;
   padding: 3px;
   border-bottom: 1px solid #887;
}
```

Wenn Sie dies in einem Browser ausprobieren, der die Pseudoklasse :hover für beliebige Elemente unterstützt, erscheint das Listenmenü, wenn sich der Mauszeiger über dem Objekt befindet. Wenn Sie dieses Menü isolieren und einige zusätzliche Stile wieder einfügen, werden Sie sehen, wie das Tulipe-Menü Form annimmt (**ABBILDUNG 4**). Leider bleibt im Internet Explorer älter als Version 7 die Liste ausgeblendet – alles, was Sie sehen können, ist die Überschrift (**ABBILDUNG 5**).

ABBILDUNG 4 In kompatiblen Browsern wie Mozilla oder Opera wird die verborgene Liste angezeigt, wenn Sie mit dem Mauszeiger darüber fahren.

ABBILDUNG 5 Da der Internet Explorer keine Unterstützung für die Pseudoklasse :hover außerhalb des Ankerelements bietet, wird die Liste nicht angezeigt.

Dropdown-Menüs in Tulipe

Wenn Sie Tulipe in seiner stufenweise erweiterten Form betrachten, sehen Sie die oben beschriebene Voraussetzung – HTML-Listen rufen die Menüstruktur hervor und eine Heerschar von Stilen sorgt für das Hover-Verhalten und bewirkt, dass die Menüs großartig aussehen. Aber wegen desselben Internet-Explorer-Problems, das Sie sahen, als Sie die angewandte Methodik studierten, musste Shepherd CSS sehr gründlich durchdenken. Das Ziel bestand darin, in soliden CSS-Browsern den anspruchsvollen Effekt des Durchscheinens zu gestatten, aber diese Stile vor älteren Versionen des Internet Explorers zu verbergen, ohne das Design zu zerstören. Der Internet Explorer sollte einen alternativen Stil erhalten, der nicht so anspruchsvoll ist, in alten Browserversionen funktioniert und es vermeidet, das Menü auszublenden.

DIE SCHWÄCHEN DES INTERNET EXPLORER NUTZEN

So gibt es hier zwei wichtige Erkenntnisse über den Internet Explorer vor Version 7 festzuhalten. Die erste lautet, dass es nicht möglich ist, den Pseudoelement-Selektor :hover auf irgendetwas anderes anzuwenden als auf einen Link. Daher können Sie die Hover-Effekte nicht nachstellen, weshalb die Dropdown-Funktion selbst mit diesem Verfahren nicht möglich ist. Zweitens wissen wir, dass diese älteren Versionen des Internet Explorers bestimmte Typen von Selektoren nicht verstehen. Einer davon ist der untergeordnete Selektor, der damit zum ersten Mittel wird, wenn Stile vor dem Internet Explorer zu verbergen sind. In Tulipe sieht das z.B. wie folgt aus:

```
#linkList2 ul > li
```

Eine andere Pseudo-Klasse, die von alten Versionen des Internet Explorers nicht unterstützt wird, ist `:first-child`.

```
#linkList2 #lselect li > a:first-child
```

Hier wird CSS wie folgt interpretiert: *Der erste Link in irgendeinem Listenelement innerhalb eines Elements mit der id namens* `lselect`, *der von* `linkList2` *abstammt,* erhält die entsprechenden Stile zugewiesen, wenn der Browser sie unterstützt. Da der Internet Explorer älter als Version 7 dies nicht tut, wird er sie einfach ignorieren.

Die fehlende Unterstützung für diese Selektoren und Pseudoklassen ist einer der frustrierenderen Aspekte des Programmierens für den Internet Explorer, aber die gute Nachricht lautet, dass Sie diese Mängel beim Lösen des Problems zu Ihrem Vorteil verwenden können.

DEN STIL ABKOPPELN

Die Benutzung von CSS für reichhaltige, schöne Dropdown-Menüs bei gleichzeitiger Unterstützung des Internet Explorers verlangt, dass Ersatzstile deklariert werden, die alle Versionen interpretieren können, wie z. B. folgende:

```
#linkList2 {
   position: absolute;
   top: 65px;
   left: 750px;
   z-index: 2000;
   height: 150px;
   margin: 0;
   padding: 0;
   width: 1350px;
}
#linkList2 a {
   border: 0;
}
```

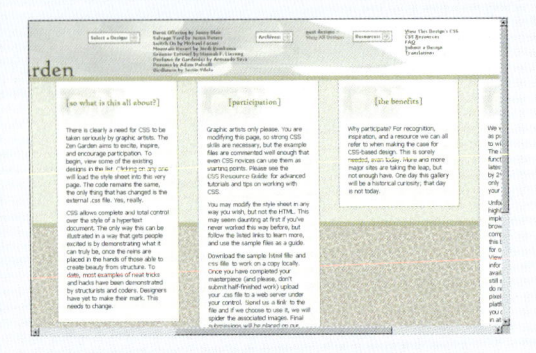

ABBILDUNG 6 Die Internet-Explorer-Version der Menüs: nicht so schön wie die Dropdown-Menüs, aber doch brauchbar.

Dies ist nur ein kleiner Teil des CSS-Codes, den Sie in der tatsächlichen CSS-Datei von Tulipe im Detail ansehen können. Jegliche Stile, die an den Internet Explorer weitergegeben werden können, stehen zur Verfügung, aber zusätzliche Stile, die von fortschrittlicheren Browsern interpretiert werden können, kommen in Letzteren zum Einsatz. Diese Stile können Sie leicht erkennen, da sie einen untergeordneten Selektor benutzen:

```css
#linkList2 #lselect li > a:first-child {
    display: block;
}
html > body #linkList2 li {
    margin: 0;
    padding: 3px;
    border-bottom: 1px solid #887;
}
```

Durch das Aussortieren der Stile mit Hilfe dieser Hilfskonstruktion konnte Shepherd brauchbare Menüs für alle Browser bzw. alle Versionen des Internet Explorers erstellen (**ABBILDUNG 6**). Obwohl sie nicht so elegant sind wie die eigentlich vorgesehenen, handelt es sich doch um attraktive und eindeutige Navigationsmenüs.

WEITERGEHENDES CSS

Es gibt in CSS noch etwas anderes, das einer Erwähnung wert ist, im Zusammenhang mit den Menüeffekten in Tulipe:

```css
#linkList2 ul > li:last-child
```

Hier sehen Sie nicht nur den Gebrauch eines untergeordneten Selektors, sondern auch eine CSS3-Pseudoklasse, `:last-child`. Während `:first-child` Eric mit der Möglichkeit ausstattete, nur die ersten untergeordneten Links in seinen Menüs auszuwählen, erlaubt ihm diese Pseudoklasse, die letzten untergeordneten Links in seiner Liste auszuwählen und ihnen einen anderen Stil zuzuordnen. Da einige Browser bereits rudimentär CSS3 unterstützen, konnte er damit zufriedenstellende Ergebnisse erzielen.

Erfahrungen

Von der zerbrechlichen Tulpe, aus der sich das Design entwickelte, über die komplexen CSS-Mittel für Menüs (die theoretisch sehr einfach zu erstellen sind, solange der Zielbrowser die Spezifizierungen unterstützt) zu den oft verwirrenden Feinheiten, die in Hilfskonstruktionen und Filtern zu finden sind, ist Tulipe ein grundlegendes Beispiel einer intelligenten und verantwortungsvollen Verwendung von CSS. Alle CSS-Designer sehnen sich nach dem Tag, an dem solche Hilfskonstruktionen nicht mehr notwendig sind. Es wird jedoch auch in einer Übergangszeit erforderlich, das Design rückwärtskompatibel zu halten, und damit die heute noch existierenden Probleme zu lösen. Für den Betrachter von Tulipe ist dies eine ästethisch angenehme und zweckmäßige Erfahrung, unabhängig davon, welche Browser er benutzt.

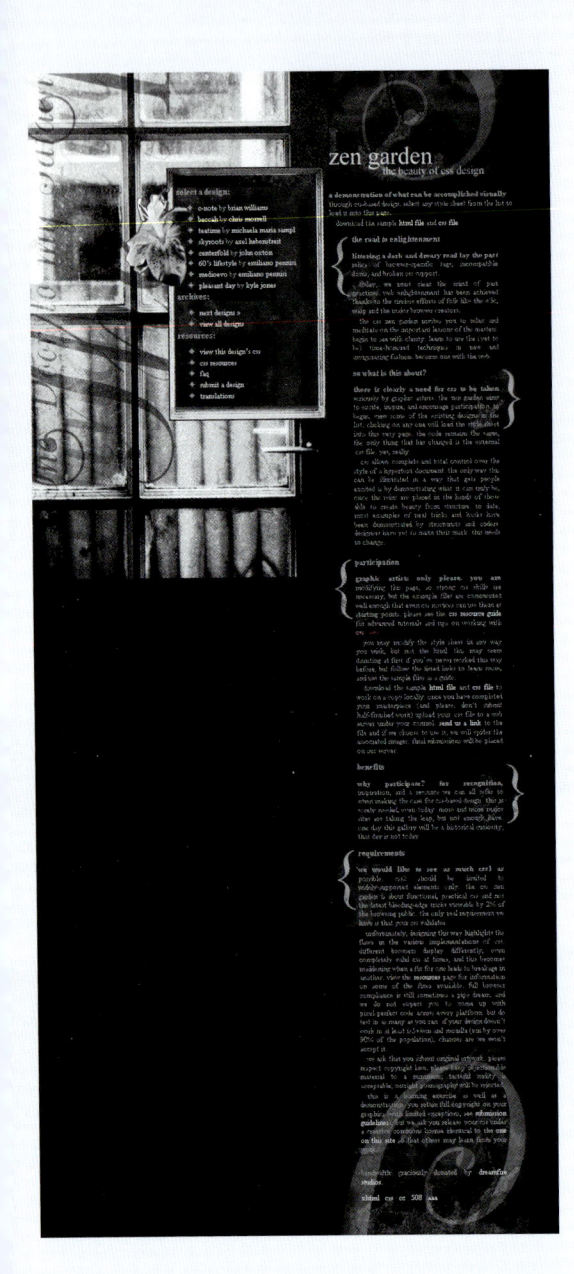

Patrick H. Lauke, Designer
www.csszengarden.com/041

door to my garden

Einfacher CSS-Code, der zu eindrucksvollen, ausgeklügelten visuellen Effekten führt

---

ALS BEGEISTERTER FOTOGRAF macht **Patrick Lauke** lieber seine eigenen Fotos, als sich auf Bilder aus dem Archiv zu verlassen. Sein Beitrag zum Zen-Garten, **door to my garden**, bildet keine Ausnahme.

Außer der Fotografie fasziniert Lauke das Konzept des *Incidental Designs*, das auch als *Found Art* bezeichnet wird – die Verwendung von Fundstücken in künstlerischen Werken. Im Fall von door to my garden hob Lauke rostige Metallteile auf, über die er zufällig gestolpert war. Zusammen mit seinen Fotos fügten sich diese Teile zu dem schäbigen, verblichenen Eindruck des Designs.

Hintergrund mit Köpfchen

Während die Bilder und die Typografie, die in door to my garden verwendet wurden, bestimmt einen langen Weg bis zu der dunklen, grüblerischen Gemütsverfassung gegangen sind, die das Werk wiedergibt, konzentrieren sich die Effekte weitgehend auf die Hintergrundgrafiken. Natürlich gilt das für viele der Zen-Garten-Designs, aber door to my garden illustriert sehr deutlich, wie die Positionierung des Hintergrunds und der Bildlauf ein einzigartiges Aussehen schaffen können.

Der wesentliche Effekt ist sehr einfach gestaltet und funktioniert in vielen Browsern gut. Lauke platzierte einen Hintergrund in den body und fixierte ihn dort (**ABBILDUNG 1**). Dann erstellte er eine Fläche mit dem Inhalt und setzte sie nach rechts, so dass sie das Hintergrundbild überlappt. Der Inhalt kann über den fixierten Hintergrund verschoben werden. Die Arbeit mit Hintergrundbildern ist ein Eckpfeiler des CSS-Designs. Es ist wesentlich, dass Sie die verfügbaren Eigenschaften verstehen und begreifen, wie sie auf die Gestaltung Ihrer Elemente wirken und sie beeinflussen.

ABBILDUNG 1 Die Hintergrundgrafik für das body-Element

HINTERGRUNDEIGENSCHAFTEN IN CSS

Es gibt sechs Hintergrundeigenschaften einschließlich der kombinierten. **TABELLE 1** zeigt die Eigenschaften und was sie bewirken:

> **Hinweis**
>
> Viele Designer definieren eine Hintergrundfarbe ebenso wie ein Hintergrundbild. Farben werden vom Browser verwaltet und mit dem Rest des CSS dargestellt, wohingegen das Laden der Bilder länger dauern kann. Das Einbeziehen einer Farbe zusammen mit einer Hintergrundgrafik kann einen gleichmäßigeren Effekt für das Auge des Betrachters ergeben.

TABELLE 1 Hintergrundeigenschaften in CSS

Eigenschaft	Beschreibung
background-color	Definiert eine Hintergrundfarbe.
background-image	Erlaubt es Ihnen, ein Bild für den Hintergrund zu verwenden.
background-repeat	Legt fest, ob Ihr Hintergrundmuster wiederholt wird oder nicht und entlang welcher Achse.
background-position	Ermöglicht die Positionierung der Hintergrundgrafik relativ zum übergeordneten Element.
background-attachment	Legt fest, ob Ihre Grafik mit dem Inhalt der Seite verschoben wird oder nicht.
background	Diese Abkürzung kombiniert alle oben genannten Eigenschaften.

EIN HINTERGRUNDBILD UND FARBE EINFÜGEN

Um mit CSS ein Bild in den Hintergrund einzufügen, sollten Sie die Eigenschaft background-image mit einem URL-Wert verwenden. Der URL-Wert kann zum Speicherplatz des Bildes zeigen, entweder relativ zur CSS-Datei auf dem lokalen Server oder – bei website-übergreifender Gestaltung – mit einem absoluten URL, der zu einem anderen Server verweist.

```
background-image: url(images/my.jpg);
```

Um einem Bild eine Farbe zu geben, sollten Sie die Eigenschaft background-color mit einem Farbwert verwenden. (Es können Werte in Hex, Hex-Kurzfassung und RGB sowie unterstützte Farbnamen verwendet werden.)

```
background-color: black;
```

Sie können auch die Abkürzung background verwenden, um Farbe und Bild zusammen mit weiteren Eigenschaften zuzuweisen, wie Lauke dies tut:

```
body {
   background: #000 url(background.png)
   -30px 0px no-repeat fixed;
}
```

Eine andere in door to my garden häufig benutzte Ausprägung der `background-color`-Eigenschaft ist der Wert `transparent`. Er erlaubt es, alles anzuzeigen, was hinter einem Elementhintergrund liegt. In diesem Design wird Transparenz im Zusammenhang mit Links benutzt, zum Beispiel wie folgt:

```
a {
   color: #eee;
   background: transparent;
   text-decoration: none;
}
```

ABBILDUNG 2 Das Hintergrundbild bleibt fixiert, wenn der Inhalt verschoben wird. Dies ist der Grund dafür, dass das untere Ende des Inhalts und die Hintergrundgrafik gleichzeitig gesehen werden können.

HINTERGRÜNDE EINFÜGEN

Die Eigenschaft `background-attachment` kann die Werte `scroll` oder `fixed` annehmen. Der Standardwert in Browsern ist `scroll`, das Hintergrundbild wird mit dem Inhalt verschoben. Durch Fixieren des Bildes lässt sich der Effekt erzielen, den Lauke einsetzte. Der Hintergrund *verschiebt sich nicht*, wenn der Inhalt selbst verschoben wird (**ABBILDUNG 2**).
Das Foto, das Lauke aufnahm, wird im Hintergrund des Hauptteils platziert und fixiert:

```
body {
   background: #000 url(background.png) -30px 0px
➥no-repeat fixed;
}
```

DEN HINTERGRUND POSITIONIEREN

Die Eigenschaft `background-position` steuert, wohin relativ zu einem übergeordneten Element ein Hintergrundbild kommt. Die Eigenschaft nimmt Werte wie Prozentsatz, Länge und Schlüsselwörter an. Jeder Wert besteht aus zwei möglichen Positionen. Wenn zwei Werte benutzt werden, dient der erste für die horizontale Position und der zweite für die vertikale.

```
background-position: 10px 20px;
```

Tipp

Wenn Sie einen Wert auf 0 setzen, brauchen Sie keine Einheit anzugeben. Dies gilt für jede CSS-Eigenschaft. Ein Wert von 0 ist implizit. Eine andere Weise, diese besondere Deklaration vorzunehmen, lautet wie folgt: `background: #000 url(background.png) -30px 0 no-repeat fixed;`

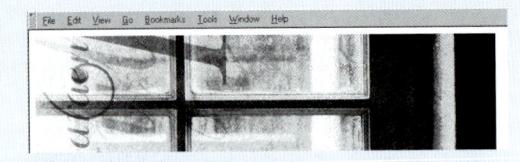

ABBILDUNG 3 Das Bild im normalen Fluss

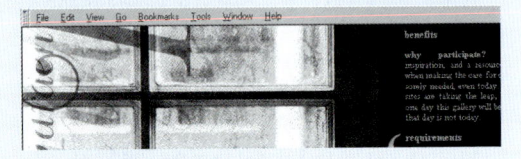

ABBILDUNG 4 Visualisierung des negativen Werts bei der Hintergrundpositionierung

Wenn nur ein einzelner Wert angegeben wird, wird er für die horizontale Position verwendet und für die vertikale Position ein Wert von 50 % oder zentriert angenommen. Diese Deklaration würde das Bild 10 Pixel entlang der horizontalen und 20 Pixel entlang der vertikalen Achse positionieren. In Laukes CSS-Beispiel werden Sie bemerken, dass bei der Positionierung ein Pixel-Längenwert verwendet wird:

```
body {
    background: #000 url(background.png) -30px 0px
➥no-repeat fixed;
}
```

Ein Gegenstand des Interesses ist der negative Wert –30px. Es handelt sich dabei um einen legitimen Wert für Hintergrundpositionen. Er versetzt das Hintergrundbild 30 Pixel horizontal nach links anstatt nach rechts, wie positive Werte dies normalerweise tun. Der Pixelwert 0 setzt die vertikale Position des Bildes, damit es bündig mit dem oberen Rand des Elements abschließt, das es enthält – in diesem Fall das body-Element. Die **ABBILDUNGEN 3** und **4** geben Ihnen die Möglichkeit, die linke Position des Hintergrundbildes zu vergleichen, zuerst in Relation zum Browser, dann mit dem negativen horizontalen Wert formatiert.

DIE ANORDNUNG DES HINTERGRUNDS STEUERN

Benutzt man HTML zur Darstellung, so gibt es keine Möglichkeit, die Art und Weise, wie Hintergründe wiederholt werden, zu kontrollieren. Standardmäßig werden sie sowohl entlang der X- als auch entlang der Y-Achse angeordnet. Glücklicherweise bietet uns CSS mit der Eigenschaft background-repeat weit mehr Steuerungsmöglichkeiten.

Diese Eigenschaft erlaubt die Eingabe folgender Werte: repeat-x, so dass die Hintergrundgrafik nur entlang der horizontalen Achse wiederholt wird; repeat-y, so dass die Hintergrundgrafik nur entlang der vertikalen Achse wiederholt wird; no-repeat, so dass die Grafik nicht wiederholt angezeigt wird; und repeat. Letzteres ist der Standardwert und gibt an, dass die Grafik entlang beider Achsen wiederholt wird. Lauke benutzte den Wert no-repeat in seiner background-Kurzschreibweise:

```
body {
   background: #000 url(background.png) -30px 0px
   no-repeat fixed;
}
```

Dies stellt sicher, dass das Hintergrundbild nicht wiederholt wird. In allen Hintergründen in door to my garden gibt es konsistent keine Hintergrundwiederholung; dennoch werden andere Fälle durch weitere Stilregeln geregelt, die hier nicht gezeigt werden.

Wahl des Layouts

Um einen 300 Pixel breiten Container zu erhalten, der vom linken Rand des Fensters 470 Pixel entfernt ist, setzte Lauke einen 470-Pixel-Abstand in das body-Element:

```
body {
   padding: 0 0 0 470px;
}
```

Denken Sie daran, dass die Reihenfolge in abgekürzten Eigenschaften bei Abstands- und Randdefinitionen top, right, bottom, left lautet. Alle diese Werte wurden auf 0 gesetzt (Sie werden bemerken, dass Lauke sich entschied, keine Maßeinheit für die Nullwerte einzusetzen), mit Ausnahme des linken Werts, der 470 Pixel Abstand für die linke Seite der Arbeitsfläche festlegt (**ABBILDUNG 5**).

Der Container ist formatiert mit einem Hintergrundbild, einer Farbe und nur einer Breite:

```
#container {
   background: #000 url(bottom_corner.png) no-repeat
➥bottom right;
   color: inherit;
   width: 300px;
}
```

Wenn Sie die Web-Developer-Erweiterung für Mozilla und Firefox verwenden, können Sie die Funktion *Blockelement* einschalten und für jedes Element auch die Klasse und die ID-Information erhalten. **ABBILDUNG 6** demonstriert, auf welche Weise den Elementen innerhalb des Abschnitts #container Stile zugeordnet wurden.

ABBILDUNG 5 Padding setzt den Containerabstand auf 470 Pixel von links.

ABBILDUNG 6 Wenn Sie die Web-Developer-Erweiterung benutzen, können Sie sehen, wie die Stile auf Elemente innerhalb des #container-Bereichs angewandt wurden.

Tipp

Sie erhalten die Web-Developer-Erweiterung kostenlos bei chrispederick.com (www.chrispederick.com/work/firefox/webdeveloper/index.php).

ABBILDUNG 7 Das Menü und das Blumenbild so hervorgehoben, dass Sie die betroffenen Elemente sehen können

Zusätzliche Stileffekte

Door to my garden besteht aus meist unkompliziertem, nicht verändertem CSS ohne Hacks. Eine der größeren Herausforderungen, mit denen Lauke konfrontiert wurde, war die Steuerung des Menüs und des Blumenbildes, das es zu begleiten scheint (**ABBILDUNG 7**). Es war schwierig, das eingerahmte Menü so zu gestalten, dass verschiedene Browser es konsistent interpretieren konnten.

Der Menüteil selbst barg keine wirkliche Herausforderung. Lauke erstellte einen Container für die id `#linkList` und entwickelte die Navigation, indem er jedem Element einen Stil für einen anderen Teil des Hintergrunds zuwies, die zusammen den Rahmen ergaben. Aber das Blumenbild aus dem gerahmten Kasten zu nehmen und über dem Hintergrund schweben zu lassen, war schon komplizierter.

```css
#linkList2>#lselect {
    background: url(flower.png) no-repeat top left;
    margin-left: -65px;
    padding-left: 80px;
    min-height: 150px;
}
```

Mit Hilfe eines untergeordneten Selektors funktioniert dies in Mozilla, Opera und Safari. Um in allen Versionen des Internet Explorers annehmbare Ergebnisse zu erzielen, verwendete Lauke einen der zusätzlichen `div`s im Zen-Garten-Markup, damit er das Blumenbild absolut positionieren konnte:

```css
#extraDiv1 {
    position: absolute;
    top: 165px;
    left: 142px;
    background: url('flower.png') no-repeat top left;
    width: 115px;
    height: 150px;
}
```

An dieser Stelle erhalten voll kompatible Browser beide Stile. Deshalb musste Lauke einen Schritt weiter gehen und diesen besonderen Stil vor jenen Browsern verbergen, die bereits den ursprünglichen Stil `#linkList2>lselect` unterstützen:

```
body>#extraDiv1 {
   display: none;
   }
```

Voilà! Die Blume und das Menü sind sichtbar und verhalten sich wie in modernen Browsern.

Toller Stil – einfaches CSS

Es ist klar, dass die Schönheit von door to my garden auf die einzigartigen Bilder, die Typografie sowie die wohl überlegte Platzierung der Elemente zurückzuführen ist. Wohl erscheint das Design auf den ersten Blick kompliziert; in Wirklichkeit benutzt es jedoch für die meisten Effekte einfach CSS-Code mit nur einer echten Hilfskonstruktion, um die Kompatibilität zu gewährleisten.

Patrick Griffith, Designer
www.csszengarden.com/063

Elastic Lawn

Visuelle Problemlösungen gehen manchmal tief unter die Haut

EINE EINFACHE DESIGNMETHODE inspirierte **Patrick Griffith**: Probiere eine neue Layoutmethode aus und lass sie die grafischen Elemente definieren. Es dauerte nicht lange, bis Griffith entdeckte, dass ein solcher Bottom-up-Ansatz in einem chaotischen Designprozess enden kann. Beginnend mit Bleistift und Skizzenblock, kam er geradewegs zu CSS als einem Mittel, die meisten Ideen für **Elastic Lawn** auszuarbeiten.

Es gibt nicht „den" richtigen Weg, ein CSS-Layout zu erstellen. Einige Designer sammeln ihre Materialien, bevor sie den Code schreiben und sich damit festlegen. Andere gestalten eine Seite mit CSS und erstellen die Grafiken später. Wenn Sie an die große Vielfalt von Code-Editoren und Grafikprogrammen denken, sind die Möglichkeiten schier grenzenlos.

Plastik oder Papier?

Gewöhnlich wählt der Designer zwischen zwei Layouttechniken: Entweder wird eine bestimmte Breite in Pixel für den Inhaltsbereich festgelegt und die Seite wird innerhalb der Grenzen dieser Breite aufgebaut oder die Seite ist unbegrenzt und kann das ganze Browser-Fenster ausfüllen.

Jede Methode hat verschiedene Namen: Die erste wird *feste Breite*, *beschränktes* oder *festes Layout* genannt, die zweite *variable Breite*, *Fullscreen* oder *flüssiges Layout*. Was auch immer Sie für eine Bezeichnung bevorzugen, dies sind die beiden grundsätzlichen Layouttechniken, mit denen die heutigen Webseiten aufgebaut sind.

Jede hat ihre guten und schlechten Seiten. Eines der frustrierendsten Probleme des Webs besteht für die Grafikdesigner darin, dass es Arbeitsflächen mit variabler Größe zur Verfügung stellt. Wenn Sie etwas gestalten, das später gedruckt werden soll, kennen Sie die Größe und die Proportionen des Endprodukts immer im Voraus. Im Web kann der Besucher der Seite ein nicht maximiertes Browser-Fenster mit einer Auflösung von 640 mal 480 Pixel, ein Vollbild-Browser-Fenster mit 2048 mal 1536 Pixel oder irgendetwas dazwischen verwenden.

FESTE BREITE

Die Verwendung einer festen Breite ist ein Mittel zur Steuerung der endgültigen Arbeitsfläche durch die Begrenzung der Breite des Layouts auf einen bestimmten Pixelwert. Das ist ideal für jene Fälle, bei denen eine exakte Kontrolle über die Proportionen für Bilder erforderlich ist, die nicht skalieren oder die Breite ändern, sowie Schriftzeichen, die dies zwar tun, aber auf unvorhersehbare Weise. Allerdings bedeutet die Begrenzung auf eine bestimmte Größe, dass Benutzer, die ein kleines Browser-Fenster verwenden, eine horizontale Bildlaufleiste sehen, da das Layout über die Kanten des Fensters hinausragt (**ABBILDUNGEN 1** und **2**). Benutzer von größeren Browser-Fenstern sehen große Flächen nutzlosen leeren Raums.

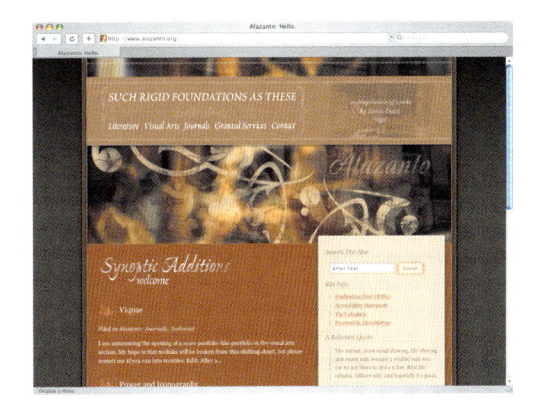

ABBILDUNG 1 Das Layout mit fester Breite auf dieser Seite von Kevin Davis (www.alazanto.org) sieht gut aus bei einer Auflösung von 1024 mal 768 …

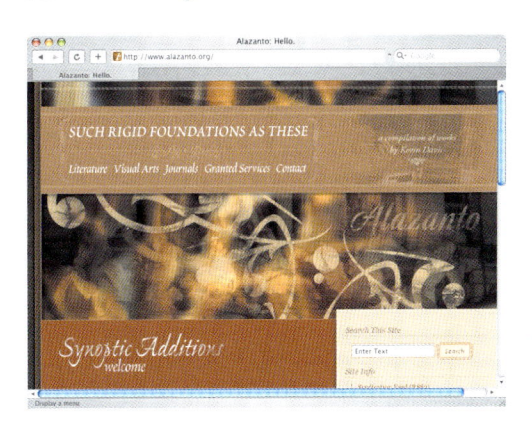

ABBILDUNG 2 … aber in einem kleineren Fenster erscheint eine Bildlaufleiste.

Hinweis

Nach einem Relaunch basiert Kevin Davis' Website auf Flash. Die gezeigte Vorgängerversion gewann mehrere Awards.

ABBILDUNG 3 Mit einem Layout variabler Breite wie jenem für das Digital Web Magazine (www.digital-web.com) sehen Seiten bei einer Auflösung von 1024 mal 768 großartig aus ...

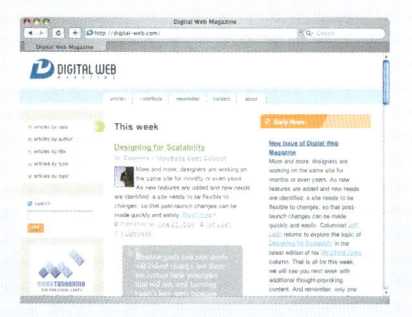

ABBILDUNG 4 ... und sie sehen auch in kleineren Fenstern großartig aus. Beachten Sie, dass keine horizontale Bildlaufleiste angezeigt wird.

Hinweis

Das Bildseitenverhältnis bezeichnet das Verhältnis der Größen zweier Objekte. Ein Verhältnis von 1,6:1 bedeutet, dass bei einer Breite von 1,6 cm des ersten Objekts das zweite 1 cm breit ist.

Hinweis

Griffith schrieb einen Artikel über seine Technik des elastischen Designs, der in der Online-Zeitschrift A List Apart im Januar 2004 erschien (www.alistapart.com/articles/elastic).

VARIABLE BREITE

Layouts mit variabler Breite füllen, unabhängig von der Auflösung, das ganze Fenster aus (**ABBILDUNGEN 3** und **4**). Dies ist theoretisch eine ideale Lösung, um mit unterschiedlichen Fenstergrößen umzugehen, aber es ist niemals einfach, die enorme Differenz zwischen einer 600-Pixel-Breite und einer 1 200-Pixel-Breite oder irgendeiner Größe dazwischen auszugleichen. Häufig besteht der Kompromiss in einem Design auf dem kleinsten gemeinsamen Nenner, wobei das Skalieren in größeren Fenstern erlaubt wird, aber der zusätzliche Platz nicht optimal mit anderen visuellen Elementen gefüllt wird.

Flüssige Layouts sind auch für die Proportionen problematisch, da deren Aussehen völlig unvorhersehbar wird, wenn Breiten skalieren. Das Bildseitenverhältnis von 1,6:1 zwischen einem Foto und einer farbigen Fläche daneben dehnt sich auf 2:1, 3:1 oder noch weiter aus, wenn das Fenster horizontal weiter skaliert. Bilder dehnen sich nicht aus, daher ist die einzige Art, damit umzugehen, beim Design daran zu denken und übertrieben präzise Proportionsanforderungen zu vermeiden.

Elastisches Design

All dies betriff Layouttechniken, aber sollte das nicht ein Kapitel über Spezialeffekte sein? Das ist es. Elastic Lawn demonstriert einen Effekt mit dem Namen „elastisches Design", bei dem es sich weder um eine feste noch um eine variable Breite handelt, sondern um eine Mischung aus beiden.

Die Theorie, die hinter Griffiths Kombinationstechnik steht, ist logisch. Die Schriftzeichengröße kann in einem Browser größer oder kleiner werden, wenn sie durch relative Einheiten wie % oder em angegeben ist. Wenn demzufolge bei der Steuerung der Größe verschiedener Elemente der Blockebene dieselbe Einheit benutzt wird, sollte nicht *das Design selbst* skalierbar sein? Genau dies leistet Elastic Design.

Der folgende Code ist ein kleines Beispiel, das einige der von Griffith in Elastic Lawn verwendeten relativen Einheiten zeigt. Die Werte für Breiten, Abstände, Ränder und alle anderen spezifischen Größen sind in der Einheit em anstatt in px angegeben. Das ermöglicht es, dass sie mit der Schriftgröße größer oder kleiner werden. Die **ABBILDUNGEN 5** bis **7** zeigen, wie sich die Proportionen bei Elastic Lawn den sich ändernden Schriftgrößen eines Browser-Fensters anpassen.

```
body {
  padding: 0 0 6em 0;
}
#container {
  width: 48em;
}
#preamble, #supportingText {
  width: 32em;
  margin-left: 16em;
}
```

ABBILDUNG 5 Eine kleinere Schriftgröße führt zu einer schmaleren Hauptspalte.

ABBILDUNG 6 Eine etwas größere Schriftgröße lässt auch die Breite des Hauptfensters anwachsen.

Ist es wirklich so einfach? Können Sie einfach em-Einheiten für verschiedene Breiten- und Höhenattribute verwenden und sind damit fertig? Nicht immer. Da Bilder in einer bestimmten Auflösung quasi eingesperrt sind, gibt es keine Möglichkeit, sie gemeinsam mit dem Text und den Proportionen in anmutiger Weise zu skalieren. Ein Wechsel zu elastischem Design erfordert eine geringe Umstellung des Designprozesses.

Es gibt zwei nützliche Methoden, damit Bilder mit festen Breiten in einer elastischen Umgebung funktionieren. Die erste ist die Wiederholung von Hintergrundbildern, die zweite ist das Abschneiden.

ABBILDUNG 7 Eine noch größere Schriftgröße vergrößert die Breite des Hauptfensters, wobei der Rand über dem gelben Titeltext ausgeweitet wird.

ABBILDUNG 8 Die Graskacheln von Elastic Lawn – hellgrün für den Hintergrund des Hauptteils, braun für die Kästen und dunkelgrün für den Bereich des Hauptteil.

ABBILDUNG 9 Wiederholt angezeigte Kacheln mit sichtbaren Fugen.

ABBILDUNG 10 Eine versetzte Kachel, mit einem Unterschied im Farbton, der dort, wo die Kanten sich treffen, eine Fuge erkennen lässt.

ABBILDUNG 11 Das Kopieren der umgebenden Fläche bedeckt die Fuge.

ABBILDUNG 12 Die fertige Kachel

WIEDERHOLUNG

Die Anwendung von Hintergrundbildern mit CSS führt normalerweise dazu, dass das Hintergrundbild in horizontaler und vertikaler Richtung entlang des ganzen Elements wiederholt wird. Meistens ist es vorteilhaft, eine oder beide Richtungen auszuschalten, aber elastisches Design funktioniert am besten, wenn das Layout für die Wiederholung gestaltet wurde. Dies stellt sicher, dass, unabhängig von der Größe eines Elements, das Hintergrundbild so lange wiederholt wird, bis die erweiterte Fläche ausgefüllt ist, anstatt am Ende des Bildes etwas abzuschneiden.

Elastic Lawn füllt das gesamte body-Element mit einem Hintergrundbild aus sich wiederholenden grünen Graskacheln. Die Elemente von #linkList2, #preamble und #supportingText werden mit schattierten Varianten derselben Kachel (**ABBILDUNG 8**) gefüllt. Sie verbinden sich und rufen damit den Effekt eines grünen Hintergrunds hervor, der von schattierten, transparenten Spalten mit dem Zen-Garten-Text und den Links überlagert ist.

Es wäre einfach, jede Spalte in standardmäßiger, kastenförmiger, rechteckiger Form zu belassen, aber Griffith erweiterte das Konzept des elastischen Designs, indem er die Ecken mit Kappen abrundete, die scheinbar mehr oder weniger von den Spalten erkennen lassen, wenn der elastische Effekt durch Skalieren der Schriftgröße angewendet wird.

Dennoch ist nicht jedes Bild wiederholbar. Wenn nicht alle vier Kanten der Grafik exakt die gleiche Farbe haben, muss den Fugen, die erscheinen, besondere Beachtung geschenkt werden. **ABBILDUNG 9** zeigt eine kleine Graskachel, die nicht bearbeitet wurde. Sie können an den Stellen, an denen sich bei der Wiederholung des Bildes die Kanten berühren, horizontale und vertikale Linien erkennen.

Dies lässt sich vermeiden, indem Sie die Kacheln mit Adobe Photoshop vor dem Abspeichern ein bisschen anpassen. Durch die Benutzung des Verschiebungsfilters (Filter > Sonstige Filter > Verschiebungseffekt) können Sie Werte angeben, um das Bild von der Arbeitsfläche herunter auf die andere Seite zu schieben. Dabei wird die Fuge, die zu korrigieren ist, schön hervorgehoben. In Photoshop CS3 erstellen Sie Texturen schnell über den Filter Mustergenerator.

Die **ABBILDUNGEN 10** bis **12** zeigen die Abdeckung mit ausgewählten Teilen des umgebenden Grases und **ABBILDUNG 13** die Ergebnisse. Wie Sie das machen, bleibt Ihnen überlassen – Sie können den Kopierstempel oder den Protokollpinsel benutzen, um Teile aus dem fugenlosen Bereich zu vervielfältigen und die Fugen abzudecken, oder die Maltechniken, die in Kapitel 4 erörtert wurden, um Ihr Ziel malend zu erreichen, oder irgendeine andere für das jeweilige Bild geeignete Methode.

ABBILDUNG 13 Die harten Fugen sind weit weniger sichtbar.

ZUSCHNEIDEN

Mit Haiko Hebigs Weblog (www.hebig.org) als Beispiel erwähnt Griffith in seinem Artikel „Elastic Design" (**ABBILDUNGEN 14** und **15**) eine weitere Vorgehensweise, um Elastizität zu erreichen: die Benutzung eines Bilds, das an verschiedenen Stellen abgeschnitten werden kann. Mehr oder weniger Fläche, die als freier Raum angezeigt wird, ist erkennbar.

Es gibt zwei einfache Wege, auf diese Weise eine bildgestützte Elastizität hervorzuheben: indem Sie `overflow: hidden` für den Container eines Bildes anwenden, dessen Breite in % angegeben wurde, oder indem Sie ein Hintergrundbild für ein Element mit variabler Breite einsetzen. Ein normalerweise 600 Pixel breites Bild kann innerhalb eines `div`-Elements geschachtelt werden:

```
<div class="wrapper">
  <img src="skyline.jpg" width="600" height="200"
alt="Skyline" />
</div>
```

Wenn dem `div`-Element für die Breite eine Größe mit der Einheit em zugeordnet wurde, kann das restliche Bild mit der Eigenschaft `overflow` ausgeblendet werden.

```
#wrapper {
  width: 10em;
  overflow: hidden;
}
```

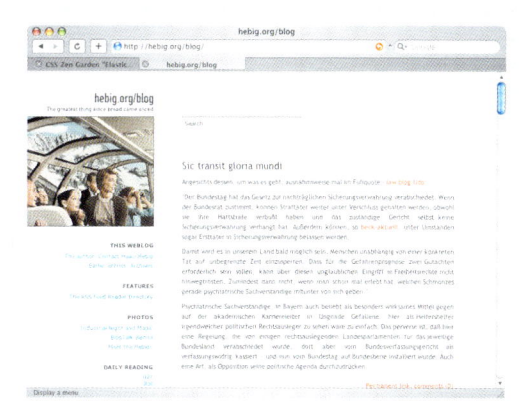

ABBILDUNG 14 In Haiko Hebis Weblog wird, je nach verfügbarem Raum mehr oder weniger von dem Foto auf der linken Seite enthüllt. Hier sehen Sie das Bild mit einer Bildschirmauflösung von 800 x 600 Pixel.

Hinweis

Die ursprüngliche Site ist unter www.hebig.org leider nicht mehr verfügbar.

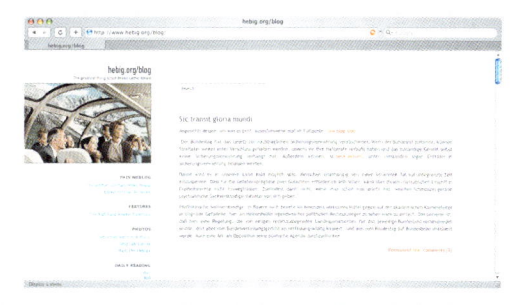

ABBILDUNG 15 Dieselbe Fotografie in einer Bildschirmauflösung von 1100 x 600 Pixel. Beachten Sie, dass sie im Verhältnis breiter ist.

Alternativ kann es direkt als Hintergrundbild in das `div`-Element eingesetzt werden:

```
#wrapper {
  width: 10em;
  background: url(skyline.jpg) no-repeat;
}
```

Wenn das Bild wiederholbar ist, können Sie einfach den no-repeat-Wert weglassen und das Vervielfältigen der Kacheln gestatten, wenn #wrapper sich über die ursprünglichen Bilddimensionen hinaus ausdehnt.

> **Tipp**
>
> Svend Tofte bietet eine nicht standardkonforme, aber funktionsfähige Korrektur für die fehlende Unterstützung von max-width im Internet Explorer, Version 6 (www.svendtofte.com/code/max_width_in_ie).

VORWÄRTS IN DIE ZUKUNFT

Elastisches Design ist eine herausfordernde neue Methode, die Grenzen von Weblayouts zu erforschen. Aber seien Sie gewarnt: Da sich die Proportionen eines Entwurfs unabhängig vom Browser-Fenster verändern, kann das Design möglicherweise größer werden als das Fenster und dann abgeschnitten werden, eine Bildlaufleiste zeigen oder andere unerwartete Dinge tun. Die Verwendung der Eigenschaft `max-width` kann die Auswirkungen verringern.

```
#container {
  max-width: 700px;
}
```

Der Microsoft Internet Explorer für Windows, Version 6, unterstützt `max-width` nicht. Es gibt zwar Hilfskonstruktionen für diese Einschränkung, aber sie sind nicht perfekt. Lästige Macken können die Experimentierfreude beeinträchtigen, aber hin und wieder neue Sachen auszuprobieren, ist nicht immer, jedoch häufig, von Erfolg gekrönt. Dies ist im Prinzip eine gute Sache.

Das Web mit interessanten neuen Techniken voranzutreiben, führt zu Erfolgen und Misserfolgen, weshalb Sie sich um Ausgewogenheit bemühen müssen. Elastic Lawn ist ein bedeutendes Beispiel dafür, wie die Experimentierfreude eines einzelnen Designers zum Vorteil für andere gereichen kann.

Hedges, Seite 302

Radio Zen, Seite 310

Corporate ZenWorks, Seite 326

Open Window, Seite 334

Kapitel
7

Rekonstruktion

THEORIE IST SCHÖN UND GUT. Doch bevor Sie nicht selbst die Puzzleteile in die Hand nehmen, aus denen sich CSS-Designs zusammensetzen, bleibt es eben nur abstrakte Theorie.

Im Folgenden analysieren wir den Code von sechs CSS Zen Garden-Designs, damit Sie Ihr theoretisches Wissen in die Praxis umsetzen können. Führen Sie die einzelnen Schritte selbst aus, um ein besseres Verständnis für die Verfahren zu erlangen, die in modernen CSS-Designs zum Einsatz kommen.

South of the Border, Seite 318

mnemonic, Seite 342

Kevin Mears, Designer
www.csszengarden.com/031

Hedges

Nahtlose Übergänge zwischen Hintergrundgrafiken und veränderlichem Vordergrund

---

VIELE DER DESIGNS von CSS Zen Garden haben ein Naturthema zum Motiv, Designer und Illustrator **Kevin Mears** ließ sich jedoch eine ganz neue Variante einfallen. Anstatt naturgetreue Fotos von Pflanzen zu verwenden, entwickelte er aus seinen groben Entwurfsskizzen Grafiken in einem interessanten Comicstil.

Er begann mit der Figur des Gärtners, den er mit einer Schubkarre ausstattete, und fügte dann weitere farbenfrohe Bilder von Gartenelementen und isometrischen Hecken hinzu.

Für das Design von **Hedges** sind natürlich sehr viele Grafiken erforderlich. Die einzelnen Bilder, die Verwendung finden, sehen Sie in **ABBILDUNG 1**.

Grenzen setzen

Bevor die Grafiken dem Design hinzugefügt werden, müssen wir ein paar grundlegende Parameter festlegen. Mears Layout hat technisch gesehen eine feste Breite, doch die Bilder im Header wiederholen sich horizontal, so dass sie immer die gesamte Bildschirmbreite ausfüllen. Der Hauptbereich in der Mitte ist allerdings auf eine Breite von 732 Pixel beschränkt. Der Kasten #container enthält alle anderen Elemente auf der Seite, daher gelten für ihn die folgenden Einschränkungen:

```
body {
  margin: 0;
  padding: 0;
  color: #888;
  text-align: center;
}
#container {
  position: relative;
  padding: 0;
  width: 732px;
  margin: 0 auto;
  text-align: left;
}
```

Der Kasten #container ist auf 732 Pixel beschränkt und wird durch die Randeinstellung margin horizontal in der Mitte der Seite platziert. Der Wert auto richtet sich immer nach der jeweils verfügbaren horizontalen Breite, abzüglich der Breite von #container. Das Element body verwendet für text-align den Wert center. Durch die Änderung der Ausrichtung von #container auf left wird diese Einstellung überschrieben und das gewünschte Ergebnis erzielt. Da Internet Explorer für Windows 5.0 und 5.5 den Wert von margin nicht interpretieren kann, stellt diese Vorgehensweise sicher, dass #container zentriert wird. Nach dem Formatieren der Links mit den passenden Farben erhalten Sie die Seite in **ABBILDUNG 2**.

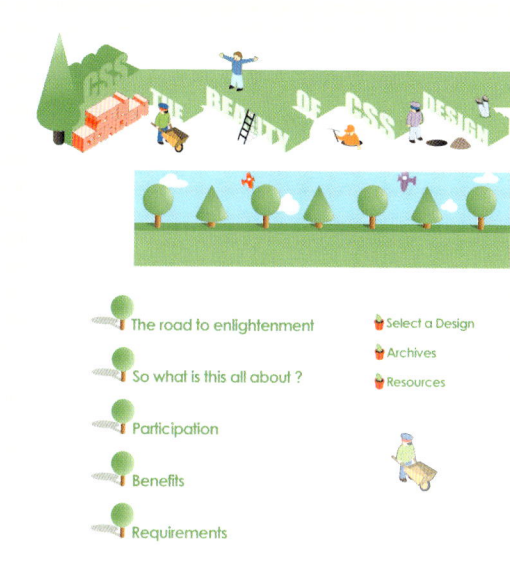

ABBILDUNG 1 Alle in Hedges verwendeten Grafiken

ABBILDUNG 2 Eine zentrierte Spalte, aber sonst nicht viel

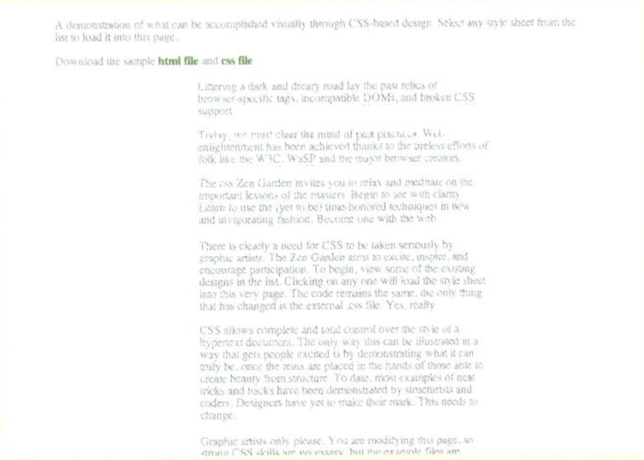

ABBILDUNG 3 Der Text wird eingerückt, um Platz für die Seitenspalten zu schaffen.

Spalten bilden

Im nächsten Schritt verbergen wir die Header Komponenten, damit sie bei der Erstellung der Spalten nicht im Weg sind:

```
h1 span, h2 span, h3 span, #quickSummary p.p span {
 display: none;
}
```

Der Hauptbereich der Seite ist nun definiert. Als Nächstes erstellen wir die drei Spalten, die sich innerhalb dieses Containers befinden. Das Markup von CSS Zen Garden stellt für Mears Layout eine Herausforderung dar. Die Hauptspalte besteht aus #preamble und #supportingText, doch es gibt kein einzelnes Element, das diese beiden Spaltenkomponenten einschließt, dessen Stil wir beeinflussen könnten. Wir müssen #preamble und #supportingText also jeweils einzeln gestalten, um aus ihnen eine einheitliche Spalte zu erstellen:

```
#preamble {
 position: relative;
 left: 195px;
 padding-bottom: 0px;
 width: 400px;
}
#supportingText {
 position: relative;
 left: 195px;
 padding-bottom: 0px;
 border-bottom: 2px solid #363;
 width: 400px;
}
```

Die beiden Komponenten, die die mittlere Spalte bilden, haben jeweils eine Breite von 400 Pixel und werden durch relative Positionierung 195 Pixel vom linken Rand eingerückt. Dasselbe Ergebnis könnte auch mit einem Wert für margin-left erzielt werden, doch in der Original-CSS-Datei wurde die erste Methode verwendet. Das Design sieht nun so aus wie in **ABBILDUNG 3**.

Im nächsten Schritt verschieben wir den Inhalt der Seitenleiste an die richtige Stelle. Die Link-Liste auf der linken Seite klebt derzeit noch am unteren Rand. Durch absolute Positionierung wird sie wieder höher auf der Seite platziert:

```
#linkList {
 position: absolute;
 top: 200px;
 left: 0;
 width: 190px;
}
#quickSummary p.p1 {
 position: absolute;
 top: 12em;
 right: 15px;
 width: 120px;
 margin: 75px 0 0 580px;
 font-size: 80%;
 text-align: right;
}
#quickSummary p.p2 {
 position: absolute;
 top: 25em;
 right: 15px;
 width: 120px;
 margin: 0;
 font-size: 93%;
 text-align: center;
 padding-bottom: 90px;
 background: url("barrow.gif") no-repeat bottom;
}
```

ABBILDUNG 4 Die drei Spalten sind an Ort und Stelle.

Dieser Code erfüllt eine Reihe wichtiger Aufgaben: Dem Kasten `#linkList` wird mit `width` eine Breite zugewiesen, er wird nach oben verschoben und links neben `#container` positioniert. Die beiden Absätze, die `#quickSummary` umschließt, werden rechts neben `#container` platziert und mit demselben Stil versehen. (Eine noch elegantere Lösung wäre, nur das Element `#quickSummary`, das beiden Absätzen übergeordnet ist, zu positionieren, um redundante Stilzuweisungen zu vermeiden.) Unser Design entspricht nun **ABBILDUNG 4**.

Bildertricks

Nun, da das Grundgerüst des Layouts langsam Gestalt annimmt, wenden wir uns der Gestaltung der grafikintensiven Bereiche zu. Sehen wir uns als Erstes den Header an. Er besteht aus einer Reihe von Baumgrafiken, die im Hintergrund wiederholt werden, und einer Titelillustration im Vordergrund. Das Hintergrundbild kann auf einfache Weise eingefügt werden:

```
body {
 margin: 0;
 padding: 0;
 background: #FFF url(bg_tree.gif) repeat-x left top;
 color: #888;
 text-align: left;
}
```

Der bereits vorhandenen Stilrichtlinie für das Element body werden ein Hintergrundbild und eine Farbe hinzugefügt. Die Anweisung background erhält den Wert repeat-x, so dass die Grafik wie gewünscht nur horizontal wiederholt wird.

Die Hauptüberschrift h1 der Seite erhält das andere Bild, das nicht mehrmals wiederholt wird. Es überlagert den zuvor eingefügten Hintergrund von body. Beachten Sie, dass display: none; bereits für alle Vorkommen von span in Header-Elementen auf der gesamten Seite festgelegt wurde. Der Text ist also schon verborgen und es ist ausreichend Platz für das neue Hintergrundbild vorhanden. Wir müssen h1 nur noch die richtigen Abmessungen zuweisen:

```
#pageHeader h1 {
 height: 200px;
 background: url(nutitle.gif) no-repeat;
 padding: 0;
}
```

Da das Bild horizontal eine große Fläche einnimmt, darf h1 seine Breite ausdehnen und den gesamten Kasten #container ausfüllen, den wir zuvor auf 732 Pixel beschränkt haben. Außerdem legen wir einen Wert für die Höhe height fest. Beachten Sie, wie sich die mittlere Spalte nach unten verschiebt. Da h1 im Markup vor dieser Spalte definiert ist, beeinflusst der neu hinzugefügte Wert für height die Position von Elementen unterhalb des Headers. Die beiden

Seitenspalten sind nicht betroffen, da sie absolut positioniert wurden und vom normalen Dokumentfluss ausgeschlossen sind. Die beiden letzten kleinen Änderungen haben große Wirkung auf das endgültige Design (siehe **ABBILDUNG 5**).

Da der Hintergrund in body fest platziert wurde, die Position des Headers jedoch flexibel ist, ist nicht vorhersehbar, ob die Bilder im Header (z.B. die Figur mit den ausgestreckten Armen) die Grafiken der Bäume oder des Himmels überlagern. Sie können diesen Effekt überprüfen, indem Sie die Größe des Browser-Fensters verändern und beobachten, wie sich Vorder- und Hintergrund verschieben. Das Bild für den Header ist so angelegt, dass die obere Hälfte transparent ist, daher sind die Übergänge zum Hintergrund immer nahtlos. Egal, welche Größe der Benutzer für das Browser-Fenster wählt, die beiden Grafiken überlagern sich immer perfekt (siehe **ABBILDUNG 6**).

Formatierung

Da im fertigen Design die Standardschriftart des Browsers verwendet wird, müssen wir nur wenige Änderungen an der Formatierung vornehmen. Wir beginnen mit der mittleren Spalte:

```
#supportingText p {
 line-height: 1.5em;
}
#preamble p {
 width: 350px;
}
#footer {
 background: #D9D98B;
 color: #fff;
 padding: 10px 20px;
 border-top: 1px solid #363;
 font: 85% Verdana,Arial,Sans-serif;
 text-align: center;
}
#footer a:link, #footer a:visited {
 padding: 0 5px;
 font-weight: normal;
}
```

ABBILDUNG 5 Kleine Änderungen am Code mit großer Wirkung – der Header ist jetzt fertig.

ABBILDUNG 6 Die Figur im Vordergrund fügt sich immer nahtlos in den Hintergrund ein, auch wenn sich die Größe des Browser-Fensters ändert.

Tipp

Im Gegensatz zu allen anderen CSS-Eigenschaften ist für `line-height` keine Einheit erforderlich. Mit `line-height: 1.5;` wird derselbe Zeilenabstand erzielt wie mit `line-height: 1.5em;`.

ABBILDUNG 7 Fast fertig! Nur die Header fehlen noch.

In der ersten Richtlinie wird mit der Eigenschaft `line-height` der Abstand zwischen den Zeilen angepasst. Der Absatz `#preamble` wird mit einem Wert von 350 Pixel für `width` auf eine feste Breite beschränkt - offensichtlich, um einen schmalen Abstand zwischen der Einleitung und der rechten Spalte einzufügen.

Der Footer der Seite erfordert ein wenig mehr Formatierung. Zuvor hatten wir `#supportingText` einen grünen unteren Rand zugewiesen, der direkt unterhalb des Footers platziert ist. Jetzt fügen wir `background` eine Hintergrundfarbe hinzu und weisen `#footer` selbst einen Wert für den oberen Rand `border-top` zu. Das Ergebnis sehen Sie in **ABBILDUNG 7**.

Aufräumen

Vergessen Sie nicht die Header, die noch verborgen sind:

```
#supportingText h3 {
   height: 70px;
}
#explanation h3 {
   background-image: url(what.gif);
   background-repeat: no-repeat;
}
#linkList h3 {
   height: 41px;
}
#lselect h3 {
   background-image: url(select.gif);
}
```

Die meisten individuellen Header-Stile im Listing haben wir übersprungen, doch dabei dürfte es kaum Überraschungen geben. Zuerst erhalten alle Überschriften des Typs h3 in den beiden ersten Abschnitten eine einheitliche Höhe mit `height`. Anschließend wird jeder Header mit einem Hintergrundbild `background-image` versehen.

Marc van den Heuvel, Designer

www.csszengarden.com/058

Radio Zen

Ein Radiothema mit fest positioniertem Hintergrundbild

FÜR DIESES DESIGN ließ sich **Marc van den Heuvel** von seinem alten Radio mit Drehknopf inspirieren. Die Wirkung von **Radio Zen** beruht auf einem fest platzierten Hintergrundbild, das ein Senderfrequenzband mit einem beweglichen Positionsanzeiger darstellt. Das Layout umfasst eine Überschrift und horizontalen Textfluss. Durch den verschiebbaren Senderregler auf dem Frequenzband ergibt sich fast unweigerlich ein horizontales Design.

Die altmodische Anmutung wird verstärkt durch eine Retro-Schrift und Fotos des alten Radioapparats, dem van den Heuvel seine Inspiration verdankt. Das gelbe Farbschema ruft zusätzlich die Wirkung von gealtertem Material hervor.

Die Bühne wird dekoriert

Abgesehen von den Grafiken im Header wird in Radio Zen nur wenig Bildmaterial verwendet (siehe **ABBILDUNG 1**). Damit der horizontale Bildlauf funktioniert, ist eine perfekte Positionierung mit CSS erforderlich.

Als Erstes verbirgt van den Heuvel den Text der beiden Haupt-Header der Seite, die später für Hintergrundgrafiken genutzt werden. Vorerst ist es sinnvoll, sie aus dem Weg zu räumen, damit sie nicht bei der Gestaltung stören:

```
#pageHeader h1 span, #pageHeader h2 span {
 display: none;
}
```

Einige weitere grundlegende Formatierungsschritte sind hier nicht aufgeführt, Sie können die vollständige CSS-Datei des Designs jedoch auf der Website einsehen (**ABBILDUNG 2**). Bevor wir die Sendersuchleiste oben auf der Seite einfügen können, müssen wir Platz dafür schaffen.

DAS GRUNDGERÜST

Die meisten Elemente in Radio Zen werden mit absoluter Positionierung platziert. Das bedeutet jedoch auch, dass diese Elemente vom allgemeinen Dokumentfluss ausgeschlossen sind. Da die anderen Komponenten, die sich innerhalb des Textflusses befinden, die genauen Positionen der absolut platzierten Elemente nicht kennen, lassen sich Überlagerungen nicht verhindern. Vorerst umgehen wir dieses Problem, indem wir einige Elemente gleichzeitig positionieren und sie relativ zueinander ausrichten, um Überlappungen zu vermeiden. Es gelten die folgenden Positionsangaben:

```
#quickSummary {
 position: absolute;
 right: 0px;
 text-align: left;
 width: 165px;
 height: 340px;
 top: 95px;
 padding-top: 40px;
}
```

ABBILDUNG 1 Die Grafiken in Radio Zen

ABBILDUNG 2 Radio Zen mit grundlegender Textformatierung

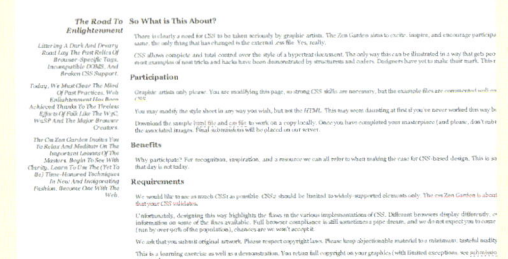

ABBILDUNG 3 Die grundlegende Positionierung ist fertig.

ABBILDUNG 4 Bei einer großen Schrift treten Überlagerungen auf.

```
#preamble {
  position: absolute;
  left: 10px;
  text-align: right;
  width: 165px;
  top: 95px;
}
#supportingText {
  position: absolute;
  width: 1230px;
  padding: 95px 0 0 185px;
  text-align: justify;
  z-index: 3;
}
#linkList {
  font-family: Arial, Helvetica, sans-serif;
  position: absolute;
  top: 0;
  padding-top: 480px;
  text-align: justify;
  z-index: 1;
}
```

Dieser Plan funktioniert, solange die Schriftgröße des Benutzers 10 Pixel beträgt, wie zuvor festgelegt (siehe **ABBILDUNG 3**). Da die Schriftgröße in den meisten Browsern jedoch variabel ist, können bei einer großen Schrifteinstellung Überlagerungen auftreten (siehe **ABBILDUNG 4**). Diesem Problem widmen wir uns jedoch erst später.

Ebenen und Anhänge

Falls Sie noch nicht das Originaldesign geladen und den horizontalen Bildlauf ausprobiert haben, sollten Sie dies jetzt tun (**ABBILDUNGEN 5A** und **5B**). Es scheint zwar so, als sei für diesen Effekt Skripting notwendig, doch das ist nicht der Fall. Radio Zen setzt stattdessen auf intelligente Weise Ebenen sowie den Wert `fixed` für das Attribut `background-attachment` ein. Wenn dem Element `body` eine der statischen Grafiken aus der nummerierten Sendersuchleiste angehängt wird, bleibt dieses Bild beim Scrollen auf seiner Position und der Rest der Seite bewegt sich darüber hinweg. Dazu fügen wir der Stilrichtlinie für das Element `body` eine zusätzliche Zeile mit Eigenschaften wie `background-image` und `background-positioning` hinzu, die die wesentlichen Anweisungen in Kurzschrift enthält:

```
body {
 font: 10px Georgia, Arial, Helvetica, sans-serif;
 color: #353638;
 background: #F8F8EE url(schaal.jpg) no-repeat fixed top
➥center;
 margin: 0px;
}
```

Dann wird der Senderanzeiger dem Element `#supportingText` hinzugefügt:

```
#supportingText {
 position: absolute;
 width: 1230px;
 padding: 95px 0 0 185px;
 text-align: justify;
 background: url(naald.gif) top center no-repeat;
 z-index: 3;
}
```

Jetzt wird deutlich, warum `#supportingText` einen so hohen Wert für `width` erhalten hat. Zum einen wird dieser Kasten mit nebeneinander angeordneten Abschnitten gefüllt und zum anderen ist er für den Effekt des horizontalen Bildlaufs verantwortlich. Durch die große Breite des Kastens erhält der Positionszeiger ausreichend Spiel, so dass er beim Scrollen deutlich nach links verschoben wird.

Hinweis

Im Microsoft Internet Explorer für Windows (vor Version 7) wird eine feste Positionierung des Hintergrunds nur unterstützt, wenn sie auf das Element `body` angewendet wird.

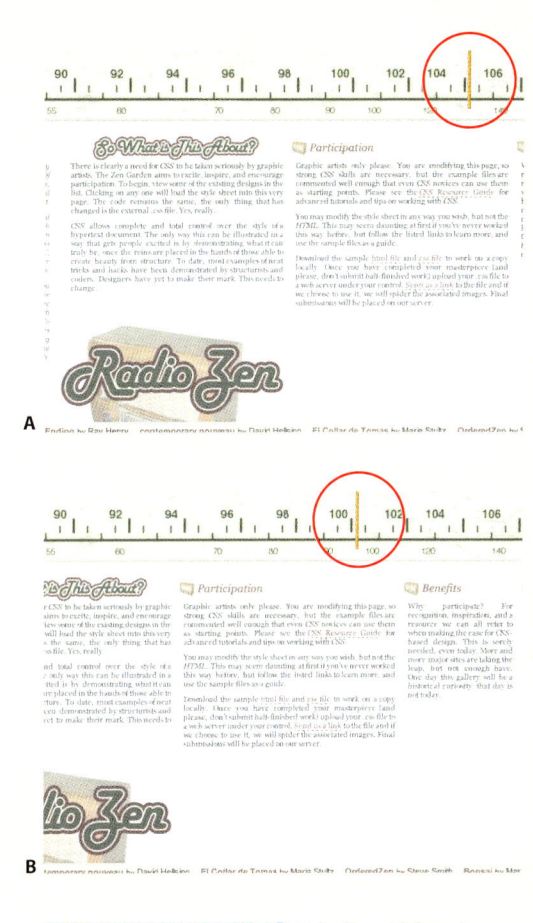

ABBILDUNGEN 5A UND 5B Beim Verschieben des Fensterinhalts bewegt sich der Zeiger über die Sendersuchleiste.

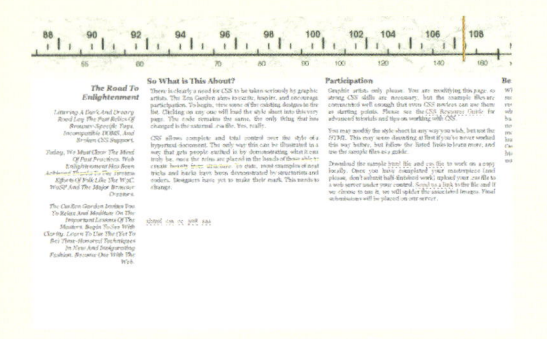

ABBILDUNG 6 Die Absätze werden in Spalten angeordnet.

ABBILDUNGEN 7A–7C Bei der Textskalierung ergeben sich Überlappungen.

Spalten positionieren

Der Text von body besteht zurzeit noch aus einigen extrem breiten Absätzen. Wir ordnen das Layout, indem wir die Absätze folgendermaßen nebeneinander im Browser-Fenster positionieren:

```
#preamble {
 position: absolute;
 left: 10px;
 text-align: right;
 width: 165px;
 top: 95px;
}
#supportingText h3 {
 margin: 0 8px 0 3px;
}
#explanation, #participation {
 float: left;
 width: 290px;
}
#benefits {
 float: left;
 width: 150px;
}
#requirements {
 float: left;
 width: 500px;
}
```

Jetzt passt es schon besser (siehe **ABBILDUNG 6**). Als Nächstes sehen wir uns das Problem mit der benutzerdefinierten Schriftgröße noch einmal an.

DENKSPORTAUFGABE TEXTSKALIERUNG

Wenn der Text für den vorgesehenen Bereich zu lang ist, überlagert er in einigen Fällen solche Elemente auf der Seite, die aufgrund ihrer absoluten Positionierung vom normalen Dokumentfluss ausgeschlossen sind. Dies wird deutlich, wenn Sie den bisherigen Entwurf in einem Browser öffnen, der die Skalierung von Text auf Pixelbasis unterstützt, zum Beispiel in Firefox. Vergrößern Sie die Schrift und beobachten Sie, welche Auswirkung dies auf die Liste der Designs unten auf der Seite hat (siehe **ABBILDUNGEN 7A** bis **7C**).

Der betroffene Bereich ist zwar noch nicht vollständig gestaltet, doch wenn wir jetzt nichts unternehmen, bleibt das Problem bestehen. Sie erinnern sich, dass wir das Element `#linkList` mit einem Wert von 0 direkt am oberen Rand der Seite platziert haben. Dann wurde es jedoch mit einem Wert von 480 Pixeln für `padding-top` nach unten abgesenkt. Dieser Abstand sorgt dafür, dass sich die Designliste während der Gestaltung der Seite immer unterhalb aller anderen Komponenten befindet. Letztendlich ist er jedoch nicht erforderlich, da alle darin enthaltenen Vorkommen von `div` sowieso innerhalb des Elements absolut platziert werden und der Abstand daher keine Wirkung auf sie hat:

```
#lselect, #larchives, #lresources {
 position: absolute;
 text-align: left;
 padding: 5px;
}
#lselect {
 width: 1590px;
 top: 46em;
 background-color: #E8E9CF;
}
#larchives {
 width: 300px;
 top: 49em;
 left: 75px;
}
#lresources {
 width: 800px;
 left: 400px;
 top: 49em;
}
```

Da wir für den oberen Positionierungswert aller `div`-Elemente die Einheit em anstatt eines Pixelwerts verwenden, wird die Position top jeweils zusammen mit der Schriftgröße skaliert und Überlappungen werden verhindert. Dem folgenden Code werden zusätzliche Stilvorgaben hinzugefügt, so dass die Designliste und der Archiv-Link unten auf der Seite nun wie in **ABBILDUNG 8** erscheinen.

ABBILDUNG 8 Die Links im Footer mit dem gewünschten Stil

Tipp

Wenn Sie zur absoluten Positionierung Werte mit der Einheit em verwenden, ändert sich die Platzierung des Elements relativ zur Schriftgröße. Bei Pixelwerten ist die Position im Browser-Fenster hingegen unveränderlich, so dass es zu Textüberlagerungen kommen kann.

Hinweis

Dem Design fehlen noch einige der grafikbasierten Ausschmückungen, zum Beispiel die Bilder für den Header und die beiden Radiografiken im Footer. Diese letzten Änderungen können Sie übungshalber gerne selbst vornehmen, Sie finden das vollständige Stylesheet jedoch auch in der CSS-Datei von Radio Zen.

```css
#lselect ul, #larchives ul, #lresources ul {
 margin: 0px;
 padding: 0px;
}
#lselect h3 {
 margin: 0 10px 0 0;
 color: #555F44;
 font-size: 8pt;
 float: left;
 font-weight: bold;
}
#lselect li {
 color:#000000;
 list-style-type: none;
 float: left;
 border-left: 4px solid #F8F8EE;
 padding: 0 5px;
}
#lselect a:link, #lselect a:visited {
 border: none;
 text-decoration: none;
 font-size: 8pt;
 font-weight: bold;
}
#lselect a:hover, #lselect a:active {
 text-decoration: underline;
}
#lselect a.c, #lselect a:link.c , #lselect a:visited.c {
 color: #422222;
 font-weight: normal;
}
```

Entdecken Sie die Möglichkeiten

Aus scheinbar einfachen CSS-Elementen lassen sich durch ein wenig Experimentieren interessante Arrangements entwickeln. Indem Sie einem Element Hintergrundbilder zuweisen, die mit fixed fest positioniert werden, erzielen Sie einen reizvollen Kontrast zwischen dem statischen Hintergrund und beweglichen Bereichen. Radio Zen nutzt diese Methode für den eindrucksvollen Bildlaufeffekt. Es gibt jedoch noch viele andere CSS-Eigenschaften, deren Möglichkeiten es zu entdecken gilt.

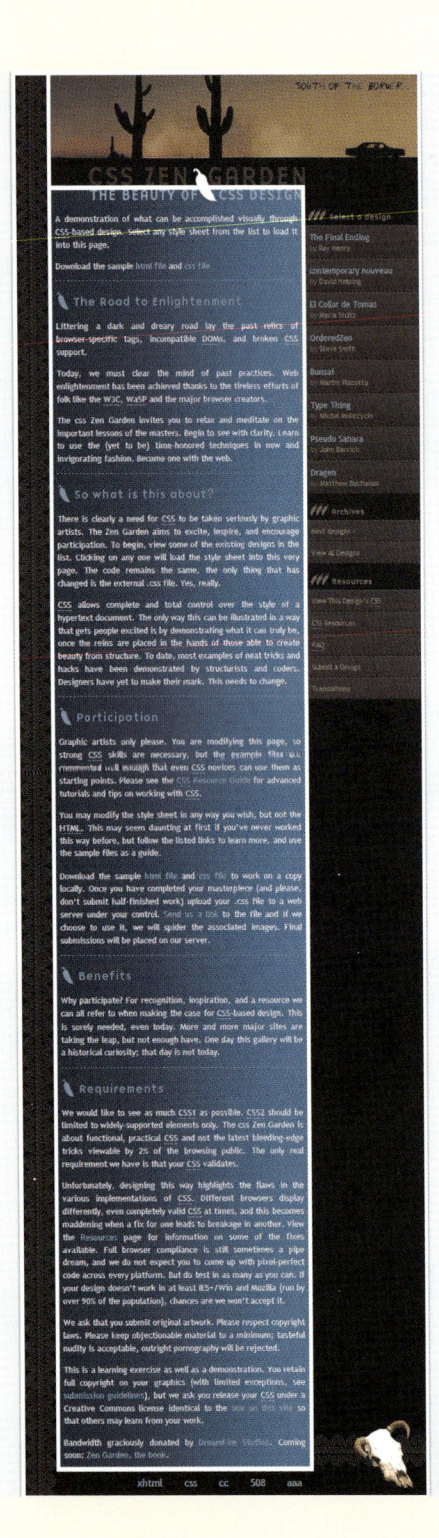

Rob Shields, Designer
www.csszengarden.com/093

South of the Border

Inhalt mit Rändern und
Positionierung im Zaum halten

EINE GROSSE KANNE KAFFEE ist genau das Richtige, um die Kreativität anzuregen. **Rob Shields** bevorzugte im vorliegenden Fall jedoch eine gute Kanne Tee. Wir wissen nicht genau, welche Mischung er verwendete, doch sie war stimulierend genug für 50 Einfälle, aus denen er das Grundthema der Website auswählte.

Shields entschied sich schließlich für ein Western-Thema. Anstatt seine Bildauswahl einzuschränken, sammelte er alle Grafiken, die ihm brauchbar erschienen und experimentierte damit in Adobe Photoshop (siehe **ABBILDUNG 1**). Nach ein wenig Feinarbeit entstand ein CSS-Code, der seinem Tex-Mex-Design **South of the Border** den letzten Schliff verlieh.

Ein einfacher Anfang

Ein interessanter Aspekt von Shields Design ist das Farbschema. Die Idee dafür kam ihm beim Anblick eines braunen Anzugs mit blauen Nadelstreifen. Das Layout weist einen hellblauen Hintergrund im Element body auf, für Links werden Hellbraun und Blau verwendet und der Haupttext in Weiß befindet sich vor einem dunkelblauen Hintergrund:

```
body {
   font: 83%/150%;
   color: #fff;
   background: #EDEDED url(background.gif) repeat-y
➥fixed bottom center;
   margin: 0px;
   padding: 0px;
}
```

Shields hat für die Schriftgrößen im Code bewusst Prozentangaben verwendet, um die Skalierung zu ermöglichen. Im Folgenden betrachten wir die Behandlung der Schriften und Hintergründe.

Den Container ausschmücken

Nachdem Sie nun die grundlegenden Merkmale des Designs kennen, machen wir uns an die Ausschmückung des Containers-Divs #container. (Den CSS-Code, den wir übersprungen haben, können Sie online einsehen.) Die folgende Anweisung enthält die Stilvorgaben für das Hintergrundbild des Containers sowie für die Seitenränder und die Breite:

```
#container {
   position: relative;
   background: url(bg-central.gif) repeat top left;
   margin: 0px auto 0px auto;
   width: 655px;
}
```

ABBILDUNG 1 Das Bildmaterial von South of the Border

Hinweis

Als normaler Dokumentfluss wird die Art und Weise bezeichnet, in der ein Browser normalerweise nicht positionierte Elemente interpretiert. Wenn Sie alle Stilvorgaben der Designs von CSS Zen Garden entfernen, sehen Sie, dass der gesamte Text und die Header von links nach rechts und von oben nach unten laufen. Dieser Textfluss passt sich an die entsprechende Bildschirmauflösung und Fenstergröße an.

Die Position des Elements #container wird selbstverständlich relativ festgelegt, und da die Eigenschaften top und left nicht definiert sind, verbleibt #container div im normalen Dokumentfluss. Viele CSS-Anfänger lassen sich von dem Begriff *relativ* in die Irre führen, da sie annehmen, dass es sich bei einem relativ positionierten Element um eines handelt, das relativ zu einem anderen platziert wird. Dies ist zwar eine völlig korrekte Interpretation der Wortbedeutung, im Kontext von CSS jedoch falsch.

Durch relative Positionierung kann der Designer ein Element platzieren, ohne es vom normalen Seitenfluss auszunehmen. Elemente mit anderen Positionierungsarten (z.B. absolute) werden vom Browser völlig anders behandelt. Die Unterschiede sind weiter hinten in diesem Kapitel beschrieben.

Das Ziel ist, einen Container zu erstellen, der alle anderen Elemente optisch zusammenhält. Nach dem Hinzufügen der allgemeinen Stilvorgaben für #container (siehe Original-CSS-Datei) können dann die im Container enthaltenen Elemente weiter ausgeschmückt werden (**ABBILDUNG 2**).

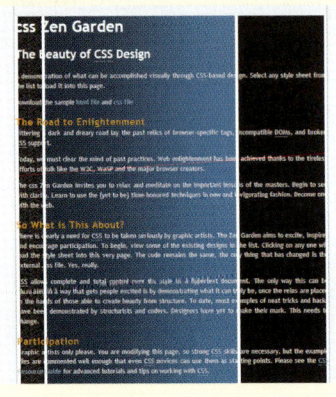

ABBILDUNG 2 Dem Container #container div wurden Vorgaben für Position, Breite, Ränder sowie ein Hintergrundbild hinzugefügt.

Den Text am Zügel führen

Der Haupttext befindet sich nun innerhalb des Elements #container, muss jedoch links und rechts noch etwas eingerückt werden. Dies erzielen wir, indem wir Seitenränder für die verschiedenen div-Elemente in #container festlegen:

```
#intro {
    margin:0px;
}
#quickSummary, #preamble {
    margin: 0px 200px 0px 68px;
}
#pageHeader {
    margin: 0px;
}
#supportingText {
    margin:0px 200px 0px 68px;
}
```

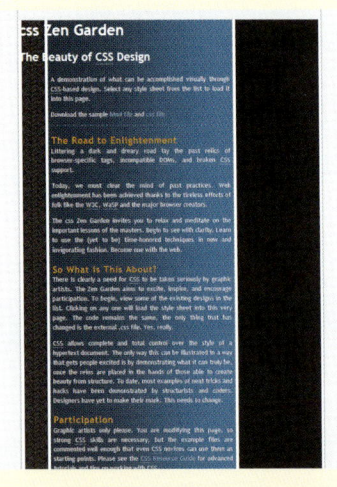

ABBILDUNG 3 Festlegen der Seitenränder für den Fließtext

Durch diese Seitenränder wird der Text mittig in Position gebracht (**ABBILDUNG 3**).

Header im Spiel

Im nächsten Schritt fügen wir die grafischen Header hinzu, allen voran die Seitenüberschrift #pageHeader h1, und stimmen sie auf den Text ab, um den richtigen Look zu erzielen:

```
#pageHeader h1 {
   margin: 0px 0px 0px 0px;
   background: transparent url(top.gif) no-repeat top
➥left;
   width: 655px;
   height: 206px;
}
```

ABBILDUNG 4 Das Bildmaterial von #pageHeader bestimmt das visuelle Thema des Designs.

ABBILDUNG 4 zeigt, wie mit dem Stil von #pageHeader h1 die thematischen Grafiken ins Spiel kommen.

Anhand der folgenden interessanten Beispiele, die dem grundlegenden CSS entnommen sind, können Sie sehen, wie die Header mit Rändern, Hintergrundbildern sowie Vorgaben für Breite und Höhe versehen werden, um den dazugehörigen Grafiken und dem Text den passenden Rahmen zu verleihen:

```
#preamble h3 {
   background: transparent url(ch1.gif) no-repeat top
➥left;
   margin: 10px 0px 5px 0px;
   width: 388px;
   height: 44px;
}
#benefits h3 {
   background: transparent url(ch4.gif) no-repeat top
➥left;
   margin: 10px 0px 5px 0px;
   width: 388px;
   height: 44px;
}
#requirements h3 {
   background: transparent url(ch5.gif) no-repeat top
➥left;
   margin: 10px 0px 5px 0px;
   width: 388px;
   height: 44px;
}
```

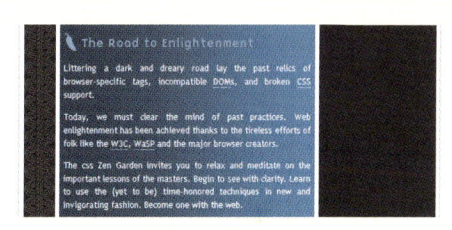

ABBILDUNG 5 Zu den Header-Grafiken gehört eine Chilischote, die das Western-Thema gut illustriert.

ABBILDUNG 6 Durch das Hinzufügen von sichtbaren Rändern zu benefits div werden die Textabschnitte unterteilt.

Die Header sind nun auf das restliche Design abgestimmt (**ABBILDUNG 5**).

Nun werden auch die blauen Ränder sichtbar:

```
#benefits {
    border-bottom: 1px dashed #8095AF;
}
#preamble {
    border-bottom: 1px dashed #8095AF;
}
```

Die Ränder machen das Design kontrastreicher und dienen zur Abgrenzung der Textbereiche (**ABBILDUNG 6**).

Und jetzt zum Footer

Die wichtigsten Teile des Designs sind bereits fertig, nun muss noch der Footer an die richtige Stelle gebracht werden. Er enthält nur wenige Elemente: die Validierungslinks, das Hintergrundbild eines Rinderschädels und ein paar dekorative Schnörkel.

```
#footer {
    text-align: center;
    background: transparent url(bottom.gif) no-repeat top
➥left;
    height: 37px;
    margin: 0px -200px 0px -68px;
    padding-top: 88px;
}
#footer a:link, #footer a:visited {
    margin-right: 20px;
}
```

Beachten Sie die negativen Ränder links und rechts, die den Footer wirkungsvoll im Innern seines umgebenden Elements halten (**ABBILDUNG 7**).

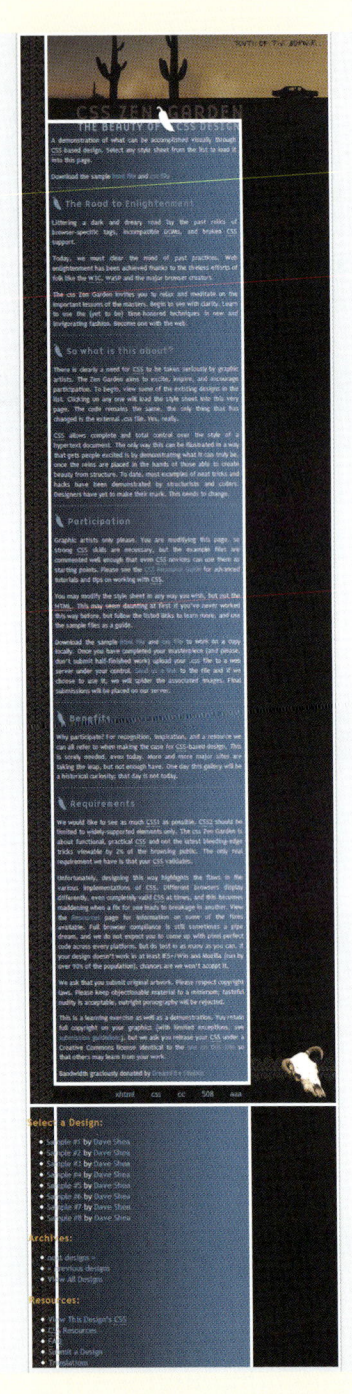

ABBILDUNG 7 Der Footer ist an Ort und Stelle.

Absolute Begrenzungen

Erinnern Sie sich, dass wir #container div relativ positioniert haben? Die Link-Liste wird nun innerhalb des relativ positionierten Elements div absolut ausgerichtet:

```
#linkList {
   position: absolute;
   top: 207px;
   right: 6px;
   width: 181px;
}
```

Hiermit wird die Link-Liste oben auf eine Linie mit dem Haupttext gebracht. Anders als bei der relativen Positionierung wird das Element bei einer absoluten Platzierung relativ zu seinem Container ausgerichtet. Falls kein übergeordnetes Element vorhanden ist, richtet sich seine relative Position nach der des Stammelements html.

Sie können sehen, was das bedeutet, wenn Sie die relative Positionierung von #container div aufheben (siehe **ABBILDUNG 8**).

Durch eine absolute Positionierung wird das Element immer relativ zu seinem Container bzw. zu html ausgerichtet, falls es keinen anderen definierten Container gibt. Da wir im vorliegenden Fall jedoch relative Positionierung einsetzen, wird das absolut positionierte Element #linkList innerhalb seines Containers ausgerichtet. Wird der relative Wert wieder eingesetzt, fügt sich das Layout wie gewünscht zusammen.

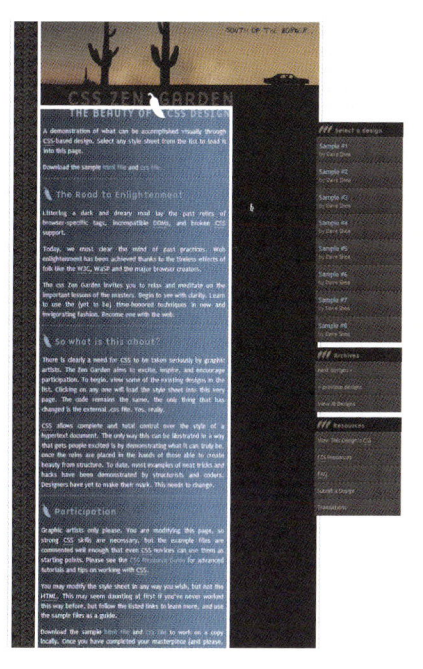

ABBILDUNG 8 Das positionierte Element #linkList verliert seine relative Ausrichtung zu #container div.

Die Links abrunden

Nachdem sich `#linkList` nun an der richtigen Stelle befindet, können wir die zusätzlichen Link-Stile näher betrachten. Als Erstes müssen die Ränder der Liste festgelegt und der Zellabstand auf 0 eingestellt werden:

```
#linkList ul {
   margin: 0px;
   padding: 0px;
}
```

Die Navigationsleiste kann nun präzise angepasst werden. Im Folgenden sind die restlichen Link-Stile gezeigt, einschließlich der Merkmale, mit denen die einzelnen Listenelemente gesteuert werden:

```
#linkList li {
   list-style-type: none;
   background: transparent url(li-bg.gif) repeat top
➥center;
   padding:8px 6px 8px 6px;
   margin:0px;
   border-top: 1px solid #5D4831;
   border-bottom: 1px solid #221609;
   display: block;
}
```

Zusätzliche Stile für die Link-Header, Farben, Ränder und den Außenabstand des Designs können Sie dem Original-CSS entnehmen.

Schafft sie raus!

Text und Grafiken lassen sich am besten mit Hilfe von Seitenrändern steuern. Mit relativer Positionierung können Sie störrische Elemente in Zaum halten oder Container erstellen, in denen sie sich exakt absolut positionieren lassen. South of the Border ist ein ausgezeichnetes Beispiel für ein Design mit einem starken grafischen Thema, das mit einem einfachen Ansatz in CSS umgesetzt werden kann.

Tipp

Relative Positionierung ist sinnvoll für Layoutzwecke, da Sie damit die Ausgangspunkte Ihres absoluten Layouts festlegen können. Wenn das übergeordnete Element nicht korrekt platziert ist, richtet sich die absolute Positionierung nach den Abmessungen des Elements `html`, das standardmäßig das gesamte Browser-Fenster einnimmt. Ist das entsprechende Element jedoch präzise positioniert, werden zur Ausrichtung seine Eckpunkte verwendet.

Um dieses Merkmal zu nutzen, wenn das übergeordnete Element nicht positioniert ist, wenden Sie `position: relative;` auf das Element an, ohne die Werte für `top` oder `left` anzugeben. Dies hat keine Auswirkung auf die eigentliche Position des Elements, doch die Ausgangspunkte werden verändert. Weitere Informationen zu diesem Merkmal finden Sie in Doug Bowmans aufschlussreichem Artikel „Making the Absolute, Relative" auf der Website „Stopdesign" (www.stopdesign.com/articles/absolute).

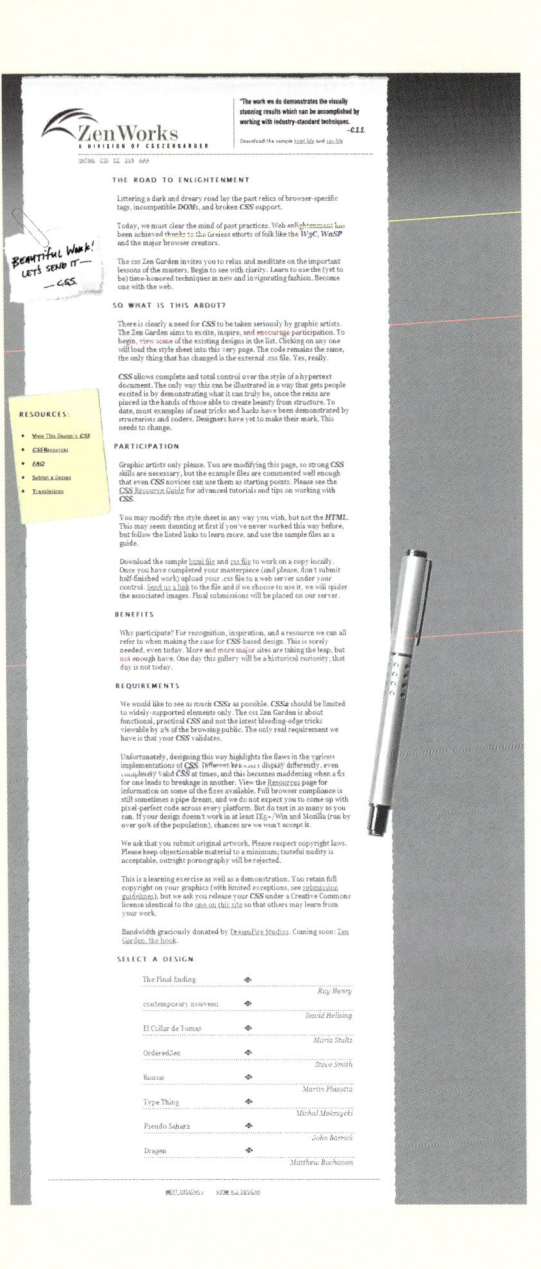

Derek Hansen, Designer
www.csszengarden.com/095

Corporate ZenWorks

Von der Konkurrenz zur Eintracht

BEI SEINEM ERSTEN BESUCH von CSS Zen Garden war **Derek Hansen** beeindruckt, mit wie viel Sorgfalt viele der Designs gestaltet waren. In seinen eigenen Entwürfen hatte er den Wechsel zu einem standardbasierten Ansatz bereits vollzogen und war daher sehr daran interessiert, ein eigenes Design einzureichen.

Hansens Beitrag zu CSS Zen Garden sollte etwas ganz Neues, Einzigartiges sein. Er analysierte akribisch die vorhandenen Designs und da ihm diejenigen mit einem starken visuellen Thema am besten gefielen, beschloss er, eine Seite zu erstellen, die eine Geschichte erzählte. Sein Design sollte sich von den anderen jedoch völlig unterscheiden. Mit **Corporate ZenWorks** hat er dieses Ziel erreicht.

Ein Brief sagt mehr ...

Corporate ZenWorks hat die Struktur eines gut geschriebenen Dokuments. Der Inhalt ist logisch gegliedert und die Präsentation einfach (siehe **ABBILDUNG 1**). Die Seite zeigt eine Schreibtischoberfläche in Silbertönen und verwendet schlichte, elegante Schriftarten:

```
body {
  background: #999 url(bk.jpg) repeat-x fixed;
  margin: 0;
  padding: 0;
  color: #33140E;
  font-family: Georgia, Times, serif;
  font-size: 80%;
}
h1,h2,h3,h4,h5,h6 {
  border: 0;
  margin: 0;
  padding: 0;
  font-family: "Lucida Grande", "Lucida Sans Unicode",
  ➥Verdana, sans-serif;
  font-weight: normal;
}
h3 {
  text-transform: uppercase;
  font-size: 90%;
  word-spacing: 2px;
  letter-spacing: 2px;
  margin-left: -10px;
  font-weight: bold;
}
```

Beachten Sie, dass die h3-Elemente negative Seitenränder haben (siehe **ABBILDUNG 2**). Dies sieht im Moment noch etwas seltsam aus, ist jedoch ausschlaggebend für den Look des fertigen Designs, wie Sie im Folgenden sehen werden.

ABBILDUNG 1 Das Bildmaterial für Corporate ZenWorks

ABBILDUNG 2 Ausschnitt mit dem Haupthintergrund und den Schriften von Coporate ZenWorks. Da für die Seitenränder negative Werte verwendet werden, sind die Header links abgeschnitten und der Text klebt an der linken Seite des Dokuments.

Hinweis

Corporate ZenWorks verwendet einfache, aber elegante Schriftarten wie Lucida Grande für die Überschriften und Georgia für den Fließtext. Hansen fühlte sich in der Typografie etwas eingeschränkt, da er die Seite nicht überladen wollte. Auch die Grafiken sind auf ein Minimum beschränkt. Das Ergebnis dieses Minimalismus ist ein realistisch aussehender Geschäftsbrief.

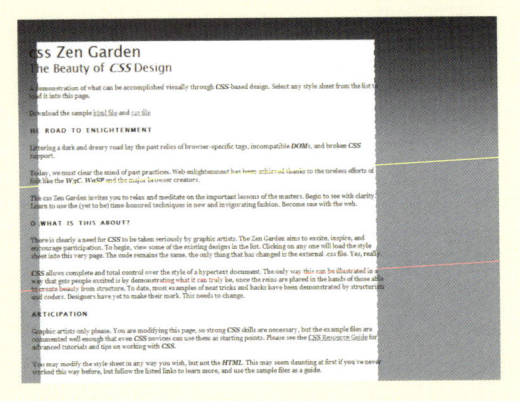

ABBILDUNG 3 Ausschnitt des Papierhintergrunds mit Breite, Rändern und Zellabstand für #container div

Papier, bitte!

Als Nächstes müssen wir den Text aufs Papier bringen und ihm eine optische Gliederung geben. Hierzu weisen wir `#container div` einen Stil zu:

```css
#container {
  width: 750px;
  background: url(paper_mid.gif) repeat-y;
  margin: 50px 0 0 25px;
  padding-bottom: 20px;
}
```

Der Container erhält eine feste Breite von 750 Pixel. Der größte Teil der Papiergrafik wird eingefügt und als Hintergrundbild entlang der vertikalen Achse mehrfach wiederholt. Die Ränder von `#container` werden festgelegt und am unteren Rand wird etwas Abstand hinzugefügt, um eine optische Trennung zu erzielen. Die h3-Überschriften werden durch den neuen Rand etwas weiter eingerückt, befinden sich jedoch noch nicht wirklich an der richtigen Stelle (**ABBILDUNG 3**). Darum kümmern wir uns später.

Corporate Identity

Das Design ist an einen Geschäftsbrief angelehnt, daher benötigt die Seite einen Briefkopf mit Firmenlogo und ähnliches Bildmaterial. Im Folgenden sehen Sie den Code für das Logo, das in das Element `pageHeader h1` eingefügt wird:

```css
#pageHeader {
  height: 100px;
  padding: 20px 0 20px 50px;
}
#pageHeader h1 {
  height: 90px;
  width: 340px;
  background: url(zen_logo.gif) no-repeat;
}
```

Mit dem folgenden CSS wird der Text verborgen, so dass nur die Bilder, nicht aber der Logotext dargestellt werden:

```
#pageHeader h2 span, #pageHeader h1 span {
  display: none;
}
```

Jetzt können wir auch die Ränder für die Header und den Text einrücken:

```
#linkList, #supportingText, #preamble {
  margin: 10px 100px 10px 200px;
}
```

Das Logo befindet sich nun an der gewünschten Stelle oben links auf dem Papierhintergrund (**ABBILDUNG 4**). Neben die Logografik setzen wir außerdem ein Zitat mit den Insignien „C.S.S.". Hierzu erhalten die Selektoren von #quickSummary, die das Zitat positionieren, den darunter liegenden Text verbergen und den Text im Abschnitt formatieren, einen Stil:

```
#quickSummary {
  position: absolute;
  top: 50px;
  left: 450px;
  background: url(subtext.gif) no-repeat;
  height: 100px;
  width: 280px;
}
#quickSummary p.p1 {
  display: none;
}
#quickSummary p.p2 {
  padding: 78px 0 0 15px;
  font-size: 10px;
  font-family: "Lucida Grande", "Lucida Sans Unicode",
  ➥Arial, sans-serif;
}
```

Die Grafik und der formatierte Text muten wie ein echter Firmenbriefkopf an (siehe **ABBILDUNG 5**). Die obere Kante des Papiers ist jedoch ein wenig zu scharf. Mit Hilfe eines der zusätzlichen div-Elemente, die in XHTML zur Verfügung stehen, hat Hansen der Seite ein weiteres Hintergrundbild hinzugefügt, um den Papiereffekt in diesem Bereich zu verbessern:

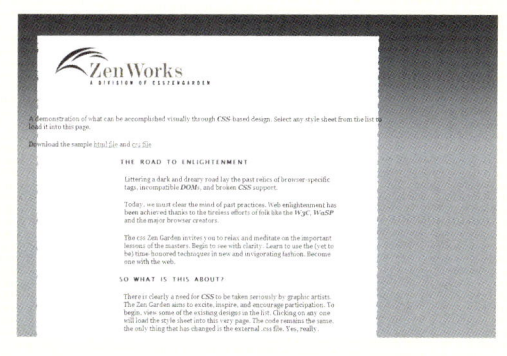

ABBILDUNG 4 Das Firmenlogo ist eingefügt. Dem Abschnitt #quickSummary in diesem Teil der Seite muss noch ein Stil zugewiesen werden.

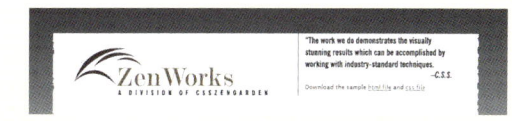

ABBILDUNG 5 Der Briefkopf sieht nun realistisch aus.

ABBILDUNG 6 Der oberen Rand des Briefbogens wird hinzugefügt.

ABBILDUNG 7 Mit Hilfe des Footers wird der obere Teil der Seite gestaltet.

> **Hinweis**
>
> Wenn Sie das XHTML zusammen mit Ihrem Design selbst entwickeln, können Sie `#footer` einen Namen zuweisen, der seine Funktion besser beschreibt. Das Element `#footer` erscheint in diesem Fall im oberen Teil der Seite. Dies ist ein gutes Beispiel, um die Flexibilität von CSS zu verdeutlichen: Jedes Element kann an beliebiger Stelle des Designs platziert werden.

```css
#extraDiv1 {
  position: absolute;
  top: 10px;
  left: 23px;
  width: 750px;
  height: 50px;
  background: url(paper_top.gif) no-repeat;
}
```

Beachten Sie, dass durch absolute Positionierung sichergestellt wird, dass das Papier im Verhältnis zum restlichen Seiteninhalt richtig ausgerichtet ist (**ABBILDUNG 6**). Um dem Briefkopf den letzten Schliff zu geben, weisen wir `#footer` einen Stil zu, mit dem dieser Abschnitt ganz oben auf der Seite unterhalb der Grafiken platziert wird:

```css
#footer {
  position: absolute;
  top: 160px;
  left: 150px;
  font-size: 80%;
  border-top: 1px solid #6E512F;
  padding-top: 3px;
  width: 575px;
  text-transform: uppercase;
  text-decoration: none;
  font-family: "Lucida Grande", "Lucida Sans Unicode",
  ➥Arial, sans-serif;
}
```

Hiermit erhält der Abschnitt `#footer` einen Stil für die Links und eine durchgezogene Randlinie, die den Bereich deutlich vom Rest des Dokuments abgrenzt (**ABBILDUNG 7**).

Links mit Stil

Hansen hat jedem der Links ein anderes Aussehen verliehen. Die Ränder von #linkList sind bereits eingerichtet, so dass als Nächstes der Stil für den Link „Select A Design" hinzugefügt werden kann. Sie finden die genauen Einstellungen in der Original-CSS-Datei für das Design in den Abschnitten mit den Selektoren #lselect ul und #larchives ul. Das Ergebnis ist eine attraktive Link-Liste, die sich im eigentlichen Footer-Bereich der Seite befindet (**ABBILDUNG 8**).

ABBILDUNG 8 Die formatierten Design- und Archiv-Links der fertigen Seite

Mit ein bisschen Persönlichkeit

Wer sagt, dass ein an Geschäftsunterlagen angelehntes Design langweilig sein muss? Hansen hat auf seiner Seite einige tolle, individuelle Einfälle verwirklicht. Zum Beispiel hat er mit Hilfe des Selektors #pageHeader h2 einen Merkzettel hinzugefügt:

```
#pageHeader h2 {
  background: url(paper_clip.gif) no-repeat;
  width: 320px;
  height: 262px;
  position: absolute;
  top: 250px;
  left: -6px;
  z-index: 5;
}
```

Auch für dieses Element verwendet Hansen absolute Positionierung, um den Text genau an der richtigen Stelle zu platzieren. Weiter unten auf der Seite befindet sich außerdem ein Notizzettel, der die Ressourcen-Links enthält. Die Stilvorgaben für diesen Abschnitt können Sie der CSS-Datei des Designs entnehmen. Die Notiz wird folgendermaßen eingefügt:

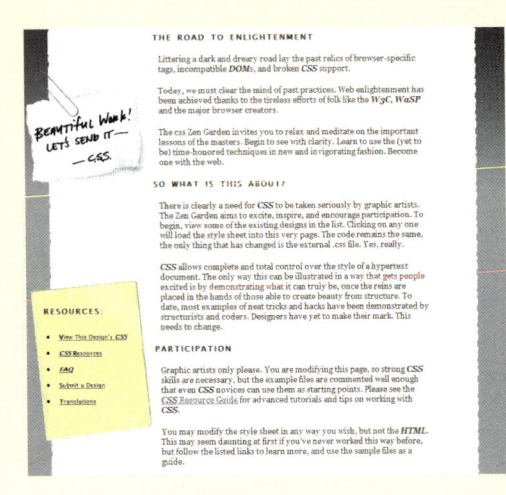

```css
#1resources {
  position: absolute;
  top: 600px;
  left: 10px;
  width: 200px;
  height: 257px;
  background: url(sticky.gif) no-repeat;
  font-family: "Lucida Grande", "Lucida Sans Unicode",
  ↪Arial, sans-serif;
  color: #000;
}
```

ABBILDUNG 9 Der Notizzettel und die PostIt-Notiz sind absolut positioniert.

Die beiden Elemente auf der linken Seite des Designs sind nun absolut positioniert und wirken sehr realistisch (**ABBILDUNG 9**). Als besonderen Blickfang fügen wir der Seite nun noch die Grafik eines Füllhalters hinzu. Auch für dieses Element verwendet Hansen absolute Positionierung mit dem Selektor #extraDiv2, diesmal auf der rechten Seite (**ABBILDUNG 10**):

```css
#extraDiv2 {
  position: absolute;
  top: 900px;
  left: 700px;
  background: url(pen.gif) no-repeat;
  width: 140px;
  height: 547px;
}
```

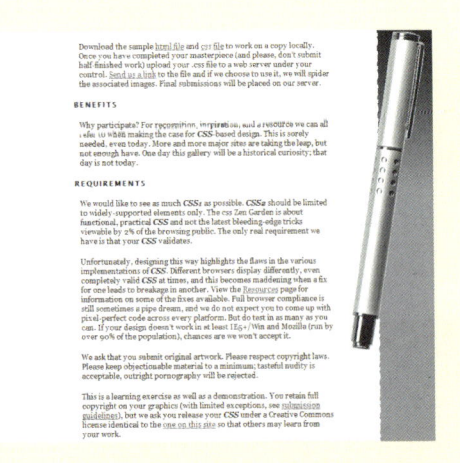

ABBILDUNG 10 Der Stift verleiht dem Design zusätzlichen Pep und löst das starre Layout auf.

Weitersenden

Das starke visuelle Thema macht Corporate ZenWorks zu einem einzigartigen, realistischen Design. Trotz einiger Schwierigkeiten – wie der eingeschränkten Schriftauswahl oder dem Problem, dass die verschiedenen Browser-Typen transparente GIF-Grafiken nicht so einheitlich darstellen wie PNG-Bilder mit Alphakanal – wirkt Derek Hansens Design elegant und zeitlos.

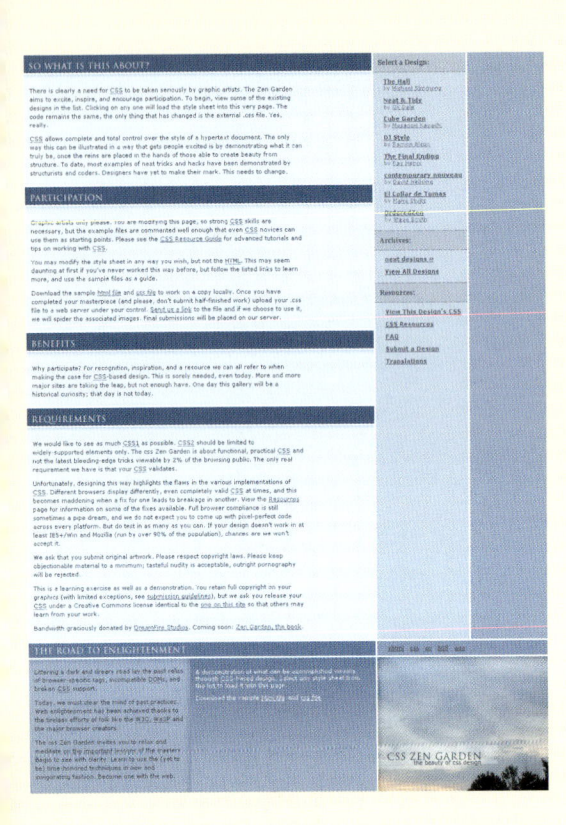

Ray Henry, Designer

www.csszengarden.com/090

Open Window

Ein Design, drei Layouts

DIE INSPIRATION für das Design **Open Window** holte **Ray Henry** sich von einem Foto, das er zuerst als zentralen Blickfang einsetzen wollte. Da ihm die Idee jedoch nicht innovativ genug erschien, begann er nach neuen Ansätzen zu suchen. Layouts mit fest platzierten Komponenten, die als Navigationselemente oder Banner dienten, waren ihm schon häufig untergekommen, er hatte jedoch noch nie ein Design gesehen, in dem diese wichtigen Elemente im unteren Teil des Browser-Fensters platziert waren.

Da feste Positionierung in älteren Versionen des Internet Explorers (vor Version 7) nicht unterstützt wird, musste Henry besonders einfallsreich sein, um sein Design mit allen Browser-Typen kompatibel zu machen.

Die Grundlagen

Damit Open Window in seinen Grundzügen von allen aktuellen Browsern dargestellt werden kann, nahm er ein paar CSS-Hacks zuhilfe (**ABBILDUNG 1**).

Henry beginnt mit den Elementen body und container. Er deaktiviert die standardmäßigen Ränder und Zellabstände und legt Standardschriftarten fest.

```
body#css-zen-garden {
   background:#A1B4CD;
   margin:0;
   padding:0;
   font-family:verdana, arial, sans-serif;
   font-size:11px;
}
```

Als Nächstes erhält #container eine Breite von 100 Prozent, so dass sich das Design ausdehnen kann und immer das ganze Fenster ausfüllt:

```
#container {
   width:100%;
   text-align:left;
}
```

Das Layout sieht an diesem Punkt immer gleich aus, egal welcher Browser das CSS interpretiert (**ABBILDUNG 2**).

ABBILDUNG 1 Das in Open Window verwendete Bildmaterial mit dem Foto, das Henry inspirierte

ABBILDUNG 2 Die Grundlagen: In jedem Browser wird das Design gleich dargestellt.

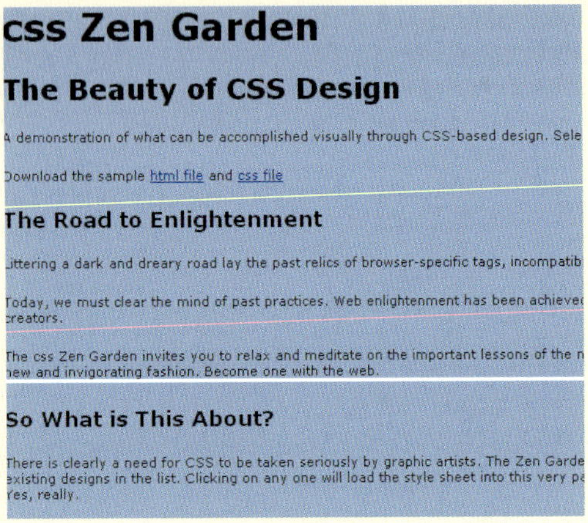

ABBILDUNG 3 Internet Explorer (älter als Version 7): Der Abschnitt #intro befindet sich oben auf der Seite und hat einen weißen Rand.

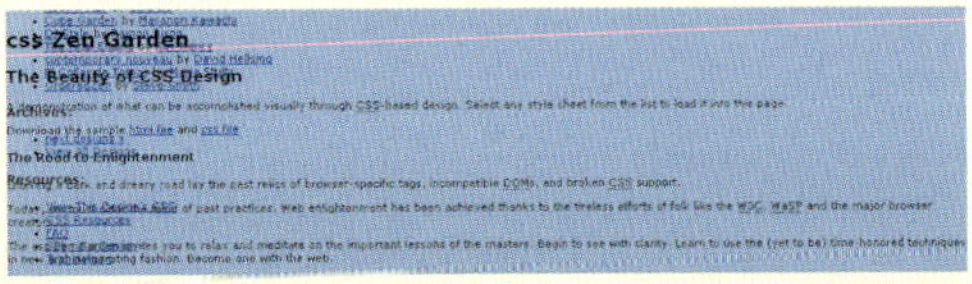

ABBILDUNG 4 Mozilla (und Safari): Der Abschnitt #intro befindet sich an einer festen Position unten auf der Seite und überlappt den Text dahinter.

Die Einleitung definieren

Die Platzierung von `#intro` macht das Design weitaus interessanter:

```css
#intro {
    width:100%;
    height:276px;
}
html>body div#intro {
    position:fixed;
    bottom:0px;
    right:0;
}
html*#intro {
    border-bottom:3px solid #fff;
    position:fixed;
    bottom:-10px;
}
#intro {
    height:286px;
    voice-family: "\"}\"";
    voice-family: inherit;
    height:auto;
}
```

In diesem CSS kommen einige Verfahren zum Einsatz, mit denen verschiedenen Browser-Typen jeweils ein anderer Stil übermittelt werden kann. Der erste Selektor `#intro` kann für alle Browser verwendet werden. Die nächsten beiden Stilrichtlinien sind für erweiterte Browser geeignet, die feste Positionierung unterstützen. Die dritte Stilvorgabe enthält einen Rand, den der Internet Explorer 6 für Windows interpretieren kann. Schließlich kommt der Box Model Hack zum Einsatz, den Henry nutzt, um im Internet Explorer 5 die Interpretation der Höhe im Abschnitt `#intro` zu korrigieren.

Im Internet Explorer älter als Version 7 wird `#intro` nun oben auf der Seite und mit einem weißen Rand angezeigt (siehe **ABBILDUNG 3**). In Mozilla und Safari befindet sich der Abschnitt `#intro` jedoch an einer festen Position im unteren Teil der Seite (siehe **ABBILDUNG 4**).

Rechts, links, rauf, runter

Der obere und untere Teil der Seite sind nun definiert und natürlich handelt es sich in beiden Fällen eigentlich um denselben Abschnitt. Auch im nächsten Schritt verwendet Henry CSS-Filtertechniken, um die Bereiche des Layouts zu gestalten, die je nach verwendetem Browser entweder ganz oben oder ganz unten auf der Seite erscheinen.

EIN SCHRITT ZUR SEITE

Zuerst fügen wir ein Foto hinzu, um dem Design einen Farbtupfer und attraktiven Blickfang zu geben:

```
#pageHeader {
    background:url(pageHead_bg.jpg) no-repeat top left;
    width:332px;
    height:283px;
    position:absolute;
    right:0;
    top:0;
}
```

Hiermit wird die Seitenüberschrift #pageHeader für Internet Explorer (**ABBILDUNG 5**) und Mozilla positioniert. Wie Sie sehen, wird der Kasten von Mozilla allerdings relativ zur Position des fest positionierten Abschnitts platziert (**ABBILDUNG 6**). In Opera ist das Bild auch noch nicht vollständig zu sehen. Wir müssen also noch einige Verfeinerungen vornehmen. Zudem stellen die einzelnen Versionen des Internet Explorers die Bildposition unterschiedlich dar.

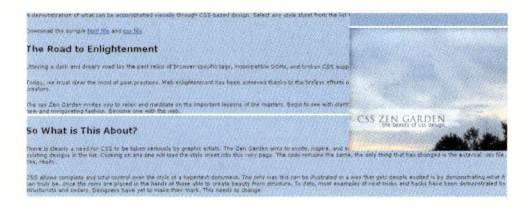

ABBILDUNG 5 Im Internet Explorer älter als Version 7 befindet sich das Bild jetzt oben rechts.

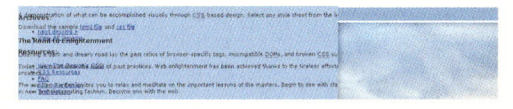

ABBILDUNG 6 In Mozilla befindet sich das Bild unten rechts auf der Seite, es wird jedoch noch nicht vollständig angezeigt.

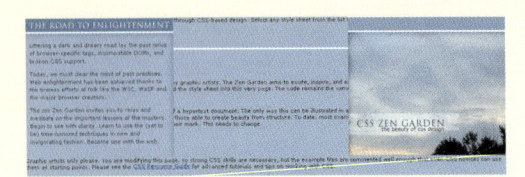

ABBILDUNG 7 Der Abschnitt #preamble ist im Internet Explorer oben links positioniert.

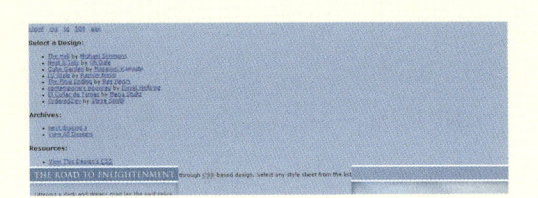

ABBILDUNG 8 In Mozilla (und Safari) wird das Bild unten links auf der Seite angezeigt, wie der Abschnitt #pageHeader ist es jedoch noch nicht vollständig zu sehen.

EIN SPRUNG NACH LINKS

Der nächste Teil des CSS gibt den Stil des Abschnitts #preamble vor. Im Folgenden sehen Sie jedoch nur eine gekürzte Fassung des Codes:

```
#preamble {
   background:#A1B4CD url(preamble_bg.gif) repeat-y top
➥right;
   height:283px;
   width:312px;
   margin:0;
   padding:0;
   position:absolute;
   left:0;
   top:0;
}
html>body #preamble {
   position:absolute;
   left:0;
}
```

Auch hier sehen Sie, wie mit dem ersten Selektor von #preamble die Position des Abschnitts (**ABBILDUNG 7**) festgelegt wird. Danach wird ein untergeordneter Selektor verwendet, um den Abschnitt in anderen Browsern mit absoluter Positionierung am linken Rand zu platzieren (**ABBILDUNG 8**).

UND JETZT IN DIE MITTE

Im nächsten Schritt setzt Henry den Abschnitt #quickSummary genau in die Mitte zwischen #pageHeader und #preamble:

```
#quickSummary {
   background:url(quickSum_bg.gif) repeat-x top right;
   border-right:3px solid #fff;
   margin:0 332px 0 312px;
   padding:52px 0 0 0;
   height:283px;
   voice-family: "\"}\"";
   voice-family: inherit;
   height:231px;
}
```

Der einzige Trick, der hier angewendet wird, ist der Box Model Hack in der Anweisung von #quickSummary. Er wird eingesetzt, um die Interpretation der Breitenangabe in Browsern zu korrigieren, die das Kastenmodell nicht vollständig unterstützen.

Mittlerweile werden alle drei Layouts schon einigermaßen richtig angezeigt. Der Internet Explorer vor der Version 7 stellt das gesamte Design am oberen Rand der Seite dar (**ABBILDUNG 9**), neuere Explorer-Versionen und Mozilla hingegen am unteren (**ABBILDUNG 10**). In Opera sind nun die ersten Elemente zu sehen (**ABBILDUNG 11**).

> **Hinweis**
> Unter http://tantek.com/CSS/Examples/boxmodelhack.html können Sie mehr über den Box Model Hack nachlesen.

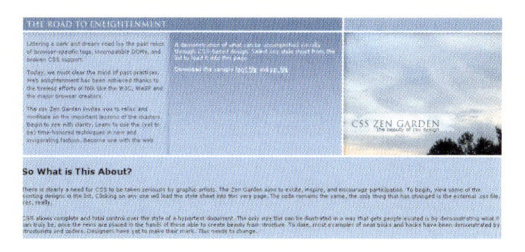

ABBILDUNG 9 In älteren Versionen des Internet Explorers ist das Design etwas kopflastig.

Inhalt und Links ausschmücken

Im nächsten Schritt schmücken wir den Text und die Links aus. Die vollständigen CSS-Regeln für dieses Design finden Sie auf CSS Zen Garden, einige Punkte betrachten wir im Folgenden jedoch etwas genauer. Beachten Sie zum Beispiel, wie der Inhalt mit Hilfe von `float` auf die linke Hälfte der Seite gebracht wird:

```
#supportingText {
   width:100%;
   float:left;
   margin-right:-332px;
   margin-top:-3px;
}
```

Es ist interessant, dass sogar bei einer Breite von 100 % auch negative Seitenränder festgelegt werden, damit das Textlayout besser kontrolliert werden kann. Der rechte negative Rand `margin-right` hat denselben Effekt wie ein positiver Wert für den rechten Zellabstand `padding-right`. Somit ist sichergestellt, dass der Text nicht über die linke Kante des Fotos hinausläuft. `padding-right` kann nicht zusammen mit einer Breite von 100 % verwendet werden, da `#supportingText` ansonsten eine Breite von 100 % + 332 Pixel erhielte. Als Nächstes erhält `#footer` einen Stil, der browserübergreifend funktioniert:

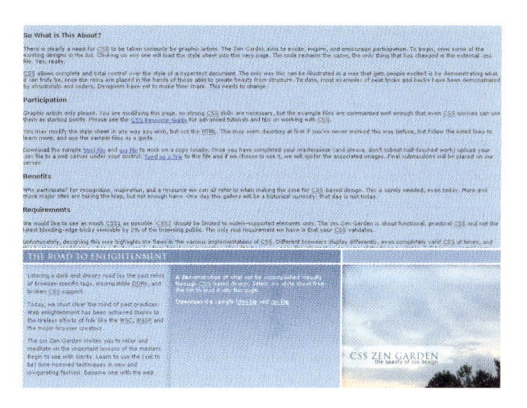

ABBILDUNG 10 In Mozilla klebt alles am unteren Rand der Seite.

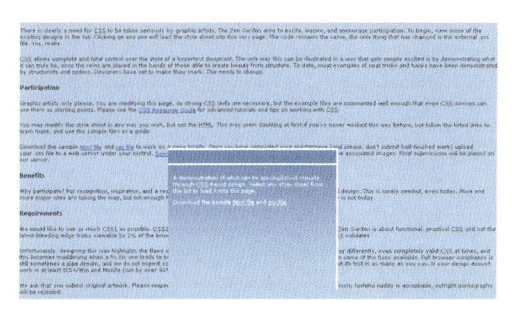

ABBILDUNG 11 In Opera wird erst der mittlere Teil des Designs angezeigt.

#footer im Internet Explorer

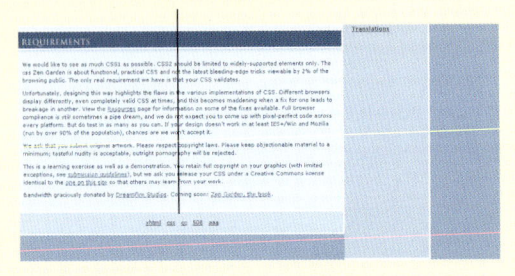

ABBILDUNG 12 Der Internet Explorer (vor Version 7) stellt #footer unterhalb des Textabschnitts dar.

#footer in Mozilla

ABBILDUNG 13 In Mozilla sowie im Internet Explorer ab Version 7 erscheint #footer im unteren Teil des fest positionierten Abschnitts.

> **Hinweis**
>
> Auf der Website „media techniques" unter www.virtuelvis.com/archives/145.html erfahren Sie mehr über CSS3 in Opera 7.

```css
#footer {
   background:#d6e0ee;
   margin:0 332px 0 0;
   border-right:3px solid #fff;
   border-top:3px solid #fff;
   border-bottom:3px solid #fff;
   padding:15px 0;
   text-align:center;
}
html>body #footer {
   background:transparent;
   position:fixed;
   right:0;
   bottom:261px;
   padding:0;
   margin:0 160px 0 0;
   border-right:0;
   border-top:0;
   border-bottom:0;
   text-align:left;
}
```

Hiermit wird #footer im Internet Explorer älter als Version 7 im oberen sichtbaren Teil des Footers (**ABBILDUNG 12**) und in Mozilla sowie in neueren Versionen des Internet Explorers im unteren Teil (**ABBILDUNG 13**) dargestellt.

Und jetzt zu Opera

Das Design für Internet Explorer, Mozilla und Safari ist jetzt fertig, doch das Layout in Opera erfordert noch einige Verbesserungen, damit die oberen Abschnitte korrekt angezeigt werden und funktionieren. Der Code für Opera sieht folgendermaßen aus:

```css
@media all and (min-width: 0px){
   div#intro {
      position: absolute;
      right:0;
      width:100%;
      height:283px;
      top:0;
      z-index: 0;
      border-bottom:3px solid #fff;
   }
```

Dieser Code beruht auf CSS3 Media Queries, einer Technik, mit der bestimmte Stilanweisungen direkt an Opera 7 übermittelt werden können. Das Layout wird nun auch in Opera perfekt dargestellt.

Drei in einem

Henrys ursprüngliches Layout wird in Mozilla und Safari korrekt angezeigt. Mit einigen Tricks lässt sich das Design auch in allen Versionen des Internet Explorers darstellen und in Opera gehen wir einen Kompromiss ein: Das Bild befindet sich oben auf der Seite, ist jedoch, anders als im Internet Explorer, fest positioniert, so dass der Bildlauf nur unterhalb des statischen, oberen Seitenbereichs erfolgt. Der Name Open Window bezieht sich auf den Schiebefenstereffekt, der sich in Henrys browserübergreifendem Experiment aus dem Verhältnis der oberen und unteren Seitenhälften ergibt.

Dave Shea, Designer
www.csszengarden.com/025

mnemonic

Designtricks für fließende Layouts und raffinierte Effekte

DAS DESIGN **mnemonic** von **Dave Shea** weist eine fließende Textur auf, in der organische Elemente mit starken Linien und geometrischen Formen kombiniert werden. Federleichte Ranken überlagern kräftige, horizontale Streifen im Header und ein knalliges Farbschema macht dieses Design zu etwas ganz Besonderem.

Shea wollte mit diesem Design etwas ganz Neues schaffen. Das Ergebnis ist ein Layout, das oberflächlich gesehen vielleicht nicht hübsch wirkt, durch seine visuelle Konsistenz und komplexen Details jedoch Originalität und Stilsicherheit beweist.

Probleme lösen

Originalität war sowohl während der Entwicklungsphase als auch bei der Programmierung der treibende Gedanke. Sehen Sie sich dazu die vollständig kommentierte CSS-Datei auf CSS Zen Garden an (www.csszengarden.com/025/025-comments.css). Die einzelnen Grafiken, die in mnemonic zum Einsatz kommen, sind in **ABBILDUNG 1** dargestellt.

Nach den ersten grundlegenden Stilvorgaben (siehe **ABBILDUNG 2**; nicht im Code unten gezeigt) stellt sich schon das erste Problem. Für mnemonic sind zwei gelbe Hintergrundbilder erforderlich, die sich allerdings überlappen, wenn das eine vertikal und das andere horizontal wiederholt wird.

```
body {
  font-size: small;
  font-family: arial, sans-serif;
  background: #B0A40B url(bg-1.gif) top left repeat-x;
  margin: 0px;
  padding: 0px;
}
```

Die horizontale Hintergrundgrafik wird dem Element body zugewiesen (**ABBILDUNG 3**). In CSS ist es jedoch nicht möglich, mehr als ein Hintergrundbild pro Element anzugeben, daher muss für das andere Bild ein weiteres Element verwendet werden. Glücklicherweise befindet sich #container genau innerhalb von body und umgibt den Rest des Markups, so dass die zweite Grafik hier angebracht werden kann:

```
#container {
  background: transparent url(bg-2.gif) top right repeat-y;
}
```

Der Trick funktioniert, nun zum nächsten Problem: Der Großteil des verwendeten Bildmaterials in diesem Design befindet sich im Header. Die einzelnen Grafiken müssen also zu einem zusammenhängenden Streifen mit flexibler Breite kombiniert werden, der oben auf der Seite angezeigt wird, um den Gesamteindruck visuell einheitlich zu halten.

ABBILDUNG 1 Alle in mnemonic verwendeten Grafiken

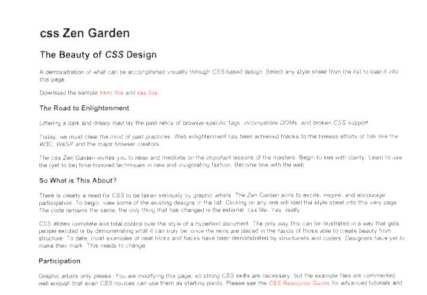

ABBILDUNG 2 Der grundlegende Stil mit Link-Farben und Schriftarten

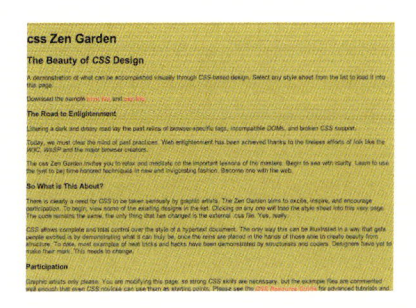

ABBILDUNG 3 Das erste Hintergrundbild wird body zugewiesen.

ABBILDUNG 4 Die Grafikkomponenten für den Header von mnemonic

ABBILDUNG 5 Die wiederholte Header-Grafik wird als Erstes angewendet.

> **Tipp**
>
> Für Designs wie mnemonic ist bereits in der Entwurfsphase einiges an Vorausplanung erforderlich. Wenn Sie sich erst bei der CSS-Programmierung Gedanken über die Umsetzung des Layouts machen, müssen Sie gegebenenfalls umfangreiche Änderungen in Kauf nehmen.

DIE ABBILDUNGEN EINRICHTEN

Wenn Sie sich das fertige Design anschauen, sehen Sie, dass es sich aus zahlreichen Einzelgrafiken zusammensetzt. Sollten alle Grafiken in mehreren Ebenen mit absoluter Positionierung platziert werden oder ist es besser, das gesamte Bild als eine einzige, große Grafik zu speichern?

Die Lösung ist ein Kompromiss zwischen diesen beiden Extremen. Letztendlich entscheiden sowohl der persönliche Geschmack des Designers als auch die jeweiligen Einschränkungen des Markups, welche Grafiken zu einer einzigen JPG-Datei zusammengefasst und welche separat als einzelne GIF-Dateien verwendet werden. Es gibt keine richtige oder falsche Antwort und die Lösung sieht für jeden Designer anders aus.

Da die HTML-Datei von CSS Zen Garden nicht verändert werden kann, bestand die endgültige Lösung für mnemonic darin, die beiden Header mit `#pageHeader` zu verknüpfen und auch das dazugehörige `div`-Element zu verwenden. Da nur diese drei Elemente zur Verfügung stehen, beschränkt sich die Bildauswahl auf drei Grafiken. Die linke Hälfte (ohne die weiße Ecke oben links) und die rechte Hälfte des Designs werden jeweils als zusammenhängende Grafik gespeichert. Das dritte Bild ist eine schmale GIF-Datei, die auf beiden Seiten im Hintergrund horizontal wiederholt wird.

Auf Anhieb ist nicht offensichtlich, wie die Breite dieser Bilder flexibel verändert werden kann. Die festen Abmessungen der Grafiken legen ein Layout mit fester Breite nahe. Zwischen den beiden Hälften des Headers befindet sich jedoch eine Lücke, die bei einer Expansion des Layouts mit schmalen, sich wiederholenden Bildstreifen gefüllt werden kann (**ABBILDUNG 4**). Die Trennung der beiden Header-Hälften ist beabsichtigt, denn Shea wollte ein flexibles, fließendes Layout gestalten.

Die Bildkomponenten sind fertig und müssen nun kombiniert werden. Das sich wiederholende Header-Bild muss hinter allen anderen Elementen positioniert werden (**ABBILDUNG 5**):

```
#pageHeader {
  height: 171px;
  padding: 0px;
  background: transparent url(bg-4.gif) top left repeat-x;
}
```

Die Auswahl an HTML-Elementen in CSS Zen Garden ist beschränkt, doch durch das Zusammenfassen von Grafikelementen bieten sich ausreichend Möglichkeiten, um das gewünschte Design umzusetzen. Da der Text der Elemente h1 und h2 in #pageHeader in einem einzigen Bild (rechts vom Header) kombiniert wird, braucht nur einem der beiden Header ein Stil zugewiesen zu werden, um den gesamten Header-Text zu gestalten. Das andere Header-Element kann stattdessen zur Platzierung einer weiteren Grafik genutzt werden, in diesem Fall des linken Bilds (**ABBILDUNGEN 6, 7**):

```
#pageHeader h1 {
  padding: 0px;
  margin: 0px;
  float: left;
  width: 396px;
  height: 171px;
  background: transparent url(cr-tl.jpg) top right no-repeat;
}
#pageHeader h1 span {
  display: none;
}
```

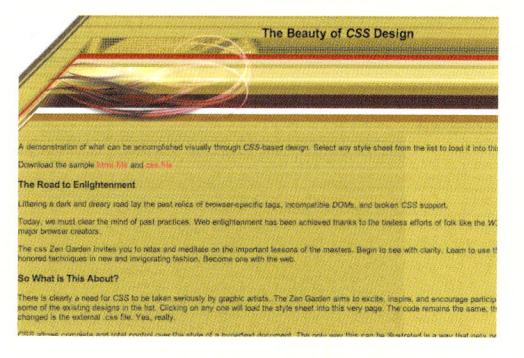

ABBILDUNG 6 Das zweite Header-Element kann zur Platzierung einer Grafik genutzt werden …

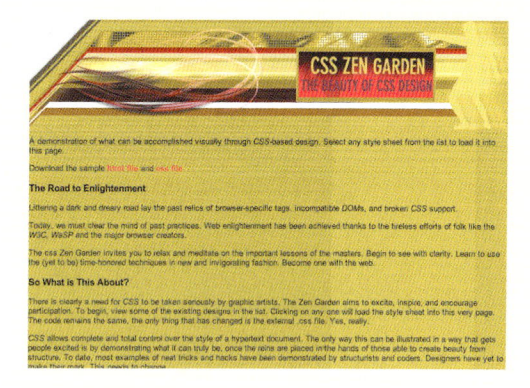

ABBILDUNG 7 … wenn beide Textelemente in einem Bild zusammengefasst werden.

Nachdem der linke Abschnitt des Headers erstellt worden ist, erscheint der Header-Text im Bild rechts, das einfach auf das freie h2-Element angewandt wird.

```
#pageHeader h2 {
  padding: 0px;
  margin: 0px;
  position: absolute;
  top: 0px;
  right: 0px;
  width: 350px;
  height: 171px;
  background: transparent url(cr-tr.gif) top right no-repeat;
}
#pageHeader h2 span {
  display: none;
}
```

ABBILDUNG 8 Das fertige Design von mnemonic ohne die Spezialeffekte bzw. die Darstellung im Internet Explorer älter als Version 7

ABBILDUNG 9 Das fertige Design von mnemonic mit den Spezialeffekten

Vorwärts!

Wir überspringen ein paar Schritte der Layoutkonstruktion und konzentrieren uns stattdessen auf einige der erweiterten Effekte, die in mnemonic integriert sind. Im unteren Bereich der CSS-Datei für das Design ist der Startpunkt für die erweiterten Effekte markiert. Ließen Sie allen CSS-Code ab dieser Stelle weg, sähe das Ergebnis etwa so aus wie in **ABBILDUNG 8**, die das fertige Design in älteren Versionen des Internet Explorers zeigt. In **ABBILDUNG 9** sehen Sie dieselbe Seite in Firefox oder Safari sowie im Internet Explorer ab Version 7.

DIE NATUR DES PROBLEMS

Es gibt zwei Verfahren, mehrere Einzelelemente auf einer Seite auszuwählen, die keiner bestimmten class oder id zugewiesen wurden, indem CSS2-Selektoren verwendet werden. Allerdings funktioniert dies nicht mit allen Browsern. Für ein kleines Problem, das in allen erweiterten Bereichen auftritt, gibt es allerdings auch eine einfachere Lösung. Unser Problem ist, dass nicht genug Möglichkeiten zur Auswahl von Einzelelementen zur Verfügung stehen. Die Lösung besteht darin, einfach mehr Markup hinzuzufügen.

Beim Schreiben von Markup ist es wichtig, den richtigen Kompromiss zwischen übersichtlichem Code und der Möglichkeit zur Auswahl von Elementen zu finden. CSS Zen Garden wurde im Hinblick auf flexible Auswahlmöglichkeiten entwickelt, doch in manchen Fällen ist das Markup einfach nicht flexibel genug. Bei den meisten Projekten sollten Sie daher den HTML- und den CSS-Code gleichzeitig erstellen, um mehr Kontrolle über das Endergebnis zu erhalten.

DIE DESIGNLISTE

In älteren Versionen des Internet Explorers ist die Designliste eine einfache, vertikale Liste (**ABBILDUNG 10**), in Firefox oder Opera sowie im Internet Explorer ab Version 7 hingegen wird der Text in zwei Spalten dargestellt und an die Schräge der Hintergrundfläche angepasst (**ABBILDUNG 11**). Für dieses zusätzliche Layout muss jedes einzelne Listenelement ausgewählt und separat positioniert werden. Zur Auswahl der Elemente wird eine verschachtelte Struktur mehrerer untergeordneter und benachbarter CSS2-Selektoren erstellt, die Internet Explorer für Windows allerdings nicht unterstützt:

```
#lselect ul>li {
 position: relative; left: -14px;
}
#lselect ul>li+li {
 position: relative; left: -12px;
}
#lselect ul>li+li+li {
 position: relative; left: -10px;
}
...
```

Mit dem ersten Selektor werden einfach beliebige Elemente vom Typ li ausgewählt, die dem Element ul innerhalb von #select untergeordnet sind. In diesem Fall gilt dies für alle acht Elemente. Der zweite Selektor tut dasselbe, verlangt allerdings, dass li mindestens ein Element vorangeht; es werden also alle Elemente vom Typ li mit Ausnahme des ersten ausgewählt. Beim dritten Selektor müssen li mindestens zwei Elemente voranstehen, beim vierten Selektor drei usw. Auf diese Weise entsteht eine kaskadierende Liste von Regeln, von denen jede jeweils die vorangehende überschreibt, so dass alle acht Links individuell positioniert werden. Dies ist eine wirklich umständliche Lösung für ein kleines Problem. Da Sie in den meisten Fällen die Möglichkeit haben, das Markup anzupassen, empfehlen wir Ihnen, Ihrem Code einfach weitere Klassen hinzuzufügen, um solche seitenlangen CSS-Konstrukte zu vermeiden.

FIGURE 10 Die Designliste bei der Darstellung im Internet Explorer für Windows (vor Version 7)

Hinweis

Der Code wird nach den Auslassungspunkten (...) fortgesetzt.

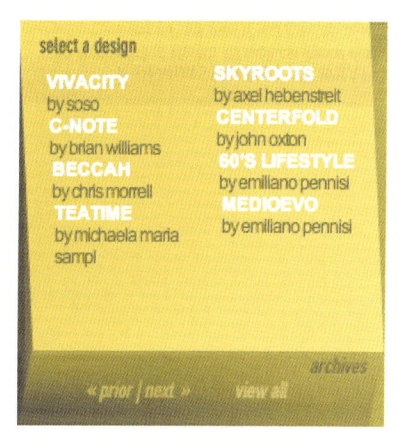

FIGURE 11 Die Designliste in Safari oder Firefox sowie im Internet Explorer ab Version 7

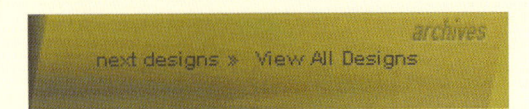

ABBILDUNG 12 Die Links „Next Designs" und „View All Designs" bei der Darstellung im Internet Explorer für Windows

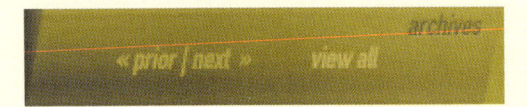

ABBILDUNG 13 Die Links „Prior", „Next" und „View All" in Safari oder Firefox

DIE LINKS ZURÜCK UND WEITER

Als letztes Teil des Puzzles müssen die langweiligen Links unter der Designliste durch interessantere Grafiken ersetzt werden (**ABBILDUNGEN 12** und **13**). Auch hier besteht die Herausforderung darin, eine Lösung für die eingeschränkten Auswahlmöglichkeiten und den Mangel an einzelnen Klassen zu finden. Neben den erwähnten untergeordneten und benachbarten Selektoren stehen in CSS2 noch weitere zur Verfügung. In diesem Fall sind Attributselektoren geeignet, um die Auswahl einzelner Elemente nach bestimmten Eigenschaften zu ermöglichen. In mnemonic ist jedem Link ein anderer HTML-Zugriffsschlüssel zugewiesen:

```
<a href="http://www.mezzoblue.com/zengarden/alldesigns/"
title="View every submission to the Zen Garden.
AccessKey: w" accesskey="w">
```

Dieses individuelle Merkmal ist ideal für Attributselektoren geeignet, die folgendermaßen verwendet werden:

```
#larchives ul>li+li a[accesskey="w"] {
 display: block;
 width: 35px;
 height: 0;
 overflow: hidden;
 padding-top: 18px;
 background: transparent url(archive-b3a.gif) top left
➥no-repeat;
 position: absolute;
 top: 16px;
 left: 170px;
 color: #958500;
}
```

Wie der Name schon sagt, kann mit einem Attributselektor ein Element ausgewählt werden, falls der Wert seines benannten Attributs dem angegebenen Wert entspricht. Der entsprechende Abschnitt des Selektor-Codes ist im Listing hervorgehoben. Da das Element a in unserem Beispiel über das Attribut accesskey mit dem Wert w verfügt, entspricht es dem Auswahlkriterium und die Regel wird angewendet.

Falls Sie sich an dieser Stelle fragen, warum wir weiter vorn für die Designliste überhaupt die komplizierten untergeordneten Selektoren vorgestellt haben, wenn ebenso gut Zugriffsschlüssel mit `accesskey` verwendet werden können, haben Sie Recht: Diese Methode ist tatsächlich einfacher.

Die richtige Wahl treffen

Das Grundthema von mnemonic ist Flexibilität. Shea hätte die Header-Grafik auch ganz anders in Photoshop aufteilen oder eine völlig andere Methode zur individuellen Gestaltung der Links in der Designliste verwenden können. Um eine gute Entscheidung treffen zu können, müssen Sie sich jedoch zuerst einmal der vielfältigen Möglichkeiten bewusst sein, die zur Verfügung stehen.

Abschließende Gedanken

IN DIESEM BUCH HATTEN SIE DIE GELEGENHEIT, die Designs von CSS Zen Garden genau unter die Lupe zu nehmen. Was bedeutet dies für Ihre zukünftigen Designs?

Vielleicht sind Sie ja bereits ein alter Hase und verwenden CSS schon seit Jahren? Oder sind Sie ein Anfänger und wussten zuvor noch nichts über CSS?

Wie dem auch sei, Sie werden hoffentlich auch in Zukunft Interesse an der Umsetzung von Designs mit CSS haben. In diesem Teil des Buchs finden Sie daher praktische Tipps, die Ihnen bei der Arbeit helfen. Der ins Deutsche übersetzte CSS-Spickzettel aus der Zen-Garten-Website liefert Ihnen weitere nützliche Hinweise.

CSS Crib Sheet

Jedem Designer, der eine Website mit CSS erstellt, wird schnell klar, dass die Browser-Unterstützung noch sehr zu wünschen übrig lässt. Möglicherweise wollten auch Sie bei einem komplizierten Design schon einmal das Handtuch werfen und sich lieber einer einfacheren Betätigung wie Städteplanung oder Kernphysik zuwenden.

Für solche Fälle ist es gut zu wissen, dass Sie nicht allein sind. Da draußen gibt es eine große Gemeinschaft, die an der Bewältigung der Probleme von standardbasierten Designs arbeitet und ihr Wissen gern mit anderen teilt.

Eines der vielen hilfreichen Dokumente, die zur Verfügung stehen, ist das folgende „CSS Crib Sheet", für das Dave Shea mit verantwortlich zeichnet. Es ist als „Spickzettel" für häufige Probleme und ihre Lösungen gedacht. Die aktuelle Version finden Sie unter www.mezzoblue.com/css/cribsheet/.

Im Zweifelsfall validieren

Bei der Fehlersuche können Sie sich eine Menge Kopfschmerzen ersparen, indem Sie Ihren Code einfach zuerst validieren. XHTML-/CSS-Code mit Fehlern ist häufig die Ursache für Layoutprobleme. Validierung ist eine gute Methode, Fehler zu beheben und daraus zu lernen. Das W3C bietet Validatoren für XHTML und CSS an, die Sie unter http://validator.w3.org/ bzw. http://jigsaw.w3.org/css-validator herunterladen können.

Beachten Sie, dass Fehler, die Ihnen am Anfang des Dokuments unterlaufen, aufgrund unsachgemäßer Verschachtelung oder ähnlicher Gründe weitere Probleme an anderen Stellen des Codes zur Folge haben können, bei denen es sich häufig um keine eigentlichen Fehler handelt. Überprüfen Sie Ihren Code daher nach jeder Fehlerbehebung erneut, da sich die Anzahl der Probleme bereits erheblich verringert haben könnte.

Schreiben und testen Sie Ihren CSS-Code zuerst im fortschrittlichsten Browser und erst danach in anderen Browsern

Wenn Sie Ihre Website während der Erstellung in einem älteren Browser testen, erhalten Sie Code, der nicht auf dem neuesten Stand ist und möglicherweise von neueren Browsern nicht wie gewünscht angezeigt wird. Beim Testen in einem standardkonformen Browser erleben Sie dann eventuell eine böse Überraschung.

Stattdessen sollten Sie mit dem bestmöglichen Browser beginnen und erst danach Tests für andere, weniger kompatible Browser durchführen. So ist Ihr Code von Anfang an standardkonform und es ist weniger mühsam, Unterstützung für andere Browser hinzuzufügen. Zurzeit bedeutet dies, dass Sie zuerst in Mozilla (Safari) oder gegebenenfalls Opera testen und erst *danach* Anpassungen für den Internet Explorer (insbesondere vor Version 7) vornehmen sollten.

Überprüfen Sie Float-Objekte auf korrektes Clearing

Die Verwendung von Float-Objekten ist verzwickt, da nicht immer das gewünschte Ergebnis erzielt wird. Haben Sie einen Float, der über die Grenzen seines Containers hinausgeht oder sich nicht wie erwartet verhält, sollten Sie zuerst überprüfen, ob das gewünschte Ergebnis überhaupt machbar ist. Lesen Sie dazu auch Eric Meyers Tutorial auf seiner Website „Complex Spiral Consulting" (www.complexspiral.com/publications/containing-floats).

Nachgebende Ränder vermeiden Sie mit Zellabstand oder Rahmen

Manchmal tauchen freie Flächen dort auf, wo sie nicht hingehören, oder ein Abstand, den Sie einfügen möchten, wird nicht angezeigt. Wenn Sie Seitenränder mit `margin` formatieren, liegt dies meist an nachgebenden Rändern. Andy Budd geht auf dieses Problem auf seiner Website ausführlich ein (www.andybudd.com/archives/2003/11/no_margin_for_error).

Vermeiden Sie die gleichzeitige Verwendung von padding/borders und einer Breiten- oder Höhenangabe für ein Element

Internet Explorer für Windows 5.0 und 5.5 unterstützt das Box-Modell nicht richtig, weshalb bei Designs mit exakten Angaben für Breite und Höhe häufig Fehler auftreten. Es gibt einige Möglichkeiten, dies zu verhindern (siehe http://tantek.com/CSS/Examples/boxmodelhack.html), doch die einfachste Lösung besteht darin, mit `margin` einen Rand auf das untergeordnete Element anzuwenden, falls das übergeordnete eine bestimmte Breite und Höhe benötigt. Soll das untergeordnete Element feste Abmessungen erhalten, weisen Sie dem übergeordneten Element mit `padding` einen Zellabstand zu.

Im Internet Explorer sollte kein unformatierter Inhalt vor der Anwendung des CSS zu sehen sein

Wenn Sie zum Einbinden eines externen Stylesheets ausschließlich `@import` verwenden, werden Sie feststellen, dass bei Darstellung im Internet Explorer 6 für Windows das Dokument kurz unformatiert „aufblitzt", bevor das CSS angewendet wird. Dies können Sie vermeiden, indem Sie das Stylesheet mit `link` einbinden oder Ihrer Seite ein Skriptelement hinzufügen. Lesen Sie dazu den Artikel „Flash of Unstyled Content" auf der Website BlueRobot.com (www.bluerobot.com/web/css/fouc.asp).

Verlassen Sie sich nicht auf min-width/min-height

Internet Explorer unterstützt weder `min-width` noch `min-height`, behandelt jedoch im Prinzip die Elemente `width` und `height` so, als ob sie Mindestangaben enthielten. Mit ein paar Filtern zur Unterstützung von Internet Explorer für Windows können Sie also mit diesen Elementen dasselbe Ergebnis erzielen. Ein Beispiel hierfür ist in „min-height: fixed" auf der Website mezzoblue.com beschrieben (www.mezzoblue.com/archives/2004/09/16/minheight_fi).

Im Zweifelsfall Prozentangaben verringern

Aufgrund von Rundungsfehlern kann 50 % + 50 % manchmal 100,1 % ergeben, was zu Layoutproblemen führt. Ersetzen Sie Ihre Prozentangaben in solchen Fällen durch etwas niedrigere, zum Beispiel durch 49 % oder gar 49,99 % statt 50 %.

Darstellungsprobleme im Internet Explorer 6?

Das könnte am „Peekaboo-Bug" liegen, insbesondere, wenn die Darstellungsfehler auftreten, sobald der Mauszeiger über einen Link bewegt wird. Lesen Sie dazu den Artikel auf der Website „Position Is Everything" (www.positioniseverything.net/explorer/peekaboo.html).

Überprüfen Sie, ob der gewünschte Effekt überhaupt erzielt werden kann

Es gibt einige browserspezifische CSS-Erweiterungen, die nicht in der offiziellen Spezifikation enthalten sind. Filter und Formatierungen für Scroll-Leisten sind zum Beispiel Code-Elemente, die in allen Versionen des Internet Explorers funktionieren. Zeigt die Validierung an, dass der verwendete Code nicht definiert ist, liegt dies wahrscheinlich an solchen spezifischen Elementen, die nicht von allen Browsern unterstützt werden.

Vergessen Sie nicht das „LoVe/HAte"-Linking

Halten Sie bei der Angabe von Pseudoklassen für Links die folgende Reihenfolge ein: `link`, `visited`, `hover`, `active`. Eine andere Reihenfolge funktioniert nicht zuverlässig. Wenn Sie zusätzlich `:focus` verwenden, lautet die Reihenfolge

LVHFA (link, visited, hover, focus, active). Matt Haughey schlägt dafür die Eselsbrücke „Lord Vader's Handle Formerly Anakin" vor.

Merken Sie sich die Kurzschreibweise mit „TRouBLe"

Bei der Kurzschreibweise für border, margin und padding muss die folgende Reihenfolge im Uhrzeigersinn (oben, rechts, unten, links) eingehalten werden: top, right, bottom, left. Aus margin: 0 1px 3px 5px; ergibt sich also ein oberer Seitenrand von 0 Pixeln, ein rechter von 1 Pixel usw. Sie können dazu die Eselsbrücke „TRouBLe" verwenden.

Geben Sie Maßeinheiten für Werte an, die nicht null sind

CSS erfordert die Angabe von Einheiten für alle Werte wie Schriftgrößen, Seitenränder und andere Maßangaben. (Die einzige Ausnahme ist line-height, doch selbst dafür können Sie eine Einheit angeben.) Ist kein Wert bestimmt, lässt sich das Verhalten des Browsers nicht vorhersehen. Null ist immer null, egal ob es sich um px, em oder eine andere Größe handelt, daher ist bei einem Wert von 0 keine Maßeinheit erforderlich, z.B. padding: 0 2px 0 1em.

Testen Sie unterschiedliche Schriftgrößen

Bei fortschrittlichen Browsern wie Mozilla und Opera lässt sich die Textgröße unabhängig von der angegebenen Maßeinheit anpassen. Die Standardeinstellung für die Schriftgröße kann bei verschiedenen Benutzern unterschiedlich sein. Ihre Website sollte daher mit möglichst vielen Größeneinstellungen funktionieren.

Achten Sie auf die einheitliche Schreibweise in HMTL und CSS

In CSS und in den meisten Browsern wird zwischen Groß- und Kleinschreibung unterschieden. Die Verwendung einer Klasse namens homePage funktioniert daher nur fehlerfrei, wenn Sie in CSS und HTML dieselbe Schreibweise gebrauchen. Schreiben Sie stattdessen eine Stilvorgabe für homepage, treten in Browsern wie Mozilla, die die CSS-Spezifikationen strikt einhalten, Fehler auf.

Eingebettet testen, online importieren

Wenn Sie in Ihrem Design ein eingebettetes Stylesheet verwenden, auf das zwischen zwei <style>-Tags in der HTML-Quelle verwiesen wird, können Sie potenzielle Cache-Fehler beim Testen vermeiden. Bevor Ihre Website online geht, muss sich Ihre CSS-Datei allerdings in einer externen Datei befinden und per `@import` oder `<link>` eingebunden werden, da Sie ansonsten die Vorteile des externen CSS verlieren.

Sichtbare Rahmen helfen beim Überprüfen des Layouts

Mit einer allgemeinen Regel wie `* {border: solid 1px #f00;}` lassen sich viele Layoutprobleme aufdecken. Wenn Sie bestimmte Elemente mit einem Rahmen versehen, können Sie das Layout auf Überlappungen oder Lücken überprüfen, die ansonsten nicht zu sehen wären.

Verwenden Sie keine einzelnen Anführungszeichen für Grafikpfade

Zur Platzierung eines Hintergrundbilds sind keine Anführungszeichen erforderlich und der Internet Explorer 5 für Mac erkennt keine Pfadangaben, die in Anführungszeichen stehen. Verwenden Sie daher entweder doppelte Anführungszeichen oder überhaupt keine.

Vorsicht beim Gestalten von Links mit Ankern!

Wenn Sie in Ihrem Code traditionelle Anker der Form `<a name="anchor">` verwenden, werden Sie feststellen, dass diese auch die Pseudoklassen `:hover` und `:active` annehmen. Um dies zu umgehen, sollten Sie statt Anker entweder `id` einsetzen (`<div id="anchor">`) oder eine etwas andere Syntax für die Formatierung verwenden, zum Beispiel `:link:hover` oder `:link:active`. Weitere Informationen erhalten Sie unter www.dbaron.org/css/1999/09/links.

Verknüpfen Sie keine leeren Stylesheets als Platzhalter für zukünftige Stylesheets (z.B. für Handhelds oder Printmedien)

Internet Explorer 5 für Mac kann mit leeren Stylesheets nicht umgehen, so dass sich die Ladezeit der Seite erheblich erhöht. Fügen Sie einem Platzhalter-Stylesheet daher mindestens eine Regel (oder einen Kommentar) hinzu bzw. verweisen Sie erst gar nicht darauf.

ERKENNEN SIE DAS PROBLEM

Unser wichtigster Tipp für Sie ist, dass der Schlüssel zur Lösung eines Problems in seinem Verständnis liegt. Diese Fähigkeit erlangen Sie nur mit wachsender Erfahrung und durch eine intensive Auseinandersetzung mit dem Code.

Stellen Sie sich zum Beispiel vor, Sie bemerken, dass nur im Internet Explorer für Windows vor einem Float-Element 3 Pixel zusätzlicher horizontaler Abstand angezeigt wird. Leider wissen Sie nicht, dass dies ein bekannter Fehler in diesem Browser ist, und probieren daher zahlreiche Möglichkeiten zur Problembehebung aus. Sie fügen beispielsweise negative Seitenränder hinzu, positionieren die Elemente relativ oder versuchen es mit ein paar CSS-Hacks, um die unerklärliche Lücke durch eine Neupositionierung der umgebenden Elemente zu verdecken.

Hätten Sie allerdings von vornherein gewusst, dass der Internet Explorer für Windows einen einzigartigen Fehler aufweist, durch den bei manchen Floats eine Lücke von genau 3 Pixeln entsteht, hätten Sie sich das Herumprobieren sparen können.

Das Problem bei der Behebung eines Fehlers, dessen Ursache Sie nicht kennen, besteht darin, dass er sich weiter fortpflanzt. Durch das blinde Herumdoktern an einer Seite erhalten Sie am Ende einen zusammengestückelten Code, der sich hauptsächlich auf das Kaschieren von Darstellungsfehlern konzentriert. Je mehr Probleme bereits im Frühstadium der Programmierung nicht behoben werden, desto schwieriger wird die Fehlerbehebung in späteren Phasen der Entwicklung.

Wenn Sie erst einmal wissen, aus welchem Grund ein bestimmtes Problem auftritt, ist die Fehlerbehebung viel einfacher. Das „Crib Sheet" ist für den Anfang eine gute Informationsquelle und es stehen zahlreiche weitere Websites zur Verfügung, die bestimmte browserspezifische Darstellungsprobleme ausführlich behandeln. Sehr zu empfehlen ist die ausgezeichnete Website „Position Is Everything" (www.positioniseverything.net).

(Falls Ihnen das 3 Pixel-Problem noch durch den Kopf geht, finden Sie auf dieser Website (www.communitymx.com/content/article.cfm?cid=C37E0) eine interessante Lösung dafür und für viele andere Fehler, die im Internet Explorer auftreten. Eine weitere hilfreiche Site ist www.positioniseverything.net/articles.html.)

Der Zen-Garten übersetzt

Da naturgemäß nicht alle Teile des Zen-Gartens im Web auf Deutsch zur Verfügung stehen, folgt nun eine Zusammenfassung dessen, was die Startseite bietet, in deutscher Sprache. Hier finden Sie auch die Anforderungen, wenn Sie selbst teilnehmen möchten, wozu wir Sie herzlich einladen!

DIE SCHÖNHEIT DES CSS-DESIGNS

Eine Veranschaulichung dessen, was sich optisch mit einem Design auf der Grundlage von CSS erreichen lässt. Wählen Sie ein beliebiges Stylesheet der Liste aus, um es für diese Seite zu laden.

Sie können auch die HTML- und die jeweilige CSS-Datei herunterladen.

Der Weg zur Erleuchtung

Den Rand einer dunklen und trostlosen Straße säumen die Überreste von browserspezifischen Tags, inkompatiblen DOMs und unvollständiger CSS-Unterstützung.

Heute ist es an der Zeit, unseren Geist von den früheren Praktiken zu befreien. Dank der unermüdlichen Anstrengungen von Gruppen wie W3C, WaSP und den wichtigen Browser-Entwicklern ist die Erleuchtung des Webs jetzt in greifbare Nähe gerückt.

Der CSS-Zen-Garten lädt Sie ein, sich zu entspannen und über die wichtigen Lektionen der Meister nachzusinnen. Beginnen Sie, klar zu sehen. Lernen Sie, (noch nicht) bewährte Techniken auf eine neue und erfrischende Art und Weise zu verwenden. Werden Sie eins mit dem Web.

Worum geht es konkret?

Es ist eindeutig notwendig, dass CSS von Grafikkünstlern ernst genommen wird. Der Zen-Garten möchte Sie anregen, inspirieren und zur Teilnahme bewegen. Um zu beginnen, sollten Sie sich einige der bestehenden Designs in der Liste anschauen. Durch einen Klick laden Sie jedes beliebige Design in diese Seite. Der Code bleibt derselbe, nur die externe CSS-Datei ändert sich. Wirklich!

CSS gewährt Ihnen die vollständige Kontrolle über ein Hypertext-Dokument. Die einzige Möglichkeit, dies auf eine anregende Weise zu veranschaulichen, besteht darin, aufzuzeigen, was sich für Ergebnisse erzielen lassen, wenn die Zügel in der Hand von Personen liegen, die in der Lage sind, auf der Grundlage einer Struktur etwas Schönes zu schaffen. Bis heute werden die meisten Beispiele für Tricks und Hacks von Strukturisten und Programmierern aufgezeigt, während die Designer ihre persönliche Note noch nicht eingebracht haben. Dies muss sich ändern.

Teilnahme

Nur Grafikdesigner bitte! Sie müssen diese Seite ändern, weshalb gute CSS-Fähigkeiten notwendig sind, aber die Beispieldateien sind ausreichend kommentiert, so dass Sie selbst von CSS-Anfängern als Ausgangspunkt verwendet werden können. Tutorials für Fortgeschrittene und Tipps für den Umgang mit CSS finden Sie im CSS Resource Guide.

Sie können das Stylesheet auf jede Art und Weise ändern, die Ihnen genehm ist, nicht aber den HTML-Code. Das mag auf den ersten Blick entmutigend erscheinen, falls Sie noch nie nach dieser Methode gearbeitet haben. Orientieren Sie sich daher an den aufgeführten Links, um mehr zu lernen, und verwenden Sie die Beispieldateien als Anleitung.

Laden Sie die HTML- und die CSS-Datei herunter, um mit einer lokalen Kopie zu arbeiten. Nachdem Sie Ihr Meisterwerk vollendet haben (reichen Sie bitte keine halb fertigen Sachen ein), laden Sie Ihre CSS-Datei auf einen Webserver hoch, zu dem Sie Zugriff haben, und senden Sie uns einen Link zu dieser Datei. Wenn wir uns entscheiden, dieses Design zu verwenden, werden wir die zugehörigen Bilder abrufen. Die finalisierten Beiträge werden dann auf unserem Server gespeichert.

Vorteile

Warum sollten Sie mitmachen? Um sich bekannt zu machen und um zur Inspiration anderer sowie zu einer Quelle beizutragen, auf die wir beim CSS-Design zurückgreifen können. Dies ist selbst heute noch dringend notwendig. Mehr und mehr wichtige Websites haben diesen Sprung gewagt, aber noch nicht genug. Eines Tages wird diese Galerie nur noch ein historisches Kuriosum darstellen, aber dieser Tag ist noch nicht gekommen.

Anforderungen

Wir möchten so viel CSS1 sehen wie möglich. Den Einsatz von CSS2 sollten Sie auf die Elemente beschränken, die eine breite Unterstützung genießen. Beim CSS-Zen-Garten geht es um funktionierendes CSS für die Praxis und nicht um die neuesten Tricks und Kniffe, die nur 2% der Öffentlichkeit in ihren Browsern sehen können. Die einzige echte Anforderung, die wir stellen, besteht darin, dass der CSS-Code gültig ist.

Leider wirft diese Art des Designs Schlaglichter auf die Nachteile der verschiedenen Implementierungen von CSS. Verschiedene Browser stellen teilweise selbst hundertprozentig gültigen CSS-Code auf unterschiedliche Weise dar und das kann einen zum Wahnsinn treiben, wenn die Lösung für ein Problem in einem Browser zu einem Problem in einem anderen führt. Informationen über einige der möglichen Problemlösungen finden Sie auf der Seite „Resources". Eine universelle Browser-Kompatibilität ist manchmal immer noch nur ein schöner Traum, weshalb wir von Ihnen auch nicht erwarten, dass Sie pixelgenauen Code für jede Plattform schreiben. Sie sollten Ihr Design aber in so vielen Browsern wie möglich testen. Wenn es nicht mindestens im Internet Explorer 5 und höher für Windows und in Mozilla funktioniert (die von über 90% der Benutzer verwendet werden), können wir es höchstwahrscheinlich nicht akzeptieren.

Wir bitten Sie, Originalarbeiten einzureichen und Urheberrechtsgesetze zu beachten. Auch anstößiges Material sollten Sie auf ein Minimum reduzieren. Geschmackvolle Aktdarstellungen sind akzeptabel, unverhohlene Pornografie müssen wir jedoch ablehnen.

Dies ist sowohl eine Lernübung als auch eine Veranschaulichung. Sie behalten das volle Copyright für Ihre Grafiken (mit kleinen Einschränkungen, die Sie in den Richtlinien für die Einreichung finden), aber wir bitten Sie, Ihren CSS-Code unter einer Creative-Commons-Lizenz wie auf dieser Seite freizugeben, so dass andere aus Ihrer Arbeit lernen können.

Weitere Hilfsmittel

Die Leute, die für die Gestaltung des Internets verantwortlich sind, veröffentlichen dort natürlich auch eigene Artikel. Im Folgenden sind einige großartige Websites und Magazine aufgeführt, die wir Ihnen empfehlen möchten. Zahlreiche weitere CSS-Ressourcen und Websites zum Thema Standardkonformität kommen täglich hinzu.

WEBSITES ZUM THEMA CSS-DESIGN

CSS Discuss

www.css-discuss.org
Eine Mailing-Liste mit hoher Auflage, die über Neuigkeiten und Tipps zu CSS informiert. Sowohl Experten als auch Anfänger stellen Fragen und geben Ratschläge.

CSS at MaxDesign

http://css.maxdesign.com.au
Eine Sammlung ausführlicher, themenbezogener Artikel zu Listen, Floats und mehr.

CSS/Web Standards Links

www.andybudd.com/links/cssweb_standards

Andy Budds regelmäßig aktualisierte Liste mit CSS-Artikeln, Techniken und Tipps zur Fehlerbehebung.

Holy CSS Zeldman!

www.dezwozhere.com/links.html

Andrew Fernandez hat die wahrscheinlich umfangreichste und beste Sammlung mit Links zu verschiedenen CSS-Quellen zusammengestellt, die Sie im Internet finden können.

Position Is Everything

www.positioniseverything.net

Haben Sie ein CSS-Layoutproblem? Sind Sie auf einen neuen Fehler gestoßen? Dann schauen Sie bei Big John und Holly vorbei, die garantiert eine Lösung für Sie bereithalten!

VERÖFFENTLICHUNGEN

A List Apart

www.alistapart.com

Das etablierte Magazin für den versierten Webdesigner.

Digital Web Magazine

www.digital-web.com

Webdesign, Software, Buchbesprechungen und vieles mehr.

Web Standards Project Buzz

www.webstandards.org/buzz

Häufige Updates zu allen Themen rund um Internetstandards.

BÜCHER

Die folgenden Bücher sind sowohl für Anfänger als auch für Fortgeschrittene zu empfehlen:

- *Cascading Style Sheets - Das umfassende Handbuch,* von Eric Meyer (O'Reilly, 2007; ISBN 978-3897214934).

- *Cascading Stylesheets,* von Ulrike Häßler (Springer, 2002; ISBN 3540429719).

- *Management von Webprojekten. Führung, Projektplan, Vertrag - Mit Übersichten zu IT, Branding, Webdesign und Recht,* von Robert Stoyan (Springer, 2007; ISBN 978-3540711940).

- *Web Usability,* von Jakob Nielsen (Addison-Wesley, 2006; ISBN 978-3827324481).

- *HTML 4.0 für Profis,* von Stephan Lamprecht (Hanser, 1999; ISBN 3446192476).

- *Webdesign mit Webstandards,* von Jeffrey Zeldman (Addison-Wesley, 2007; ISBN 978-3827327321).

- *Web Standards Solutions: The Markup and Style Handbook*, von Dan Cederholm (Friends of ED, 2004; ISBN 1590593812).

- *Geometry of Design: Studies in Proportion and Composition*, von Kimberly Elam (Princeton Architectural Press, 2001, Deutsche Ausgabe: *Proportion und Komposition. Geometrie im Design*, Princeton Architectural Press, 2004)

- *Typographic Design: Form and Communication*, 3rd Edition, von Rob Carter, Ben Day und Philip Meggs (John Wiley & Sons, 2002)

- *The Mac Is Not a Typewriter*, von Robin Williams, 2nd Edition (Peachpit Press, 2003)

- *The PC Is Not a Typewriter*, von Robin Williams, 2nd Edition (Peachpit Press, 1995)

- *The Non-Designer's Type Book* (Addison-Wesley, 2008)

- *Typographic Design: Form and Communication*, 4th Edition, von Rob Carter, Ben Day und Philip Meggs (John Wiley & Sons, 2006)

- *The Elements of Typograpic Style*, 3rd Edition, von Robert Bringhurst (Hartley & Marks Publishers, 2004).

- *Alphabet: The History*, Evolution, and Design of the Letters We Use Today, von Allan Haley (Pub Overstock Unlimited, 1995)
- *The End of Print: The Grafik Design of David Carson*, Revised Edition, von Lewis Blackwell und David Carson (Chronicle Books, 2000)
- *Webseiten professionell erstellen*, von Stefan Münz (Addison-Wesley, 2008; ISBN 978-3827326782)
- *Grafik für Nicht-Grafiker: Ein Rezeptbuch für den sicheren Umgang mit Gestaltung. Ein Plädoyer für besseres Design*, von Frank Koschembar (Westend Verlag 2008; ISBN: 978-3938060230)
- *Typografie kompakt* von Max Bollwage (Springer, 2005)
- *Die Kunst der Typografie*, von Paul Renner (Maro, 2003)
- *Detailtypografie*, von Friedrich Forssman, Ralf de Jong (Schmidt, 2004)
- *Alphabet. Die Geschichte vom Schreiben* von Donald Jackson (W. Krüger, 1981).

Senden Sie uns Ihr Design!

Auch nach der Veröffentlichung dieses Buchs können weitere Designs auf der Website CSS Zen Garden eingereicht werden. Wenn Sie die Lektionen durchgearbeitet haben, besteht eigentlich kein Grund, warum nicht auch Sie teilnehmen sollten. (Und vergessen Sie nicht, in Ihrem Beitrag auf das vorliegende Buch zu verweisen!)

Jedes neu eingereichte Design wird einer gründlichen Prüfung unterzogen und mit Punkten von 1 bis 38 bewertet. Anschließend entscheidet eine Jury stubenreiner Hausaffen, ob es veröffentlicht werden darf ... Na ja, das entspricht vielleicht nicht ganz der Wahrheit. Eigentlich ist es mehr eine Ja-oder-nein-Abstimmung, kein wirklich komplizierter Prozess.

Bitte haben Sie Verständnis dafür, dass nicht jedes Design in die Galerie aufgenommen werden kann. Es geht ja um Qualität, nicht um Quantität. Die besten Chancen haben Designs mit kreativen und professionellen Grafiken, ausgefallenen oder humorvollen Themen, interessantem Layout und guter Typografie oder eben dem „gewissen Extra". Am besten vergleichen Sie Ihr Design mit denen in der offiziellen Liste und wenn Sie der Meinung sind, dass es den hohen Qualitätsstandards gerecht wird, sollten Sie es einreichen.

Die Bewertung und Veröffentlichung erfolgt, wenn Dave Shea gerade mal Lust dazu hat, daher dauern Aktualisierungen manchmal etwas länger. Bitte haben Sie Geduld! Früher oder später werden Sie benachrichtigt, ob Ihr Design akzeptiert wurde.

Index

A

Absolute Begrenzung 323
Absolute Einheit 222
Absolute Positionierung 97, 105–106, 141, 149
Adobe Illustrator 245
Adobe Photoshop
   Abwedler und Nachbelichter 188
   Farbpaletten 76
   Pinsel und Transformationen 187
   Schatten 188
   Verschiebungsfilter 296
Adobe Type Library 251
Alexander, Levin 167
Alpha-Transparenz 273
Anti-Aliasing. *Siehe* Kantenglättung
Anwenderfreundlichkeit 125
Apple QuickTime VR 195
Attila, Boér 70
Attribut-Selektoren 264

B

background-repeat 79
Begleitender Text 234
Benachbarte Selektoren 264
Benutzerschnittstelle 124–125
Bilder
   Anzahl der Bilder 173
   Arbeit mit Bildern 171
   Bilder ersetzen 35–36, 164
   Bildschichten 176
   praktische Anwendung 163
   Realitätsnähe 196
   Slice-and-dice-Methode 171
Bildformate 96, 99, 155–157, 160–161
Bildschichten 176
Bowman, Douglas 15, 244
Box Model Hack 339
Briggs, Owen 223
Budd, Andy 352

C

Casciano, Chris 14
Clarke, Andy 33
Clearing 146
color 76–77
Complexspiral 62
Containerblock 141
Content-Management-System (CMS) 145
Creative-Commons-Lizenz 49, 126
CSS (Cascading Style Sheets)
   background-attachment 287
   background-color 286
   background-image 96, 286
   background-position 287
   background-repeat 79
   class 24
   color 75–76
   cursive 216
   display: none 164
   div-Container 115
   div-Element 98–99, 115
   fantasy 216
   Float 105–107, 109
   font-size 218
   font-stretch 205
   font-style 207
   font-variant 238
   font-weight 205
   footer 31
   h-Element 96
   id 24
   important 259
   intro 336–337
   letter-spacing 242
   line-height 241
   margin 115
   max-width 299
   monospace 216
   overflow 150
   padding 97–98

pageHeader 28, 95, 182
preamble 28, 139
quickSummary 28, 338
sans serif 216
serif 215
span-Element 97
supportingText 29, 313
text-align 108, 116, 243
text-decoration 240
text-transform 239, 247
visibility: hidden 164
word-spacing 242
wrapper 108
z-index 260
CSS-Kaskade 255
CSS-Positionierungsmodell 139
CSS-Signatur 265
cursive 216

D

Darvas, Radu 64
Davis, Kevin 56
Dingbats 229
div-Container 115
DOCTYPE 21
Dreieck 67
Durchgängigkeit 61

E

Ebenen 199, 260
E-Commerce 51
Einfache Positionierung 137
Elastisches Design 294
Explorer. *Siehe* Microsoft Internet Explorer

F

fantasy 216
Farben 71
  Farbhintergrund definieren 286
  Farbkontrast 83
  Farbnamen 75
  Farbtiefe 156
  Farbwerte (CSS) 75
  psychische Assoziationen 72
  Schriftfarbe 207
Fensterrand 60
Fernandez, Andrew 360
Feste Breite 293
Feste Positionierung 131
Festes Layout 113
FIR-Technik 165
Fließendes Layout 113
Fließtext 58
Float 105–106, 109, 146–149
Florale Paisleymuster 79
Formen 66
  Dreieck 67
  Kreis 67
  Kurve 180
  Rechteck 67, 179
FOUC (Flash of Unstyled Content) 353

G

Gesamtton 61
Geschwisterelement 264
GIF-Format 96, 155–156, 160
Griffiths, Patrick 292

H

Halbtonpunkte 79
Hansen, Derek 326
Hebig, Haiko 297
Hellsing, David 162
Henry, Ray 104
Hicks, John 112
Hilhorst, Dildier 220
Hintergrundbild 163, 181
Hintergrundbildwiederholung 296
Hintergrundeigenschaften 285
HTML-Quelltext 26

I

Icons 59
Ikonografie 59
Illustrator. *Siehe* Adobe Illustrator

Inline-Grafik 91
Inman, Shaun 212, 254
Internet Explorer. *Siehe* Microsoft Internet Explorer
iStockphoto 191

J

JavaScript 51, 150
Johansson, Roger 22
JPEG-Format 95–96, 155, 157, 160

K

Kantenglättung 247
Kawachis, Masanori 154
Kloos, Egor 262
Kombinationseffekt 113
Kontrast 81–82, 237
Kopfzeile 139
Kristensen, Jens 120
Kurve 180

L

Lambert, Charlotte 86
Langridge, Stuart 166
Laufweite 242
Layout 121
  absolute Begrenzung 323
  absolute Positionierung 97, 105–106, 141, 149
  Anwenderfreundlichkeit 125
  feste Breite 293
  festes Layout 114
  fließendes Layout 114
  Float 105–106, 109, 146–149
  Kopfzeile 139
  Layoutprinzipien 121
  Layoutverfahren 107
  lineares Layout 106
  negativer Rand 118
  Printmedien 129–130
  Querformat 130
  Raster 138–139
  relative Positionierung 142, 320
  Slice-and-dice-Methode 171, 180
  Spaltenlayout 105
  überlaufender Inhalt 145
  variable Breite 294
  Weblayout 113
  zentrierte Gestaltung 115
Leahy, Seamus 166
Lesbarkeit 68
Licht 65–66
Lineares Layout 106
Linien 59
Links
  Archivlink 87
  integriertes Design 200
  Link-Stile 324
  LoVe/HAte-Linking 353
  Navigationlink 87
  Ressourcenlink 87
  Zurück und Weiter 348
LoVe/HAte-Linking 353

M

MacArthur, Laura 78
Markup 21, 24, 90–92, 107, 146
Mears, Kevin 302
Meyer, Eric 352
  Complexspiral 62
Meyer, Minz 128
Microsoft Internet Explorer
  automatische Ränder 115
  feste Positionierung 133
  Float 148
  max-width 299
  MOSe 263
  PNG-Format 100
  Selektoren 280
  text-align 108
  untergeordnete Selektoren 133
MIME-Typen 44–45
Minimalismus 57
Mokrzycki, Michal 178
monospace 216
Morton, J. L. 75
MOSe 263
Mozilla Firefox
  automatische Ränder 116

Mozilla Opera Safari enhancement (MOSe) 263
Web Developer für Mozilla 92
Muster 79

N

Navigationsmenü 277
Negativer Rand 118
Negativer Raum 69
Netscape Navigator
   automatische Ränder 116
   negativer Rand 118

O

Online-Schriftdesign 250
OPAL-Gruppe 264
Opera
   automatische Ränder 116
   feste Positionierung 134
   Mozilla Opera Safari enhancement (MOSe) 263

P

Paisleymuster 79
Peekaboo-Bug 353
Photoshop. *Siehe* Adobe Photoshop
Pick, Michael 194, 228
Pixel 223–224
PNG-Format 100–101, 155, 157, 161
Portabilität 39
Positiver Raum 69
Progressives JPEG 161

Q

Quadrant 137
Quadrat. *Siehe* Rechteck
Querformat 130
QuickTime VR. *Siehe* Apple QuickTime VR

R

Ränder 197
   automatische Ränder 115
   breiter Rand 60
   fehlende Ränder 60
   Fensterrand 60
   negativer Rand 118
   variabler Rand 60
   zusammenfallende Ränder 99
Raster 138–139
Raum 68–69
Rechteck 67, 179
Relative Einheit 222
Relative Positionierung 142, 320
Rubins, Dan 144
Rundle, Mike 167

S

Safari
   automatische Ränder 116
   Mozilla Opera Safari enhancement (MOSe) 263
sans serif 216
Savarese, Cedric 136
Schatten 65
Schlagschatten 65
Schriftattribute
   Gewicht 205–206
   Laufweite 205
   Neigung 207
Schriftfamilien 215–217
Schriftfarbe 207, 209
Schriftgewicht 210
Schriftgrad 58
Schriftgröße 221
Schriftgrößenkontrast 209
Schriftkontrast 207
Schriftkonvention 205
Schriftsättigung 208
Schriftschlüssel 222
Schriftvarianten 238
Semantisches Markup 20
serif 215
Shea, Dave 94, 186, 236, 342
Shepherds, Eric 276

Shields, Rob 318
Sims, Ryan 204
Simultankontrast 82
Skalierung 43
Slice-and-dice-Methode 171, 180
Spaltenlayout 105, 304–305
Spalten positionieren 314
Spationierung 242
Spezifizierung 257–259
Symbolik 60

T

text-align 108, 116
Textausrichtung 243
Textdekorationen 239
Textkörper 140, 232
Texttransformationen 239
Texturen 80
Transparenz 158
Trudel, Mark 170
Typografie
  Dingbats 229
  Fließtext 58
  Schriftattribute 205
  Schriftfamilien 215
  Schriftfarbe 207
  Schriftgewicht 210
  Schriftgrad 58
  Schriftgröße 221
  Schriftgrößenkontrast 209
  Schriftkontrast 207–208
  Schriftkonvention 205
  Schriftsättigung 208
  Schriftschlüssel 222
  Schriftvarianten 238
  Textkörper 232
  Überschriften 232

U

Überlaufender Inhalt 145
Überschriften 232
Überschriftenbild 58
Untergeordnete Selektoren 133, 263
Urheberrecht 48, 192

Usability. *Siehe* Anwenderfreundlichkeit
UTF-8 47

V

Validator 351
van den Heuvel, Marc 310
Variable Breite 294
Variabler Rand 60
Verblassungseffekt 66
Vererbung 255
Verlustbehaftete Komprimierung 156
Verlustfreie Komprimierung 156
Vertikaler Überlauf 149
Volumen 198
VRML (Virtual Reality Modeling
    Language) 195

W

W3C 12
Web Content Accessibility Guidelines 84
Weblayout 113
Web Page Design for Designers 247
Webstandard 38

X

X-Achse 197, 288
X-Höhe 217
XHTML 23, 44–45

Y

Y-Achse 197, 288

Z

Z-Achse 197
Zeilenhöhe 241
Zeldman, Jeffrey 13
Zentrierte Gestaltung 115
z-index 260
Zusammenfallende Ränder 99

Mozilla Opera Safari enhancement (MOSe) 263
Web Developer für Mozilla 92
Muster 79

N

Navigationsmenü 277
Negativer Rand 118
Negativer Raum 69
Netscape Navigator
automatische Ränder 116
negativer Rand 118

O

Online-Schriftdesign 250
OPAL-Gruppe 264
Opera
automatische Ränder 116
feste Positionierung 134
Mozilla Opera Safari enhancement (MOSe) 263

P

Paisleymuster 79
Peekaboo-Bug 353
Photoshop. *Siehe* Adobe Photoshop
Pick, Michael 194, 228
Pixel 223–224
PNG-Format 100–101, 155, 157, 161
Portabilität 39
Positiver Raum 69
Progressives JPEG 161

Q

Quadrant 137
Quadrat. *Siehe* Rechteck
Querformat 130
QuickTime VR. *Siehe* Apple QuickTime VR

R

Ränder 197
automatische Ränder 115
breiter Rand 60
fehlende Ränder 60
negativer Rand 118
variabler Rand 60
zusammenfallende Ränder 99
Fensterrand 60
Raster 138–139
Raum 68–69
Rechteck 67, 179
Relative Einheit 222
Relative Positionierung 142, 320
Rubins, Dan 144
Rundle, Mike 167

S

Safari
automatische Ränder 116
Mozilla Opera Safari enhancement (MOSe) 263
sans serif 216
Savarese, Cedric 136
Schatten 65
Schlagschatten 65
Schriftattribute
Gewicht 205–206
Laufweite 205
Neigung 207
Schriftfamilien 215–217
Schriftfarbe 207, 209
Schriftgewicht 210
Schriftgrad 58
Schriftgröße 221
Schriftgrößenkontrast 209
Schriftkontrast 207
Schriftkonvention 205
Schriftsättigung 208
Schriftschlüssel 222
Schriftvarianten 238
Semantisches Markup 20
serif 215
Shea, Dave 94, 186, 236, 342
Shepherds, Eric 276

Shields, Rob 318
Sims, Ryan 204
Simultankontrast 82
Skalierung 43
Slice-and-dice-Methode 171, 180
Spaltenlayout 105, 304–305
Spalten positionieren 314
Spationierung 242
Spezifizierung 257–259
Symbolik 60

T

text-align 108, 116
Textausrichtung 243
Textdekorationen 239
Textkörper 140, 232
Texttransformationen 239
Texturen 80
Transparenz 158
Trudel, Mark 170
Typografie
  Dingbats 229
  Fließtext 58
  Schriftattribute 205
  Schriftfamilien 215
  Schriftfarbe 207
  Schriftgewicht 210
  Schriftgrad 58
  Schriftgröße 221
  Schriftgrößenkontrast 209
  Schriftkontrast 207–208
  Schriftkonvention 205
  Schriftsättigung 208
  Schriftschlüssel 222
  Schriftvarianten 238
  Textkörper 232
  Überschriften 232

U

Überlaufender Inhalt 145
Überschriften 232
Überschriftenbild 58
Untergeordnete Selektoren 133, 263
Urheberrecht 48, 192

Usability. *Siehe* Anwenderfreundlichkeit
UTF-8 47

V

Validator 351
van den Heuvel, Marc 310
Variable Breite 294
Variabler Rand 60
Verblassungseffekt 66
Vererbung 255
Verlustbehaftete Komprimierung 156
Verlustfreie Komprimierung 156
Vertikaler Überlauf 149
Volumen 198
VRML (Virtual Reality Modeling Language) 195

W

W3C 12
Web Content Accessibility Guidelines 84
Weblayout 113
Web Page Design for Designers 247
Webstandard 38

X

X-Achse 197, 288
X-Höhe 217
XHTML 23, 44–45

Y

Y-Achse 197, 288

Z

Z-Achse 197
Zeilenhöhe 241
Zeldman, Jeffrey 13
Zentrierte Gestaltung 115
z-index 260
Zusammenfallende Ränder 99